Hugh Kennedy

DAS KALIFAT

Von Mohammeds Tod
bis zum «Islamischen Staat»

Aus dem Englischen von Ulrike Bischoff

C.H.Beck

Titel der englischen Originalausgabe:
«The Caliphate. A Pelican Introduction»
Text copyright © Hugh Kennedy, 2016
The moral right of the author has been asserted
Die Originalausgabe erschien 2016 in Großbritannien bei Pelican Books,
einem Imprint von Penguin Random House UK

Mit 11 Abbildungen
und 2 Karten

Für die deutsche Ausgabe:
© Verlag C.H.Beck oHG, München 2017
Satz: Fotosatz Amann, Memmingen
Druck u. Bindung: CPI – Ebner & Spiegel, Ulm
Umschlaggestaltung: Kunst oder Reklame, München
Umschlagabbildung: Die sogenannten Kalifengräber in Kairo, um 1900,
© Adoc-photos/Art Resource, NY
Gedruckt auf säurefreiem, alterungsbeständigem Papier
(hergestellt aus chlorfrei gebleichtem Zellstoff)
Printed in Germany
ISBN 978 3 406 71353 8

www.chbeck.de

Meinen Enkelkindern Ferdie, Ronja und Aurora in der Hoffnung, dass sie in einer Welt aufwachsen mögen, in der Menschen unterschiedlicher Religionen und Kulturen friedlich und in gegenseitigem Respekt zusammenleben können.

Inhalt

EINLEITUNG 11

Drei Fragen 17
Transkription und Daten 22

1. DIE ERSTEN KALIFEN 25

Die Regentschaft von Abū Bakr und Umar 33
Uthmān und die erste Krise 42
Alī und das Ende der rechtgeleiteten Kalifen 47
Die Charidschiten als Alternative 55

2. DAS EXEKUTIVE KALIFAT:
DIE HERRSCHAFT DER UMAYYADEN 61

Muʿāwiya und die Errichtung des Umayyaden-Kalifats 61
Bürgerkrieg und Aufstieg Abd al-Maliks 68
Die spätere Periode und der Untergang der Dynastie 85

3. DAS FRÜHE ABBASIDEN-KALIFAT 95

Eine Revolution und ihre Folgen 97
Hārūn al-Raschīd und seine Nachfolger 110
Die verheerende Regentschaft des Kalifen Muqtadir 123
Der Zerfall des Abbasiden-Kalifats 132

4. DIE KULTUR DES ABBASIDEN-KALIFATS 135

Bildung und Wissen für viele 142
Blüte der Poesie 147
Wissenschaft, Philosophie und das Erbe der Griechen 150
Religionswissenschaften und Geschichtsschreibung 156
Religiöse und kulturelle Vielfalt 159
Das Nachleben der abbasidischen Kultur 161

5. DAS SPÄTE ABBASIDEN-KALIFAT 167

Machlosigkeit unter den Herrschern der Buyiden 167
Die Neuerfindung des abbasidischen Kalifats 171
Bagdad und der Hof der Ghaznaviden-Sultane 177
Abbasiden und Seldschuken 190
Katastrophe: Die Eroberung durch die Mongolen 1258 199

6. DREI AUTOREN AUF DER SUCHE NACH DEM KALIFAT 203

Māwardī und die Frage der Macht 204
Dschuwainī: Militärische Stärke und wahrer Glaube 209
Ghazālī: Der Kalif als Quelle der Scharia 212

7. DAS KALIFAT DER SCHIITEN 217

Die Zwölfer-Schiiten und der verborgene Imam 223
Die Zaiditen und ihre Imame im Jemen 226
Die frühen Ismailiten und die Frage der Nachfolge 230
Das Fatimiden-Kalifat und die muslimische Welt 233

8. DIE UMAYYADEN VON CÓRDOBA 253

Das Emirat von Córdoba 256
Abd al-Rahmān III. und Hakam II.: Córdobas Glanzzeit 259
Die Amiriden und das Ende des Kalifats von Córdoba 274

9. DIE ALMOHADEN-KALIFEN: HERRSCHER ÜBER DEN MAGHREB UND AL-ANDALUS 281

Ibn Tūmart und der Aufstieg der Almohaden 282
Die späteren Herrscher 291
Eine Blütezeit islamischer Architektur und Philosophie 296

10. DAS KALIFAT UNTER DEN MAMLUKEN UND OSMANEN 301

Abbasiden-Kalifen als Höflinge der Mamluken 301
Das osmanische Kalifat 306
Abdülhamid II., Sultan und Kalif 310
Die Idee eines panislamischen Kalifats 318
Der letzte Kalif 322

11. DIE FRAGE DER WIEDERERRICHTUNG EINES KALIFATS: VOM 20. JAHRHUNDERT BIS ZUR GEGENWART 325

ANHANG

Dank 339
Liste der Kalifen 341
Karten 345
Glossar 350
Anmerkungen 353
Bildnachweis 356
Literatur 357
Personenregister 361

EINLEITUNG

Was ist das Kalifat? Was bedeutet dieser Begriff? Welche Geschichte steht hinter dieser Idee? Ist es etwas Altes, mittlerweile Belangloses, interessant lediglich als Stimme einer sicher ins Reich der Geschichte verbannten Vergangenheit? Oder ist es ein Konzept, das sich auch heutzutage noch interpretieren und verwenden lässt? Im vorliegenden Buch werde ich mich bemühen, diese Fragen zu beantworten. Im Laufe der Jahrhunderte hat das Konzept des Kalifats viele verschiedene Interpretationen und Realisationen erfahren, wie sich noch zeigen wird; ihnen allen gemeinsam ist jedoch eine grundlegende Herrschaftsidee, bei der es um die gerechte Ordnung der muslimischen Gesellschaft gemäß dem Willen Gottes geht. Manche sahen im Kalifen den Schatten Gottes auf Erden, einen Mann, dessen Autorität halb göttlich und dessen Handeln ohne Fehl und Tadel war; weitaus verbreiteter dürfte die Auffassung gewesen sein, dass der Kalif sozusagen der Vorstandsvorsitzende der muslimischen Gemeinschaft, der *umma*, sei, ein gewöhnlicher Mensch mit weltlicher Macht. Dazwischen liegt ein breites Spektrum von Vorstellungen, die alle von dem Wunsch beseelt sind, Gottes Willen unter allen Muslimen verwirklicht zu sehen.

In diesem Buch geht es nicht in erster Linie um Gegenwartspolitik, sondern um Geschichte. Ein Großteil des historischen Materials, mit dem es sich befasst, stammt aus jener Epoche, die westliche Historiker als frühes oder sogar finsteres Mittelalter bezeichnen, also aus den vier Jahrhunderten zwischen dem Tod des Propheten Mohammed 632 und der Ankunft der Kreuzfahrer im Nahen Osten 1097, obwohl die Diskussion über diese Erzählung sich in Teilen bis ins 21. Jahrhundert fortsetzt. Es ist leicht nachvollziehbar, dass jene Epoche wenig oder gar nichts mit der Situation zu tun hat, in der wir, Muslime wie auch Nichtmuslime, uns heute befinden, und so beginnen denn auch die meisten Untersuchungen zum sogenannten

Islamischen Staat mit der jüngeren Geschichte und sehen diese Bewegung als Reaktion auf westliche Einflüsse und Zwänge des 21. Jahrhunderts. Dagegen möchte ich argumentieren, dass, will man die Vorstellungen des Islamischen Staats vom Kalifat begreifen und die Gründe, warum es für viele so wichtig und relevant ist, man ganz im Gegenteil seine tief in die muslimische Tradition reichenden Wurzeln verstehen muss. Der Islamische Staat hat die Wiederbelebung des Kalifats zu einem Kernstück, einem Grundpfeiler seines islamischen Erneuerungsprojekts gemacht, und der Anklang, den er damit gefunden hat, zeugt von der Wirkmacht, die diese Idee nahezu 14 Jahrhunderte nach ihrer Entstehung immer noch besitzt. Modernen Islamisten, die nach einer Basis suchen, auf der sie eine tragfähige politische Vision für die Wiederbelebung der muslimischen *umma* aufbauen können, dienen die Ereignisse jener Jahrhunderte zugleich als Inspiration und als Rechtfertigung.

Die von diesen Ereignissen bis heute ausgehende Inspiration beruht zum Teil auf der Tatsache, dass sie an eine Welt erinnern, in der das Kalifat das mächtigste und fortschrittlichste Gemeinwesen des gesamten eurasischen Raums war. Damals hatte Bagdad eine halbe Million Einwohner, während es in London und Paris lediglich einige Tausend waren; das Kalifat verwaltete riesige Gebiete mit einer stehenden Armee und einer Bürokratie, deren Beamte lesen, schreiben und rechnen konnten; zudem waren Bagdad und Kairo große Handels- und Kulturzentren. Bei allen, ob sie nun innerhalb oder außerhalb der muslimischen Tradition stehen, kann die Kenntnis der Geschichte jener Epoche das kulturelle Selbstbewusstsein stärken, das für jede Zivilisation wichtig ist, wenn sie mit sich und ihren Nachbarn in Frieden leben soll. Auf dieser Ebene richtet sich mein Buch an Muslime und Nichtmuslime, die sich – wie es jeder tun sollte – über die tatsächlichen Glanzzeiten und Errungenschaften einer dynamischen Kultur informieren möchten.

Es geht jedoch noch darüber hinaus. Für manche Muslime verweist das Kalifat auf eine Zeit, in der ihre Glaubensbrüder gottesfürchtig und fromm, puritanisch und selbstdiszipliniert und immer bereit waren, ihr Leben auf dem Weg Allahs zu opfern. Diese Sicht ist keine bloße nostalgische Erinnerung. In einem Maße, wie es in keinem anderen aktuellen politischen Diskurs zu finden ist, rechtfertigt diese weit zurückliegende Vergangenheit für gewisse islamistische Gruppen die Gegenwart. Liest man heutige Propagandaschriften wie das Magazin des Islamischen Staats *Dābiq*, so findet man unweigerlich zahlreiche Hinweise auf die Taten des Propheten Mohammed, der *sahāba*, also seiner Gefährten und Jünger, sowie der frühen Kalifen. Wenn sie etwas taten, so sollten wir ihrem Beispiel nacheifern, lautet die Argumentation. Weiterer Rechtfertigungen bedarf es nicht, und selbst die anscheinend grausamsten und barbarischsten Handlungen brauchen keine zusätzliche Legitimation, wenn sich zeigen lässt, dass sie dem Vorbild solcher großen Helden folgen. Die Äußerungen dieser lautstarken, eindringlichen Stimmen können wir nicht verstehen, geschweige denn durch Argumente entkräften, sofern wir nicht ebenfalls den Weg in die ferne Vergangenheit einschlagen.

Für diese Tradition besitzt die Geschichte eine Wirkmacht, wie sie sonst nirgendwo zu finden ist. In Großbritannien schaut niemand in die Angelsächsische Chronik, die aus derselben Epoche stammt wie die frühen arabischen Quellen, und nutzt sie zur Rechtfertigung heutiger Politik. Das Werk mag uns faszinieren, uns wichtige Einblicke in die Verhaltensweisen unserer Vorfahren bieten, und die Heldentaten König Alfreds mögen sogar allgemein inspirierend sein, aber sie sind weder normativ noch liefern sie Anweisungen oder Vorwände für das Verhalten von heute oder morgen. Eben deshalb ist es notwendig, dass jede Auseinandersetzung mit dem Konzept des Kalifats sich mit dessen Geschichte befasst und wir diese komplexen Erinnerungen und Traditionen richtig verstehen.

Ich habe mich bemüht, dieses Buch durch Zitate aus Originaltexten zu bereichern, die aus dem Arabischen und Persischen übersetzt wurden und uns Einblicke in die gelebte Erfahrung des Kalifats vermitteln können – ungefilterte, nicht durch spätere Einstellungen und Vorurteile verzerrte Zeugnisse dessen, was die Menschen damals sahen und hörten. Wie solche Dokumente belegen, schauten viele Muslime auf ihre Kalifen und erwarteten von ihnen, dass sie glanzvolle Opulenz zur Schau stellten und ein Zentrum kultureller Aktivitäten bildeten, die nicht nur der herrschenden Dynastie, sondern der gesamten muslimischen Gemeinschaft zur Ehre gereichten. Wenn wir diese Beschreibungen lesen, können wir vielleicht etwas von der Begeisterung und Lebensfreude nachvollziehen, die mit dem Kalifat verbunden waren, aber in der nüchternen Geschichtsschreibung häufig verloren gehen.

Unter den modernen historischen Werken, die ich verwendet habe, ist zunächst das meines berühmten Vorgängers als Arabischprofessor an der School of Oriental and African Studies (SOAS) in London, Sir Thomas Arnold, zu nennen; dessen Buch *The Caliphate* (1924) widmete sich als erstes in englischer Sprache diesem Thema. Kollegen werden erkennen, wie vielen ich zu Dank verpflichtet bin. Die wichtigsten habe ich in den Anmerkungen und der Bibliographie angeführt und entschuldige mich, falls ich jemanden versehentlich vergessen haben sollte. Im Wesentlichen erwächst das, was ich schreibe, jedoch aus der muslimischen Tradition. Das Material stammt nicht von außenstehenden Orientalisten, sondern aus der Fülle intelligenter, scharfsichtiger muslimischer Geschichtswerke, die überwiegend auf Arabisch, teils aber auch auf Persisch und Türkisch geschrieben wurden und eine der großen Glanzleistungen der islamischen Kulturtradition darstellen. Ich kann nicht für mich in Anspruch nehmen, all die verschiedenen Ausprägungen des Kalifats in der gesamten muslimischen Welt abgedeckt zu haben; manche Leser mögen vor allem den Eindruck gewinnen, dass ich die Entwicklungen in Süd- und Südostasien im 19. und 20. Jahrhundert vernachlässigt habe; nach meiner Einschätzung hätten sie dieses Buch jedoch zu umfangreich und diffus gemacht und sollten Thema einer anderen Studie sein.

Mit diesem Schöpfen aus der Tradition ist ein gewisser Respekt vor politischen und religiösen Akteuren und Schriftstellern verbunden. Die frühen Muslime rangen um die Schaffung von Institutionen, die islamische Werte zum Ausdruck bringen, zugleich aber auch einen sicheren, geordneten Rahmen liefern sollten, in dem sie ihren Glauben praktizieren konnten; dabei gingen sie überwiegend weder fanatisch noch irrational vor und schilderten ihre Taten, Debatten und Dispute in ihren Schriften im Wesentlichen aufrichtig. Sie hatten mit politischen und religiösen Problemen zu kämpfen, die vielen menschlichen Gesellschaften gemeinsam sind: Wie führt man ein gutes Leben? Wie baut man eine Gemeinschaft auf, die Menschen ein Zusammenleben ermöglicht, auch wenn sie nicht die gleichen Ansichten haben? Welche Verbrechen sind so schwerwiegend, dass man eine Person aus der Gemeinschaft verstoßen oder töten muss? Und vielleicht die grundlegendste Frage: Wie versteht man den Willen Gottes und das, was er von der Menschheit erwartet? Wenn wir ihre Argumente, Befürchtungen, Hoffnungen und Visionen mit Respekt behandeln, werden wir einem Verständnis ihrer Taten und Einstellungen wesentlich näher kommen, als wenn wir ihre Sorgen abtun oder ihre Schriften für zu parteiisch und tendenziös halten, um sie ernst zu nehmen.

Dieses Buch ist behutsam polemisch. Es ist von der Botschaft durchzogen, dass die Idee des Kalifats eine reiche, vielfältige Tradition ist. Viele Muslime haben sich die Ansicht zu eigen gemacht, eine solche Institution sei die bestmögliche Ordnung für die menschliche Gesellschaft, aber das Kalifat hat viele Facetten. Es gibt nicht den einen Weg, das eine Modell oder den einen rechtlichen Rahmen, der das Kalifat definiert. Die Geschichte zeigt, dass es viele verschiedene Arten von Kalifen gab, kriegerische, fromme, intellektuelle, vergnügungssüchtige, inkompetente, grausame und tyrannische. Sie alle sind Teil der Kalifentradition. Es existierte nie eine allgemeingültige Sicht, mit welchen Machtbefugnissen dieses Amt ausgestattet sein sollte, wer dafür qualifiziert wäre oder wie man Kalifen wählen sollte. Vielleicht hat gerade diese Flexibilität oder sogar Unsicherheit es ermöglicht, dass diese Idee so lange überlebte und in so vielen unterschiedlichen muslimischen Gesellschaften Zugkraft besaß.

In diesem Buch möchte ich etwas vom facettenreichen Erleben des Kalifats vermitteln. Aus dieser Tradition kann sich jeder heraussuchen, was er möchte, die Wahl liegt bei jedem Einzelnen. Wer ein aggressives Kalifat sucht, in dem die muslimische Bevölkerung strikt kontrolliert wird, kann in den umfangreichen historischen Dokumenten Vorläufer dafür finden. Wer ein Kalifat sucht, das großzügig und offen für Ideen und Sitten ist, dabei aber selbstverständlich seiner Sicht des Willens und der Absichten Gottes treu bleibt, wird ebenfalls in der historischen Überlieferung fündig. Die Vergangenheit enthält viele verschiedene Botschaften.

Es gibt manche, die das Kalifat als Vehikel sehen, der *umma* ihre besondere, häufig sehr enge Sicht des Islam aufzuzwingen; andere verstehen das Kalifat als Rechtfertigung, die Weltherrschaft anzustreben; es gibt aber auch solche, die im Kalifat lediglich einen Rahmen sehen, in dem Muslime nach einem gottgefälligen Leben streben und sich ihre eigenen Gedanken über den besten Weg dorthin machen können. Manche verstanden den Kalifen als Vertreter Gottes auf Erden mit halb göttlicher Macht; andere sahen seine Rolle darin, die muslimische Gemeinschaft vor ihren Feinden zu schützen, indem er Steuern erhob und Armeen aufstellte. Wir sollten auch jene nicht vergessen, die voller Stolz an die offenen, aufgeschlossenen und integrierenden Gesellschaften unter den großen Abbasiden- und Fatimiden-Kalifen erinnern und an die hervorragenden geistigen und künstlerischen Leistungen, die sie förderten. Die Geschichte des Kalifats und allgemeiner die des Islam darf nicht im Besitz einer einzigen Interpretation oder einer engstirnigen Sicht sein. Vielmehr sollten wir, Muslime wie Nichtmuslime gleichermaßen, uns an der reichen, vielfältigen Erfahrung des Kalifats über die Jahrhunderte hinweg erfreuen.

Die Idee des Kalifats hat vom Tod des Propheten Mohammed 632 bis heute eine nahezu 1400 Jahre währende Geschichte, Nutzung und Anpassung erlebt. Sie wurde in Ländern diskutiert, übernommen und abgelehnt, die sich von Südostasien bis nach Portugal und Marokko erstreckten. Daher ist es kein Wunder, dass dieses Konzept sehr unterschiedlich in die Praxis umgesetzt und in vielen verschiedenen Sprachen zum Ausdruck gebracht wurde. Die vielfältige Erfahrung des Kalifats ist daher eines der Themen, die ich in den folgenden Kapiteln behandeln werde. Diese unterschiedlichen praktischen Umsetzungen und Ausdrucksformen der Kalifatsidee haben eine gemeinsame historische Grundlage, oder besser: Sie erwachsen aus der Erinnerung an historische Umstände, die wichtige Elemente gemeinsam haben, auch wenn ihre Interpretation weit auseinanderklaffen mag. Wie diese Tradition zu unterschiedlichen Zeiten und in unterschiedlichen politischen und gesellschaftlichen Verhältnissen erklärt, weiterentwickelt und erfunden wurde, ist eines der Hauptthemen meiner Untersuchung.

Drei Fragen

Drei Fragen beherrschen die Erörterungen dieses Buches und ziehen sich wie ein roter Faden durch alle Kapitel. Die erste ist: Wie war ein Kalif zu wählen? Darauf gab es drei mögliche Antworten. Die erste Möglichkeit war, den Kalifen von den Muslimen selbst wählen zu lassen. Diese scheinbar einfache Idee ließ sich allerdings auf etliche verschiedene Arten umsetzen. Wer sollten die Wähler sein? Sollten es viele sein, oder genügte nur einer? Kam für dieses Amt jeder geistig und körperlich gesunde erwachsene Mann infrage (die Vorstellung, dass eine Frau Kalifin werden könnte, kommt in diesen historischen Debatten nie vor) – eine Ansicht, welche die Charidschiten vertraten –, oder musste der Kalif einer bestimmten Familie oder Abstammungslinie angehören? Vor allem, musste er aus dem Stamme des Propheten, also für die Sunniten aus dem Stamm der Quraisch, oder, nach Meinung der Schiiten, sogar sein direkter Nachfahre über dessen Tochter Fātima, dessen Schwiegersohn Alī und deren Kinder Hasan und Husain sein?

Die zweite Möglichkeit war, das Kalifat innerhalb einer heiligen Familie, der Alīs und Fātimas, der Tochter des Propheten Mohammed, zu vererben. Das führte jedoch zu weiteren Fragen und Optionen. Sollte jeder aus dieser Familie als wählbar gelten oder nur ein bestimmter Zweig? Sollte für die Erbfolge innerhalb dieser Familie das Erstgeburtsrecht gelten, also der älteste Sohn die Nachfolge antreten, selbst wenn er offensichtlich unfähig wäre oder die geltenden Gesetze und Sitten der Muslime nicht einhielte? Sollte er dennoch das Amt erhalten oder zugunsten eines geeigneteren Kandidaten übergangen werden? Im Laufe der Jahre und Jahrhunderte konnten natürlich immer mehr Menschen eine Abstammung von der heiligen Familie für sich beanspruchen, bis sie so zahlreich schienen wie die Sandkörner im Meer. Unter diesen Bedingungen war es möglich und sogar wahrscheinlich, dass einzelne ihren Stammbaum erfanden, weil sie Betrüger waren und von einer so prestigeträchtigen Verbindung zu profitieren hofften oder weil sie fälschlicherweise tatsächlich überzeugt waren, das Blut des Propheten in ihren Adern zu haben.

Die dritte Möglichkeit war *nass*, was im Grunde bedeutete, dass der amtierende Herrscher seinen Nachfolger auswählte oder bestimmte. In der Praxis entschied ein Herrscher sich häufig für einen oder mehrere seiner Söhne (einen Erben und einen Ersatzmann); das war jedoch nicht zwangsläufig der Fall. So ernannte Kalif Ma'mūn nicht etwa einen seiner Söhne oder Verwandten der Abbasiden-Familie zu seinem Nachfolger, sondern ein Mitglied der Familie Alīs. Im Vergleich zur Wahl oder zur Erbfolge besaß *nass* kaum eine theoretische oder ideologische Untermauerung, war aber praktisch das häufigste Verfahren, das Amt über die Generationen hinweg weiterzugeben. Es erteilte dem Konzept der dynastischen Nachfolge sozusagen grünes Licht.

Die erste Frage – wie war der Kalif zu wählen? – war untrennbar mit der zweiten verknüpft: Was sollte der Kalif tun und wie umfangreich sollten seine Machtbefugnisse sein? Hier lag ein ganzes Spektrum zwischen jenen, die den Kalifen im Grunde als Gott-König sahen, der dem Propheten Mohammed ebenbürtig oder gar überlegen sei, und jenen, die ihn eher als *primus inter pares* oder Vorstand der muslimischen Gemeinschaft verstanden, der zum Allmächtigen keine unmittelbarere Verbindung besaß als jeder andere Muslim. Die unterschiedlichen Auffassungen waren eng mit der Wahlfrage verknüpft. Bei einer erblichen Nachfolge innerhalb der Heiligen Familie wurde die Wahl im Grunde von Gott getroffen, und daher besaß der Herrscher göttliche Anerkennung, war Gottes auserwähltes Werkzeug für die Regelung menschlicher Angelegenheiten und hatte die Macht, den Koran und die *sunna* (die Praxis und Aussprüche Mohammeds) auszulegen oder sogar abzuwandeln. Das entspricht im Wesentlichen der schiitischen Auffassung. Sollte der Kalif dagegen von Menschen gewählt werden, so fromm oder gebildet sie auch sein mochten, dann war er zwangsläufig fehlbar: Alle Menschen können Fehler machen. Dann besaß er sicher keine unmittelbare Verbindung zu Gott und war nicht in einer Position, dass er den Koran hätte auslegen oder Gesetze festlegen dürfen. Diese Aufgabe musste den Gelehrten und Intellektuellen (*ulamā*) überlassen bleiben, die ihr Leben dem Studium des Koran und der *hadīth* (Aussprüche des Propheten) widmeten. Diese Sicht entspricht im Wesentlichen der sunnitischen Auffassung.

Die dritte grundlegende Frage lautete: Auf welcher Grundlage ließen sich diese Fragen entscheiden und wie war diese auszulegen? Nach Mohammeds Tod 632 sah sich die muslimische Gemeinschaft mit einer beispiellosen Situation konfrontiert. Aus der Vergangenheit ließen sich keine Richtlinien für Mohammeds Mission ableiten, und seine Rezeption durch die Muslime hatte die vorislamische Vergangenheit ohnehin irrelevant gemacht außer als mahnendes Beispiel, wie man sich nicht verhalten und die Gesellschaft ordnen sollte. Auch die Praktiken der römischen und persischen Monarchie ließen sich nicht heranziehen, weil sie die Lehren des Propheten abgelehnt hatten und die Muslime sie besiegt und im Fall von Persien mit Gottes Hilfe zerstört hatten. Im Laufe der Zeit bezogen manche Muslime tatsächlich Vorstellungen älterer Monarchien ein, wie Dinge zu regeln wären, aber solche Ideen konnten niemals als Argumentationsgrundlage dienen, weil sie die alleinige Geltung der Botschaft des Propheten und damit des Islam selbst angefochten hätten. Nur die von Gott gesandten alten Propheten, insgesamt 144 000, kamen als Musterbeispiele infrage, aber mit Ausnahme von Moses und Jesus boten diese schemenhaften oder sogar unbekannten Gestalten mit ihrem Leben und Vorgehen kaum Leitlinien.

Da es an Modellen aus der Vergangenheit oder anderen Ländern fehlte, entwickelte die muslimische Gemeinschaft schon bald einen Korpus eigener Präzedenzfälle aus ihrer Frühgeschichte, soweit Beteiligte und Augenzeugen sie richtig oder falsch in Erinnerung behalten oder erfunden und in Form von *achbār* (sing. *chabar*) darüber berichtet hatten. Diese Kurzgeschichten und Anekdoten wurden von einer späteren Generation im frühen 8. Jahrhundert oder bereits vorher gesammelt und zu mündlichen Überlieferungen zusammengestellt, die sich mit der Zeit zu elaborierten schriftlichen Erzählungen entwickelten. In der heute vorliegenden Fassung entstanden sie zwischen der Mitte des 9. und der ersten Hälfte des 10. Jahrhunderts, also 150 bis 200 Jahre nach den Ereignissen, die sie schildern. Diese offensichtliche zeitliche Lücke hat modernen Historikern erhebliche Probleme bereitet. Aufgrund der Widersprüche und Diskrepanzen argumentierten sie, das Material sei derart unzuverlässig, dass es für eine Rekonstruktion des «tatsächlichen Geschehens» unbrauchbar sei, und zudem so parteiisch, dass es aktiv irreführend sei. Das gilt jedoch für alle historischen Schriften. Die großen frühmittelalterlichen Geschichtsschreiber der christlichen Welt, Prokopios, Gregor von Tours, Beda Venerabilis und alle ihre Zeitgenossen und Nachfolger, nutzten historische Erzählungen, um Standpunkte und Argumente zu vermitteln, und suchten Ereignisse und Charaktere so aus, dass sie die von ihnen präsentierten Ideen unterstützten. Genauso war es auch bei den Autoren frühmuslimischer Chroniken und Sammlungen.

Bei der Zusammenstellung dieser frühen Geschichten und dem Gebrauch, den wir davon machen, sollten wir allerdings zwei wichtige Aspekte beachten. Erstens präsentieren sie eine große Bandbreite von Details und Interpretationen in einem weitgehend ähnlichen Rahmen. Nahezu ausnahmslos erzählen sie, dass es nach dem Tod des Propheten vier Kalifen gab: Abū Bakr (632–634), Umar (634–644), Uthmān (644–656) und Alī (656–661). Davon abgesehen finden sich jedoch unterschiedliche Ansichten über diese vier Männer. Für manche, vermutlich für die meisten, waren sie ehrwürdige Persönlichkeiten, deren Äußerungen und Verhalten alle Muslime studieren und bewundern sollten. Andere hatten jedoch den Eindruck, dass die ersten beiden, Abū Bakr und Umar, tatsächlich große Persönlichkeiten waren, während sich die Dinge unter der Herrschaft des dritten Kalifen, Uthmān, vor allem aufgrund seiner persönlichen Mängel in die falsche Richtung entwickelten; erst mit dem Kalifat Alīs sei die richtige Ordnung zurückgewonnen worden. Wieder andere meinten, Abū Bakr habe Alī, den rechtmäßigen Erben des Propheten, verdrängt, und auch Umar und Uthmān seien Übeltäter gewesen, deren Herrschaft illegitim und deren Verhalten von Mängeln behaftet gewesen sei. Das wahre Kalifat habe immer Alī zugestanden und sei erst unter seiner Herrschaft wiederhergestellt worden, wenn auch nur für kurze Zeit. Diese Meinungsverschiedenheiten setzten sich unter den Umayyaden (661–750) und den Abbasiden (750–1258) sowie unter anderen Dynastien fort, die Anspruch auf das Kalifat erhoben. Berichte über solche Differenzen sind alles andere als unzuverlässig oder bewusst unehrlich, sondern zutiefst erhellend in Bezug auf die Einstellungen und Debatten der damaligen Zeit. Moderne Leser müssen sich jedoch immer bewusst sein, dass es in den Quellen viele Elemente gibt, die sich aufgreifen und für spätere Polemiken ausschlachten lassen.

Und das ist der zweite Aspekt der frühen historischen Erzählungen. Sie bilden die Grundlage für alle Diskussionen über das Wesen des Kalifats; sie sind die Bausteine politischer Debatten. In ihren Bemühungen, die wahre Beschaffenheit und Funktion des Kalifenamtes zu bestimmen, griffen die meisten muslimischen Denker nicht etwa auf abstrakte Theorien oder Prinzipien politischer Institutionen zurück, wie es beispielsweise Hobbes und Rousseau taten, sondern auf die Aufzeichnungen über die alten Kalifen, besonders über die ersten vier. Bei diesen Berichten handelt es sich keineswegs nur um «alte, unglückselige, ferne Dinge und längst vergangne Schlachten», wie Wordsworth es formulierte, sondern um Ereignisse, die definieren, wie Menschen sich in ihrer jeweiligen Zeit verhalten und handeln sollten und wie sie die Anforderungen des menschlichen Zusammenlebens mit absolutem Gehorsam gegenüber dem Willen des allmächtigen Gottes vereinbaren sollten. Falls dieses Buch von historischen Erzählungen und Diskussionen überfrachtet erscheinen mag, so liegt es daran, dass die Debatte über das Kalifat immer auf diese Art stattgefunden hat und auch heute noch stattfindet. Wenn wir diese Debatte verstehen wollen, müssen wir, Muslime ebenso wie Nichtmuslime, die historische Sprache verstehen, in der sie geführt wird.

Die folgenden Kapitel befassen sich mit diesen drei grundlegenden Fragen – wie ein Kalif zu wählen ist, wie Wesen und Ausmaß seiner Macht beschaffen sein sollen und wie sie aufgezeichnet und genutzt wurde – im Lichte der verschiedenen historischen Epochen des Kalifats und zeigen auf, wie Menschen zu unterschiedlichen Zeiten und an verschiedenen Orten die für die Kalifatsidee durchgängig prägenden Grundkonzepte genutzt und vielleicht missbraucht haben.

Transkription und Daten

Ich habe mich in diesem Buch bemüht, den Leser nicht mit einem Übermaß arabischer Namen und Begriffe einzuschüchtern oder gar zu langweilen. Ein gewisses arabisches Vokabular, wozu natürlich schon das Wort Kalif gehört, ist jedoch unerlässlich, weil es für viele der erörterten Konzepte im Englischen wie auch im Deutschen keine unmittelbare Entsprechung gibt. Solche Worte werden beim ersten Auftauchen im Text sowie im Glossar kurz erklärt. Um Verwirrung zu vermeiden, sind sämtliche Daten nach heutiger Zeitrechnung (n. Chr.) angegeben, obwohl die arabischen Autoren, die uns über diese Ereignisse informieren, selbstverständlich den islamischen Kalender, *hidschrī*, verwendeten, der die (gegenüber dem Sonnenjahr zwölf Tage kürzeren) Mondjahre seit der Hidschra (Emigration) des Propheten von Mekka nach Medina 622 zählt.

Geschichte, besonders diejenige so weit zurückliegender Epochen, kann zuweilen langweilig und eintönig wirken, als ob nur «ein verdammtes Ding nach dem anderen» käme, wie der Herzog von Wellington es ausdrückte. Es ist nicht verwunderlich, dass Berichte von Schlachten und Eroberungen Muslime und Nichtmuslime gleichermaßen abschrecken, ganz zu schweigen von den unaussprechlichen Namen, von denen so viele Bücher über islamische Geschichte nur so wimmeln und die sich niemand merken kann. Daher habe ich mich – selbst auf die Gefahr hin, allzu stark zu vereinfachen – entschlossen, die Personennamen auf ein Minimum zu reduzieren und sie eingängiger zu machen, indem ich den vorgestellten bestimmten Artikel (al-) weglasse.

Mittlerweile gibt es ein allgemein anerkanntes Transliterationssystem für arabische Namen und Begriffe in lateinischer Schrift. Es ist insofern wichtig, als es eine genaue Zuordnung zu den verwendeten arabischen Schriftzeichen erlaubt. Allerdings benutze ich eine vereinfachte Version, um eine Überfülle an Punkten und Strichen über und unter den Buchstaben zu vermeiden. Nicht-Arabisten bringt es wenig, zu wissen, welche verschiedenen arabischen Buchstaben jeweils als lateinisches d, s, t oder z transkribiert wurden. Die einzige Ausnahme ist der dem Arabischen eigene Buchstabe ʿain, transkribiert als ʿ (wie in baiʿa) – ein gutturaler Konsonant, den man jedoch als langen Vokal sprechen kann, wenn man Arabisch nicht beherrscht. Das Arabische verwendet zudem einen Knacklaut, *hamza* genannt, das durch ʾ (wie in Qāʾim) dargestellt wird. Dagegen erscheint es mir sinnvoll, lange und kurze Vokale zu unterscheiden, da sie die Betonung bestimmen. So ist es hilfreich, zu wissen, dass der Name des berühmten Abbasiden-Kalifen Raschiid, nicht Raaschid gesprochen und daher Raschīd geschrieben wird. Auch die beiden anderen langen Vokale, ā (wie in Uthmān) und ū (wie in Mansūr) habe ich beibehalten, um die Betonung kenntlich zu machen.

I.

DIE ERSTEN KALIFEN

Der erste Kalif war Adam. Das wissen wir, weil es im Koran steht, wo Gott in Bezug auf Adam sagt: «Ich bestelle auf der Erde einen Statthalter.» Der Koran nennt noch einen weiteren Kalifen namentlich, als Gott dem biblischen König David erklärt: «David, wir haben dich zum Statthalter auf der Erde bestellt.»[1]

Das Amt – oder vielleicht treffender die Rolle – des Kalifen besitzt die Autorität der Heiligen Schrift, und jeder Herrscher sähe sich nur zu gern in der Nachfolge dieser beiden. Aber was bedeutet das Wort eigentlich? Die arabische Wurzel *chalafa*, aus der sich der arabische Begriff *chalīfa* (der Ursprung des deutschen Wortes Kalif) herleitet, ist durchaus bekannt, hat aber wie viele arabische Worte eine Fülle deutscher Entsprechungen. Im Grunde bedeutet es, jemandem, in diesem Fall Allah, nachzufolgen oder ihn zu vertreten. In diesem Sinne findet es in ganz normalen administrativen und weltlichen Kontexten Verwendung. Wie so vieles im Koran ist seine genaue Bedeutung hier jedoch schwer zu ergründen. Nachfolger kann es eindeutig nicht heißen, da Gott ewig ist und daher definitionsgemäß keinen Nachfolger haben kann, also muss ein Stellvertreter oder Statthalter Gottes auf Erden gemeint sein. Wieso wurden Adam und König David zu Kalifen erwählt, nicht aber andere hochverehrte Persönlichkeiten wie Moses, Joseph und Jesus? Und welche Funktion sollten sie erfüllen? Darüber schweigt die Heilige Schrift. Aus den Hinweisen im Koran können wir lediglich erschließen, dass Gott in mindestens zwei Fällen Kalifen ernannte. Daher war es nur logisch, dass er auch andere ernennen würde, wo und wann es angemessen erschien.

Die vier ersten rechtgeleiteten Kalifen Abū Bakr, Umar, Uthmān und Alī. Die osmanische Miniatur aus dem 16. Jahrhundert zeigt den genealogischen Zusammenhang der osmanischen Kalifen mit den ersten Nachfolgern Mohammeds.

Offenbar wurde dieser Begriff zur Zeit des Propheten Mohammed verwendet. Wenn er Medina zu einem Feldzug oder aus anderen Gründen verließ, ernannte er für die Dauer seiner Abwesenheit einen Stellvertreter (*chalīfa*). Einige von ihnen kennen wir namentlich, und seltsamerweise waren die meisten obskure Männer, die in der späteren Geschichte dieser Institution keine Rolle spielten und nur begrenzte Machtbefugnisse besaßen. Lediglich Uthmān, der dritte Kalif, war unter ihnen, nicht aber Abū Bakr und Umar, die beiden ersten Kalifen. Dennoch war diese Verwendung des Wortes vielleicht der Grund, dass die Muslime es wie selbstverständlich bei der (dauerhaften) Abwesenheit des Propheten übernahmen.[2]

Die Anfänge des Kalifenamtes lassen sich bis auf die sich überschlagenden Ereignisse nach dem Tod des Propheten 632 zurückverfolgen. Nach der Mehrheitsmeinung (der Sunniten) hatte Mohammed keinen ausdrücklich benannten Nachfolger hinterlassen, auch wenn er seinen alten Freund und Kollegen Abū Bakr gebeten hatte, die Gebete in seinen letzten Tagen zu leiten, als er selbst zu krank dazu war. Mohammed hatte erklärt, er sei der letzte der Propheten, jener langen, bis zu Adam zurückreichenden Reihe von Reformern und Predigern, die alle mit wechselndem Erfolg versucht hatten, die Menschheit wieder zur Anbetung des einzig wahren Gottes zu bewegen. Nach Mohammed konnte niemand mehr Anspruch auf den Titel Prophet Gottes erheben, ohne Mohammed und seine Gemeinde existenziell herauszufordern.

Eine weitere Möglichkeit der Nachfolge war aufgrund familiärer Erwägungen ausgeschlossen. Mohammed hatte zwar mehrere Ehefrauen und Kinder, aber nur eines davon hatte bis ins Erwachsenenalter überlebt, seine Tochter Fātima. Eine direkte Erbfolge in männlicher Linie kam daher nicht infrage, selbst wenn Mohammed und seine Gemeinde es gewünscht hätten (wofür es jedoch keinen Beleg gibt).

Was in den Stunden und Tagen nach Mohammeds Tod geschah, ist nicht ganz klar; in groben Zügen sind die Vorgänge jedoch offenbar allgemein unstrittig und hatten einen tief greifenden und dauerhaften Einfluss auf die gesamte weitere Geschichte des Kalifats. Um sie und ihre Widerspiegelung in der Erinnerung zu verstehen, muss man sich die Zusammensetzung der damaligen muslimischen Gemeinde in Medina genauer ansehen. Mohammed stammte nicht aus Medina, sondern war gut dreihundert Kilometer südlich, in Mekka, geboren und aufgewachsen. Obwohl die Überlieferung behauptet, seine Familie sei nicht reich gewesen, hatte sie – dem mächtigen Kaufmannsstamm der Quraisch zugehörig, der die Stadt beherrschte – doch eine bedeutende gesellschaftliche Stellung und spielte eine herausragende Rolle bei der Versorgung der Pilger, die schon vor Gründung des Islam die Kaaba verehrten. Dieser quaderförmige Bau im Stadtzentrum mit dem in eine Ecke eingelassenen schwarzen Stein war schon in vorislamischer Zeit ein Wallfahrtsort und steht bis heute im Zentrum des Haddsch, der muslimischen Pilgerfahrt. Die Zugehörigkeit zu den Quraisch bedeutete, Teil einer herrschenden Klasse zu sein, welche die politischen Angelegenheiten der Stadt regelte und die Handelskarawanen organisierte, die viel Wohlstand in diesen Ort inmitten der Trockenwüste brachten. Innerhalb der Quraisch gehörte Mohammed dem Clan der Banū Hāschim an, wie auch sein Onkel Abū Tālib, dessen Sohn Alī später Mohammeds Tochter Fātima heiratete und damit sein Schwiegersohn wurde. Dieser Clan umfasste allerdings nicht die ebenfalls zu den Quraisch zählende reiche und mächtige Umayyaden-Familie, die einen Großteil der Politik und des Handels im Ort dominierte.

Als sich die Lage in Mekka für Mohammed immer bedrohlicher gestaltete, weil vor allem einige Gruppen der Quraisch – wie etwa die Umayyaden – feindselig auf seine Predigttätigkeit reagierten, rettete ihn eine Einladung nach Medina, das damals den Namen Yathrib trug. Dort wünschten sich einige Einwohner einen Außenstehenden, der in den ständigen Fehden am Ort als Richter und Schlichter vermitteln sollte. Unter diesen Umständen unternahm er seine berühmte Reise, die Hidschra, in die Stadt, die für den Rest seines Lebens zu seiner Heimat und zunehmend zu seiner Machtbasis werden sollte. Allerdings reiste er nicht allein, sondern mit einigen anderen Stammesmitgliedern der Quraisch, die ihm ergeben genug waren, um ihm ins Exil zu folgen. Zu ihnen gehörten Abū Bakr, Umar, Uthmān und Alī. Sie und ihre Gefährten, die mitgingen, bezeichnete man als *muhādschirūn*, als Auswanderer, die mit dem Propheten die

Hidschra gemacht hatten und in der entstehenden muslimischen Gemeinde eine Elite bildeten. Heutzutage verwenden dschihadistische Gruppen häufig den Beinamen *muhādschirūn*, in dem die selbstlose Hingabe an den Propheten mitschwingt.

Die Neuankömmlinge ließen sich in der Oasenstadt unter den Einheimischen nieder, die man bald als *ansār*, Helfer des Propheten, bezeichnete. Auch diesen Begriff übernahmen moderne militante Gruppen als Ehrentitel. Im Großen und Ganzen teilten sich die beiden Bevölkerungsgruppen Raum und Ressourcen der Oasensiedlung erstaunlich reibungslos, vielleicht weil der Prophet als Mittler wirkte. Dennoch blieben die Unterschiede bestehen, die sich letztlich auf Verwandtschaft gründeten, da die *ansār* aus Medina eindeutig keine Quraisch waren. Möglicherweise gab es auch soziale Spannungen. Die Quraisch waren in Arabien ein weithin respektierter Stamm, bedeutende Kaufleute, die Kamelkarawanen nach Syrien, seltener auch in den Irak und nach Jemen organisierten. Sie waren Männer von Welt mit einem weiten Horizont, gewöhnt, die Führung zu übernehmen. Dagegen waren die *ansār* Bauern, die ihre Felder bestellten, Datteln ernteten und in ihrem Blickfeld auf ihre eigene kleine Gemeinde beschränkt waren. Es kann daher kein Zweifel bestehen, dass viele der *muhādschirūn* überzeugt waren, ihnen stünden ganz selbstverständlich Macht und Autorität zu.

Als sich die Nachricht von Mohammeds Tod in der Gemeinde herumsprach, wurden beide Gruppen aktiv, um ihre Position zu sichern. Die *ansār* versammelten sich in der Saqīfa (Halle) der Banū Sāʿida, des Clans, dem das Haus gehörte. Hier sprachen sich manche dafür aus, dass nun, nachdem Mohammed verstorben sei, seine einzigartige Autorität aufgeteilt werden solle: Sie würden einen Führer wählen, und die *muhādschirūn* sollten ihren eigenen bestimmen. In einem entscheidenden Moment jedoch stürmte eine Gruppe von *muhādschirūn* die Versammlung und forderte, alle *muhādschirūn* und *ansār* sollten einem von ihnen die Treue schwören, nämlich dem erfahrenen Abū Bakr, einem alten Mann, der wegen seiner Weisheit und seiner engen Verbindung zu Mohammed verehrt wurde. So legten denn alle auf den neuen Führer einen Treueid ab, der im arabischen *baiʿa* genannt und durch ein Handauflegen oder Streicheln symbolisiert wird.

Eine kleine Gruppe war an dieser Übereinkunft jedoch nicht beteiligt. Mohammeds unmittelbare Familie war damit beschäftigt, den Leichnam vor der Beisetzung zu waschen, wie die Sitte es verlangte. Zu ihnen gehörte selbstverständlich auch sein Cousin und Schwiegersohn Alī. Er war also von dieser Vereinbarung ausgeschlossen, und obwohl die meisten Quellen nachdrücklich behaupten, er habe sie später akzeptiert, sahen seine Anhänger und vielleicht auch er selbst sie als Putsch, der ihn um seine natürlichen Rechte gebracht hatte.

Was genau in der Saqīfa der Banū Sāʿida geschah, werden wir nie erfahren, aber es hatte auf die zukünftige Führung der muslimischen Gemeinde folgenschwere Auswirkungen, die keiner der damals Anwesenden ahnen konnte. Was als spontane Reaktion auf eine vorübergehende Krise begann, entwickelte sich zu einem Wendepunkt, dessen Wesen und Tragweite in den folgenden 1400 Jahren hitzig diskutiert wurden.

Dabei ging es um zwei grundlegende Fragen. Erstens wurde der Grundsatz etabliert, dass das Oberhaupt der Gemeinde – nennen wir es Kalif, auch wenn dieser Titel möglicherweise in diesem frühen Stadium noch nicht festgelegt wurde – ein Mitglied der Quraisch sein müsse. Damit waren nicht alle einverstanden, wie wir bei der Erörterung der Charidschiten noch sehen werden, wohl aber die meisten Muslime, und bis heute ist dieses Prinzip eine Schlüsseldoktrin sowohl der Sunniten als auch der Schiiten. Das andere Ergebnis war wesentlich strittiger: Alī und die weitere Familie des Propheten waren von dem Verfahren ausgeschlossen und um jegliche Möglichkeit gebracht worden, ihre Ansprüche auf die Nachfolge geltend zu machen oder ihre Meinung zu äußern. Zudem wurden die *ansār*, deren Loyalität dem Propheten den Aufbau seiner Gemeinde in Medina erst ermöglicht und ihn gegen die Angriffe der Quraisch aus Mekka verteidigt hatte, in eine zweitklassige Stellung abgedrängt. In der langen Geschichte des Kalifats hat niemand je unter Hinweis auf seine Abstammung von den *ansār* Anspruch auf dieses Amt erhoben. Die Spaltungen innerhalb der Muslimgemeinde im Hinblick auf das Wesen des Kalifats sind unmöglich zu begreifen, ohne zu verstehen, was in der Saqīfa der

Banū Sāʿida tatsächlich oder – was weitaus wichtiger ist – vermeintlich geschah.

Laut der späteren historischen Erzählung akzeptierte die Muslimgemeinde Abū Bakr als Oberhaupt mit dem Titel Kalif, und diese Sicht ist seither allgemein anerkannt. Tatsächlich ist das jedoch keineswegs gesichert, wie wir gesehen haben, und manches deutet darauf hin, dass Umar der erste war, der diesen Titel trug.³ Wie dem auch sei: In jedem Fall war diese Bezeichnung innerhalb eines Jahrzehnts nach dem Tod des Propheten als Titel des Oberhaupts der Muslimgemeinde anerkannt.

Aber was verstanden die frühen Muslime darunter? Keine der Quellen macht dazu genauere Angaben. Keiner der Verfasser erklärte in diesem Frühstadium schriftlich, was er sich darunter vorstellte. Stattdessen müssen wir dies aus Darstellungen ableiten und erschließen, die wir in späteren Chroniken, Berichten über die immer polemischen öffentlichen Debatten sowie in Briefen und Dichtung finden. Unter diesen Quellen sind Gedichte in gewisser Weise am wertvollsten, weil sie vermutlich enger an den Gepflogenheiten der damaligen Zeit bleiben. Erzählungen und Briefe lassen sich so bearbeiten, dass sie eine spätere Sprache widerspiegeln. In der strengen formalen Metrik der klassischen arabischen Poesie ist dies jedoch kaum möglich, ohne dem Text offensichtlich Gewalt anzutun. Allerdings stammen die meisten Gedichte, auf die wir uns stützen, aus der späten Umayyaden-Zeit und nicht aus den ganz frühen Jahren.

Im Sprachgebrauch des Begriffs Kalif gab es eine wesentliche Unsicherheit. *Chalīfa* kann, wie gesagt, entweder Stellvertreter oder Nachfolger heißen: Aber welche dieser Bedeutungen war gemeint? Und wessen Stellvertreter oder Nachfolger war der Kalif? In frühmuslimischen Debatten zu diesem Thema tauchen zwei Sichtweisen auf: Nach einer Ansicht ist er der Stellvertreter Gottes – häufig ist der Ausdruck «Statthalter Gottes auf Erden» (*chalīfat Allāh fī ardihi*) zu finden. Hier gibt es keine Zweideutigkeit, denn Gott kann, wie gesagt, keinen Nachfolger haben. Manche wandten dagegen ein, der vollständige Titel habe schon immer gelautet und müsse auch weiter lauten «Nachfolger des Gesandten Gottes» (*chalīfat rasūl Allāh*), also Nachfolger Mohammeds. Dieser Unterschied spielte und spielt nach wie vor eine Rolle. Wenn der Kalif Statthalter Gottes war, besaß er eine quasi göttliche Stellung und Autorität, die alle Muslime annehmen und respektieren müssten. War er dagegen lediglich der Nachfolger Mohammeds, hatte sein Amt erheblich weniger Gewicht. Ein Prophet konnte er nicht sein, da Mohammed der letzte dieser Reihe war, also musste er ein ganz gewöhnlicher Mensch sein, der einige der weltlichen und administrativen Funktionen erfüllte, die der Gesandte Gottes zu Lebzeiten ausgeübt hatte.

Muslime wie auch westliche Gelehrte nahmen durchweg an, dass der richtige Titel schon immer «Nachfolger des Propheten Gottes» lautete. Zwei Experten für den islamischen Nahen Osten, Patricia Crone und Martin Hinds aus Cambridge, veröffentlichten 1986 ein kleines, aber wichtiges Buch, in dem sie anhand einer Fülle von Belegen aus Texten und Münzen überzeugend darlegten, dass der Titel von Anfang an Statthalter Gottes bedeutet habe. Nach ihrer Argumentation brachten im 19. Jahrhundert – in dem Bestreben, dieses Amt abzuwerten – *ulamā* (Religionsgelehrte) im Zuge der großen Auseinandersetzungen zwischen Kalifen und Gelehrten, wer Gesetze und islamische Rechtsnormen festlegen dürfe, die Idee auf, der Titel bedeute Nachfolger.[4]

Kalif war nicht der einzige Titel, der für die ersten Oberhäupter gebräuchlich war. Bereits sehr früh findet sich für den Kalifen die Bezeichnung *Amīr al-Mu'minīn*, was gewöhnlich als Befehlshaber der Gläubigen übersetzt wird, da *Amīr* (im Deutschen oft Emir) Befehlshaber oder Fürst bedeutet. Diesen Titel erhielten Militärführer oder Lokalherrscher häufig nach dem Zusammenbruch des Abbasiden-Kalifats zu Beginn des 10. Jahrhunderts, und bis heute ist er als Fürstentitel in den Golfstaaten gebräuchlich. Problematischer ist der Begriff *Mu'minīn*: Wäre es nicht wesentlich logischer gewesen, das Wort Muslime zu verwenden und das Oberhaupt als *Amīr al-Muslimīn* zu bezeichnen? Dagegen konnte *Mu'minīn* sich nicht nur auf Muslime, sondern auch auf Nichtmuslime beziehen, die mit ihnen einen bindenden Friedensvertrag geschlossen hatten. Anders als das Wort Kalif taucht der Titel Befehlshaber der Gläubigen nicht im Koran auf, der somit keine Anhaltspunkte liefern kann; aber seine Verwendung in späteren Texten deutet darauf hin, dass er bereits sehr früh in Gebrauch war und aus einer Zeit stammt, in der die Muslime Seite an Seite mit nichtmuslimischen Verbündeten kämpften. Wie immer sein Ursprung und seine eigentliche Bedeutung auch sein mag, dieser Titel war schließlich untrennbar mit dem des Kalifen verknüpft: Nicht nur Umayyaden und Abbasiden, sondern auch Fatimiden und Almohaden und viele andere Herrscher, die den Kalifentitel beanspruchten, bezeichneten sich auch als Befehlshaber der Gläubigen.

Daneben findet sich zudem der Titel Imam, der im Grunde für einen Vorsteher oder Anführer steht. Häufig bezeichnet er den Vorbeter in einer Moschee, besonders in der Schia wird er aber auch für das Oberhaupt der gesamten Muslimgemeinschaft verwendet und ist somit häufig ein Synonym für Kalif.

Die Regentschaft von Abū Bakr und Umar

Die ersten vier Kalifen, Abū Bakr (632–634), Umar ibn al-Chattāb (634–644), Uthmān ibn Affān (644–656) und Alī ibn Abī Tālib (656–661), bezeichnen arabische Quellen als *rāschidūn*, was gewöhnlich als «rechtgeleitet» übersetzt wird. Dieser Sprachgebrauch stammt aus einer Zeit, in der die meisten sunnitischen Muslime diese vier als gerechte, gottgeleitete Herrscher anerkennen konnten, auch wenn unter ihren Nachfolgern der Umayyaden-Zeit und späteren Kalifen Fehlentwicklungen einsetzten. Die Bezeichnung ist ein praktischer und weithin akzeptierter Oberbegriff für diese vier nicht verwandten und äußerst unterschiedlichen Herrscher.

Die historischen Quellen liefern eine Vielzahl von Informationen über die vier Männer, zogen die Ereignisse dieser frühen Jahre doch bedeutende, dauerhafte Folgen für die Entwicklung der islamischen Gemeinschaft nach sich: Vor allem schufen sie die Grundlage für die Spaltung zwischen sunnitischen und schiitischen Muslimen, die sich in den nachfolgenden vier Jahrhunderten noch vertiefen sollte. Die sunnitische Überlieferung zeichnet sie als äußerst unterschiedliche

Persönlichkeiten: Abū Bakr als würdigen, leutseligen Greis; Umar als Organisator und strengen Moralisten; Uthmān als gütigen Mann mit einer verhängnisvollen Vorliebe für seine eigene Familie; und Alī als redlichen, aber wankelmütigen Herrscher, der von den Ereignissen überwältigt wurde. Diese Charakterzeichnungen spiegeln vermutlich ihre tatsächlichen Persönlichkeiten wider, vermitteln zugleich aber auch etwas über das Wesen der Kalifenherrschaft. Spätere Epochen sahen die Regentschaft der ersten Kalifen rückblickend als Beispiele für gute Regierungsarbeit wie auch für mögliche Fehlentwicklungen. In modernen Debatten über das Kalifat spielen die rechtgeleiteten Kalifen eine herausragende Rolle.

Alle vier hatten schwerwiegende Probleme zu bewältigen. Der erste musste den Fortbestand der islamischen Gemeinschaft nach dem Tod ihres Gründers sichern und die Stellung ihres Herrschers etablieren. Zur Zeit Umars war es oberste Priorität, die unter Abū Bakr eingeleiteten und unter Umar fortgesetzten umfangreichen arabischen Eroberungen im Nahen Osten zu verwalten. Bis zu Umars Tod 644 hatten muslimische Armeen Syrien, den Irak und Ägypten erobert, und Uthmān hatte diese Landgewinne in der ersten Hälfte seiner Regentschaft um große Teile des Irans und Nordafrikas erweitert. Von ihrer Hauptstadt Medina aus, der Stadt des Propheten, organisierten und entsandten die Kalifen die Armeen, die das große Oströmische Reich und das Perserreich zu Fall brachten, obwohl keiner der Kalifen die muslimischen Heere persönlich anführte.

Eroberung bedeutete keineswegs, dass alle Völker der eingenommenen Gebiete Muslime wurden: Es hieß lediglich, dass sie gezwungen waren, die neue arabisch-muslimische herrschende Klasse als politische Obrigkeit anzuerkennen. Die Bekehrung weiter Bevölkerungsteile zum Islam war ein wesentlich langsamerer, friedlicherer Prozess, der vermutlich vier oder fünf Jahrhunderte dauerte. Es war eine große Leistung, die eine völlige Umwälzung der antiken Welt bedeutete und sich in ihren Folgen bis heute auswirkt. In gewisser Weise war die Organisation der Streitkräfte der einfachere Teil dieser Eroberungen. Weitaus problematischer gestaltete sich die Verwaltung dieser reichen und recht unterschiedlichen Gebiete, sobald sie unter arabisch-muslimischer Kontrolle standen. Die heikelste

Aufgabe bestand darin, mit der muslimischen Elite umzugehen und eine aufgrund der aufkommenden heftigen Rivalitäten drohende Spaltung der muslimischen Welt zu verhindern.

Gleich zu Beginn seiner Regentschaft 632 sah Abū Bakr sich mit einer großen Herausforderung konfrontiert. In seinen beiden letzten Lebensjahren hatte der Prophet Anhänger auf der ganzen arabischen Halbinsel gefunden. Sie hatten Delegationen geschickt und ihm als Gesandtem Gottes und Führer eines immer mächtigeren Stammesbundes, mit dem man sich gut stellen musste, die Treue gelobt. Häufig hatten sie sich auch bereit erklärt, eine Almosenabgabe (*sadaqa* oder *zakāt*) zu zahlen. Nach dem Tod des Propheten kündigten viele dieses Treuegelöbnis mit der Begründung auf, dass sie es Mohammed persönlich gegeben hätten, nicht aber seinen Nachfolgern oder der Gemeinde in Medina. Andere erklärten, sie wollten Muslime bleiben, aber keine Abgaben zahlen. Wieder andere wählten eigene Propheten wie Musailima in Ostarabien mit dem Argument, wenn die Quraisch einen Propheten hätten, sei es nur gerecht, dass auch sie einen besäßen. In der muslimischen Tradition heißt diese Bewegung *ridda*, Abfall.

In einer solchen Situation hätte es zum Auseinanderbrechen der *umma* und zum Rückfall in die Fragmentierung und Anarchie kommen können, die Arabien in vorislamischer Zeit geprägt hatten. Aber Abū Bakr, der dies verhindern wollte, initiierte, geschickt von Umar unterstützt, eine Reihe von Feldzügen, an deren Spitze häufig Chālid ibn al-Walīd stand, der zur alten Aristokratie der Quraisch gehörte und später in Geschichtsschreibung und Legenden als «Schwert des Islam» verehrt wurde. Die Feldzüge wurden erbarmungslos geführt und brachten rasche Erfolge. Am Ende der kurzen Regentschaft Abū Bakrs 634 waren die Stämme Arabiens effektiv wieder der Kontrolle Medinas unterworfen. Damit war ein neues Prinzip etabliert: Für alle, die den Islam einmal angenommen hatten, gab es kein Zurück. Der Abtrünnige oder Apostat (arabisch *murtadd*) konnte und sollte von einem rechtgläubigen Muslim getötet werden. Die *ridda*-Bewegung führte zudem zur Entstehung einer neuen muslimischen Klasse. Die *muhādschirūn* und allgemeiner die Quraisch bildeten die Elite der Gemeinschaft, die *ansār* waren ihnen zwar untergeordnet, hatten aber immer noch eine gehobene Stellung, während die abgefallenen Stämme, die durch Kriege wieder in die Gemeinschaft zurückgebracht wurden, Bürger dritter Klasse waren. Das spielte später bei der Verteilung der Gewinne und Kriegsbeute nach den großen arabischen Eroberungen eine wichtige Rolle.

Abū Bakr starb friedlich in hohem Alter. Während seiner zweijährigen Regentschaft hatte er viel erreicht. Es gibt zwar keine eindeutigen Belege, dass er je den Titel Kalif trug, frühe Muslime waren jedoch eindeutig davon überzeugt, und seine Leistungen und sein Ruf bewirkten, dass dieses Amt sich bei ihnen fest etablierte. Bei Schriftstellern und Dichtern der Umayyaden-Zeit und späterer Epochen erhielt er den informellen Beinamen Ṣiddīq, der Wahrhaftige oder Vertrauenswürdige, ein Beleg, dass die meisten Muslime ihn voller Respekt in Erinnerung behielten.

Die großen arabischen Eroberungen waren im Grunde eine Fortsetzung der Kriege gegen die Abtrünnigen. Hier ist nicht der richtige Ort, die Details der verschiedenen Feldzüge und Schlachten darzulegen, einige wenige Aspekte sind jedoch erwähnenswert. Anfangs, um 634, gab es zwei Hauptfronten: Syrien und den Irak. Gegen Lebensende des Propheten hatte es bereits erste militärische Vorstöße gegen Syrien gegeben, die nach dessen Tod weiterverfolgt wurden. Die Eroberung gelang schließlich mit relativ wenigen Angehörigen der muslimischen Elite und mit Gruppen aus dem westarabischen Hedschas, zeitweise in Allianz mit bereits in Syrien etablierten Stämmen, von denen manche Christen waren und blieben. Diese besiegten die byzantinischen Truppen 636 in der Schlacht am Jarmuk und beendeten die tausendjährige Herrschaft griechischsprachiger Eliten in Syrien und Palästina. Der Irak wurde dagegen überwiegend von Stammesangehörigen aus Nord- und Ostarabien bis Oman im Süden erobert. Die Führung dieser Feldzüge vertraute man vor allem Angehörigen der Quraisch an wie Saʿd ibn Abī Waqqāṣ. Er befehligte die Truppen, die – ebenfalls im Jahre 636 – die Perser in der Entscheidungsschlacht von Qādisiyya schlugen und sie aus dem Irak vertrieben. Die meisten einfachen Soldaten kamen jedoch nicht aus der Oberschicht und teils sogar aus Gruppen, die sich ursprünglich den Abtrünnigen angeschlossen hatten. Daraus sollten fortgesetzte und anhaltende Konflikte zwischen irakischen und syrisch-arabischen Muslimen erwachsen, die letztlich zum Ende der rechtgeleiteten Kalifen führten.

Ein weiterer wichtiger Aspekt dieser Eroberungen ist, dass sie durch organisierte Feldzüge erfolgten. Dabei handelte es sich nicht etwa um eine Massenmigration barbarischer Stämme ins reiche, zivilisierte Vorderasien, sondern um den gezielten Einsatz von Streitkräften, die aus Freiwilligen rekrutiert wurden. Diese kamen nach Medina, wurden diversen Kommandeuren zugeteilt und in unterschiedliche Richtungen entsandt. Der Oberbefehl über diese Unternehmungen lag bei den Kalifen, vor allem bei Umar, der in seiner zehnjährigen Regentschaft als Kopf hinter den wichtigsten Militäroperationen stand.

Die Eroberungsfeldzüge waren in einem Maße erfolgreich, das selbst die Erwartungen der optimistischsten frühen Muslime übertroffen haben muss. Innerhalb weniger Jahre erlangten sie die Kontrolle über ausgedehnte Territorien und über eine umfangreiche Bevölkerung in Städten, Dörfern, Weilern und Bauernhöfen, was ihnen eine erstrebenswerte, aber ungewohnte Ressourcenbasis erschloss. Wie sollten nun diese Länder verwaltet und Muslime für ihren Anteil an den siegreichen Feldzügen belohnt werden? Anfangs kam es besonders im Irak zu einigem Gerangel, als einzelne Kommandeure versuchten, sich Gutshöfe und Ländereien anzueignen. Dem setzte Umar jedoch bald ein Ende, und dass es ihm gelang, zeugt von der Autorität und dem Ansehen, die der Kalif damals bereits besaß.

Im Irak führte er ein System ein, das die eroberten Gebiete und die daraus zu erzielenden Einnahmen ungeteilt ließ (arabisch *faiʾ*), um mit den Gewinnen die arabischen Stammesangehörigen zu unterstützen. Die Araber durften sich nicht in den gesamten eroberten Territorien ausbreiten, sondern wurden in eigens gegründeten Ortschaften (arabisch *miṣr,* pl. *amṣār*) angesiedelt. Die ersten dieser Siedlungen waren Kufa südlich von Bagdad im Zentralirak und Basra an der Golfküste, später folgten Fustāt (Altkairo) und Qairawān in Tunesien, Mosul im Nordirak und Schiraz im Südwestiran. Ihre Namen und Zahlungen, auf die sie Anspruch hatten, wurden in Listen geführt, die man *dīwān* nannte. Keine dieser Listen ist im Original erhalten geblieben, ihre Existenz belegt jedoch, dass die Ausbreitung und Ansiedlung der Araber einer strengen staatlichen Kontrolle unterlag.

Die von Umar eingeführten Regelungen hatten auf die muslimische Gesellschaft tiefgreifende und dauerhafte Auswirkungen, die zumeist positiv waren. Die Anwesenheit zahlreicher staatlich bezahlter Soldaten war ein wichtiger Faktor für die Entstehung jener lebendigen Marktwirtschaft, die für die frühislamische Welt typisch war. Sie bedeutete zudem, dass der Staat Münzen verwenden und eine Bürokratie mit Beamten unterhalten musste, die lesen, schreiben und rechnen konnten. Das führte wiederum zur Entwicklung einer in der arabischen Sprache ausgebildeten Schicht mit der Möglichkeit und den Kenntnissen, in Literatur und andere geistige Aktivitäten zu investieren.

Gleichzeitig führten diese Regelungen jedoch auf verschiedenen Ebenen zu ständigen Konflikten über die Verteilung der Ressourcen. Innerhalb der Gemeinden kam es zu Spannungen zwischen den frühen Konvertiten zum Islam, die Vorrang (*sābiqa*) hatten und somit höhere Gehälter bekamen, und später Übergetretenen und ehemaligen Abtrünnigen, die auf einem sehr niedrigen Lohnniveau standen. Zudem gab es Reibereien zwischen Verfechtern der Auffassung, dass alle in einer Provinz wie Kufa erzielten Einnahmen auch dort ausgegeben werden sollten, und denjenigen, die eine Abführung der Überschüsse nach Bezahlung der Gehälter an die Behörden des Kalifen in Medina beziehungsweise unter den Umayyaden nach Damaskus befürworteten. Die Tatsache, dass Kalif Umar dieses System eingeführt hatte, wie Alī später bestätigte, verlieh ihm eine quasi religiöse Autorität. Daher sahen diejenigen, die Anspruch auf die gesamten Steuereinnahmen der Provinz und deren Verteilung nach den von Umar festgelegten Regeln erhoben, dies nicht nur als ihr weltliches Recht (*dunya*), sondern als festen Bestandteil ihres Glaubens (*dīn*) an, und als die Umayyaden diese Regelungen im Interesse einer effizienteren Verwaltung zu ändern versuchten, galten sie nicht nur als niederträchtig und habgierig, sondern auch als gottlos und antiislamisch.

Ein weiteres Vermächtnis, mit dem der Kalif sich ein bleibendes Andenken schuf, ist der sogenannte «Pakt Umars». Dabei handelt es sich nicht um einen schriftlichen, vom Kalifen unterzeichneten Vertrag, sondern um eine Reihe von Richtlinien und Erlassen zur Stellung seiner nichtmuslimischen Untertanen wie Juden, Christen und Zoroastriern. Sie legten in Grundzügen fest, dass Nichtmuslime ihre Religion, ihren Kultus und ihre Kultstätten sowie ihr persönliches und familiäres Eigentum behalten durften. Allerdings gab es Einschränkungen, die von einer Version des Paktes zur anderen variierten. Meist ging es darum, Kirchenneubauten (manchmal auch die Reparatur bestehender Kirchen), öffentliche Umzüge, Kritik am Islam und das Tragen von Waffen zu verbieten. Zeitweise mussten Nichtmuslime bestimmte Kleidung tragen und durften keine Pferde reiten. Vor allem aber erlegte der Pakt ihnen eine Kopfsteuer (*dschizya*) auf. Nichtmuslime galten als Schutzbefohlene (*dhimmī*), denen Sicherheit und Religionsfreiheit zugesichert wurde. Angehörige von Minderheiten waren besonders eifrig darauf bedacht, diese Regelungen Umar zuzuschreiben, weil sie dadurch in gewisser Weise durch die Autorität und den frommen Ruf des großen Kalifen garantiert waren.

Umar starb 644 durch das Attentat eines persischen Sklaven, der ihn aus persönlichen Gründen tötete. In mancherlei Hinsicht kann er als Begründer des Kalifats gelten. Obwohl es ebenso wie bei Abū Bakr keinen direkten zeitgenössischen Beleg dafür gibt, dass er diesen Titel trug, sind sich arabische Quellen praktisch darüber einig, dass dies der Fall war. Eindeutig war er eine bekannte Persönlichkeit. Als ein Araber seinen Namen in einen Felsen in Westarabien ritzte und datieren wollte, verwies er lediglich auf das Jahr, in dem Umar starb, als ob dessen Berühmtheit weitere Formalitäten oder Erklärungen überflüssig machte.[5] Umar steht in der sunnitischen Tradition bis heute im Ruf des großen Gesetzgebers, der unbestechlich und streng war und Extravaganz oder Anmaßung bei seinen Gouverneuren und Generälen umgehend bestrafte. Sein Andenken lebt in Anekdoten weiter, die beschreiben, dass er jeglichen Herrscherpomp ablehnte und in seinen Mantel gehüllt für alle zugänglich in einer Ecke der Moschee schlief. Wir erfahren auch, dass persische Gesandte oder Gefangene, die an die Förmlichkeit und den Prunk des persischen Hofes gewöhnt waren, über seine schlichte Kleidung und Lebensweise verwundert und sogar fassungslos waren. Einerseits spiegeln solche Geschichten sicher eine historische Realität und die Persönlichkeit Umars wider, andererseits wurden sie aber auch als Musterbeispiel islamischer Monarchie und als eindeutige Kritik an der Extravaganz und am Prunk späterer Herrscher tradiert und wahrscheinlich entsprechend ausgeschmückt.

Umar wird nicht nur in der muslimischen Überlieferung, sondern auch in ganz anderen Kulturen bewundert. So schrieb der Brite Edward Gibbon im 18. Jahrhundert über ihn:

> Doch standen Omars Enthaltsamkeit und Demut den Tugenden des Abu Beker in nichts nach: Seine Nahrung bestand wesentlich aus Gerstenbrot und Datteln, er trank ausschließlich Wasser, und seine Predigten hielt er in einem Gewande, das an zwölf Stellen geflickt oder zerrissen war. Ein persischer Satrap, der dem Eroberer einen Huldigungsbesuch machen wollte, fand ihn auf den Stufen der Moschee von Mekka unter Bettlern schlafend. – Wirtschaftlichkeit ist die Quelle der Freigebigkeit; und die zunehmenden Staatseinnahmen ermöglichten es Omar, eine gerechte und immerwährende Belohnung für frühere oder gegenwärtige Verdienste der Gläubigen auszusetzen. Gleichgültig gegenüber seinem eigenen Vorteil wies er dem Onkel des Propheten, Abbas, das erste und größte Jahresgehalt von fünfundzwanzigtausend Silberstücken an. Jeder Veteran aus der Schlacht von Beder erhielt fünftausend Stück Silber, und noch der geringste unter Mohammeds Gefährten erhielt eine jährliche Belohnung von dreitausend Stück ... Unter der Regierung des Kalifen und seiner Vorgänger waren die Bezwinger des Orients die wahren Diener Gottes und des Volkes; die große Masse des Staatsschatzes blieb den Ausgaben für Krieg und Frieden vorbehalten; eine wohlberechnete Mischung von Gerechtigkeit und Güte bewahrte die Disziplin der Sarazenen; die Kalifen vereinten, was ein seltener Glücksumstand ist, die Promptheit und Durchschlagskraft des Despotismus mit den Gleichheits- und Mäßigungsgrundsätzen einer republikanischen Verfassung.[6]

Gibbons von den Schriften klassischer Historiker durchdrungene Sicht mag in unseren Ohren merkwürdig klingen, und der Hinweis auf eine republikanische Verfassung erscheint weit hergeholt, dennoch fällt auf, wie sehr die in seinen eigenen Worten geäußerte Ansicht eines Denkers der Aufklärung sich mit der von Muslimen aller Epochen deckt.

Das Bild Umars hatte noch einen religiöseren, geradezu messianischen Aspekt, der nach all diesen Jahrhunderten schwer nachzuvollziehen ist. Wie Abū Bakr vor und Uthmān nach ihm beschloss auch Umar, während seiner Regentschaft im Hedschas zu bleiben, nahezu ausschließlich in der Stadt des Propheten, Medina. Allerdings machte er eine Ausnahme: Jerusalem spielte in der frühislamischen Überlieferung eine wichtige Rolle. Angeblich beteten die ersten Muslime in Richtung dieser heiligen Stadt, bevor Mohammed die Ausrichtung des muslimischen Gebets, die *qibla*, auf Mekka anordnete. Von Jerusalem, nicht von Mekka aus begann der Prophet angeblich seine wunderbare Himmelfahrt, um vom Tempelberg, auf dem später der Felsendom entstand, die volle Pracht der göttlichen Schöpfung zu schauen. Nachdem muslimische Truppen Damaskus und weite Teile Syriens und Palästinas erobert hatten (nur die Küstenstadt Caesarea hielt ihnen stand) und sich 638 abzeichnete, dass sie bald Jerusalem einnehmen würden, das damals unter byzantinischer Herrschaft war, brach Umar Richtung Norden auf. Nach seiner Ankunft in Jerusalem nahm er die Kapitulation der Stadt durch den ehrwürdigen christlichen Patriarchen Sophronius entgegen.

Eine Version des Vertrages, den er damals schloss, ist in der arabischen Fassung erhalten geblieben. Darin erlaubt er den *Rūm* (Römern, also Byzantinern) den friedlichen Abzug mitsamt ihrer Habe und garantiert der restlichen Bevölkerung den Status als *dhimmī*. Er betete auf dem Tempelberg an der Stelle, an der früher der jüdische Tempel gestanden hatte und die offenbar damals von Trümmern bedeckt war, und befahl, den Schutt zu beseitigen. Laut einer alten jüdischen Überlieferung erlaubte er den Juden, die unter den Byzantinern eine rigorose Vertreibung erlebt hatten, in die Stadt zurückzukehren. Allerdings lehnte er die Einladung des Patriarchen, in der Grabeskirche zu beten, mit der Begründung ab, dass, wenn er es täte, die Muslime davon Besitz ergreifen und sie in eine Moschee umwandeln würden. Stattdessen betete er daneben an einer Stelle, an der wesentlich später die noch heute bestehende Umar-Moschee erbaut wurde. Viele dieser vielleicht legendären Details sind in arabisch-christlichen Erzählungen überliefert worden, die betonen, dass der größte Kalif von allen die Heiligkeit der Kirche und die Rechte der Christen respektiert habe.

Vermutlich aufgrund dieses Feldzuges erhielt Umar den Beinamen Fārūq, unter dem er zeitweise bekannt war. Dieser aramäische, nicht arabische Begriff bedeutet Erlöser. Was die frühen Muslime genau darunter verstanden, ist nicht klar, es gibt jedoch Vermutungen, dass er mit einem eschatologischen Diskurs zusammenhing, der die muslimische Eroberung Jerusalems als Zeichen für das Ende aller Tage und den Beginn des Jüngsten Gerichts sah. Die genaue Wortbedeutung ist unrettbar verloren gegangen, der Beiname belegt jedoch, dass der Kalif bei Muslimen wie Nichtmuslimen einen tiefen Eindruck hinterließ.

Uthmān und die erste Krise

Als Umar im Sterben lag, kümmerte er sich um die Regelung seiner Nachfolge. Die Wahl Abū Bakrs und Umars war, gelinde gesagt, formlos vonstatten gegangen. Im Grunde hatten Umar und andere *muhādschirūn* Abū Bakr gewählt, der wiederum später Umar nominiert hatte. Es gab also keine Präzedenzfälle, auf welche die Gemeinschaft hätte zurückgreifen können. Nach Umars Willen sollte jedoch eine *schūra*, ein Beratergremium, das nächste Oberhaupt wählen. Er ernannte sechs Männer, ausnahmslos Angehörige der Quraisch. Die *ansār* aus Medina und die übrigen Muslime waren ausgeschlossen, aber Alī, der an der Wahl Abū Bakrs nicht hatte teilnehmen können, gehörte dem Gremium an. Nach einigen Beratungen einigte sich die *schūra* auf den alten, angesehenen Kaufmann Uthmān, selbstverständlich ein Quraischi und einer der ersten Anhänger Mohammeds. Die Führer der muslimischen Gemeinde schworen ihm pflichtgemäß die Treue.

Seither hat die Bildung der *schūra* für die Kalifenwahl im politischen Denken der Muslime tiefgreifenden Nachhall gefunden. Hier war ein System, das einem bis dahin offenbar ad hoc erfolgten Vorgehen Legitimität verlieh. Zugleich war dieses Konzept äußerst flexibel und offen für weitreichende Interpretationen. Das arabische Wort *schawara*, aus dem sich *schūra* ableitet, bedeutet nicht etwa Wahl im demokratischen Sinne, sondern Rat und Beratung. Die *schūra*, die Uthmān wählte, war das einzige offene und regelrecht konstituierte Gremium in der Geschichte des Kalifats. Die Idee blieb jedoch im Laufe der Jahrhunderte für viele lebendig und eine Inspirationsquelle, da eine gewisse Beteiligung der Gemeinde einem oftmals undurchsichtig und willkürlich erscheinenden Prozess Legitimität verleihen konnte. Zudem wurde dieser Begriff auch als legitimierende Erklärung für Wahlverfahren verwendet, die alles andere als offen waren. Schließlich legte kein Gesetz fest, wie viele Mitglieder eine *schūra* umfassen sollte, dass sie in irgendeiner Weise repräsentativ für die breite muslimische Gemeinde zu sein hatte oder ihre Beratungen öffentlich abgehalten werden müssten. So konnte man argumentieren, eine *schūra* mit nur einem Berater, der in aller Eile und im Geheimen hinzugezogen werde, sei nach dem von Umar festgelegten Muster ein gültiges und akzeptables Verfahren, um ein neues Oberhaupt zu wählen. Den Schiiten war die Idee der *schūra* ein Gräuel, da man sich mit der Wahl eines Oberhaupts der Muslime eine Aufgabe anmaßte, die allein Gott zustand.

Bei muslimischen Historikern und Kommentatoren hat Uthmān einen gemischten Ruf. Die Ereignisse unter seiner Regentschaft sind im Allgemeinen unumstritten. Nach der traditionellen Darstellung erlebte er sechs erfolgreiche Jahre, doch dann ließ er den Siegelring des Propheten in einen Brunnen fallen, was das Ende seines Glückes und seiner guten Regierung bedeutete. In diese Zeit fielen das weitere Vordringen muslimischer Truppen in den Iran und der Tod des letzten Sassaniden-Schahs Yazdegerd III. 651. Danach kam die militärische Expansion weitgehend zum Stillstand (wurde allerdings im frühen 8. Jahrhundert wieder fortgesetzt), und die Einnahmen aus Kriegsbeute müssen versiegt sein. Bei Gruppen, nach deren Empfinden die Elite der Gemeinschaft zu reich und arrogant wurde, wuchs um diese Zeit die Unzufriedenheit mit Uthmāns Herrschaft. Sie gipfelte 656 im Irak wie auch in Ägypten in aktiven Revolten. Aus beiden Gebieten machten sich bewaffnete Gruppen auf den Weg nach Medina, um ihre Forderungen mit Gewalt durchzusetzen. Als sie in der Hauptstadt eintrafen, fanden sie den alten Mann praktisch wehrlos vor, da alle führenden Mitglieder der muslimische Elite, darunter vor allem auch Alī, ihn verlassen hatten. Er saß allein in seinem Haus und las den Koran, als man ihn ermordete und sein Blut auf die Seiten der aufgeschlagenen Heiligen Schrift tropfte.

Der Mord an Uthmān war für die frühislamische Gemeinde ein schweres Trauma, das bis ins 21. Jahrhundert seinen Nachhall findet. Man kann die Ereignisse, die zu seiner Ermordung führten, streng historisch betrachten. Uthmān versuchte, ein riesiges, erst kurz zuvor geschaffenes Reich zu verwalten. Die Eroberungen waren zum Erliegen gekommen, die Ressourcen gerieten unter Druck, und viele Muslime fühlten sich ausgeschlossen und verarmt, während sie andere in Saus und Braus leben sahen. Am augenfälligsten waren die Quraisch im Umfeld des Kalifen, häufig junge Männer, die keinerlei Erfahrungen in den harten Kämpfen der Frühzeit des Islam gesammelt hatten. Voller Verbitterung bezeichnete man die reichen Landstriche des Iran als «Garten der Quraisch». Uthmān dürfte das sicher anders gesehen haben. Vor die Aufgabe gestellt, ein riesiges und zunehmend im Chaos versinkendes Kalifat zu verwalten, setzte er auf Menschen, auf die er sich verlassen konnte, auf seine Familie und Stammesbrüder der Quraisch und des Umayyaden-Clans.

Seine Ermordung löste beklommene Debatten aus. Sie war zutiefst schockierend. Der von der Gemeinde gewählte Kalif, ein Mann, der den Propheten Gottes von Beginn seines Wirkens an unterstützt und seine umfangreichen Mittel in den Dienst des Islam gestellt hatte, ein Mann, dessen Frömmigkeit und Lebensführung kaum bezweifelt werden konnten, war von seinen eigenen Glaubensbrüdern getötet worden. Wie konnte es dazu kommen?

Die Antwort hing vom jeweiligen Standpunkt ab. Für die Anhänger Uthmāns, aus denen in späteren Jahrhunderten die sunnitische Tradition hervorgehen sollte, war völlig klar, was richtig und falsch war: Der Kalif Gottes war von Menschen ermordet worden, die behaupteten, Muslime zu sein, ein Verbrechen gegen Gott und Mensch zugleich. Selbst wenn Uthmān nicht der vollkommenste Herrscher gewesen sein sollte und sich vielleicht nicht mit seinen Vorgängern Abū Bakr und Umar messen konnte, hatten Muslime kein Recht, gegen ihn zu rebellieren, geschweige denn ihn zu töten. Sein Blut musste gerächt und seine Mörder mussten bestraft werden.

Andere waren sich da nicht so sicher. Angenommen, Uthmān hatte sich nicht wie Gottes Kalif verhalten, sondern wie ein tyrannischer Pharao Reichtümer, die rechtmäßig den frommen, bescheidenen Muslimen gehörten, an sich gerissen und diese seinen Freunden und Verwandten gegeben, wie sollten gläubige Muslime darauf reagieren? In dieser Frage gab es zwei Herangehensweisen. Man konnte die Problematik der Dinge einfach akzeptieren, aber dennoch vertreten, dass Muslime nicht gegen eine ordnungsgemäß etablierte Autorität rebellieren durften. Schließlich war es nicht immer leicht, Gottes Willen zu erkennen, und vielleicht diente Uthmān ja trotz all seiner Sünden den Plänen Gottes, dem es allein oblag, ihn zu beseitigen oder zu bestrafen, wenn er es für richtig hielt. Für andere stand fest, dass Uthmān als Oberhaupt der Gemeinde nicht taugte. Er war so schlecht und war so weit vom frommen, gerechten Weg abgewichen, dass er nicht länger als geeigneter Imam der Muslime gelten konnte: Es war die Pflicht frommer, gottesfürchtiger Männer, ihn zu beseitigen, zu bestrafen und hoffentlich durch jemanden zu ersetzen, der die Gemeinde richtig führen konnte.

Die Diskussion über den Tyrannenmord wird im Islam ebenso lebhaft geführt wie in westlichen politischen Debatten. Nach einer weit verbreiteten Überzeugung ist die Ermordung eines Herrschers, so schlecht oder unzulänglich man ihn auch finden mag, immer falsch, weil sie nur zu Schlimmerem führen wird, nämlich zu *fitna*, jener Gewalt, Spaltung und Zerstörung, die das Leben von Muslimen gefährdet und die richtige Ausübung der wahren Religion unmöglich macht.

Zudem war da noch die Frage des Koran. Die muslimische Überlieferung berichtet, dass der Erzengel Gabriel Mohammed den Koran offenbarte und dieser ihn wiederum mündlich an die Muslime weitergab, da er nicht lesen und schreiben konnte. Sowie er offenbart wurde, hielt man ihn schriftlich auf Materialien fest, die gerade zur Hand waren: Papyrus, Leder, Palmblätter und sogar Schulterblätter von Schafen. Es war Uthmān, der beschloss, diese Überlieferung zu einem Buch zusammenzustellen, dem Koran, wie wir ihn heute kennen. Offenbar waren bereits Textversionen im Umlauf, aber der Kalif ordnete an, alle zugunsten der von ihm autorisierten Fassung zu zerstören. Damit waren nicht alle glücklich. Manche wandten sich gegen die Vernichtung anderer Versionen, da sie möglicherweise Elemente der göttlichen Offenbarung enthielten, die nun verloren gingen. Andere meinten, der Kalif überschreite seine Machtbefugnisse und besitze nicht die Autorität für diese Maßnahme. Wieder andere argumentierten, lediglich die Familienmitglieder des Propheten könnten Derartiges erfolgreich durchführen. Die Geschichte war mit Uthmāns Ausgabe der Heiligen Schrift gnädig; sie wird allgemein von Sunniten und mit Vorbehalten auch von Schiiten als authentische Aufzeichnung der Offenbarung anerkannt. Damals jedoch schürte sie anscheinend eine Opposition, welche die allgemeine Unzufriedenheit mit Uthmāns Regentschaft noch verstärkte.

Es besaß daher Symbolkraft, dass er beim Lesen der Heiligen Schrift ermordet wurde. Uthmāns Koran wurde zu einem geheiligten Gegenstand, besiegelt mit dem Blut des als Märtyrer gestorbenen Kalifen, etwas, was einer legitimierenden Reliquie so nahe kam, wie die islamische Tradition es nur erlaubte. Später stellten die Abbasiden-Kalifen den «Koran Uthmāns» bei feierlichen Anlässen öffentlich zur Schau. Wir wissen, dass die Umayyaden in Córdoba und ihre Almohaden-Nachfolger den «Koran Uthmāns» verwendeten und es Ausgaben in Bibliotheken Kairos und in den Sammlungen der osmanischen Sultane (und Kalifen) im Topkapı-Palast in Istanbul gab. Ein prachtvolles und sicher sehr altes Exemplar, reichlich befleckt mit angeblichen Blutstropfen des Kalifen, ist mit dem gehörigen Pomp bis heute in Taschkent ausgestellt und dient den Herrschern Usbekistans als Beleg ihrer – echten oder vorgetäuschten – Frömmigkeit und Hingabe an den Islam.

Alī und das Ende der rechtgeleiteten Kalifen

Die Ermordung Uthmāns löste eine Reihe von Ereignissen aus, in denen die zahlreichen unterschiedlichen Ansichten über die Beschaffenheit des Kalifats und das Wahlverfahren zutage traten. Zunächst ging die Macht auf Alī über. Möglicherweise dachten er und viele andere, seine Zeit sei gekommen, allerdings gab es anscheinend keine förmliche Nachfolgeregelung und sicher keine *schūra*. Dieses Fehlen eines eindeutigen Mandats war einer der Faktoren, die seine Regentschaft von Anfang an untergruben.

Die erste Herausforderung kam aus der Elite der Quraisch. Diesem Stamm gehörte selbstverständlich auch Alī an, aber er hatte Abū Bakr nur zögernd anerkannt. Zudem besaß er eine beträchtliche Anhängerschaft unter den *ansār*, denen möglicherweise seine politische Loyalität galt. Bereits früh zum Islam konvertiert, hatte er dem Propheten nahegestanden, war jedoch keineswegs der einzige, der dies für sich reklamieren konnte. Obwohl seit Mohammeds Tod mittlerweile ein Vierteljahrhundert vergangen war, gab es noch andere, die aufgrund ihrer Stellung innerhalb des Stammes und ihrer frühen Verpflichtung auf den Islam eine führende Rolle in der Gemeinde für sich reklamierten. Zu ihnen gehörte Zubair ibn al-Awwām, ein prominenter Quraisch, der mit einer kleinen Gruppe von Muslimen nach Äthiopien emigriert war, um der Verfolgung zu entgehen, die Mohammed und seine Anhänger vor der Hidschra nach Medina 622 in Mekka erlitten. Nachdem er zurückgekehrt war und sich der muslimischen Gemeinde in Medina angeschlossen hatte, war er als einer der sechs prominenten Muslime von Umar in die *schūra* berufen worden, die Uthmān gewählt hatte. Er und einer seiner Gefährten, der einen ganz ähnlichen Werdegang hatte, Talha ibn Ubaid Allāh, waren gegen Alīs Ernennung zum Kalifen und beschlossen, dagegen vorzugehen. Als dritte schloss sich ihnen Aischa, die Frau des Propheten, an, die manche als seine Lieblingsfrau bezeichneten. Vermutlich war sie von einer langjährigen Antipathie gegen Alī getrieben, zudem war sie Abū Bakrs Tochter; sie kannte Zubair und Talha gut und dürfte ganz selbstverständlich zur Sache der Quraisch tendiert haben.

Alīs Glaubwürdigkeit als Kalif war jedoch mit einem noch größeren Problem konfrontiert: mit seinem Verhalten beziehungsweise seinem Nichteinschreiten bei Uthmāns Ermordung. Es gibt keinen Hinweis, dass er einen Anteil am Tod des alten Mannes gehabt oder die Attentäter auch nur ermutigt hätte; andererseits hatte er ihm aber auch keinen Schutz und keine Hilfe in der Not angeboten, obwohl er sich damals in Medina aufhielt und eine beträchtliche Anhängerschaft unter den Einwohnern besaß. Uthmān war tot, aber seine umfangreiche und mächtige Familie, die Umayyaden, verlangten, wie es ihr Recht war, dass die Mörder ihres Verwandten bestraft würden. Viele Umayyaden verließen Medina und suchten Zuflucht bei einem der Ihren, bei Muʿāwiya ibn Abī Sufyān. Dieser war wie so viele seines Clan offenbar erst spät zum Islam übergetreten, hatte den Propheten aber als einer seiner Sekretäre gut gekannt. Er hatte an der Eroberung Syriens teilgenommen, war anschließend zum dortigen Gouverneur ernannt worden, hatte das Land zu seiner Machtbasis ausgebaut und in einen der bedeutendsten örtlichen Stämme eingeheiratet, die Banū Kalb aus der syrischen Wüste um Palmyra. Mit der Zeit hatte er syrische Interessen vertreten und konnte auf die Loyalität der Syrer zählen, und zwar sowohl der Muslime als auch anderer Bevölkerungsgruppen wie der Kalb-Fürsten, die Christen blieben. Keine andere Persönlichkeit der Muslimgemeinde konnte ein ähnliches Maß an militärischer und finanzieller Unterstützung aufbieten. Wenn Alī den Mord an Uthmān nicht rächen sollte, würde er sich nicht als wahrer Kalif erweisen, und solange er diese Pflicht nicht erfüllte hatte, würde Muʿāwiya ihm den Treueid verweigern.

Die erste militärische Herausforderung für Alīs Herrschaft zeigte sich nahezu unmittelbar. Zubair verließ zusammen mit Aischa und Talha Medina, dessen Einwohner mehrheitlich auf Alīs Seite standen, und zog in die neuerdings muslimische Stadt Basra im Südirak. Dort hofften die drei auf Unterstützung von Stammesangehörigen der Thaqīf, die schon seit vorislamischer Zeit Verbündete der Quraisch waren und sich in der Gegend angesiedelt hatten. Da Alī klar war, dass er ebenfalls Bündnispartner außerhalb der Hauptstadt brauchte, reiste er in den Irak, um an die Muslime von Kufa zu appellieren. Seine Verbindungen nach Kufa hatten wohl begonnen, als er die Einwohner bei ihren Beschwerden über Uthmāns Herrschaft unterstützt hatte. Eindeutig besaß er an diesem wichtigen Knotenpunkt zahlreiche Anhänger, und die Verbindung der Prophetenfamilie, Alīs und seiner Nachfahren zu den Einwohnern dieser turbulenten irakischen Großstadt sollte die politische Landschaft der Muslimgemeinde in den folgenden zweihundert Jahren nachhaltig prägen und grundlegende Bedeutung in der frühen Entwicklung des Schiismus gewinnen.

Im Dezember 656 kam es bei Basra zu einem Aufeinandertreffen von Zubairs und Alīs Truppen, das als Kamelschlacht in die Geschichte einging. Offenbar hatten Zubair und seine Verbündeten nicht so viel Unterstützung gefunden, wie sie erhofft hatten, so dass sie von Alīs zahlenmäßig überlegenen Truppen besiegt wurden. Zubair und Talha wurden getötet, Aischa, die sich von ihrer Kamelsänfte aus deutlich sichtbar an der Führung der Schlacht beteiligt hatte, musste sich in den Hedschas zurückziehen, wo sie ihre letzten Tage in politischer Bedeutungslosigkeit verbrachte.

Die Kamelschlacht hatte die unmittelbare Bedrohung für Alīs Kalifat ausgeräumt. Zugleich war damit die Idee eines von Quraisch dominierten Kalifats mit Sitz im Hedschas für eine Generation beseitigt, wenngleich Zubairs Sohn sie nach Muʿāwiyas Tod 680 mit neuer Kraft wiederbeleben sollte. Zudem war die Kamelschlacht der erste offene Bürgerkrieg innerhalb der Muslimgemeinde. Nicht Diskussionen in einer *schūra* oder eine Ernennung durch den Vorgänger hatten die Frage des Kalifats entschieden, sondern militärische Stärke und die Fähigkeit einer Partei, mehr militärische Unterstützung zu gewinnen als die andere Seite. Dieses Vorgehen wurde richtungsweisend für einen Großteil der zukünftigen Entwicklung des Amtes.

Noch in anderer Hinsicht markierte diese Schlacht einen wesentlichen Wendepunkt. Der Prophet hatte in Medina residiert, und unter Abū Bakr und Umar war der Ort zur wahren Hauptstadt des Kalifats aufgestiegen. Umar war zwar nach Palästina gereist, um die Kapitulation Jerusalems entgegenzunehmen, hatte aber die großen Eroberungskriege von Medina aus geleitet, und auch Uthmān hatte seinen Regierungssitz dort gehabt und war dort gestorben. Die Stadt lag jedoch isoliert in Westarabien und war mit dem Anwachsen ihrer Einwohnerschaft zunehmend auf Nahrungsmittelimporte aus Ägypten und anderen Gegenden angewiesen. Mittlerweile lebten im Irak und in Syrien erheblich mehr Muslime als in Medina, und niemand durfte hoffen, sich ohne ihre Unterstützung als Kalif zu etablieren. Nachdem Alī Zubair besiegt hatte, kehrte er nicht nach Medina zurück, sondern blieb, um Kufa zu seinem Amtssitz zu machen. Der Traum, ein Kalifat mit Sitz in der Stadt des Propheten zu errichten, hielt sich zwar weiterhin, aber als Muhammad, die reine Seele, ein direkter Nachfahre des Propheten Mohammed, ihn in der frühen Abbasiden-Zeit 762 zu verwirklichen versuchte, zeigte sich deutlich, dass es sich lediglich um einen Traum handelte und nicht um die Grundlage eines wiederbelebten, erneuerten Kalifats.

Zubair war tot und seine Partei besiegt, aber Muʿāwiya stellte für Alīs Autorität eine erheblich größere Bedrohung dar. Wie auch immer seine langfristigen Ambitionen aussahen, zu diesem Zeitpunkt zumindest versuchte Muʿāwiya nicht, Anspruch auf das Kalifenamt zu erheben. Er verlangte von Alī lediglich, die Mörder seines Verwandten zu bestrafen, wenn er Kalif sein wolle. Er muss gewusst haben, dass diese Forderung unmöglich zu erfüllen war, denn Uthmāns Attentäter und ihre Verwandten und Freunde in Kufa waren ausgerechnet die Menschen, auf die Alī mittlerweile seine Macht stützte. Kufa mit seiner wilden, gesetzlosen Atmosphäre war nicht leicht zu regieren. Im Zentrum der jungen Stadt gab es eine Moschee, die von den wichtigsten *sūqs* umgeben war; im Wesentlichen bestand die Siedlung jedoch aus einem Gewirr staubiger Straßen und Lehm- oder Holzhäusern, häufig notdürftig zusammengezimmert von Neuankömmlingen aus der arabischen Wüste und von Nichtarabern aus den eroberten Gebieten im Irak und Iran, die sich auf die Seite der Muslime schlagen wollten, um von deren Privilegien und Chancen zu profitieren. Es war eine Stadt voller sozialer Spannungen.

An der Spitze der gesellschaftlichen Pyramide standen die Anführer der mächtigsten Stämme des Ortes, Männer, die wie Aschʿath ibn Qais al-Kindī reich waren und aufgrund ihrer familiären Abstammung gesellschaftliches Ansehen genossen. Viele von ihnen hatten sich ebenso wie Aschʿath erst spät der muslimischen Sache angeschlossen. Diese Gruppe bezeichnete man als *scharīf* (pl. *aschrāf*) oder Adelige. Sie hatten den Propheten kaum gekannt, falls sie ihm denn überhaupt je begegnet waren, und manche hatten sich der *ridda* gegen die Herrschaft Abū Bakrs angeschlossen. Auf der anderen Seite standen diejenigen, die schon früh zum Islam übergetreten waren, die Hauptlast der erbitterten frühen Kämpfe gegen die Perser getragen hatten und nun ebenfalls Anspruch auf Führungspositionen und Macht erhoben. Es waren Männer wie Mālik al-Aschtar, einer der Anführer der Anti-Uthmān-Bewegung im Irak, der nun zu einem der engsten Berater Alīs wurde. Häufig stammten sie aus untergeordneten Schichten der vorislamischen Stammeshierarchie, besaßen aber *sābiqa*, Vorrang im Islam. Nach dem von Umar eingeführten System rangierten sie in der höchsten Besoldungs- und Gehaltsstufe und waren fest entschlossen, sich dieses Privileg zu bewahren. Zwischen diesen beiden Gruppen gab es also allen Grund zu Rivalitäten.

Unter ihnen auf der sozialen Stufenleiter standen zahlreiche einfache Stammesangehörige, die keinerlei Ansprüche auf eine gehobene Stellung geltend machen konnten. Darunter waren Männer, die mittlerweile zwar Muslime waren, sich der Sache aber erst spät angeschlossen oder keine herausragende Rolle in den Eroberungsarmeen gespielt hatten. Obwohl sie der Muslimgemeinde angehörten, hatten sie dadurch kaum Vorteile und allen Grund, sich von den Privilegien, die andere genossen, ausgeschlossen zu fühlen. War dieser Groll in der ersten Generation bereits vorhanden, so muss er sich in den folgenden Generationen noch stärker ausgeprägt haben, als sich die hohe gesellschaftliche Stellung der Elite nicht mehr auf eigene Leistungen, sondern auf die ihrer Väter und Großväter gründete.

Die unterste Schicht bildeten die nichtarabischen Konvertiten zum Islam. Viele waren Iraner von einigem gesellschaftlichem Rang, deren Leben durch Krieg, Eroberung und häufig durch Gefangenschaft und Sklaverei eine drastische Wende erfahren hatte. Um Muslime zu werden, schlossen sie sich an einen arabisch-muslimischen Stamm oder einen Prominenten an und wurden zu deren *mawālī* (sing. *maulā*). Für diesen Begriff gibt es keine treffende deutsche Übersetzung. Er kann bedeuten, dass sie Schützlinge eines Stammes wurden, dessen Führerschaft anerkannten und dessen politische Aktivitäten unterstützten. Er kann sich jedoch auch auf ehemalige Sklaven beziehen, die von ihren Herren freigelassen wurden und zum Islam konvertierten. (Zur weiteren Verwirrung trägt bei, dass *maulā* im späteren Arabisch für «Herr» oder «Meister» verwendet wurde, aber hier befassen wir uns nur mit der älteren Bedeutung.) Diese *mawālī* fühlten sich als Muslime allen anderen ebenbürtig und erhoben ebenfalls Anspruch auf die Steuervorteile, besonders auf die Befreiung von der Kopfsteuer, die ein Vorrecht aller Muslime war.

Es herrschte also ein explosives Gemisch aus Rivalitäten und Konflikten, gespeist aus starker Erbitterung über Ungerechtigkeit. Der Islam versprach so viel Gleichheit in Religion und Gemeinde, da war es leicht, Empörung und Zorn darüber zu empfinden, dass die neue Ordnung ihre Versprechen nicht einlöste. Das grundlegende Problem waren die Ressourcen. Der Irak war die reichste Region des Nahen Ostens, und die islamische Regierung konnte enorme Einnahmen erzielen, sie reichten jedoch nie aus, um die Forderungen all dieser verschiedenen Gruppen zu befriedigen. Es gab unweigerlich Gewinner und Verlierer; die Frage war nur, wer die einen und wer die anderen sein sollten.

Alī versuchte, die militärischen Kräfte dieser Menschen zu mobilisieren, um seine Autorität als Kalif gegenüber dem aufsässigen Muʿāwiya in Syrien durchzusetzen. Männer von so unterschiedlicher Herkunft und Einstellung wie der Stammesfürst Aschʿath ibn Qais und der fromme frühe Muslim Mālik al-Aschtar ließen sich nicht so leicht dazu bewegen, in derselben Armee zu marschieren und seine Führung anzuerkennen. Zwei Argumente konnte er jedoch ins Feld führen, die viele überzeugten. Das erste war die Feindseligkeit irakischer Muslime gegenüber den Syrern und ihre Befürchtung, eine syrische Vorherrschaft könne zu ihrem Ausschluss aus Machtpositionen führen. Moderne Erörterungen des Konflikts zwischen den Anhängern Alīs und denen Muʿāwiyas konzentrieren sich tendenziell auf die trennenden religionspolitischen Aspekte, wobei die Proto-Sunniten Muʿāwiya und die Proto-Schiiten Alī unterstützten. Die früharabischen Quellen betonen auch die regionalen Aspekte dieses

Konflikts: Dabei ging es um das Volk (*ahl*) des Irak gegen das Syriens. Selbstverständlich waren damit keineswegs sämtliche Einwohner des Irak oder Syriens gemeint, sondern nur die arabischen Muslime beider Gebiete und vielleicht noch einige ihrer *mawālī*. Der Rest – die Christen, Juden und Zoroastrier, welche die Bevölkerungsmehrheit ausmachten – wurde weder gefragt noch aufgefordert, sich an dieser innermuslimischen Auseinandersetzung zu beteiligen.

Mit diesem Apell konnten sich die meisten Menschen im Irak identifizieren, doch Alī und seine Berater versuchten, noch mehr und vielleicht noch engagiertere Unterstützung zu gewinnen, und zwar auf eine Art und Weise, die letztlich die öffentliche Meinung noch stärker polarisierte. Alīs Politik war ein gewagter Versuch, die soziale Spaltung zu überwinden, welche die Muslime im Irak im Allgemeinen und die Kufas im Besonderen so störte. Er betonte die Rolle des Kalifen als Imam, also als religiöses Oberhaupt der Gemeinde. Als Kalif müsse er kein tyrannischer Steuereintreiber oder Hüter bestehender Besitzstände sein, sondern eine charismatische Persönlichkeit, die alle Gläubigen zur Schaffung einer wahrhaft islamischen Gemeinde anregen und leiten und allen Muslimen Gerechtigkeit bringen werde. Es war eine wirkmächtige Vision, die der Funktion und Bedeutung des Kalifats Neuland erschloss.

In der damaligen Situation entsprang Alīs Politik ohne Zweifel einer Kombination aus Idealismus und praktischen Erwägungen – er musste seine Armee rekrutieren – , sie hatte jedoch enorme langfristige Auswirkungen. Die erste bestand darin, dass Alī, die Prophetenfamilie und nach ihnen die schiitischen Führer späterer Jahre nachdrücklich mit irakischen Interessen identifiziert wurden, vor allem mit den Interessen der muslimischen Einwohner südirakischer Städte wie Kufa und Basra – Gebieten, die noch heute, 1200 Jahre später, schiitisch sind. Die zweite und noch wichtigere Folge war, dass die Familie des Propheten und spätere schiitische Führer entschieden mit den Interessen der Benachteiligten und Ausgeschlossenen in der muslimischen Gesellschaft identifiziert wurden, die den Eindruck hatten, dass die herrschende Elite sie ignoriere und auf ihnen herumtrampele. Das war selbstverständlich nicht durchgängig der Fall. Es gab Zeiten, beispielweise im fatimidischen Ägypten im 11. Jahrhundert, in denen die schiitische Führungsschicht den schiitischen Kalifen vorbehaltlos unterstützte. Die Sorge um die Armen und an den Rand der muslimischen Gesellschaft Gedrängten zieht sich jedoch wie ein roter Faden durch einen Großteil der schiitischen Predigten von den irakischen Proto-Schiiten des ausgehenden 7. Jahrhunderts bis hin zu Ayatollah Chomeini im Iran des ausgehenden 20. Jahrhunderts und zu Ayatollah Sistani im Irak, während ich dies schreibe.

Im Frühjahr und Sommer 657 führte Alī seine irakischen Truppen durch das Euphrattal, um in Syrien einzumarschieren. Gleichzeitig mobilisierte Muʿāwiya seine syrischen Anhänger und zog ihm entgegen. Schließlich standen sich die beiden Armeen etwas flussaufwärts von Raqqa bei Siffin gegenüber. Es kam jedoch nicht sofort zu einer offenen Schlacht. Trotz aller trennenden Standpunkte widerstrebte es vielen zutiefst, gegen ihre muslimischen Glaubensbrüder zu kämpfen, wenn es sich vermeiden ließ. Eine Reihe blutiger Scharmützel, vor allem um den Zugang zu Wasser in der Gluthitze des syrischen Sommers, folgten, und es gab Dichterwettstreite, bei denen die Propagandisten beider Seiten ihre Mitstreiter zu inspirieren und ihre Feinde herabzuwürdigen versuchten; es kam aber auch zu Verhandlungen. Im Juli oder August stand die Schlacht anscheinend unmittelbar bevor, aber als die syrischen Truppen den Koran an ihren Lanzen befestigten und ein Schiedsgericht nach dem Buch Gottes verlangten, hatte Alī den Eindruck, dass ihm nichts anderes übrig blieb, als der Forderung nachzukommen. Man setzte einen Schiedstermin im folgenden Jahr fest und vereinbarte ein Treffen von Vermittlern, einem von jeder Partei, in der kleinen Stadt Udhruh, heute eine archäologische Stätte in Südjordanien. So weit, so klar.

Wesentlich weniger klar war die Frage, worüber das Schiedsgericht genau entscheiden sollte. Ging es darum, wer von beiden, Alī oder Muʿāwiya, Kalif sein sollte, also um eine Art Zwei-Mann-*schūra*, oder ging es lediglich um die Bestrafung der Mörder Uthmāns und um die Bedingungen, unter denen Muʿāwiya Alī als Kalif akzeptieren konnte? Als die beiden Schlichter zusammenkamen, hatten sich die Ereignisse bereits so rasch überschlagen, dass jegliche Gespräche, die sie vielleicht führten, ihre Bedeutung verloren hatten.

Die Charidschiten als Alternative

Viele von Alīs Anhängern waren bestürzt über das Vorgefallene und meinten, ihr Anführer sei Opfer einer syrischen List geworden oder, schlimmer noch, er habe eingewilligt, seine gottgegebene Autorität dem Urteil zweier Menschen zu unterwerfen. Als er in den Irak zurückkehrte, begann seine heikle Koalition zu bröckeln. Einige aus dem Stammesadel nahmen Verhandlungen mit dem syrischen Führer auf. Wesentlich bedrohlicher war jedoch, dass viele seiner radikaleren Unterstützer am anderen Ende des politischen Spektrums ihn im Stich ließen, in ein eigenes Lager wechselten und erklärten, eine Entscheidung stünde allein Gott zu, womit sie stillschweigend unterstellten, man hätte die Sache auf dem Schlachtfeld austragen sollen.

Diese Abweichler, die den Namen Charidschiten (arab. *chawāridsch*) bekamen, haben sich bis heute besonders in Oman und Teilen Südalgeriens als Sekte gehalten. Woher die Bezeichnung kommt, ist nicht ganz klar. Das Wort *chāridschī* steht buchstäblich für jemanden, der hinausgeht, aber die häufig angeführte Erklärung, dass sie Alīs Lager verließen, scheint recht schwach zu sein. Reizvoller ist der Vorschlag des Historikers Andrew Marsham, der Begriff hänge mit den Koranversen zusammen, welche die Muslime drängten, «hinauszugehen» (in den *dschihād*), statt zu Hause zu bleiben.[7] Charidschiten knüpften an die militanten Aktivisten unter den frühesten Muslimen an. Sie machten nie mehr als einen kleinen Bruchteil der muslimischen Bevölkerung aus, spielten in der Geschichte des Kalifats jedoch eine wichtige Rolle, weil sie Theorien zu diesem Amt entwickelten – wie der Kalif oder Imam (sie verwendeten für ihre Führer beide Begriffe) zu wählen sei und was er zu tun habe –, die sich von den Konzepten der Sunniten wie auch der Schiiten radikal unterschieden.

Die Charidschiten wichen in zwei Hauptaspekten von dem aufkommenden Konsens ab. Erstens waren sie der Auffassung, man müsse unter allen Muslimen den Frömmsten und Verdienstvollsten zum Kalifen wählen. Eine Quraisch-Abstammung sei keineswegs erforderlich, vielmehr komme für dieses Amt jeder Muslim infrage, so bescheiden seine gesellschaftliche Herkunft auch sein mochte. Manche meinten, es könne sogar ein Sklave sein, und einige wenige behaupteten angeblich, auch Frauen kämen dafür in Betracht, obwohl diese Ansicht anscheinend nie allgemein akzeptiert wurde. Generell waren Charidschiten sich einig, dass Abū Bakr und Umar rechtgeleitete Kalifen waren, allerdings nicht wegen ihrer Quraisch-Abstammung, sondern weil sie die besten Männer ihrer Zeit waren; dagegen lehnten sie Uthmān und alle nachfolgenden Prätendenten rundweg ab. Während andere ihre Zweifel hegten, waren die Charidschiten vorbehaltlos stolz auf die Rolle, die einige von ihnen bei der Ermordung Uthmāns gespielt hatten, da sie diese Tat für durchaus gerechtfertigt und sogar notwendig hielten, war der Kalif doch ihrer Meinung nach vom rechtgeleiteten islamischen Verhalten abgewichen. Wie die Wahl des neuen Oberhaupts genau vonstatten gehen sollte, wurde nicht eingehend dargelegt: Mit Sicherheit gab es keine Diskussion über die praktischen Aspekte von Wahl oder *schūra*. Vielmehr galt es als selbstverständlich, dass der Verdienstvollste irgendwie zu Tage treten und von der Gemeinde akzeptiert werden würde. Sollte der gewählte Kalif vom rechten Weg abkommen oder sich als korrupt und tyrannisch erweisen, müsse man ihn zurechtweisen, indem man ihn zunächst mahne, dass sein Verhalten inakzeptabel sei. Falls das nicht fruchte, habe man ihn abzusetzen oder zu töten. Patricia Crone zeigt, wie sich diese Einstellung bis an die Grenzen der Logik und darüber hinaus treiben ließ:

> Als Nadja ibn Āmīr, der Begründer der Najdiya-Gruppe innerhalb der Kharijiten, manches tat, was seine Anhänger nicht guthießen, verlangten sie von ihm, zu bereuen, was er auch tat. Doch dann bedauerten einige von ihnen, dass sie ihn zur Reue aufgefordert hatten, und erklärten: «Es war falsch von uns, Reue von dir zu verlangen, denn du bist ein Imam. Wir bereuen es, deshalb sollst du nun deine Reue bereuen und verlangen, dass diejenigen, die dich zur Reue aufgefordert haben, dies bereuen. Tust du es nicht, so werden wir uns von dir trennen.» Also ging er hin und verkündete dem Volk, er bereue seine Reue. Daraufhin begannen seine Anhänger, untereinander zu streiten.[8]

Da haben wir es also: Der Kalif/Imam wird in einem lebendigen Meinungsaustausch zur Verantwortung gezogen, dennoch aber aufgrund seines Amtes respektiert. In gewisser Weise war es eine bedingte und auf vertraglicher Basis beruhende Vorstellung von Monarchie, die im islamischen politischen Denken selten ist, auch wenn die Regeln und Mechanismen für die praktische Umsetzung der Bedingungen unklar blieben und es nicht darum ging, ob der Kalif/Imam zum Wohle der Gemeinde handelte, sondern darum, ob er nach dem Gesetz Gottes handelte.

Nach Auffassung der Charidschiten besaß der Kalif/Imam die Autorität, Fragen des Rechts und der Religionsausübung zu entscheiden, sollte dabei jedoch die Gelehrten der Gemeinde konsultieren; die Beurteilung, ob er gemäß Gottes Gesetz gehandelt hatte, lag bei der Gemeinde. Die Führungsrolle des Kalifen beruhte also auf dem Konsens über seine Herrschaft, er besaß keine gottgegebene Autorität.

Die zweite wichtige Vorstellung der Charidschiten-Ideologie war, dass Menschen, die schwere Sünden begingen, nicht länger als Muslime, sondern als Ungläubige, *kuffār* (sing. *kāfir*), gelten sollten, ganz gleich, was sie sagten. Alle Rechtgläubigen hatten diese *kuffār* zu jagen, zu töten und ihre Frauen und Kinder in die Sklaverei zu verkaufen. Zu den Sünden, die eine Behandlung als *kāfir* nach sich ziehen konnten, gehörte selbstverständlich die Weigerung, die Autorität der Charidschiten-Gemeinde und ihre Ansichten zum Kalifat anzuerkennen. Diese Ideologie des *takfīr* – Menschen, die anderer Meinung waren, als Nichtmuslime anzusehen, selbst wenn sie behaupteten, gute Muslime zu sein – entstand offenbar damals bei den Charidschiten, wurde aber von anderen Gruppen bis heute übernommen und liegt der Haltung des Islamischen Staats gegenüber anders denkenden Muslimen zugrunde.

Die Ansichten der Charidschiten waren keineswegs nur Diskussionsgrundlagen: Diesen Leuten ging es um Taten. Ihr Abfall von Alīs Lager führte zum Zusammenbruch seiner Militäroperationen gegen Muʿāwiya, und es waren Charidschiten, die Alī 661 ermordeten (sie wollten auch Muʿāwiya töten, da sie beide gleichermaßen hassten, aber der Anschlag schlug fehl).

Die Charidschiten-Bewegung verfügte auch über eine starke soziale Basis, die sich jedoch in ihrer Ideologie nie ausdrücklich niederschlug. Sie rekrutierte ihre Anhänger aus Gruppen, die nicht nur das Kalifat Uthmāns und Alīs ablehnten, sondern die gesamten Normen und Verhaltensweisen des sesshaften Lebens, das die meisten Muslime seit den großen Eroberungskriegen und den anschließenden Migrationen führten. Viele ihrer Anhänger verließen die neu gegründeten Garnisonsstädte und streiften halb als Nomaden, halb als Räuber durch die Wüsten Arabiens und Südirans. Manchen galten sie als romantische Gestalten, die in die Zeiten der Freiheit zurück wollten, als es noch keine Steuern und Strafverfolgungsbehörden gab. Ihre großenteils erhalten gebliebenen Dichtungen waren vom Geist der Dschāhiliyya, der vorislamischen Zeit, erfüllt und glorifizierten den Beduinenkrieger und das Wander- und Lagerleben, die Überfälle und Kämpfe, wenn auch in einem muslimischen Rahmen.

Die Bewegung spaltete sich in mehrere Gruppen auf. Zwei von ihnen, nach ihren ersten Führern Azāriqa und Nadschdīya genannt, gaben das sesshafte Leben völlig auf und zogen aus, um ihre Gegner zu terrorisieren und feste Siedlungen zu überfallen. Sie kamen, wenig überraschend, in Konflikt mit der Umayyaden-Obrigkeit und wurden besiegt, die Nadschdīya 693 in Arabien und die Azāriqa 699 im Iran. Dagegen entwickelten die Ibādīya eine Haltung, die es ihnen ermöglichte, mit ihren nicht-charidschitischen Nachbarn zusammenzuleben und eine weltliche Autorität anzuerkennen, während sie abwarteten und auf das Kommen eines wahrhaft charidschitischen Imams hofften. Dank dieser quietistischen Haltung konnte diese Gemeinschaft in Teilen Algeriens und Omans bis heute überleben.

Die Ermordung Alīs 661 und die anschließende Machtergreifung Muʿāwiyas, des ersten Umayyaden-Kalifen, markierten das Ende einer von Gewalt und Spaltung geprägten Ära; zugleich waren die dreißig Jahre nach dem Tod des Propheten Mohammed aber auch eine Phase erstaunlicher Leistungen. Arabische Muslime hatten nahezu den gesamten Nahen Osten, wie wir es heute nennen würden, von der Ostgrenze des Iran bis nach Südtunesien erobert. Während ihrer Regentschaft hatten die Kalifen ein Verwaltungssystem aufgebaut, das die Fortdauer der arabisch-muslimischen Herrschaft auch noch gewährleistete, nachdem die ersten Eroberungskriege vorbei waren. Bei diesen Errungenschaften spielten die Kalifen und die Idee des Kalifats eine wesentliche Rolle. Nach wie vor waren die Konturen dieses Amtes nicht klar umrissen und das Verfahren zur Wahl des Oberhaupts kaum ausgelotet. Aber diese Unsicherheit förderte die Flexibilität.

Viele verschiedene Gruppen hatten eigene Vorstellungen, wer Kalif werden könnte und welche Aufgaben er erfüllen sollte, aber abgesehen von einigen kleineren Charidschiten-Gemeinschaften behauptete niemand, das Kalifat sei unnötig und könne abgeschafft werden. Das Konzept bot diversen Gruppierungen die Möglichkeit, es nach ihren jeweiligen Vorstellungen weiterzuentwickeln, stellte aber im Grunde ein Herrschaftsideal dar, das politische und militärische Führung mit spiritueller Anleitung verband. Zudem konnte es eine Herrschaft bieten, die auf die Bedürfnisse von Muslimen einging, dabei aber vor allem die Prinzipien respektierte, die als Gebote Gottes galten. Die Geschichte des Kalifats in der Zeit der rechtgeleiteten Kalifen warf bereits nahezu alle wesentlichen Fragen zu Machtbefugnissen und Persönlichkeiten auf, die seither die Debatten über Wesen und Potenzial dieses Amtes dominiert haben.

2.

DAS EXEKUTIVE KALIFAT:
DIE HERRSCHAFT DER UMAYYADEN

Muʿāwiya und die Errichtung des Umayyaden-Kalifats

Der erste Umayyaden-Kalif, Muʿāwiya ibn Abī Sufyān, kam 661 fast konkurrenzlos zum Kalifenamt. Nachdem Alī durch einen charidschitischen Attentäter ermordet worden war und Muʿāwiya mit Glück überlebt hatte, war er in einer erheblich stärkeren Position als jeder seiner potenziellen Rivalen. Er hatte die Herrschaft über Syrien und verfügte über eine starke, schlagkräftige Armee. Seine Gegner waren demoralisiert, besiegt und gespalten. Bald nach Alīs Tod führte er seine Truppen in den Irak, wo er mit vielen führenden Persönlichkeiten Vereinbarungen traf, unter anderem mit den wichtigsten Stammesführern und mit Alīs Sohn Hasan, der zum Katalysator einer Opposition hätte werden können. Hasan erhielt eine beträchtliche Geldsumme und zog sich in den Hedschas zurück, wo er einen behaglichen Ruhestand verlebte. Sein jüngerer Bruder Husain söhnte sich mit Muʿāwiyas Herrschaft nicht so leicht aus, wartete aber ab, solange der Umayyaden-Führer lebte.

Mit diesen Ereignissen begann das Umayyaden-Kalifat, das bis 750 Bestand haben sollte. Nach normalen historischen Maßstäben war es eine äußerst erfolgreiche Epoche. Die Umayyaden dehnten die Grenzen der islamischen Welt beträchtlich aus: Sie eroberten im Westen das heutige Marokko und von 711 bis 716 einen Großteil des heutigen Spanien und Portugal sowie im Osten zwischen 705 und 715 Zentralasien und 712 Sind (Südpakistan). Die Umayyaden-Armeen eroberten diese Gebiete nicht nur, sondern verwalteten sie auch effektiv. Auf der fernen Iberischen Halbinsel, die Muslime als Andalusien bezeichneten, ernannten oder entließen die Kalifen in Damaskus Gouverneure und schickten syrische Truppen, um Unruhen niederzuschlagen. Gleichzeitig bauten sie nach den von Umar entwickelten Grundlagen ein geregeltes Verwaltungs- und Steuersystem auf und prägten Münzen in arabischer Sprache mit muslimischen religiösen Formeln. Die ersten großen islamischen Bauwerke entstanden, darunter der Felsendom und die Umayyaden-Moschee in Damaskus, die noch heute zu bewundern sind. Die Umayyaden führten den muslimischen Dschihad gegen das Byzantinische Reich und ermöglichten und sicherten den Haddsch nach Mekka, den sie entweder persönlich anführten oder von Angehörigen ihrer Familie leiten ließen.

Trotz all dieser Erfolge war ihr Ruf in der späteren islamischen Tradition jedoch äußerst gemischt. Von Anfang an sahen sich die Umayyaden mit einer Reihe von Herausforderungen konfrontiert, die unter anderem von den Quraisch im Hedschas, den Anhängern der Prophetenfamilie im Irak und von zahlreichen Charidschiten-Gruppen ausgingen. Später galten sie als gottlos und keineswegs als echte muslimische Regenten. Man bezeichnete sie als «Könige» (*mulūk*, sing. *malik*), also als weltliche Herrscher im Gegensatz zu den wahrhaft muslimischen Abbasiden, die auf sie folgten. Sieht man sich die historischen Fakten an, so ist dieses Urteil schwer zu erklären. Manche der Umayyaden-Kalifen wie Walīd II. (reg. 743–744) führten ein ausschweifendes Leben, über das von bewundernden Dichtern und frommen Gegnern viel geschrieben wurde, aber er war eine große Ausnahme. Die meisten legten in ihrem Lebenswandel zumindest die übliche Frömmigkeit an den Tag, und einer, Abd al-Malik (reg. 685–705), genoss einen beträchtlichen Ruf als Religionsgelehrter.

Wenn wir diese Feindseligkeit verstehen wollen, müssen wir uns ansehen, wer die negativen Einschätzungen verbreitete. Die großen Chronisten des Umayyaden-Kalifats, Balādhurī (gest. 892) und Tabarī (gest. 923), berichten objektiv und gewöhnlich ohne morali-

Die Umayyaden-Moschee in Damaskus entstand im 7. Jahrhundert aus einer frühbyzantinischen Kathedrale, die Johannes dem Täufer gewidmet war und ihrerseits einen Jupiter-Tempel an der gleichen Stelle ersetzt hatte. Kalif Walīd I. baute die Basilika in den Jahren 708–715 zu der heutigen Moschee um. Das Bild zeigt die Nordfassade des Gebetssaals mit der Kuppel über dem Vorraum der Gebetsnische.

sches Urteil. Erst bei den *ulamā*, den Religionsgelehrten, und späteren Historikern treten diese Vorurteile zutage. Teils liegt das an dem Umstand, dass sie unter der Herrschaft der Abbasiden schrieben, die ein natürliches Interesse gehabt haben dürften, die von ihnen gestürzte Dynastie zu verunglimpfen. Zudem kamen die *ulamā* überwiegend aus dem Irak, wo die Einheimischen sich noch gut an das in Syrien residierende Umayyaden-Regime erinnerten, das seine syrische Armee geschickt hatte, um ihr Land zu besetzen und sie von ihrer neu gegründeten Garnisonsstadt Wasit im Zentralirak aus einzuschüchtern. Zu einem erheblichen Teil erwuchs die Feindseligkeit jedoch aus der Tatsache, dass die *ulamā* späterer Jahre in ihrer verschleierten Kritik die Umayyaden als Beispiel hinstellten, wie Kalifen nicht sein sollten. Tatsächlich ließen sie die Umayyaden für die Sünden von Herrschern büßen, die der Zeit der Verfasser wesentlich näher waren. In Wirklichkeit zeigten sich die meisten Umayyaden-Kalifen als starke, effektive Herrscher und fromme, gläubige Muslime.

In der Umayyaden-Zeit wurden viele Merkmale des Kalifats etabliert und nach und nach so fest in der Tradition verankert, dass sie noch weit über das Ende der Dynastie hinaus fortbestanden. Zu den offenkundigsten Elementen zählten die Rituale der Amtseinführung. Kalifen wurden nicht gekrönt. Eine Krone nach byzantinischer oder persischer Art hätte bedeutet, sämtliche Traditionen der früheren Monarchie mit ihrem Pomp und ihrer Hierarchie zu akzeptieren, die frühe Muslime ablehnten und ersetzen wollten. Zudem gab es schlicht keine religiöse Autorität, welche die Rolle des Papstes oder der Erzbischöfe der westlichen Tradition hätte übernehmen und einem Herrscher die Krone aufsetzen können.

An die Stelle dieser alten, diskreditierten Rituale trat bei der Amtseinführung des Kalifen die *baiʿa*, das öffentliche Ablegen des Treueids, als Zeichen, dass man ihn als Herrscher akzeptierte. Diese Zeremonie ging gewöhnlich mit einer Handberührung einher – eher einem Händedruck oder Streicheln als einem Handschlag – und ähnelte zumindest in dieser Hinsicht dem Lehnseid, den Vasallen im Mittelalter ihrem Lehnsherrn schwuren. In der Umayyaden- und Abbasiden-Zeit konnten solche Zeremonien große öffentliche Ereignisse zur Amtseinführung eines neuen Regenten sein. Später verlor die *baiʿa* ihren Öffentlichkeitscharakter und fand ohne Beteiligung der einfachen Bevölkerung statt. Sie beschränkte sich auf das Militär, das eine Bonuszahlung für seine Teilnahme erwartete und verlangte, und auf Mitglieder des Hofes. Von Anfang an übernahm gelegentlich ein Stellvertreter die *baiʿa* für jemanden, der zu weit vom Machtzentrum entfernt war, um persönlich an der Zeremonie teilzunehmen. Durch dieses Ritual konnten auch Rebellen, die das Kalifat für sich beanspruchen wollten, ihre Anhänger fest an ihre Sache binden. Obwohl die Feierlichkeiten unterschiedlich abliefen und anscheinend informellen Charakter hatten, wurde die *baiʿa* gemeinhin sehr ernst genommen. Ein Bruch des Treueids war ein schweres Vergehen und konnte die schlimmsten Konsequenzen haben, es sei denn, der Kalif erwies sich so offenkundig als sündhaft oder untauglich, dass dieser Schritt gerechtfertigt war.

Die Tatsache, dass die *baiʿa* sich zum primären Amtseinführungsritual im Kalifat entwickelte, war deshalb von Bedeutung, weil sie eine grundlegend arabische Vorstellung in arabischen Worten und Gesten zum Ausdruck brachte. Sie machte deutlich, dass diese islamische Führung völlig anders war als die vorhergehenden Reiche mit ihren opulenten, extravaganten Zeremonien. Zudem war sie ein Symbol für eine Beziehung unter freien Männern, die aus freien Stücken die Autorität des neuen Herrschers als Untertanen akzeptierten. Gleichzeitig besaß sie keinerlei göttliche Billigung oder Sanktion. Einen feierlichen Eid zu brechen, verstieß selbstverständlich ebenso gegen Gottes Gebot wie auch gegen menschliches Recht, und die meisten akzeptierten, dass der neue Regent an die Macht kam, weil es in gewisser Weise Gottes Wille war. Das eigentliche Ritual jedoch bestand im Grunde aus einem Vertrag zwischen Menschen, mehr war nicht notwendig, um einen neuen Kalifen in seiner Macht zu bestätigen.

Die Idee der *baiʿa* ist alt und war schon bei vorislamischen Stämmen in Arabien gebräuchlich, um Bündnisse und Abkommen zu besiegeln. Laut manchen Quellen leistete die Bevölkerung Mekkas Mohammed eine *baiʿa*, als er 630 die Herrschaft über die Stadt errang. Spätere Quellen gehen davon aus, dass Abū Bakr, Umar und

Uthmān als Kalifen eine *baiʿa* geleistet wurde, allerdings gibt es keine detaillierten Schilderungen davon; möglicherweise handelt es sich dabei lediglich um die Rückprojektion einer späteren islamischen Praxis auf die Zeit der rechtgeleiteten Kalifen.

Muʿāwiyas Amtsantritt als Kalif ist der erste Fall, in dem eine eindeutige zeitgenössische Schilderung vorliegt, wie der Treueid abgelegt und entgegengenommen wurde. Sie stammt aus einer unerwarteten Quelle, der sogenannten maronitischen Chronik, verfasst auf Syrisch, der alten liturgischen Sprache der Ostkirchen in Syrien, und wurde vermutlich zwischen 664 und 681, also in der Regierungszeit Muʿāwiyas, von einem christlichen Autor erstellt. Das macht sie zu einem äußerst wertvollen Beleg; denn sie ist nicht nur älter als jede erhalten gebliebene arabisch-muslimische Darstellung, sondern auch in keiner Weise von späteren muslimischen Vorstellungen beeinflusst. Möglicherweise war ihr Verfasser sogar ein Augenzeuge. Neben Berichten über Erdbeben und Streitigkeiten zwischen verschiedenen christlichen Gruppen schilderte er auch Muʿāwiyas Amtsantritt:

> In Konstantins 18. Jahr [der christliche Chronist datiert Ereignisse nach dem Regierungsjahr des byzantinischen Kaisers im fernen Konstantinopel] versammelten sich viele Nomaden in Jerusalem und machten Muʿāwiya zum König und er ging hinauf und setzte sich auf Golgatha [der Kreuzigungsstätte Christi] nieder. Dort betete er und ging dann nach Gethsemane und hinunter zum Grab der gesegneten Maria, um darin zu beten.

Später berichtete er über den Juli 660:

> ... die Emire und viele Nomaden versammelten sich und schworen Muʿāwiya die Treue [wörtlich: «reichten ihm ihre rechte Hand»]. Dann erging Befehl, dass man ihn in allen Dörfern und Städten seines Reiches zum König ausrufen und ihm Akklamationen und Bittgebete widmen solle. Er prägte auch Gold- und Silbermünzen, die jedoch nicht angenommen wurden, weil kein Kreuz darauf war [die gebräuchlichen byzantinischen Münzen waren alle mit dem Kreuz und

dem Bild des Kaisers versehen]. Zudem trug er keine Krone wie andere Könige der Welt. Seinen Thron errichtete er in Damaskus und weigerte sich, zu Mohammeds Thron zu gehen [also nach Medina].⁹

Bereits vorher hatte der Chronist beschrieben, wie Muʿāwiya nach Hīra, also nach Kufa im Irak, gereist war, wo alle Araber ihm die Treue geschworen hatten.

Diese kurzen Schilderungen enthalten zahlreiche interessante Aspekte. Ein Schlüsselmerkmal ist das Ablegen des Treueids durch das Reichen der rechten Hand. Der Autor bezeichnet die Menschen, die ihn leisteten, als Nomaden und Araber: Nichtaraber sind nicht daran beteiligt. Der neue Kalif besucht jedoch die Kreuzigungsstätte Christi und das Grab seiner Mutter Maria, um dort zu beten. Eine Moschee wird nicht erwähnt. Damit soll keineswegs angedeutet werden, dass Muʿāwiya ein heimlicher Christ gewesen sei, sondern dass sowohl Christus als auch dessen Mutter in der muslimischen Tradition ein hohes Ansehen genossen. Möglicherweise beruhte diese Schilderung lediglich auf dem Wunschdenken des Verfassers, dem daran lag, zu zeigen, dass der neue Herrscher die heiligen Stätten der Christen achtete, sie mag aber auch eine anerkennende Geste des neuen Kalifen gegenüber seinen christlichen Untertanen gewesen sein, die damals in Syrien weitaus zahlreicher waren als die Muslime. Er ist jedoch in seiner Religion genügend gefestigt, dass er kein Kreuz auf seine Münzen prägt. Damit bekundet er, dass er kein christlicher Herrscher ist, was allerdings nicht funktioniert, da er keine Macht besitzt, seinen Untertanen das neue Geld aufzuzwingen. Erst eine Generation später, unter seinem Nachfolger Abd al-Malik, konnte ein muslimischer Herrscher eine islamische Währung herausgeben, die allgemein akzeptiert wurde. Der letzte Aspekt besteht darin, dass der neue Herrscher anders ist: Man mag ihn zwar König nennen, aber er trägt keine Krone, wie es bei Königen sonst üblich ist. Indem er sich weigert, nach Medina zu gehen, macht er andererseits klar, dass Syrien seine Machtbasis und Damaskus seine Hauptstadt sein soll.

Muʿāwiya war ein energischer, effektiver Herrscher, aber kein Diktator. Der Erfolg seiner langen, weitgehend friedlichen Regentschaft beruhte zu einem Großteil darauf, dass er mit den heimischen Eliten im Irak und in Ägypten verhandelte und Abkommen traf, seine Aktivitäten jedoch vor allem auf Syrien beschränkte. Sein Herrschaftsanspruch stützte sich teils auf seine Zugehörigkeit zu den Quraisch, auch wenn seine Entscheidung für Damaskus als Residenz eine Zurückweisung des Vermächtnisses im Hedschas bedeutete, teils sicher auch auf seine Verwandtschaft mit dem ermordeten Uthmān, insbesondere aber auf sein Geschick, die arabisch-muslimischen Führer nicht nur in Syrien, sondern auch im feindlichen Irak zur *baiʿa* zu bewegen.

Er war eindeutig ein muslimischer Herrscher: «Die Erde gehört Gott und ich bin Gottes Statthalter [*chalīfat Allāh*]», verkündete er.[10] Klarer konnte man es nicht ausdrücken. Seine religiöse Autorität bewies er nicht, indem er Menschen zwang, seinen Glauben anzunehmen, sondern indem er das muslimische Volk in einen Dschihad gegen die Byzantiner führte und enorme Ressourcen in Belagerungen der Stadt Konstantinopel zur See investierte. Zudem förderte er den Haddsch und bewies damit seine Achtung gegenüber den arabischen Ursprüngen der neuen Religion des Islam. Diese beiden politischen Strategien – die Muslime gegen die Byzantiner zu führen und den Haddsch zu sichern – sollten über die Jahrhunderte hinweg zu Schlüsselelementen für die öffentliche Rolle eines jeden werden, der als rechtmäßiger Kalif gelten wollte.

Bürgerkrieg und Aufstieg Abd al-Maliks

Muʿāwiya starb 680 in hohem Alter und reich an Verdiensten. Zuvor hatte er jedoch eine Maßnahme getroffen, die erbitterte Opposition auslöste und seine letzten Jahre überschattete: Er hatte seinen Sohn Yazīd zu seinem Erben und Nachfolger als Kalif ernannt. Offenbar war ihm klar gewesen, dass die Einführung der Erbfolge für das Kalifat umstritten sein würde, weshalb er alle Vorkehrungen getroffen hatte, um sicherzustellen, dass die *baiʿa* gegenüber seinem Sohn so wenig Kontroversen wie möglich erregte. Er hatte den jungen Prinzen als Feldherrn auf einen Sommerfeldzug gegen die Byzantiner geschickt, um dessen islamische Glaubwürdigkeit für die kriegerischen Araber aus der Grenzregion unter Beweis zu stellen. Offenbar hatten Muʿāwiya und Yazīd nacheinander den Haddsch angeführt und auch damit demonstriert, dass Vater und Sohn Führer der muslimischen Gemeinde waren. In Mekka hatten sie führende Vertreter der Quraisch, zu denen auch Zubairs Sohn Abd Allāh gehörte, um den Treueid ersucht, aber, zumindest nach der örtlichen Überlieferung, eine Abfuhr erhalten. Angeblich hatte Ibn al-Zubair eine erneute *schūra* für die Wahl eines neuen Kalifen gefordert. Opposition hatte es auch bei einigen syrisch-arabischen Stämmen gegeben, die unzufrieden über die engen familiären und politischen Verbindungen zum Stamm der Kalb waren und andere ausgeschlossen sahen. Muʿāwiya hatte überreden, umschmeicheln und bestechen können, aber er hatte die Muslime nicht zu zwingen vermocht, seine Entscheidung zu akzeptieren. Letzten Endes hatte er sich jedoch durchgesetzt: Die Syrer leisteten persönlich die *baiʿa*, und aus dem Irak und anderen Provinzen kamen Delegationen, um den Treueid abzulegen. Als der alte Kalif starb, verlief die Nachfolge anfangs reibungslos. Ein Zeitgenosse schrieb an Yazīd angeblich: «Du hast den Kalifen Gottes verloren und den Kalifen Gottes bekommen», eine seltsame Parallele zu der englischen Formel bei solchen Anlässen: «Der König ist tot, lang lebe der König.»

Vordergründig und auch laut späterer Überlieferung ging es bei dieser Auseinandersetzung um die Frage, ob das Kalifat erblich sein sollte, was es nach Ansicht der Kritiker zu einem Königtum herkömmlicher Art gemacht hätte, eben zu der Herrschaftsform, welche die Muslime eindeutig abgelehnt hatten. Mit Bedacht hatte Muʿāwiya darauf geachtet, für seinen Sohn kein Erbrecht auf die Nachfolge zu beanspruchen, sondern schlicht zu versichern, er sei der beste Kandidat für dieses Amt. Offenbar beeindruckte das seine Gegner nicht sonderlich, was vermutlich ihre Unzufriedenheit widerspiegelte, dass er sie von der Entscheidung über die Nachfolge ausgeschlossen hatte. Als Abd al-Malik ein Vierteljahrhundert später Vorkehrungen für seine Nachfolge traf, hatten sich solche Zweifel offenbar zerstreut, denn inzwischen wurde allgemein akzeptiert, dass der Kalif seinen Nachfolger nach Gutdünken aus seiner Familie bestimmen konnte. Für die Abbasiden, ihre Rivalen, die Aliden, sowie für die Fatimiden und die Kalifen im Westen war die Erbfolge ebenso selbstverständlich wie für ihre Untertanen. Allerdings unterschied sich die Erbfolge im erweiterten Familienkreis erheblich von einer Primogenitur. Es war keineswegs so, dass automatisch der erstgeborene Sohn seinen jüngeren Geschwistern vorgezogen wurde. Vielmehr spielten die Einschätzung der Fähigkeiten, die Gunst des Vaters, der Druck der Mutter und die Ansichten der zivilen und militärischen Oberschicht bei der Auswahl eine Rolle. Nur unter den Schiiten hatte das Ideal des Erstgeborenenrechts einen gewissen Einfluss, weil es als Ausdruck des göttlichen Willens, nicht der Familientradition galt.

Durch Yazīds Amtsantritt 680 wurden diese Probleme vorübergehend gelöst. Außer bei den eingefleischten Anhängern der Familie Alīs war der neue Kalif allgemein anerkannt und führte die Politik seines Vaters fort. Schon bald wurde der scheinbare Friede jedoch durch das zweite Trauma in der Geschichte des frühen Islam nach der Ermordung Uthmāns gestört, ein Ereignis, das die muslimische Gemeinschaft letztlich von der Spitze bis in die untersten Schichten spalten sollte.

Noch vor Kurzem, bis die iranische Regierung diese Praxis verbot, konnte man um die Zeit des Aschūra-Tages im ersten Monat des muslimischen Jahres in den Städten und auf den alten Verbindungsstraßen Männer in Gruppen von zwölf bis zu vielen Hunderten antreffen, die über die staubigen Straßen zogen, sich mit Peitschen geißelten und sich dabei häufig blutig schlugen. Auf diese Weise gedachten sie der Ereignisse um den Tod Husains vor 1400 Jahren und büßten für die Sünden ihrer Vorfahren, die dem Enkel des Propheten in der Stunde der Not nicht beigestanden hatten. In großen und kleinen iranischen Städten spielen Akteure die Ereignisse dieser tragischen Begebenheit leidenschaftlich und emotional nach. Diese Aufführungen haben erstaunliche Ähnlichkeit mit einem traditionellen christlichen Passionsspiel. Helden und Bösewichte sind leicht zu erkennen: Auf der einen Seite stehen Husain und seine Familie, auf der anderen der Kalif Yazīd und sein Gefolgsmann Ubaid Allāh ibn Ziyād, der Gouverneur des Irak. Der Ablauf der Ereignisse, bei denen Husain und seine Familie von den Truppen der brutalen Unterdrücker umzingelt, von Wasser und Schatten abgeschnitten und schließlich von den Soldaten des Umayyaden-Regimes getötet wurden, ist zugleich durchweg absehbar und zutiefst bewegend. Bemerkenswert sind diese iranischen Passionsspiele, weil sie die einzige alte heimische Theaterform der islamischen Welt darstellen, vielleicht aber mehr noch, weil sie belegen, wie stark die Vorgänge jener fernen Vergangenheit die Menschen nach so vielen Jahrhunderten immer noch bewegen und ihr Denken prägen.

Was wissen wir nun über die historischen Ereignisse, die diese religiöse Praxis inspiriert haben?

Nachdem Muʿāwiya nach Alīs Ermordung den Irak eingenommen und mit den Stammesführern Abkommen geschlossen hatte, hatte er Alīs ältesten Sohn Hasan erfolgreich ausbezahlt, während dessen jüngerer Bruder Husain in Medina geblieben war und vermutlich auf eine Gelegenheit wartete, das Erbe seines Vaters anzutreten. Nach dem Tod des alten Kalifen sah er die Chance gekommen, das Kalifat für sich und die Familie Mohammeds zu beanspruchen. Er muss bereits Verbindung zu Alīs früheren Anhängern in Kufa aufgenommen haben, wo die Verehrung für die Nachfahren des Propheten immer noch lebendig und weit verbreitet war. Husain und eine Gruppe seiner Verwandten und Anhänger zogen durch die Wüste in den Irak, da sie erwarteten und hofften, dass die Bevölkerung Kufas, die sich in ihren Briefen und Versprechungen so enthusiastisch geäußert hatte, ihnen entgegenkommen und sie im Triumphzug in die Stadt geleiten werde. Stattdessen wurden sie jedoch von den Truppen des vorgewarnten und gut vorbereiteten Gouverneurs der Umayyaden empfangen. Es kam zu einem kurzen, heftigen Gefecht. Am 10. Oktober 680 wurde der Enkel des Propheten, der als Junge mit dem alten Mann gespielt hatte, von den Truppen der gottlosen Unterdrücker getötet, als er versuchte, Anspruch auf das Kalifat seines Vaters zu erheben und den Muslimen die Herrschaft der Gerechtigkeit und des wahren Islam zu bringen.

Die Tötung Husains beendete zwar den ersten und berühmtesten

Versuch, ein Aliden-Kalifat zu errichten, aber die Erinnerung an diese Bestrebungen und an diese Vorfälle blieb lebendig. Nach dieser Schlacht machten sich zahlreiche Einwohner Kufas, beschämt über ihr Versagen, auf den Weg, um seinen Tod zu rächen. Sie nannten sich die Büßer, waren voller Enthusiasmus, aber ohne jede militärische Erfahrung und wurden schon bald von den Umayyaden-Truppen besiegt. Doch Iraner erinnern sich noch heute, nach so vielen Jahrhunderten, an sie und geißeln sich, um für ihre Fehler zu büßen.

Wäre Yazīd so alt geworden wie sein Vater, hätte er möglicherweise die Erbfolge als unangefochtene Tradition etablieren können, aber er starb im November 683 in seiner Lieblingsresidenz in Hawwarin an der Straße von Damaskus nach Palmyra. Er hinterließ einen kleinen Sohn, der ihn jedoch nur um wenige Wochen überlebte. Damit starb auch die Idee einer Erbfolge eines offensichtlich natürlichen Todes.

Wieder einmal war die gesamte Zukunft des Kalifats infrage gestellt. Erbitterte Rivalitäten und Bürgerkriege spalteten die islamische Welt über fünf Jahre lang. Im Laufe der komplexen Ereignisse bildeten sich letztlich drei Parteien heraus, die Anspruch auf das Kalifenamt erhoben und jeweils unterschiedliche Vorstellungen hatten, welches Kalifat sie anstrebten und wo es seinen Sitz haben sollte.

Eine dieser Parteien war die Umayyaden-Familie, aber nach Yazīds Tod vermochte keiner von Muʿāwiyas unmittelbaren Verwandten sonderliches Vertrauen zu wecken. Aus Medina kam jedoch ein anderer Zweig der Umayyaden nach Syrien, um dort Zuflucht zu suchen. An der Spitze stand Marwān ibn al-Hakam, der, um die Zeit von Mohammeds Hidschra geboren, mittlerweile ein alter Mann war und zu den letzten großen Persönlichkeiten der islamischen Politik gehörte, die den Propheten persönlich gekannt hatten. Er hatte Uthmān treu gedient und war nach dessen Tod in Medina geblieben. Kurz nach seiner Ankunft in Syrien starb er 685, woraufhin sein Sohn Abd al-Malik die Führung des Umayyaden-Flügels übernahm. Er war ein tatkräftiger junger Mann und sollte zu einer der bedeutendsten Akteure beim Aufbau der islamischen Welt werden. Als sein Vater starb, konnte er jedoch nicht mehr tun, als die Stellung der Umayyaden in Syrien zu halten, wo er mit zahlreichen Feinden zu kämpfen hatte.

Die zweite Partei wurde von Abd Allāh ibn al-Zubair angeführt, dem Sohn jenes Zubair, der in der Kamelschlacht gefallen war. Sein politisches Programm war im buchstäblichen Sinne reaktionär, denn er reagierte auf die Politik der Umayyaden. Er wollte, dass der neue Kalif nicht nur aus dem Kreis der Umayyaden, sondern aus allen Quraisch gewählt würde, und forderte zu diesem Zweck angeblich eine neue *schūra*. Seiner Ansicht nach sollte der Kalif seinen Sitz im Hedschas haben, genauer in Mekka, der ursprünglichen Hochburg der Quraisch. Ibn al-Zubair war, zumindest nach den überlieferten Darstellungen, eine charismatische Erscheinung, ein strenger, bescheidener Muslim, der jegliche Form königlicher Prachtentfaltung ablehnte und unbestritten über persönlichen Mut im Kampf und angesichts des Todes verfügte. Er war wohl der erste von vielen Muslimen, die im Laufe der Jahrhunderte eine Rückkehr zu den ihrer Ansicht nach einfachen Gewissheiten der Anfangszeit forderten und nach Art der *salaf*, der frommen ersten Generation, lebten. Wahrscheinlich war er es auch, der die Kaaba in der noch heute erhaltenen Form umbauen ließ. Kompetente Unterstützung erhielt er von seinem wohl weltgewandteren und geschickteren Bruder Musʿab, den er in den Irak entsandte, um dort Unterstützer gegen die Umayyaden zu gewinnen.

Zum Leidwesen der Zubairiden hatte ein weiterer Prätendent bereits Kufa erobert, Muchtār ibn Abī Ubaid. Er gehörte zu dem im Hedschas beheimateten Stamm der Thaqīf, war aber kein Quraischī und hatte offenbar nie vor, das Kalifat für sich zu beanspruchen. Auch er war um die Zeit der Hidschra geboren und mittlerweile ein alter Mann. Sein Vater hatte zu Beginn der Eroberungskriege einen frühen, aber erfolglosen Vorstoß der Araber in den Irak befehligt, wo seine Familie tief verwurzelt war. Nun vertrat Muchtār die Ansicht, das Kalifat stehe der Familie des Propheten zu. Diese Position musste in Kufa Unterstützung finden, wo sich noch viele an das tragische Schicksal Husains fünf Jahre zuvor erinnerten und darauf brannten, seinen Tod zu rächen und ihr Ansehen wiederherzustellen.

Muchtārs Problem bestand darin, dass er ein Mitglied der Prophetenfamilie finden musste, das die Führung übernehmen und Anspruch auf das Kalifat erheben würde. Nach allem, was seinem Vater zugestoßen war, lehnte Alī ibn al-Husain, der in Medina ein ruhiges Leben in bescheidenem Wohlstand führte, dieses Angebot verständlicherweise ab. Eine günstigere Antwort erhielt Muchtār von Muhammad ibn al-Hanafīya, der zwar nicht nach Kufa kam, ihm aber erlaubte, ihn als Kandidaten für das Kalifenamt zu benennen. Er war eine interessante Wahl, denn er war zwar ein Sohn Alīs, aber seine Mutter war nicht Fātima, sondern eine Frau aus dem Hanafi-Stamm, wie schon sein Name erkennen ließ. Da in seinen Adern also nicht das Blut des Propheten floss, war die Entscheidung für ihn ein Zeichen, dass im Irak zunehmend das Andenken Alīs verehrt wurde und die Abstammung allein von ihm bereits einen Anspruch auf das Kalifat rechtfertigen konnte. Muchtār rief Ibn al-Hanafīya nicht nur zum Kalifen, sondern auch zum Mahdī aus – das erste Mal, dass dieser Titel für einen angehenden Führer der Gemeinschaft verwendet wurde. *Mahdī,* der Gottgeleitete, bezeichnete ein Oberhaupt, das eine neue Ära und einen radikalen Wandel hin zu einer wahrhaft islamischen Regierung einleiten konnte. Im Laufe der islamischen Geschichte wurde dieser Begriff vor allem in schiitischen Kreisen häufig als Symbol der Hoffnung und messianischen Erwartung verwendet. Einige spätere Kalifen erhoben den Anspruch, Mahdīs zu sein, besonders die schiitischen Fatimiden-Kalifen Ägyptens (969–1171); die meisten taten dies jedoch nicht, und so behielt der Titel seine revolutionären und sogar apokalyptischen Anklänge.

Muchtārs Zielgruppe und Basis waren die «Schwachen», die Habenichtse der kufischen Gesellschaft, jene arabischen Muslime, die sich mit geringem Einkommen oder mittellos durchschlugen, und besonders die nichtarabischen Konvertiten, die *mawālī*, von denen mindestens 500 in seine Armee eintraten. Einem von ihnen übertrug er den wichtigen Posten des Polizeichefs. Die *mawālī* beschwerten sich über viele Missstände. Obwohl sie gläubige Muslime waren, behandelte die arabische Oberschicht sie immer noch als minderwertig, und viele mussten nach wie vor die *dschizya* zahlen. Sie stellten einen erheblichen Teil der Soldaten in Muchtārs Truppen, und er vertraute zunehmend auf sie. Das beunruhigte und verärgerte die vornehmen Araber, die *aschrāf*, die sich beklagten, dass er den *mawālī* Pferde gebe, Gehälter zahle und sie allgemein bevorzuge. Als es zu einer kurzen Revolte kam, wurden die Adligen und ihre Anhänger aus der Stadt vertrieben. Prompt zogen Zehntausende von ihnen nach Basra, um sich den Truppen anzuschließen, die Musʿab, der Bruder Ibn al-Zubairs, dort aufstellte. Mit ihren neuen Verbündeten kehrten sie zurück, um ihre Heimatstadt Kufa zurückzuerobern, was ihnen im April 687 auch gelang. Muchtār wurde in der Schlacht getötet. Die konservativen Kräfte hatten sein radikales soziales Experiment niedergeschlagen, aber die Erinnerung daran lebte bei den Besitzlosen und an den Rand Gedrängten fort, von denen viele weiter glaubten, dass ein Mahdī aus der Prophetenfamilie kommen und eine islamische Gesellschaft mit mehr Gerechtigkeit und Gleichheit schaffen würde. Diese Menschen bezeichnete man wegen ihrer radikalen gesellschaftlichen und religiösen Ansichten häufig als *ghulāt*, Extremisten; sie leisteten einen wesentlichen Beitrag zur schiitischen Ideologie, die sich im 9. und 10. Jahrhundert entwickelte.

Nachdem Muchtār tot war und seine Anhänger sich zerstreut hatten, blieben nur noch zwei Hauptprotagonisten mit ihren Truppen übrig, Ibn al-Zubair im Hedschas und im Irak und der Umayyade Abd al-Malik in Syrien. In den Randgebieten gab es noch die bei Umayyaden und Zubairiden gleichermaßen verhassten Charidschiten, die Überfälle und Morde begingen, aber keine realistische Chance hatten, die großen Machtzentren einzunehmen.

Sechs Jahre, nachdem Abd al-Malik zum Kalifen proklamiert worden war, hatte er 691 ganz Syrien unter die Herrschaft der Umayyaden gebracht. Er führte seine Armee persönlich gegen Musʿab an, und in einer Schlacht bei Kufa schlug er mit den Syrern die Iraker vernichtend, die nach dem Tod Muchtars durch Musʿabs Truppen und der Unterdrückung seiner Bewegung zutiefst gespalten und geschwächt waren. Nun blieb nur noch Ibn al-Zubair übrig, der sich nicht in Medina, der Stadt des Propheten, sondern in Mekka, dem einzigen Machtzentrum der Quraisch, niederließ. Abd al-Malik schickte ein Heer gegen ihn aus, befehligt von einem Mann, der zu seiner rechten Hand im Irak und in der muslimischen Überlieferung zum dauerhaften Symbol einer Politik der starken Hand werden sollte: Haddschādsch ibn Yūsuf. Dieser führte seinen Feldzug mit rücksichtsloser Effizienz und hatte keinerlei Bedenken, seine Belagerungsmaschinen gegen die Kaaba zu richten. Dem waren Ibn Zubairs Truppen nicht gewachsen, und im Oktober 692 fiel er in tapferem Kampf. Endlich war die Einheit der muslimischen Welt wiederhergestellt.

Die Ereignisse dieses siebenjährigen Bürgerkriegs waren, gelinde gesagt, komplex, sind aber auch aufschlussreich im Hinblick auf das Wesen des Kalifats und die unterschiedlichen Erwartungen, die verschiedene Gruppen mit diesem Amt verbanden. In den langjährigen Kämpfen ging es im Wesentlichen um die Frage, wer Kalif werden sollte. Keiner der Beteiligten schlug vor, das Amt abzuschaffen oder das Kalifat in separate Gebiete aufzuteilen. Die Streitigkeiten drehten sich nicht um Personen, persönliche Rivalitäten oder allgemeiner um Stammeskonflikte und -querelen. Vielmehr spiegelten sie tiefgreifende und dauerhafte soziale und regionale Differenzen unter den Muslimen wider. Auf regionaler Ebene war strittig, wo der Sitz des Kalifen sein sollte, im Hedschas, im Irak oder in Syrien. Der Ort war wichtig, weil seine Residenz zugleich das Zentrum der Macht und des Reichtums war.

Außerdem gab es soziale Spaltungen. Sowohl die Umayyaden als auch die Zubairiden waren sozial konservativ und glaubten an die Herrschaft der Stammeseliten, während Muchtār eine radikal neue Gesellschaftsordnung anstrebte, in der solche Unterschiede keine Rolle mehr spielen sollten. Während die Zubairiden und die Umayyaden für ein Kalifat standen, das die bestehenden Gesellschaftsstrukturen bewahren, Sicherheit und Gerechtigkeit für alle gewährleisten und im Grunde nur Verwaltungsaufgaben erfüllen sollte, hofften viele Anhänger Muchtārs auf einen revolutionären Kalifen, der sein Amt und seine Stellung als Mitglied der Prophetenfamilie für eine gesellschaftliche Umwälzung nutzen würde. All diese verschiedenen Gruppen waren muslimisch, und viele der Beteiligten waren ohne Zweifel sehr fromm: Nichtmuslime spielten in den Debatten und Auseinandersetzungen keine Rolle. Dennoch hatten sie äußerst unterschiedliche Auffassungen, wie eine islamische Gesellschaft auszusehen habe und vor allem welche Funktion und Rolle der Kalif erfüllen sollte. Nicht zuletzt ist noch zu erwähnen, dass diese Differenzen nicht durch Diskussionen und Kompromisse beigelegt wurden, sondern durch militärische Macht und Stärke. Die Umayyaden gewannen nicht etwa, weil sie die überzeugendsten und populärsten Argumente vorbringen konnten, sondern weil sie die effektivste Militärmaschinerie und Militärführung besaßen.

Nun war Abd al-Malik der unumstrittene Herrscher der muslimischen Welt, aber die Erfahrung des jahrelangen Bürgerkriegs und die Infragestellung der Umayyaden-Herrschaft, die damit einhergegangen war, brachten ihn offenbar zu dem Entschluss, einen starken Staat aufzubauen, der das erneute Auftreten solcher Probleme verhindern würde. Er gab Muʿāwiyas Tradition auf, seine Macht durch ein Netz von Bündnissen und informellen Abkommen auszuüben, und errichtete ein autokratischeres, hierarchisch organisiertes Kalifat. Die Infrastruktur des muslimischen Staatsapparates, wie man es nennen könnte und wie diese bis in die moderne Zeit hinein existierte, wurde großenteils von diesem energischen, einfallsreichen Herrscher entwickelt. Zunächst prägte er spezielle muslimische Münzen, die gewöhnlich mit dem Namen des Kalifen versehen waren. Zudem vereinheitlichte er die Besteuerung, die Besoldung des Militärs und die Einsetzung der Gouverneure in den Provinzen, indem er ihnen Standarten verlieh. Seine rechte Hand, Haddschädsch, und eine kleine Gruppe Vertrauter, die überwiegend aus *mawālī* bestand, bildeten eine Art informelles Kabinett. Manche dieser *mawālī* waren möglicherweise griechische Konvertiten mit Erfahrung in byzantinischer Verwaltung und Technik, aber die von Abd al-Malik entwickelten Strukturen waren in ihrer Präsentation und Intention durchweg islamisch.

Seine Macht stützte sich auf die syrische Armee, die sich aus arabischen Stammesangehörigen aus Großsyrien rekrutierte und aufgestellt und bezahlt wurde, damit sie die islamische Herrschaft in der gesamten muslimischen Welt erhielt. Oberste Priorität hatte der wohlhabende, bevölkerungsreiche Irak, der häufig Widerstand gegen die syrische Kontrolle leistete. Dort gründete Haddschadsch eine neue Stadt, die er Wasit (Mitte) nannte, weil sie in der Mitte zwischen den etablierten Garnisonsstädten Basra und Kufa lag, und regierte als Gouverneur, während die syrische Armee seine Befehle umsetzte. Was die Iraker besonders erboste, war, dass diese Armee aus den irakischen Steuereinnahmen bezahlt wurde; «sie aßen den *fai'*, die Steuereinnahmen, des Irak», die nach Ansicht der meisten Iraker rechtmäßig ihnen zugestanden hätten, wie sie damals sagten. Es versteht sich von selbst, dass dies Unzufriedenheit schürte, die gelegentlich offene Rebellion aufflammen ließ, aber die Umayyaden-Truppen waren immer stark genug, sie niederzuschlagen und die Autorität des Kalifen durchzusetzen.

Diese syrische Armee, das Rückgrat des Staates, musste bezahlt werden, und der Kalif bemühte sich, die verschiedenen Systeme im gesamten Kalifat zu vereinheitlichen. Um das Jahr 700 ordnete Abd al-Malik an, dass Arabisch die Amtssprache sämtlicher staatlichen Behörden und Dokumente werden sollte. Bis dahin waren die meisten Verwaltungsaufgaben weiterhin im Westen auf Griechisch und im Osten in Pahlavi (Mittelpersisch) erledigt worden. Das alles wurde nun weggefegt, und zugleich auch ein Großteil der damit verbundenen Kultur. Niemand lernte mehr Griechisch oder Pahlavi, weil es keine Arbeitsplätze mehr gab, für die man diese Sprachen gebraucht hätte. Selbst die Melkitische (griechisch-orthodoxe) Kirche verwendete ab dem 8. Jahrhundert in weiten Teilen Arabisch als liturgische Sprache.

Über die Verbreitung des Arabischen haben wir gesicherte Erkenntnisse, weil aus zwei äußerst unterschiedlichen Regionen der arabischen Welt Dokumente erhalten geblieben sind. Die meisten stammen aus Ägypten, wo staatliche Aufzeichnungen auf Papyrus geschrieben wurden, der sich in dem trockenen Klima gut hielt. Bereits ein Jahr nach der muslimischen Eroberung 641 wurden Verwaltungsdokumente auf Arabisch verfasst, obwohl Griechisch noch jahrelang in Gebrauch blieb. Im 8. Jahrhundert war Arabisch jedoch eindeutig die einzige Sprache, die in der Zentralverwaltung in Altkairo verwendet wurde, wenngleich in Dokumenten für örtliche Zwecke immer noch gelegentlich Griechisch zu finden war. Vom anderen Ende des Kalifats gibt es eine kleine Sammlung von Steuer- und Rechtsdokumenten aus den 750er Jahren, die in Arabisch auf Leder geschrieben sind. Sie stammen aus der Kleinstadt Rob im Nordosten des heutigen Afghanistan, einer noch heute abgelegenen, schwer zugänglichen Region, die in den ersten Jahrzehnten des 8. Jahrhunderts von muslimischen Armeen erobert wurde. Die Schreiber, die damals in ägyptischen Schreibstuben arbeiteten, hätten die arabischen Eintragungen und Zahlen in diesen Dokumenten sofort verstanden. So weit reichte die Macht des Kalifen.

Eines der Großprojekte Abd al-Maliks war die Einführung islamischer Münzen. Schon Muʿāwiya hatte, wie erwähnt, neue Münzen ohne das christliche Symbol des Kreuzes einzuführen versucht, aber die Bevölkerung hatte sie abgelehnt. Abd al-Malik nahm dieses Vorhaben mit umfangreicheren Ressourcen und größerer Entschlossenheit erneut in Angriff. Zunächst experimentierte er mit Münzen, die sein Bild zeigten: Es sind Exemplare erhalten, die ein «stehender Kalif» in langem Gewand, mit umgeschnalltem Schwert, langem Haar, fließendem Bart und erkennbar arabischer Kopfbedeckung ziert. Aus unbekannten Gründen wich diese bildliche Darstellung schon bald rein arabischen Inschriften. Diese variierten von Zeit zu Zeit je nach Münzart, bestanden im Wesentlichen jedoch aus religiösen Koranzitaten, Namen des Kalifen sowie Ort und Jahr der Prägung. Die neuen Münzen gab es in drei Haupttypen. Die wertvollste war der Golddīnār, der auf dem byzantinischen Solidus basierte und etwa die Größe eines heutigen britischen 5-Pence-Stückes oder eines 2-Eurocent-Stückes hatte. Der silberne *dirham* basierte auf der alten sassanidischen Drachme und war etwas größer und dünner als ein 10-Pence oder 2-Euro-Stück. Schließlich gab es noch Kupfermünzen, *fals* (pl. *fulūs*) genannt, die in wesentlich gröberer Ausführung in verschiedenen Regionen geprägt wurden. Der meist in Damaskus geprägte Golddīnār war überwiegend in den ehemals byzantinischen Gebieten in der Westhälfte des Kalifats in Umlauf, während der überwiegend in Wasit geprägte Dirham in den ehemals sassanidischen Regionen im Osten gebräuchlich war. Beide Münzarten zirkulierten jedoch im gesamten Kalifat. Eine in Damaskus geprägte Münze wurde in Buchara oder Samarkand problemlos akzeptiert.

Diese Münzreform ist aus diversen Gründen interessant. Ausschließlich mit Schriftzeichen verzierte Münzen waren mit wenigen

Ausnahmen in der gesamten islamischen Welt bis ins 19. Jahrhundert gebräuchlich, als wieder Bilder von Herrschern nach europäischem Vorbild auf Münzen auftauchten. Die Erinnerung an diese alten Münzen lebt in heutigen Währungen fort, etwa im Dinar in Jordanien, Irak, den Golfstaaten und Tunesien und im Dirham in Marokko. Nach wie vor bezeichnet man Geld allgemein im modernen levantinischen Arabisch als *fulūs*.

Die Währung zeugte von der Autorität des Kalifen. Sämtliche Gold- und Silbermünzen wurden vom Staat geprägt. Das Recht, Münzen zu prägen und mit dem Namen des Herrschers zu versehen, *sikka* genannt, wurde zu einem der wesentlichen Herrschaftsindikatoren in der muslimischen Welt. Es gab keine Münzen, die Adlige oder Bischöfe prägen ließen, wie es damals in weiten Teilen Westeuropas verbreitet war. Die Inschriften machten jedem, der lesen konnte, klar, wer der Herrscher war. Von Portugal bis nach Zentralasien verwendeten die Menschen Münzen, die einen islamischen Staat proklamierten. Ebenso wichtig war, dass sie die arabische Sprache bis in die entlegensten Winkel der muslimischen Welt trugen und deren Status als Sprache der Macht und Herrschaft bestätigten.

Der Kalif besaß noch andere Möglichkeiten, seine Präsenz zu demonstrieren. So ließ Abd al-Malik an den Straßen in Syrien und Palästina, die er bereiste, eine Reihe von Meilensteinen errichten – etwa zwei Meter hohe konische Säulen mit arabischen Inschriften, die sowohl Entfernungsangaben als auch den Namen des in Auftrag gebenden Kalifen enthielten. Auch darin folgte er in gewisser Weise der Tradition römischer Meilensteine, von denen noch viele an den Hauptstraßen gestanden haben müssen; er machte jedoch demonstrativ klar, dass dies nun ein arabisch-muslimisches Reich war und der Kalif die früheren Zuständigkeiten des Römischen Reiches übernommen hatte.

Die auffallendsten und dauerhaftesten Errungenschaften Abd al-Maliks lagen auf dem Gebiet der Architektur. Hierzu sind auch die Werke seines Sohnes und Nachfolgers Walīd I. (reg. 705–715) zu zählen, der in die Fußstapfen seines Vaters trat. Die rechtgeleiteten Kalifen hatten anscheinend keine Bauwerke geschaffen, jedenfalls keine, die erhalten geblieben oder in Schriftzeugnissen dokumentiert wären, abgesehen von einem kleinen Bau auf dem Tempelberg in Jerusalem, den Umar angeblich in Auftrag gab, nachdem er dort die Trümmer hatte beseitigen lassen. Laut Überlieferung wurden in den Garnisonsstädten Kufa und Basra Moscheen gebaut, allerdings sind davon weder eingehende Beschreibungen noch Spuren erhalten geblieben. Insgesamt ist die Bilanz nicht sonderlich beeindruckend.

Abd al-Malik änderte das mit dem Bau des Felsendoms in Jerusalem. Dieses mittlerweile 1400 Jahre alte, erstaunliche Bauwerk existiert bis heute mehr oder weniger in seiner ursprünglichen Form und mit einem Großteil der Originaldekoration. Hier ist nicht der Ort für eine detaillierte Architekturbeschreibung, aber zur Rolle des Kalifen bei dessen Errichtung ist einiges anzumerken. Dazu lassen sich zwei Erklärungen anführen. Nach der ersten Version sollte der Felsendom, dessen Bau begonnen wurde, als Ibn al-Zubair in Mekka herrschte, als alternatives Pilgerziel des Haddsch dienen. Die Form des Gebäudes, das den namengebenden Felsen in seinem Zentrum mit runden und achteckigen Umgängen umschließt, ist offenkundig auf die Umrundung (*tawwāf*) angelegt, die den Kern des Haddsch-Rituals bildet. Damit soll keineswegs unterstellt werden, Abd al-Malik habe Mekka und die Kaaba ersetzen wollen; vielmehr wollte er wohl eine Alternative bieten, solange Mekka in der Hand seines Gegners war, und wer konnte schon wissen, wie lange es so bleiben würde.

Nach der zweiten, komplementären Erklärung wurde der Felsendom erbaut, um die islamische Präsenz in Jerusalem zu bekräftigen. Er steht oberhalb des Tales, in dem das Zentrum der Altstadt liegt, mit Blick auf die Grabeskirche, die auf Anweisung Kaiser Konstantins zu Beginn des 4. Jahrhunderts errichtet wurde und mit ihrer Kuppel das großartigste, auffallendste Bauwerk der Stadt war. Der Felsendom ist etwas größer und höher und schaut damit auf die Grabeskirche hinab. Für diese Idee spricht zudem das als Goldmosaik ausgeführte Inschriftenband, das an der Innenfassade entlangläuft. Es ist die erste Monumentalinschrift auf Arabisch. Sie besteht nicht aus einem fortlaufenden Korantext, sondern es werden Zitate aus dem Koran genutzt, um die Einzigkeit Gottes zu betonen – eine deutliche Kritik der christlichen Dreifaltigkeitslehre, die Muslime häufig attackierten, weil sie Gott Partner (*schirk*) zur Seite stellte. Zudem verkündete die Inschrift, für alle sichtbar und lesbar, dass dieses Gebäude das Werk des Kalifen Abd al-Malik war – vielmehr verkündete sie dies ursprünglich: Denn als der Abbasiden-Kalif Ma'-mun die Stadt 832 besuchte, bestand er darauf, Abd al-Maliks Namen durch seinen eigenen zu ersetzen, ein kruder Austausch, der niemanden zu täuschen vermochte. Mit seiner herausragenden Position und seiner üppigen Dekoration aus Marmor und Blattgoldmosaiken orientierte sich der Felsendom eindeutig am byzantinischen Stil (natürlich ohne die bildlichen Darstellungen Christi und seiner Heiligen, die ein byzantinisches Bauwerk geschmückt hätten). Er demonstriert äußerst öffentlichkeitswirksam die Herrlichkeit und den Triumph des Islam und verkündet ebenso öffentlichkeitswirksam, dass der Kalif der Erbauer und Schöpfer dieses Triumphs war.

Walīd folgte dem Beispiel seines Vaters. In Medina baute er die Prophetenmoschee um, wovon heute allerdings nichts mehr erhalten geblieben ist, und in Damaskus ließ er die Kathedrale abreißen, nachdem er der dortigen Christengemeinde eine Entschädigung gezahlt hatte. An dieser Stelle errichtete er angeblich teils eigenhändig die prachtvolle Moschee, die bis heute das großartige architektonische Prunkstück der Altstadt ist. Eine mittlerweile verloren gegangene Inschrift wies ihn als Erbauer aus.

In den meisten komplexen Gesellschaften gehören Gesetzgebung und Rechtsprechung zu den wichtigsten Aufgaben des Herrschers. Im Römischen Reich war der Kaiser für die Gesetzgebung zuständig: «Was dem Princeps [Kaiser] gefällt, hat Gesetzeskraft», lautete die Maxime. Im Byzantinischen Reich war es ab Justinian der Kaiser persönlich, der Gesetze erließ und änderte. In Britannien werden Gesetze, zumindest theoretisch, durch die Königin im Parlament verabschiedet. Es ist daher eine interessante Frage, ob der Kalif eine ähnliche Funktion besaß. Hier stoßen wir auf ein Problem. Die verfügbaren Quellen entstanden im 9. Jahrhundert und später. Zu dieser Zeit war der Kalif jedoch weitgehend sowohl von der Gesetzgebung als auch von der Rechtsprechung ausgeschlossen. Gesetzgebung, vielmehr Rechtsfindung, war mittlerweile zum Vorrecht der *ulamā* geworden, jener Experten für den Koran und die Überlieferungen des Propheten, die inzwischen als einzig gültige Rechtsquellen akzeptiert waren. Aber galt das auch für die Umayyaden-Kalifen in der ersten Hälfte des 8. Jahrhunderts, oder fungierten sie als Gesetzgeber und Richter?

Zunächst müssen wir klären, über welche Art von Recht wir sprechen. Der Kalif oder seine Repräsentanten (Gouverneure oder Emire) besaßen die Zuständigkeit bei Straftaten und politischen Vergehen, wie man es nennen könnte. Straßenräuber, Gewaltverbrecher und vor allem Rebellen gegen den Kalifen und seinen Staat wurden durchweg vom Herrscher und seinen Beamten bestraft. Das machte jedoch nur einen kleinen Teil des Rechtswesens aus. Alles, was sich als Bestandteil der Scharia fassen ließ, Familienrecht, Vertragsrecht, Bestimmungen zur Sklaverei und die komplexen Regelungen des Erbrechts, waren typische Bereiche, in denen die Rechtsfindung bei den *ulamā* lag und der *qādī*, der Richter, in Streitfällen das Urteil in seinem Gericht sprach. Somit lagen ganze Bereiche der Rechtsprechung und Vollstreckung außerhalb der Autorität des Kalifen, was seine Macht potenziell schwächte.

Soweit Belege aus der Zeit vor dem 9. Jahrhundert verfügbar sind, deuten sie darauf hin, dass der Kalif damals als oberster Richter tätig war und unter gewissen Umständen die Macht zur Rechtsschöpfung und Rechtsprechung besaß. Die Hinweise stammen aus zeitgenössischen Briefen und Gedichten. Die Rolle des Kalifen als Richter stützte sich auf den Koran, in dem Gott zu David sagt: «David, wir haben dich zum Statthalter auf der Erde bestellt. So entscheide zwischen den Menschen nach Recht» (38.26). Die Dichter am Umayyaden-Hof gingen wie selbstverständlich davon aus, dass der Kalif ein Richter sei. So bezeichnete der große Umayyaden-Dichter Farazdaq (gest. ca. 729) die Kalifen als «Imame der Anleitung und Henker der Köpfe». Ein anderer Dichter, Ahwas, schrieb über den Kalifen Sulaimān, Gott habe ihn ernannt, damit er «richte und gerecht sei»; und Dscharīr, der große Rivale Farazdaqs als Hofdichter, erklärte: «Er ist der Kalif, nimm also das Urteil an, das er für dich in Wahrheit fällt.»

Abd al-Malik hielt als *qādī* offiziell Gericht, und vor Beginn der

Verhandlungen verlas ein Page Gedichte über juristische Gerechtigkeit.¹¹ In einem komplexen, gut dokumentierten Fall erfahren wir, wie unterschiedlich Kalifen auf Rechtsprobleme reagierten, die aus den Eigentumsrechten an Kirchen in Damaskus erwuchsen, und von den Bemühungen verschiedener Herrscher, diese Streitigkeiten beizulegen. Es gibt also genügend Belege, dass Umayyaden-Kalifen als Richter fungierten, es steht aber auch fest, dass sie Gesetze erlassen konnten. Abd al-Malik gab seinen Gouverneuren schriftliche Anweisungen, wie sie zu verfahren hatten, wenn sich bei Sklavinnen nach dem Kauf Mängel herausstellten. Kalif Hischām legte seinem *qadī* in Ägypten schriftlich verzwickte Aspekte der Mitgift dar. Und Umar II. erließ ein komplexes Dekret zur Besteuerung von Nichtmuslimen und Konvertiten, das vollständig erhalten geblieben ist. Er befragte weder die *ulamā* noch konsultierte er die Überlieferungen des Propheten, sondern traf eine Entscheidung nach seinem Rechtsverständnis und seiner Einschätzung der Lage und wies seine Gouverneure schriftlich an, den Erlass umzusetzen. Niemand erhob Einwände, dass er seine Machtbefugnisse überschritten hätte. Provinzgouverneure und Privatpersonen schrieben an Kalifen wie Abd al-Malik und baten sie um Entscheidungen in heiklen Fragen: Wie war mit einem Sklaven zu verfahren, der einen Freien beleidigte? War es zulässig, ein Testament für ungültig zu erklären, das einem Sklaven die Freiheit schenkte? All das waren komplexe Rechtsfragen, in denen man vom Kalifen eine Klärung erwartete. Seine Entscheidungen blieben in Erinnerung, vielleicht weil man sie bei zukünftigen Streitigkeiten als Präzedenzfall verwenden wollte.

Dem Kalifen wurden zuweilen auch nahezu wundertätige Kräfte zugeschrieben: Für den Dichter Achtal (gest. ca. 710) war er «der Kalif Gottes, durch den Regen erbeten wurde», während Farazdaq ihn schlicht «der Hirte Gottes auf Erden» nannte. Für Haddschādsch, Abd al-Maliks rechte Hand, war der Kalif sogar dem Propheten überlegen; eine ganz ähnliche Einstellung äußerte Chālid al-Qasrī, Haddschādschs Nachfolger im Irak, über Walīd I. – eine Haltung, die vielen späteren und modernen Muslimen sicher wie Blasphemie erschienen wäre, die aber damals offenbar unangefochten war.

In mancherlei Hinsicht markieren das Kalifat Abd al-Maliks und seines Sohnes Walīd I. den Höhepunkt an Macht und Ansehen der Kalifen. Er war der Stellvertreter Gottes auf Erden, der Oberbefehlshaber der Armee, der Führer der Muslime in Dschihad und Haddsch, der Inhaber der Münzrechte sowie der oberste Richter und Gesetzgeber. Einzig seine Verpflichtungen gegenüber Gott und seine Achtung vor den Geboten des Koran schränkten seine Macht stärker ein als die des absolutistischsten römischen Kaisers.

Die spätere Periode und der Untergang der Dynastie

Nach dem Tod Walīds I. 715 folgte die kurze Regierungszeit Sulaimāns (reg. 715–717), eines weiteren Sohnes Abd al-Maliks, und die Regentschaft seines Neffen Umar II. (reg. 717–720), die beide in jungen Jahren eines natürlichen Todes starben. Abd al-Malik hatte eingehende Vorkehrungen für seine Nachfolge getroffen, und nicht weniger als vier seiner Söhne und einer seiner Neffen wurden Kalifen, ohne dass sich eine offene Opposition gebildet hätte. Das Recht des Kalifen, seine Nachfolger zu bestimmen, wurde als Teil der natürlichen Ordnung akzeptiert.

Sulaimān, der selbstverständlich nach dem großen biblischen König Salomon benannt war, steht in den arabischen Quellen in dem Ruf, einen luxuriösen Lebensstil mit aufwändigen Ausgaben gepflegt zu haben; offenbar war aber niemand der Ansicht, er sei deshalb des Kalifats unwürdig.

Umar II., sein Nachfolger, war der geheimnisvollste Umayyaden-Kalif. Sein Vater war nicht Abd al-Malik, sondern dessen Bruder Abd al-Azīz, der langjährige Gouverneur von Ägypten. Seine Jugend verbrachte er großenteils im Hedschas, wo er im Ruf stand, so etwas wie ein Playboy zu sein. Als Kalif wandelte er sich jedoch zu einem puritanischen, frommen Menschen, vielleicht nach dem Vorbild seines Namensvetters Umar I. Spätere Quellen bezeichneten ihn als den «guten Umayyaden», der die unterdrückerische Politik seiner Dynastie ablehnte und gemäß Gottes Schrift und seiner *sunna*

(Anordnungen, wie sie in den Taten und Worten des Propheten dargelegt sind) regierte.

Daran war sicher etwas Wahres. Umar II. versuchte, sich aus den inneren Streitigkeiten zu lösen, welche die herrschende Umayyaden-Schicht zunehmend spalteten, und Ämter mit Vertretern verschiedener Gruppen aus der gesamten muslimischen Elite zu besetzen. So machte er einen Nachfahren Umars I. zum Gouverneur der wichtigen Stadt Kufa, um deren verbitterte und widerspenstige Bevölkerung für sich zu gewinnen. Mit einem gewagten Schritt versuchte er zudem, eines der großen sozialen Probleme zu lösen, die im Kalifat bestanden: die Besteuerung der *mawālī*-Konvertiten. Unter der Verwaltung Haddschādschs im Irak wurden Konvertiten weiterhin wie Nichtmuslime besteuert, da er Einbußen für die Staatskasse befürchtete, wenn sie von der *charādsch*, der Grundsteuer, befreit würden, die Nichtmuslime auf Grundbesitz bezahlen mussten, und nur noch die für alle Muslime verpflichtende Almosenabgabe leisten müssten. Um die Einbußen für die Staatskasse zu verringern, ordnete Umar an, dass Grund und Boden von Konvertiten bei ihrem Übertritt in den Besitz ihrer Gemeinde übergehen und weiterhin darauf Grundsteuer gezahlt werden müsse. Es war ein genialer Versuch, die fiskalischen Interessen des Staates mit den Lehren des islamischen Rechts zu vereinbaren. Diese Maßnahme zeigt, dass Umar II. als Gesetzgeber wichtige politische Entscheidungen nach eigenem Urteil fällte.

Offenbar war Umar II. der einzige Umayyaden-Kalif, der sich bemühte, die Rechte seiner nichtmuslimischen Untertanen zu wahren. Dieser ausgesprochen fromme Kalif ließ die von Muslimen übernommenen Kirchen in Damaskus den Christen zurückgeben, weil man sie ihnen nach den Kapitulationsvereinbarungen, die bei der muslimischen Eroberung getroffen wurden, zu Unrecht abgenommen habe. Diese Anordnung erregte erheblichen Zorn bei Muslimen, die es hassten, dass in ihren Moscheen wieder Christen ihre Religion praktizierten. Aber für Umar waren die Geltung des Rechts und die Einhaltung feierlich geschlossener Abkommen wichtiger. Laut einer Überlieferung wurde er nach seinem Tod 720 in der Nähe des Heiligtums des St. Simeon Stylites beigesetzt, der bedeutendsten christlichen Stätte Syriens. Der Grund dafür war keineswegs, dass er heimlich Christ gewesen wäre, sondern dass er die christlichen Heiligen der vorislamischen Zeit als Diener Gottes in der monotheistischen Tradition sah, die Christen und Muslime verband.

Nach Umars vorzeitigem Tod wurden seine Reformen rückgängig gemacht oder ausgesetzt, und der letzte große Umayyaden-Kalif, Hischām (reg. 724–743), führte wieder ein streng autoritäres Regime ein. Er stand in dem Ruf, in seiner neuen Residenz im nordsyrischen Rusafa einen puritanischen, ja knauserigen Hof zu führen, gab jedoch erhebliche Summen für öffentliche Bauten wie den Bewässerungskanal aus, den er anlegen ließ, um die Wasserversorgung der wachsenden Stadt Mossul im Nordirak zu verbessern.

In den arabischen Geschichtsquellen jener Zeit, die sich mit verschiedenen Aspekten der Kalifenmacht befassen, findet sich eine Episode aus der kurzen Regentschaft Yazīds II. (reg. 720–724), die viel über das Ansehen und die Machtbefugnisse seines Amtes aussagt.[12] Damals hatten die muslimischen Siedler in der (heute südtürkischen) Provinz Kilikien an der Grenze zum Byzantinischen Reich Probleme mit Löwen, die Reisen zwischen den muslimischen Vorposten gefährlich machten (wilde Löwen, zwar kleiner als afrikanische, aber dennoch gefährlich, waren noch bis ins 15. Jahrhundert im Nahen Osten zu finden). In einem Schreiben wandten sie sich an Yazīd. Zufällig hatten muslimische Armeen kurz zuvor einen Großteil der Provinz Sind erobert und waren dort auf Wasserbüffel gestoßen, die offenbar bis dahin im Nahen Osten unbekannt gewesen waren. Der erobernde arabische General hatte gut 4000 Tiere in den Irak geschickt, wo sie in den Sumpfgebieten im Süden des Landes gut gediehen. Nun ordnete der Kalif an, die Büffel mit ihren Hirten aus Sind nach Kilikien zu bringen, eine heiße, wasserreiche Gegend, wo sie eine abschreckende Wirkung auf die Löwen hatten. Mit anderen Worten: Wenn man ein Problem mit Löwen hatte, wandte man sich an den Kalifen und bat ihn, etwas dagegen zu unternehmen. Und das tat er, indem er die Ressourcen des ausgedehnten muslimischen Reiches für die Lösung des Problems mobilisierte – zumindest erzählen das die Quellen.

Nach dem Tod des Kalifen Hischām 743 geriet das Umayyaden-Kalifat in eine siebenjährige Krise mit Attentaten und Bürgerkrieg, von der es sich nicht wieder erholte. Da eine detaillierte Darstellung dieser Krise den Rahmen dieses Buches sprengen würde, seien hier nur einige wesentliche Punkte erwähnt.

Gemäß familiären Vereinbarungen, die schon lange zuvor getroffen worden waren, trat Hischāms Neffe Walīd II. dessen Nachfolge an. War Umar II. in der späteren Erinnerung der «gute Umayyade», so war Walīd II. eindeutig der böse. Bevor er Kalif wurde, hatte er fernab vom Hof seines strengen Onkels das Leben eines hedonistischen Draufgängers geführt. Die beiden kamen nicht gut miteinander aus, und Hischām machte sich zu Recht Sorgen, was aus dem Kalifat werden sollte, wenn sein missratener Neffe seine Nachfolge antreten würde.

Walīd II. baute eine Reihe von Palästen in der Steppe am Rand der syrischen Wüste, die zu den auffallendsten und denkwürdigsten Vermächtnissen des Umayyaden-Kalifats zählen. Die Umayyaden-Kalifen lebten in der Regel nicht in Städten und besuchten ihre «Hauptstadt» Damaskus nur gelegentlich. Abd al-Malik führte wie Muʿāwiya vor ihm im Grunde ein Wanderleben. Den Sommer verbrachten sie auf der Hochebene des Bekaa-Tals in der Umgebung von Baalbek, im heutigen Libanon. Im Herbst kamen sie durch Damaskus, zogen es aber vor, in dem christlichen Kloster Dair Murrān auf den Hügeln oberhalb der Stadt zu wohnen statt in dem Palast mit der grünen Kuppel, den Muʿāwiya im Stadtzentrum errichtet hatte. Im Winter lebten sie im milden Klima des Jordantales, häufig in Sinnabra am Südende des Sees Genezareth. Spätere Kalifen wählten andere Residenzen. So gründete Sulaimān eine neue Residenzstadt in Ramla in Palästina, während Hischām seinen Hof in der nördlichen Palmyrena errichtete.

Die Ruinen vieler ihrer Paläste gibt es noch heute. In Größe und Architektur ähneln sie in mancherlei Hinsicht römischen Villen mit einer Abfolge von Innenhöfen, die von Kolonnaden umgeben sind, häufig besitzen sie eine Empfangshalle mit einem Thron in einer Nische, wo der Kalif oder Fürst Gäste empfing und beeindruckte. Die Paläste verfügten ausnahmslos über ein Badehaus und eine eigene Moschee. Viele waren mit Gemälden und Mosaiken dekoriert, wobei

Darstellungen von Menschen und Tieren in diesen privaten Residenzen nicht verboten waren. Einige besaßen zudem Gutshöfe, Wildparks und aufwändige Bewässerungsanlagen, die Gärten grünen ließen und Bäder mit fließendem Wasser versorgten. Die Umayyaden waren in ihrer Lebensweise außergewöhnlich, und keiner der späteren Herrscher Syriens folgte ihrem Beispiel. Die Abbasiden bauten riesige Paläste in Stadtzentren. Wieso wählten die Umayyaden diese Lebensweise? Laut einer Idee, die bei vielen westlichen Experten im 20. Jahrhundert vorherrschte, entsprang sie einer Nostalgie für das Beduinenleben ihrer Vorfahren. Nach dieser romantischen Vorstellung waren die Umayyaden freie Söhne der Wüste im Gegensatz zu ihren Nachfolgern, den Abbasiden, orientalischen Despoten, die sich in ihren gigantischen Palästen am Tigris versteckten. Aber vielleicht wollten sie auch nur abseits der kritischen Blicke ihrer missbilligenden Untertanen ihren hedonistischen Lebensstil mit Wein, Jagd und Tänzerinnen weiterführen, den Robert Hillenbrand mit dem denkwürdigen Begriff «Dolce Vita» bezeichnete.[13]

Andere Erklärungen sind nüchterner. Die Umayyaden-Kalifen konnten ihre Macht erhalten, weil die Stammesführer der syrischen Beduinenstämme sie unterstützten. Zumindest einige der Paläste nutzte der Herrscher oder Prinz, um diese Verbindungen zu pflegen. Er verbrachte die herrlichen Frühlingswochen, die bei den Arabern *rabī* heißen, am Wüstenrand in der Steppe, die um diese Zeit grün von Gras und voller blühender Blumen ist, und konnte in seinem Palast die Stammesführer mit Festen, Poesie und dem Luxus des Badehauses unterhalten, sich ihre Sorgen und Nöte anhören und sie ermuntern, seine Pläne zu unterstützen. Andere Historiker haben auf die finanziellen Vorteile dieser Anlagen hingewiesen. Das islamische Steuerrecht bietet Steuererleichterungen für alle, die Neuland kultivieren. Selbst für Prinzen von Geblüt war es einträglicher, neues Land landwirtschaftlich zu erschließen, als Grund und Boden in bereits kultivierten Gegenden zu erwerben. Ohne Zweifel enthalten alle diese Erklärungen ein Körnchen Wahrheit. Jedenfalls verlieh das Leben in den «Wüstenschlössern» den Umayyaden-Kalifen einen stilvollen, romantischen Glanz, der späteren Herrschern fehlte.

Keiner kultivierte diesen Lebensstil eifriger als Walīd II. Ihm verdanken wir den Bau von Qusair (kleiner Palast) Amra in der jordanischen Wüste östlich von Amman. Das anheimelnd kleine Gebäude besteht aus einer Audienzhalle und einem angrenzenden Badehaus, hat aber keine Schlaf- oder Wohnräume. Vermutlich stellten die Besucher, die seine Einrichtungen nutzen wollten, ihre Zelte daneben auf. Was Qusair Amra von anderen, mehr oder weniger ähnlichen Anlagen unterscheidet, ist die Tatsache, dass darin eine Fülle von Fresken erhalten geblieben ist. Die flüssige, sichere Pinselführung dieser Wandgemälde lässt darauf schließen, dass sie zu einer voll entwickelten Kunstform gehörten und kein Einzelfall waren. Die dargestellten Sujets sind vielfältig und nicht alle geklärt. Ernste Elemente zeigen den Prinzen in seinem Alkoven und die Könige, die von den islamischen Armeen besiegt wurden, darunter selbstverständlich den byzantinischen Kaiser und den Sassanidenkönig, aber auch Roderich, den König der Westgoten im fernen Spanien. In einer anderen Serie im Deckengewölbe sind der Bau des Palastes und die Vorbereitung der Baustoffe dargestellt. Die meisten der übrigen Gemälde illustrieren kraftvoll und lebhaft die Freuden des Bades und der Jagd. Der Prinz ist als großer Jäger zu sehen, wie er die Onager (Wildesel) tötet, die man ihm zugetrieben hat, während an der gegenüberliegenden Wand spärlich bekleidete Mädchen tanzen und singen. Lange glaubte man, diese Gemälde seien unter dem Kalifat Walīds entstanden, doch vor Kurzem entdeckte man in einem jener Momente, den Archäologen erträumen, aber nur selten erleben, eine Inschrift, die eindeutig besagt, dass Walīd ibn Yazīd den Bau errichten ließ, also Walīd, bevor er Kalif wurde.

Über Walīd gibt es zahlreiche Geschichten. Er war ein vollendeter arabischer Poet und holte Dichter und Sänger an seinen Hof. Sein Verhalten war angeblich schamlos und skandalös. Wenn er sich auf den Haddsch begab, nahm er seine Sängerinnen mit und veranstaltete, wie es heißt, selbst in der Kaaba Trinkgelage. Zugleich hatte der Kalif jedoch sehr klare Vorstellungen von seinem Amt. In einem erhalten gebliebenen Brief teilt er den Gouverneuren der Provinzen seines Reiches mit, dass er seine beiden Söhne Hakam und Uthmān als seine Erben eingesetzt habe. Das Schreiben wurde eindeutig von einem Kanzleischreiber aufgesetzt, gehört jedoch zu den wenigen

Dokumenten, aus denen sich ersehen lässt, wie ein Umayyaden-Kalif sein Amt auffasste.

In der englischen Übersetzung von Crone und Hinds umfasst der Brief gut acht Buchseiten.[14] Er ist in einem elaborierten, repetitiven Stil verfasst, der damals ebenso wenig leicht lesbar gewesen sein dürfte wie heute, aber die Botschaft, dass alle Muslime verpflichtet sind, dem Kalifen zu gehorchen, ist klar und deutlich und wird den Lesern immer wieder eingehämmert. Zunächst beschreibt er, wie Gott den Menschen Propheten bis hin zu Mohammed schickte. Nach dessen Hinscheiden habe Gott Kalifen ernannt, damit sie seine Gebote durchsetzten, seine Handlungsweise (*sunna*) umsetzten, Gerechtigkeit übten und die Menschen von Verbotenem abhielten. Das Kalifat war «Teil der Vollendung des Islam und der Vervollkommnung jener gewaltigen Gunstbezeigungen, durch die Gott sein Volk zu Dank verpflichtet». An keiner Stelle zieht der Schreiber die Möglichkeit in Betracht, dass der Kalif einen Fehler begehen oder Widerstand gegen seine Autorität gerechtfertigt sein könnte; denn das hieße, Gott infrage zu stellen. Der Kalif war zugleich Richter und Interpret der göttlichen Gebote, und dieses Amt hatte ihm Gott und nicht etwa eine Versammlung oder ein Konsens von Menschen übertragen. Die Aufgabe und Pflicht seiner Untertanen bestehe in absolutem Gehorsam, und wenn sie von diesem Weg abkämen, hätte es für sie schlimme, sehr schlimme Folgen im Diesseits und im Jenseits.

Diese Herrschaftstheorie hat offenbar große Ähnlichkeit mit dem göttlichen Recht von Königen in der westeuropäischen politischen Praxis. Das Schreiben endet mit der Erklärung, dass der Kalif zur Vermeidung jeglicher Zweifel oder Unsicherheit beschlossen habe, seine beiden Söhne als Erben einzusetzen, wobei Uthmān zu gegebener Zeit die Nachfolge seines älteren Bruders Hakam antreten solle. Auch hier war nicht die Rede davon, dass der Kalif Berater hingezogen hätte. Er allein hatte es so beschlossen, und so würde es geschehen.

Von dieser gottgegebenen Autorität waren keineswegs alle so beeindruckt wie der Kalif selbst. In der Umayyaden-Elite in Syrien waren viele schockiert über Walīds empörendes Verhalten, das seine politischen Gegner als Vorwand nutzten, um Unterstützer für sich zu gewinnen. Sie machten mobil und fanden den Kalifen in einer seiner Wüstenresidenzen in Bachra, etwas südwestlich von Palmyra: Noch heute sind die verlassenen, verfallenen Ruinen zu sehen. Er war praktisch schutzlos, als sie das Gebäude stürmten und ihn töteten, während er den Koran las wie Uthmān vor ihm. Er mochte unpopulär und sein Benehmen skandalös gewesen sein, aber seine Ermordung führte zu keiner Lösung, und schon bald begann das Umayyaden-Kalifat durch Intrigen und Bürgerkrieg zu zerfallen.

Etwas von der Kritik an den Umayyaden findet sich in einer wütenden, polemischen Predigt, die der Charidschiten-Führer Abū Hamza um 747 im Hedschas hielt. Darin gab er einen kurzen Überblick über die Geschichte des Kalifats, angefangen bei Abū Bakr, der gegen die *ridda* kämpfte und gemäß dem Koran und der *sunna* handelte. Als nächstes kam Umar, zu dessen Leistungen es zählte, dass er den Muslimen einen Sold zahlte, die Garnisonsstädte gründete, die *dīwān* schuf, die nächtlichen Gebete während des Ramadan organisierte und als Strafe für das Trinken von Wein achtzig Hiebe festlegte. Doch von da an begann der Niedergang. Uthmān reichte nie an die von Abū Bakr und Umar gesetzten Maßstäbe heran, und es wurde im Laufe der Zeit immer schlechter; Alī handelte gut, bis er (in Siffīn) in das Schiedsgericht einwilligte, danach erreichte er nichts mehr. Mu'āwiya war von Mohammed verflucht, machte die Diener Gottes zu Sklaven und war in seinem Glauben (*dīn*) korrupt. Yazīd war auch nicht besser, folgte dem schlechten Beispiel und war «ein Sünder in Bauch und Geschlecht». Mit Abd al-Malik wurde alles nur noch schlimmer, machte er doch Haddschādsch zu seinem Imam, der ihn ins Höllenfeuer führte; Walīd war ein törichter Narr; Sulaimān interessierte sich wie Yazīd I. nur für Essen und Sex. Umar II. sorgte für ein kurzes Intermezzo in diesem Katalog der Verdorbenheit: Er hatte gute Absichten, war aber nicht imstande, danach zu handeln. Yazīd II. kehrte zu dem alten Umayyaden-Modell zurück. Zu den anschaulichen Details über ihn gehörte unter anderem, dass er teure Kleidung trug:

> [Er] setzte Habāba zu seiner Rechten und Sallāma zu seiner Linken und sagte: «Sing für mich, Habāba: Gib mir zu trinken, Sallāma.»

Als er dann betrunken war und der Wein von ihm Besitz ergriffen hatte, zerriss er die Gewänder, die tausend Dinar gekostet hatten – Geld, für das man Häute gepeitscht, Haare abrasiert und Schleier fortgerissen hatte [das man also gewaltsam bei einfachen Muslimen eingetrieben hatte]. Dann wandte er sich an eines der Mädchen und sagte: «Ich werde sicher fliegen», und tatsächlich wird er fliegen, nämlich ins Höllenfeuer!

Der schielende Hischām verwendete die Gelder der Muslime missbräuchlich; Walīd II. «trank unverhohlen Wein und enthüllte absichtlich, was abscheulich ist»; und Marwān II., der letzte Umayyaden-Kalif, zeichnete sich durch seine Grausamkeit aus. Abū Hamza endete mit einer allgemeinen Tirade gegen die gesamte Dynastie:

Die Umayyaden sind von launenhafter Unberechenbarkeit. Ihre Macht ist Selbstverherrlichung. Sie verhaften auf Verdacht, erlassen eigenwillig Dekrete, töten aus Wut und richten, indem sie Verbrechen ungestraft übergehen. Sie nehmen die Almosenabgabe von den Falschen und geben sie den Falschen... Diese Leute [die Umayyaden] haben bei Gott aufs Himmelschreiendste wie Ungläubige gehandelt. Also verflucht sie, möge Gott sie verfluchen!

Die Rhetorik ist leidenschaftlich, aber die Vorwürfe gegen die Umayyaden sind recht absehbar: Grausamkeit und Unterdrückung, Missbrauch des Wohlstands der Muslime, Alkoholkonsum und Sex. Was diese Predigt so faszinierend macht, ist die Tatsache, dass sie im Gegensatz zu großen Teilen der vorhandenen Zeugnisse aus der Zeit des letzten Umayyaden-Kalifen stammt und nicht die Vorurteile der Abbasiden-Zeit widerspiegelt, sondern die Ansichten von Zeitgenossen. Zudem kann sie als Nachruf auf die Dynastie gelten, der zeigt, warum so viele Muslime bereit waren, die Autorität der Umayyaden abzulehnen und sich gegen sie zu erheben.

3.

DAS FRÜHE ABBASIDEN-KALIFAT

Die Dynastie der Abbasiden hielt sich zwar bis zu ihrer endgültigen Niederlage gegen die Mongolen 1258, doch in mancherlei Hinsicht markiert ihre Frühzeit von 750 bis 945 den Höhepunkt der Macht und des Ansehens des Kalifats. Wenn moderne Kommentatoren nach einem klassischen Kalifat suchen, um zu demonstrieren, was ein Kalifat war und sein konnte, wählen sie häufig die Abbasiden in ihrer Phase der größten Macht und Pracht. So waren diese für den konservativen Gelehrten und Juristen Ibn Kathīr (gest. 1373), der über hundert Jahre nach der Tötung des letzten Abbasiden-Kalifen in Bagdad durch die Mongolen in Damaskus schrieb, nach wie vor die Kalifen *par excellence*, die einzig wahre Verkörperung dieses Amtes. Ihr Vermächtnis und Andenken hat sich bis in die heutige Zeit erhalten. Nur ein Beispiel: Dass das gegenwärtige IS-Kalifat in der Provinz Dschazīra die Farbe Schwarz als Symbol und als eine Art Uniform gewählt hat, ist ein klarer und unmittelbarer Hinweis auf die Abbasiden, bei denen die offizielle höfische Kleidung schwarz war, und stellt somit einen Versuch dar, dieses heutige Kalifat als Erben der Funktion und des Ansehens seiner Vorläufer darzustellen.

In diesem Kapitel möchte ich untersuchen, wie die Abbasiden dazu kamen, das Kalifat zu repräsentieren, wie es ihnen letztlich gelang und welche Macht sie beanspruchten. Abschließend müssen wir uns mit der Aufspaltung des Kalifats im 10. Jahrhundert, ihren Gründen und ihrer Bedeutung für die Vergangenheit und Zukunft dieser Institution befassen.

Kalif Hārūn al-Raschīd als junger Mann. Persische Miniatur von Kamāl ad-Dīn Behzād, 17. Jahrhundert

Eine Revolution und ihre Folgen

Die damals etwa fünfzig Mitglieder der Abbasiden-Familie waren Nachfahren von Mohammeds Onkel väterlicherseits, Abbās ibn Abd al-Muttalib, und gehörten somit zur Familie des Propheten. Diese Verwandtschaft war umso wichtiger, als der Vater Mohammeds jung gestorben war und Abbās in mancherlei Hinsicht die Aufgaben eines Vormunds und Beschützers für ihn übernommen hatte. Allerdings waren sie keine biologischen Nachkommen Mohammeds, und da sein Blut nicht in ihren Adern floss, mussten sie sich ständig des Vorwurfs erwehren, sie seien Betrüger.

Abbās' Sohn Abd Allāh gilt häufig als hoch geachtete Autorität für die Überlieferungen des Propheten, ein Ruf, den er möglicherweise zu einem Großteil dem politischen Erfolg seiner Nachfahren zu verdanken hat. Er gehörte jedoch nicht zu der von Umar ernannten sechsköpfigen *schūra*, die nach seinem Tod seinen Nachfolger wählte, und anscheinend spielte er auch bei den muslimischen Eroberungen keine nennenswerte Rolle. Unter den Umayyaden-Kalifen lebte die Familie in unauffälligem Wohlstand in einem Palast im südjordanischen Humaima, dessen Überreste Archäologen mittlerweile ausgegraben haben. Verglichen mit den Residenzen der herrschenden Dynastie war es ein bescheidener Bau, dessen Räume sich um einen einzigen Innenhof gruppierten. Daneben befand sich eine kleine Moschee, eindeutig zu erkennen an der Ausrichtung und dem *mihrāb* (Gebetsnische). Elfenbeinverzierungen, die vermutlich ursprünglich an Möbeln angebracht waren, deuten auf einen gewissen Wohlstand und Komfort hin, jedoch nicht auf extravagante Opulenz. Neben den landwirtschaftlichen Möglichkeiten – die Familie baute Oliven an – besaß das Anwesen in Humaima noch einen weiteren Vorteil: Es lag an der Hauptstraße von Syrien in den Hedschas mit den Heiligen Städten. Da dort viele Reisende vorbeikamen, müssen die Abbasiden gut über das jeweilige Zeitgeschehen informiert gewesen sein.

Bis etwa 720 spielten sie offenbar keine politische Rolle und hatten keine Anhänger, doch dann begann das damalige Familienoberhaupt, Muhammad ibn Alī, Kontakte zu enttäuschten Muslimen in der fernen nordöstlichen Provinz Churasan zu knüpfen. Seiner Meinung nach gehörten die Abbasiden zur Familie des Propheten und hatten begründete Ansprüche, das muslimische Volk zu führen.

Der Anspruch der Abbasiden auf das Kalifat, wie sie ihn nach ihrer Machtergreifung begründeten, basierte auf drei Argumenten. Das erste war selbstverständlich ihre Zugehörigkeit zur Familie des Propheten. Dieses Argument besaß zwar ein gewisses Gewicht, aber viele Muslime, die sich durch die Herrschaft der Prophetenfamilie einen Wandel erhofften, fanden, der Herrscher solle ein Nachfahre Alīs und Fātimas sein. Die zweite Begründung war die Ernennung eines Nachfolgers durch einen früheren Kalifen oder Prätendenten (*nass*). Muchtār, der Rebell in Kufa, hatte ein Aliden-Kalifat im Namen Muhammad ibn al-Hanafīyas angestrebt, der, wie gesagt, zwar ein Nachfahre Alīs, nicht aber Fātimas war. Dieser Versuch war fehlgeschlagen, und Muhammad war in Vergessenheit geraten und gestorben, hatte aber einen Sohn namens Abū Hāschim hinterlassen, der gewissermaßen einen Anspruch auf das Kalifat geerbt hatte. Dieser war kinderlos und soll der Legende nach auf der Durchreise durch Humaima Muhammad ibn Alī zu seinem Nachfolger bestimmt haben. Es war, gelinde gesagt, ein fadenscheiniger Anspruch, selbst wenn die Abfolge der Ereignisse stimmte, konnte jedoch zusammen mit anderen Argumenten ein gewisses Gewicht haben.

Der dritte Punkt, den die Abbasiden nach ihrer Machtergreifung vorbrachten, basierte im Grunde weniger auf Erbansprüchen als auf Taten. Sie waren es, die mit den gottlosen Umayyaden aufgeräumt und vor allem das Blut des Märtyrers Husain gerächt hatten: Daher konnten sie und nicht die direkten Nachfahren Alīs zu Recht Anspruch auf das Kalifat erheben. Mit besonderem Nachdruck bezeichneten sie sich als die «Hāschimiya», ein Begriff, der teils auf ihre angebliche Designation durch Abū Hāschim verwies, aber auch eine tiefere Bedeutung besaß. Ein früherer Hāschim, der vor der Gründung des Islam gestorben war, war ein Vorfahre der Aliden und der Abbasiden, nicht aber der Umayyaden, und das war entscheidend. Mit der Behauptung, die Hāschimiya zu sein, untermauerten sie ihren Anspruch, derselben Sippe anzugehören wie ihre Aliden-Vettern.

Keines dieser Argumente hätte sonderlichen Nutzen gehabt, wenn es nicht durch die Aussicht auf militärische Stärke untermauert worden wäre, und da kamen die Churasaner ins Spiel. Churasan war der Name, den die ausgedehnte Nordostprovinz der muslimischen Welt erhalten hatte. Nach der heutigen politischen Geographie umfasste sie den Nordostiran, Afghanistan und die muslimischen Gebiete der zentralasiatischen Republiken mit Buchara, Samarkand und dem Ferghanatal. Diese riesige, vielfältige Provinz wurde von einem Umayyaden-Gouverneur in der alten Stadt Merv im heutigen Turkmenistan verwaltet. Obwohl die Provinz fernab von den muslimischen Machtzentren lag, lebten dort zahlreiche Araber, fast ausschließlich Iraker, die man ermuntert hatte, sich in den Grenzsiedlungen niederzulassen, oder dorthin geschickt hatte. Daher gab es dort im Gegensatz zum westlichen und mittleren Iran mittlerweile eine große muslimische Bevölkerung, die aus Arabern, aber auch aus zahlreichen *mawālī*, also nichtarabischen Konvertiten zum Islam, bestand. Da es sich um eine Grenzprovinz handelte, waren viele Muslime es gewöhnt, Waffen zu tragen, und besaßen Kampferfahrung.

Wie die Verbindung der Abbasiden nach Churasan genau zustande kam, ist nicht geklärt, aber ab 720 gab es zunehmende Kontakte zu unzufriedenen Muslimen, Arabern ebenso wie *mawālī*, in der fast zweitausend Kilometer entfernten Provinz. In Churasan übernahm ein mysteriöser, charismatischer Mann namens Abū Muslim die Führung. Seine Herkunft ist nicht geklärt, höchstwahrscheinlich war er jedoch ein ehemaliger Sklave aus dem Irak, den die Abbasiden dorthin geschickt hatten. Sein schlichter Name lässt erkennen, dass er weder eindeutig Araber noch eindeutig Nichtaraber war und keine Stammes- oder Familienbande besaß. Er war einfach ein muslimischer Jedermann, mit dem sich alle Gesellschaftsschichten von Churasan identifizieren konnten. Das machte einen grundlegenden Bestandteil des Reizes aus, den die Abbasiden besaßen.

Die Bewegung kam zu einem günstigen Zeitpunkt. Hischām, der letzte große Umayyaden-Kalif, war 743 gestorben, und sein Nachfolger, Walīd II., wurde ein Jahr später ermordet. Geplagt von den internen Flügelkämpfen, begann das Regime zu bröckeln. Unterdessen gelang es Abū Muslim, zahlreiche Männer dazu zu bewegen, sich einem Feldzug anzuschließen, der auf die Ablösung der Umayyaden als Kalifen abzielte; allerdings wurden in diesem Stadium die Abbasiden nicht namentlich genannt, sondern man trat für «einen Auserwählten aus der Familie des Propheten» ein. Sicher dachten dabei viele an einen Nachfahren Alīs und Fātimas, und Abū Muslim belehrte sie nicht eines Besseren.

Die Bewegung griff ein ganzes Spektrum von Beschwerden gegen die Umayyaden auf. Sie sprach Araber an, die sich von dem mächtigen Gouverneur Nasr ibn Sayyār in ihren Interessen übergangen fühlten, *mawālī*, die sich als Muslime zweiter Klasse behandelt fühlten, Churasaner aller Schichten, die sich nicht länger einem fernen Herrscher in Syrien beugen wollten, der Steuern offenbar ohne jede Gegenleistung erhob, sowie fromme Muslime, die sich von der Regentschaft der Prophetenfamilie den Beginn einer neuen Ära wahrer islamischer Herrschaft eines gottgeleiteten Kalifen erhofften. Abū Muslim stellte eine bunt gemischte Truppe zusammen, die 747 schlagkräftig genug war, die Provinzhauptstadt Merv anzugreifen und einzunehmen. Die neu geschaffene Abbasiden-Armee vertrieb Nasr ibn Sayyār und marschierte durch den Iran, um die übrige muslimische Welt zu übernehmen. Hier handelte es sich nicht um eine bloße Provinzrebellion, sondern um eine revolutionäre Bewegung, die auf radikale Umwälzungen für die gesamte Muslimgemeinde abzielte.

Der letzte Umayyaden-Kalif, Marwān II. (reg. 744–750), war ein zäher, erfahrener Soldat, aber die Streitkräfte der Umayyaden waren von langjährigen Kämpfen erschöpft und ihre Führer gespalten. Zudem hatte erst kurz zuvor ein furchtbares Erdbeben Syrien erschüttert und zahlreiche Städte verwüstet. In einer Reihe von Schlachten erlitten die Umayyaden-Armeen Niederlagen, und Marwān wurde durch Syrien nach Ägypten zurückgedrängt, wo er, in die Enge getrieben, in einem Gefecht am Rand des Nildeltas den Tod fand.

Nun begannen die eigentlichen politischen Manöver. Sie konzentrierten sich auf Kufa, wo Abū Salama, der als Mittelsmann zwischen den Abbasiden in Humaima und Abū Muslim in Churasan agiert hatte, die Fäden an sich zu reißen versuchte. Selbst in diesem Stadium forderte die Bewegung immer noch einen nicht näher benannten «Auserwählten». Unterdessen reisten Mitglieder der Abbasiden-Familie nach Kufa. Abū Salama machte Ausflüchte: Möglicherweise strebte er eine *schūra* an, die den neuen Kalifen wählen sollte. Doch Abū Muslim, der in Churasan geblieben war, wollte davon nichts wissen. Er befahl zuverlässigen Männern seiner Armee, Abū Salama zu töten, und arrangierte die öffentliche Proklamation eines Abbasiden zum Kalifen.

Abū l-Abbās, genannt Saffāh, wurde in der großen Moschee in Kufa zum Kalifen ausgerufen. Zu einer öffentlichen *baiʿa* erschienen große Menschenmengen, um dem neuen Kalifen die Hand zu reichen und ihn als ihr Oberhaupt zu akzeptieren. Er begann zu predigen, musste aber schon bald abbrechen, weil ihn ein Fieberschub überfiel.

Der angebliche Text seiner Predigt ist erhalten geblieben. Ob er dem entspricht, was der Kalif tatsächlich sagte, lässt sich unmöglich feststellen, er enthält jedoch die umfassendste Rechtfertigung des Kalifats, die aus frühislamischer Zeit überliefert ist, und entspricht einem echten Manifest der neuen Dynastie. Nachdem Abū l-Abbās Gott gepriesen hatte, erklärte er, Gott habe die Abbasiden hervorgebracht, «die Führer des Islam, seine Höhle und seine Festung, und schuf uns, damit wir diesen aufrechterhalten, beschützen und unterstützen». Im weiteren Verlauf der Predigt bekräftigte er, die Abbasiden gehörten tatsächlich zur «Sippe des Gesandten Gottes. Er schuf uns aus den Nachfahren des Propheten und ließ uns aus dessen Stammbaum wachsen»; dann betonte er mit einer Reihe von Koranzitaten die Bedeutung der Prophetenfamilie. Selbstverständlich konnten die Abbasiden nicht für sich beanspruchen, Nachfahren Mohammeds zu sein, was sie auch nie behaupteten, allerdings vertraten sie die Meinung, die Familie des Propheten umfasse mehr als nur seine leiblichen Sprösslinge. In seiner Predigt griff er die «Sabāʾiyya» an, ein abwertender Ausdruck für alle, die der Ansicht waren, nur direkte Nachfahren Alīs und Fātimas hätten Anspruch auf das Kalifat. Weiter führte er aus, nach dem Tod des Propheten hätten dessen Gefährten die Macht übernommen und in gegenseitigem Einvernehmen geherrscht, die Eroberungen geleitet und «das Erbe der Völker» (die Gewinne der Eroberungszüge) gerecht verteilt. Dann seien die Umayyaden gekommen, hätten sich die Ressourcen der Muslime angeeignet und «diejenigen, die ein Recht darauf hatten, tyrannisiert und unterdrückt». Gott habe sie eine Zeitlang geduldet, doch dann «nahm er durch uns Rache ... Er gewährte uns den Sieg und gab uns die Macht zum Wohle aller, die auf Erden schwach geworden sind». Schließlich lobte Abū l-Abbās die Einwohner von Kufa für ihr standhaftes Eintreten für die Sache der Prophetenfamilie gegen die Unterdrücker und versprach ihnen allen eine Lohnerhöhung um hundert Dirham. Dann musste er abbrechen, weil das Fieber es ihm unmöglich machte, weiterzusprechen.

Anstelle des neuen Kalifen stieg sein Onkel Dāwūd auf die Kanzel und fuhr in einem rhetorischeren Stil fort:

> Nun sind die finsteren Nächte dieser Welt in die Flucht geschlagen, ihre Dunkelheit ist gelichtet. Nun bricht auf der Erde und im Himmel Licht aus, und die Sonne steigt aus den Quellen des Tages, während der Mond von seinem zugewiesenen Platz aufsteigt ... Die Herrschaft ist wieder dorthin zurückgekehrt, wo sie ihren Ursprung hat, zu den Angehörigen des Hauses eures Propheten.

Er bestritt, dass die Abbasiden das Kalifat aus Gewinnstreben beanspruchten. «Wir haben nicht rebelliert und diese Macht angestrebt, um reich an Gold und Silber zu werden, einen Kanal zu graben oder ein Schloss zu bauen» – eine Kritik an den Bau- und Landgewinnungsprojekten der Umayyaden. Er betonte, die Umayyaden hätten sich die Einnahmen angeeignet, die rechtmäßig den Muslimen im Irak zustünden. Doch nun werde alles anders:

> Ihr steht unter dem Schutz des Gesandten Gottes ... und unter dem Schutz von Abbās. Wir werden euch gemäß dem regieren, was er herabgesandt hat, und euch nach seinem Buch behandeln und nach der Handlungsweise von Gottes Gesandtem mit dem Gemeinen wie auch dem Vornehmen unter euch verfahren.

Dann griff er die Umayyaden wegen ihrer Gottlosigkeit und Tyrannei an: «Gottes Strafe ist über sie gekommen wie ein nächtlicher Überfall, als sie schliefen [eine klassische Stilfigur der Beduinendichtung]. Sie alle wurden in Stücke gerissen, und so möge ein unterdrückerisches Volk vergehen!» Nachdem er erneut behauptet hatte, er habe die Rechte der Einwohner von Kufa und Churasan wiederhergestellt, lobte er seinen Neffen, den neuen Kalifen:

> Er hat unter euch einen Kalifen aus dem Hause Hāschim hervorgebracht, hat eure Mienen erhellt und euch über die Armee Syriens siegen lassen und euch die Oberhoheit und Herrlichkeit des Islam übertragen. Er hat euch einen Imam [Kalifen] gegeben, dessen Geschenk die Gerechtigkeit ist, und ihm gute Herrschaft gewährt... So liegt denn nun die Macht bei uns und wird nicht von uns weichen, bis wir sie Jesus, dem Sohn Marias, übergeben [am Ende der Welt], Gottes Segen sei mit ihm. Gelobt sei Gott, der Herr des Weltalls, für das, was er uns auferlegt und anvertraut hat.[15]

Diese Predigt oder vielmehr politische Rede ist eine Glanzleistung arabischer Rhetorik, die zudem wichtige Punkte herausstreicht. Laut Dāwūd gelangten die Abbasiden an die Macht, weil es Gottes Wille war und sie zur Familie des Propheten gehörten (auch wenn sie keine direkten Nachfahren waren). Sie rächten das Unrecht, das der Familie des Propheten zugefügt worden war. Zudem betonte er, dass die Macht von den Syrern auf die Muslime von Kufa und Churasan übergegangen sei, die nun ihren gerechten Lohn erhalten sollten, unter anderem die Lohnerhöhung von hundert Dirham. Sie würden gemäß dem Willen Gottes und dem Wort des Koran regieren: Genauere Angaben zur Politik machte er nicht.

Dem Augenblick des Triumphs folgte eine Konsolidierungsphase. Die ausgedehnte Abbasiden-Familie setzte einige Mitglieder in der Führungsspitze der Armeen ein und machte andere zu Gouverneuren im Irak, in Syrien und in Ägypten. Die meisten verbliebenen Angehörigen der Umayyaden-Familie wurden gejagt und getötet, nur einer konnte nach Nordafrika und von dort weiter nach Spanien fliehen, wo er einen unabhängigen Umayyaden-Staat errichtete, aus dem schließlich das Kalifat Córdoba hervorging. Als Saffāh 754 starb, hatten die Abbasiden ihren Machtbereich auf die gesamte muslimische Welt mit Ausnahme Nordafrikas und der Iberischen Halbinsel ausgedehnt.

Auch mit Beginn des neuen Regimes blieben viele Fragen unbeantwortet. Würde das Kalifat in der Abbasiden-Familie erblich sein? Welche Rolle sollten die Aliden, wenn überhaupt, spielen? Würde das neue Kalifat wie unter den Umayyaden ein Militärstaat werden, und würde die churasanische Armee dieselbe Rolle übernehmen, welche die Syrer unter den Umayyaden erfüllt hatten? All das war erst noch zu entscheiden.

In seinem Erscheinungsbild hob sich das neue Kalifat erheblich von dem der Umayyaden ab. Im Osten hisste man zum Zeichen für den Beginn einer neuen Ära schwarze Flaggen, und noch zweihundert Jahre später zeigte man muslimischen Besuchern der Stadt Merv das Haus, in dem man beim Ausbruch der Revolution die ersten Gewänder schwarz gefärbt hatte. Schwarz wurde für die folgenden zwei Jahrhunderte zur typischen Kleidungsfarbe am Abbasiden-Hof, und sie zu tragen galt als Zeichen der Loyalität gegenüber der Dynastie.

Die Abbasiden entwickelten einen ganz charakteristischen höfischen Kleidungsstil, den es, soweit wir wissen, unter den rechtgeleiteten Kalifen und den Umayyaden nicht gegeben hatte. Außer den schwarzen Gewändern gehörte dazu noch eine Kopfbedeckung namens *qalansuwa*. Es sind keine eindeutigen oder realistischen Darstellungen überliefert, anscheinend handelte es sich jedoch um einen hohen, konischen Hut, der manchmal innen mit Stangen versehen war, damit er nicht zusammenfiel. Manche verglichen ihn mit einem hohen schwarzen Gefäß. Der *qalansuwa* stammte aus Persien, wurde von den Adligen am Hof der Sassaniden getragen und von den Abbasiden übernommen oder wiederbelebt. Wie alle höfische Kleidung durch die Jahrhunderte zeichnete sich auch die der Abbasiden vor allem dadurch aus, dass sie unpraktisch und teuer war und somit von einer hohen gesellschaftlichen Stellung zeugte. Zudem war sie unbequem: Laut einer Anekdote zog ein Höfling das höfische Gewand sofort erleichtert aus, sobald er aus dem Palast nach

Hause kam, um es nur wieder anzulegen, wenn er zum Kalifen gerufen wurde. Als Kalif Amīn träumte, die Mauer, auf der er saß, werde von einem seiner Feinde angegriffen, galt der Umstand, dass ihm dabei sein schwarzer *qalansuwa* hinunterfiel, als Vorzeichen der bevorstehenden Katastrophen. Offenbar kam der *qalansuwa* im frühen 10. Jahrhundert zusammen mit vielen anderen Merkmalen des mittlerweile traditionellen höfischen Stils der Abbasiden aus der Mode. Auf diese Hutform könnte möglicherweise auch das Camelaucum zurückgehen, die hohe, konische Papsttiara, die anscheinend im 8. und 9. Jahrhundert erstmals auftauchte.

Eine weitere Innovation des neuen Regimes war, dass die Kalifen Herrschernamen erhielten. Die rechtgeleiteten Kalifen und die Umayyaden kannte man nur unter ihren Vornamen: Umar, Uthmān usw. Der erste Abbasiden-Kalif erhielt offenbar den Herrschernamen Saffāh, was entweder «der Großzügige» oder der «Blutvergießer» bedeutet; allerdings ist nicht geklärt, ob er ihn bereits zu Lebzeiten trug. Sein Nachfolger Mansūr war eindeutig eher unter seinem Herrschernamen als unter seinem (recht verbreiteten) Vornamen Abd Allāh bekannt. Alle nachfolgenden Abbasiden-Kalifen erhielten Herrschernamen, die gewöhnlich «der Siegreiche», der «Gottgeleitete» oder etwas Ähnliches bedeuteten. Unter den 37 Abbasiden-Kalifen, die vor 1258 regierten, kam kein einziger Name zweimal vor. Das führte zur Erfindung immer ausgeklügelterer und zuweilen praktisch unaussprechlicher Wortschöpfungen, um die Abwandlungen kenntlich zu machen.

Dieses Muster übernahmen andere Dynastien, die Anspruch auf den Kalifentitel erhoben. Die Fatimiden in Tunesien und später in Ägypten verwendeten von Anfang an Herrschernamen und hatten unter ihren frühesten Kalifen sowohl einen Mansūr als auch einen Mahdī. Als die Umayyaden 929 ihr Kalifat in Córdoba ausriefen, legten sie sich solche Beinamen ebenso zu wie die späteren Almohaden im Westen. Selbst wenn Kalifen wie die späteren Abbasiden praktisch machtlos waren und kaum oder gar nicht respektiert wurden, hatten sie immer klangvolle Herrschernamen.

Die Förmlichkeit des Hoflebens wurde durch den architektonischen Rahmen noch unterstrichen. Es hatten nie Zweifel bestanden, dass die Abbasiden im Irak residieren würden. Churasan, die Heimat der Truppen, die sie an die Macht gebracht hatten, war für den Standort einer effektiven Hauptstadt zu abgelegen, und Syrien kam eindeutig nicht infrage. Die Iraker hatten schon immer die politische Führung durch die Prophetenfamilie angestrebt, auch wenn sie darunter eher die Aliden als die Abbasiden verstanden hatten. Zudem gab es gute wirtschaftliche Gründe, die Residenz des Kalifats in den Irak zu verlegen. Bis ins 10. Jahrhundert war der Irak die reichste und produktivste Region der muslimischen Welt. Wenn das Regime diesen Wohlstand nutzen konnte, war es umso stärker und sicherer.

Der zweite Abbasiden-Kalif, Mansūr, begann mit dem Bau der ersten Königsstadt des Islam, die speziell auf die Bedürfnisse der Monarchie zugeschnitten war. 762 wurde Bagdad als gezielte politische Maßnahme gegründet. In den ersten zwölf Jahren nach dem Regimewechsel war der Abbasiden-Hof im Zentralirak von einem Ort zum anderen gezogen, bis er sich in dem kleinen Dorf Bagdad niederließ. Diesen Ort wählte Mansūr wegen seiner Lage am Knotenpunkt der irakischen Wasserwege. Dort kamen Tigris und Euphrat sich am nächsten und waren durch ein Kanalnetz verbunden. Getreide aus Dschazīra und Datteln aus Basra ließen sich vollständig auf dem Wasserweg dorthin transportieren. Dieser Zugang zu schiffbaren Flüssen ermöglichte der Stadt eine Expansion, welche die Ressourcen ihres unmittelbaren Hinterlandes weit überstieg.

In einer imposanten kreisrunden Stadtanlage, die von hohen Mauern mit vier Toren umgeben war, schuf Mansūr einen beeindruckenden Rahmen für sein Kalifat. Im Zentrum standen eine große Moschee und ein Palast mit einer hohen Kuppel. Anfangs war Bagdad anscheinend eine Markt- und Handelsstadt, entwickelte sich jedoch schon bald zu einer höfischen Residenzstadt, die den Herrscher, seine Entourage und die Sicherheitskräfte, die Wachen (*haras*) und die Polizei (*schurta*), beherbergte. Außerhalb der Stadtmauern wuchs am Tigrisufer eine blühende Metropole, da aus allen Teilen des Kalifats Menschen herbeiströmten, um dem Hof sowie den gut besoldeten Soldaten und Beamten ihre Waren und Dienstleistungen anzubieten. Der Kalif erlaubte seinen favorisierten Höflingen, mit der Erschließung von Land für den Bau von Märkten und Wohnhäusern ein Vermögen zu machen. Die von Manṣūr gegründete Stadt lag am Westufer des Tigris, seinen Sohn und Erben Mahdī ermunterte er jedoch, auch am Ostufer zu bauen, wo ebenfalls Moscheen und Paläste entstanden. Da eine gemauerte Brücke über den strömungsreichen Fluss nicht infrage kam, verbanden drei Bootsbrücken die beiden Ufer. Zudem verkehrten auf dem Fluss und den Verbindungskanälen unzählige kleine Boote. Die Stadt muss wie ein Venedig des Orients gewirkt haben. Auch wenn es natürlich keine Bevölkerungsstatistik gab, hatte Bagdad um die Mitte des 9. Jahrhunderts wohl um die 500 000 Einwohner und war damit möglicherweise die bevölkerungsreichste Stadt der Erde.

Die Madīnat al-Salām (Stadt des Friedens), wie die Hauptstadt offiziell hieß, diente als Vorbild und Inspiration für spätere Hauptstädte, vor allem für Kairo. Gottes Kalif sollte eine Residenz haben, die seine Macht und seinen Wohlstand für alle sichtbar machte. Für das Kalifat war es wichtig, neben den politischen und religiösen Grundlagen auch eine starke wirtschaftliche Basis zu besitzen. Nur so konnte der Herrscher seine treuen Anhänger belohnen, sich eine Armee halten, die Angriffe von Rivalen abwehrte und die Grenzen verteidigte, und öffentliche Demonstrationen von Frömmigkeit finanzieren wie den Haddsch und die *kiswa* (das große Tuch, das die Kaaba verhüllte und alljährlich erneuert wurde). Ohne eine starke Wirtschaft hätte es dem Kalifat an Macht und Durchsetzungskraft gefehlt, die es zur Erfüllung seiner Führungs- und Verwaltungsaufgaben unbedingt brauchte. Die Abbasiden und Bagdad waren eng miteinander verknüpft: Mit dem Niedergang des Kalifats ging auch ein Niedergang der Stadt einher.

Manṣūr war der Hauptarchitekt nicht nur Bagdads, sondern auch der politischen Staatsstruktur. Alle Unterstützer der Revolution, die auf eine neue Ära der Herrschaft frommer, bescheidener Mitglieder der Prophetenfamilie und ihrer Berater gehofft hatten, erlebten eine herbe Enttäuschung. Manṣūr errichtete ein staatliches Kalifat, das dem der Umayyaden sehr ähnlich war. Er war ein Autokrat, der mithilfe eines schlagkräftigen, gut besoldeten Militärs herrschte. Die Herrscherfamilie erhielt die prestigeträchtigsten Gouverneursposten und durfte riesige Vermögen anhäufen. Manṣūr übernahm sogar einige Generäle, die zuvor den Umayyaden gedient hatten, duldete jedoch keine potenziellen Rivalen. Zu diesen gehörte eindeutig Abū Muslim, der große General und Organisator der Revolution. Also wurde er überredet, seine Hochburg Churasan zu verlassen und auf dem Weg zum Haddsch durch den Irak zu kommen, wo man ihn (noch vor dem Bau Bagdads) in das Lager des Kalifen lockte und von seinen loyalen Truppen trennte. Dann töteten ihn die Palastwachen in Anwesenheit des Kalifen, wickelten seinen Leichnam in einen Teppich, legten ihn in eine Ecke des Kalifenzelts und präsentierten den Kopf seinen Gefolgsleuten. Der Mann, dem die Abbasiden so viel verdankten, wurde brutal abgeschlachtet, als er zu einer Gefahr für ihr Regime zu werden drohte, ebenso wie der erste Fatimiden-Kalif in Tunesien den Missionar tötete, der die Berbertruppen dazu gebracht hatte, ihn zu unterstützen. Abū Muslim ging in die Geschichtsbücher als Opfer undankbarer Tyrannen ein, aber Mansūr blieb Kalif, und seine Macht war gestärkt.

Auch gegenüber den Aliden hegte Mansūr tiefes Misstrauen, da er wie alle anderen wusste, dass sie den besser begründeten Anspruch erheben konnten, die Prophetenfamilie zu repräsentieren. Daher ließ er sie von seinen Sicherheitskräften genau überwachen. Als er gerade mit dem Bau Bagdads beschäftigt war, versuchte einer der Aliden, Muhammad ibn Abd Allāh, genannt «die reine Seele», die Herrschaft über die Stadt des Propheten zu erlangen und in Medina ein eigenes Kalifat zu errichten. Mansūr ließ sich das nicht bieten und schickte seine schlagkräftige Armee aus, die die Rebellion gewaltsam niederschlug und ihren Anführer tötete.

Auf Mansūr folgte sein Sohn und Erbe Mahdī, den sein Vater zum Nachfolger bestimmt hatte. Die Abbasiden führten zwar nie offiziell die Erbfolge ein, die tatsächliche Regelung lief jedoch praktisch darauf hinaus. Der amtierende Kalif bestimmte zwar nicht unbedingt seinen Erstgeborenen, mit Sicherheit aber einen seiner Söhne oder Brüder zu seinem Nachfolger, der dann von führenden Männern des Staates in einer organisierten *baiʿa* bestätigt wurde. Das Recht des Kalifen, seinen Nachfolger zu benennen, war offenbar allgemein akzeptiert, auch wenn es heftige, zuweilen sogar gewalttätige Auseinandersetzungen darum gab, welcher der Söhne auserwählt werden sollte. Bezeichnend war die Wahl des Herrschernamens: Mahdī nannte man besonders in frühen schiitischen Kreisen die rechtgeleitete, nahezu messianische Persönlichkeit, deren Aufgabe es war, die Gläubigen zum Heil zu führen. Mit dieser Namenswahl versuchten die Abbasiden, einer Bedrohung durch die Schiiten präventiv mit dem Argument entgegenzuwirken, der Mahdī sei nun der tatsächliche Herrscher und nicht eine Gestalt, die man für eine ungewisse Zukunft erhoffen und herbeisehnen müsse. Während Mansūr seine Aufgabe darin sah, die Abbasiden-Herrschaft durchzusetzen, war Mahdī offenbar bestrebt, seinen Anspruch als spiritueller Führer auszubauen. Er trank keinen Alkohol, versuchte jedoch nicht, ein allgemeines Alkoholverbot einzuführen. In seinem öffentlichen Leben spielte er die Rolle des muslimischen Herrschers, der gegen Christen und die ungläubigen Sabier in Nordsyrien vorging und Moscheen baute. Zudem verfolgte er eine als Zindīqs bezeichnete Gruppierung, bei der es sich offenbar um dualistische Ketzer handelte (die an zwei Götter glaubten, einen guten und einen bösen). Einige von ihnen ließ er hinrichten, ein seltenes Beispiel für einen Kalifen, der den rechten islamischen Glauben mit Gewalt verteidigte. Er bemühte sich auch um eine Aussöhnung mit den Aliden, lud sie an den Hof ein und gab ihren Anhängern in Medina Posten in der Armee. Manchen gefiel das wahrscheinlich, aber es waren wohl kaum revolutionäre Maßnahmen, und sie reichten sicher nicht aus, die eingefleischten Aliden zu gewinnen, für welche die Abbasiden niemals die wahren Führer der Prophetenfamilie sein konnten.

Im August 785 starb Mahdī vergleichsweise jung, anscheinend durch einen Jagdunfall. Er hatte bereits zwei seiner Söhne als Erben bestimmt, die nacheinander seine Nachfolge antreten sollten. Ähnliche Vorkehrungen hatten auch die Umayyaden getroffen. Angesichts der Schwierigkeiten, die aus diesen komplexen Arrangements erwuchsen, ist es merkwürdig, dass die Kalifen daran festhielten, war dies doch ein klassisches Rezept für Familienstreitigkeiten. Einen Grund stellte sicher die Notwendigkeit dar, «einen Erben und einen Ersatz» zu haben. In einer Zeit, in der es häufig vorkam, dass Männer in jungen Jahren plötzlich starben, waren wasserdichte Vorkehrungen wichtig, um einen reibungslosen Machtübergang innerhalb der Dynastie zu sichern und zu verhindern, dass Außenseiter Schaden anrichteten. Zudem stand anscheinend auch der Wunsch dahinter, auf unterschiedliche Lager am Hof einzugehen. Jeder der Söhne, die als Erben benannt wurden, hatte seine eigenen Anhänger, die für den Erfolg ihres Mannes sorgen würden, und der amtierende Kalif wollte möglicherweise gewährleisten, dass viele verschiedene Gruppen ein Interesse an der Zukunft der Dynastie hätten. Allerdings belegt die Geschichte, dass solche Arrangements, gelinde gesagt, problematisch waren, weil der neue Kalif nahezu unweigerlich seinen eigenen Sohn und nicht seinen Bruder zu seinem Nachfolger ernennen wollte und auch von seinen Höflingen und Generälen dazu gedrängt wurde.

Mahdī nominierte zwei seiner Söhne, und nur der plötzliche und nach Ansicht mancher verdächtige Tod des Ältesten im September 786, nach kaum mehr als einjähriger Regentschaft, verhinderte gewaltsame Auseinandersetzungen. Selbst innerhalb dieser kurzen Zeit hatte er Vorbereitungen getroffen, seine Söhne als Nachfolger zu nominieren. Wie die Dinge lagen, konnte jedoch sein jüngerer Bruder Hārūn, der Hārūn al-Raschīd genannt wurde, 786 ohne offene Opposition die Nachfolge antreten.

Hārūn al-Raschīd und seine Nachfolger

Hārūn al-Raschīd ließe sich durchaus als der größte aller Kalifen einstufen. In der öffentlichen Wahrnehmung besitzt er sicher eine Bekanntheit, die keiner der anderen Kalifen erreicht hat, nicht einmal Herrscher wie Mansūr, die wahrscheinlich erheblich bedeutendere Führungspersönlichkeiten und Politiker waren. Er ist beispielsweise der einzige der Abbasiden, den man mit Vor- und Herrschernamen kennt. Jedes Buch über das Kalifat muss sich mit diesem Mann befassen.

Hārūns Ruf als großer, mächtiger Herrscher ist bis zu einem gewissen Grad auf die Katastrophen zurückzuführen, die auf seinen Tod folgten – und die, so muss man sagen, weitgehend sein Werk waren.

Durch den langen Bürgerkrieg zwischen seinen Söhnen und dessen verheerende Auswirkungen in Bagdad erschien seine Regierungszeit rückblickend wie ein goldenes Zeitalter, bevor alles sich zum Schlechteren entwickelte. Diese Periode und dieses Umfeld brachten einige der größten klassischen arabischen Dichter aller Zeiten hervor, darunter Abū Nuwās (gest. 813) und Abū l-Atāhiya (gest. 825), um nur zwei zu nennen. In dieser Zeit hielten auch die schillernden, kultivierten Barmakiden-Wesire (arab. *wazīr*, oberster Berater) Hof, und als der Kalif ihre Macht durch ein Dekret – manche sagen, aus einer Laune heraus – brutal zerschlug, wurde dieses Vorgehen zum sprichwörtlichen Beispiel für die Willkür der Herrscher und das unausweichliche Wirken des Schicksals. All das fließt in das Tausendundeine-Nacht-Bild von Hārūn ein.

Die Erzählungen aus Tausendundeiner Nacht stammen so, wie sie überliefert sind, aus dem Spätmittelalter, haben sich jedoch über viele Jahrhunderte hinweg entwickelt. Ein Strang besteht aus Erzählungen über den Abbasiden-Hof und speziell den Hof Hārūns. Auch wenn sie eindeutig nicht streng historisch sind, vermitteln sie doch einen lebendigen, anschaulichen Eindruck, wie nachfolgende Generationen sich den Abbasiden-Hof in seiner Glanzzeit vorstellten. Eine typische Geschichte beginnt damit, dass der Kalif eines Abends seinen Wesir, den Barmakiden Dschaʿfar, zu sich ruft und erklärt: «Ich will in die Stadt gehen und hören, was die Leute zu erzählen haben. Wir wollen die Meinung des Volkes befragen über die Urteile unserer Richter, und jeden, über den sie sich beklagen, wollen wir seines Amtes entheben, wen sie aber loben, wollen wir fördern.»[16] Und so beginnt das Abenteuer. Als erstes treffen die beiden, begleitet von dem allgemeinen Faktotum und Diener Masrūr, einen armen alten Fischer, der ihnen von seinem Unglück erzählt, und darauf folgt eine unwahrscheinliche Begebenheit nach der anderen. Häufig wird der Kalif als Symbol eines strengen, aber gerechten Richters dargestellt, der mit seinen Befehlen alles zum Rechten wenden kann, aber auch als Mann, der sich an Späßen, Verkleidungen, Wein, Dichtung und weiblicher Gesellschaft erfreut, sowohl der seiner geliebten Frau Zubaida als auch der einiger Sklavinnen, die ihm zu gefallen suchen. Begleitet wird er von einem kleinen Personenkreis, zu dem neben

Dscha'far und Masrūr der gewitzte Richter Abū Yūsuf und der unverschämte Dichter Abū Nuwās gehören. Obwohl diese beiden tatsächlich in jener Epoche gelebt haben, sollte man die geschilderten Ereignisse keineswegs für historisch halten. Vielmehr zeugt diese Welt voller opulenter Stoffe, Truhen voller Golddinare, erlesener Speisen und Weine, schöner Frauen und Knaben davon, wie stark der Abbasiden-Hof die Fantasie der Bevölkerung beschäftigte, denn wie die Erzählerin, Prinzessin Schahrazad, am Ende einer solchen Erzählung erklärt: «Wo findet man wohl nach den Abbasidenkalifen noch solche Freigiebigkeit? Die Barmherzigkeit Allahs walte über sie alle jederzeit!»[17] Das galt nicht nur für den Nahen Osten. Der englische Dichter Alfred Lord Tennyson prägte im 19. Jahrhundert für diese Epoche den Begriff «die goldene Hochblüte des Harun al-Rashid». Vielen, die heutzutage die Wiederkehr eines Kalifats herbeiwünschen, muss zumindest im Hinterkopf das Bild Hārūns als strenger, aber gerechter Autokrat vorschweben, der die Muslime mit gütiger, wenngleich zuweilen harter Hand regiert.

Diesem Bild ist nur schwer gerecht zu werden, und dem historischen Hārūn al-Raschīd gelang dies nicht immer, soweit wir seine Taten rekonstruieren können. Er war ein unerfahrener junger Mann, als er nach dem plötzlichen Tod seines Bruders dessen Nachfolge antrat. In den ersten Jahren hatte er Anleitung von seiner Mutter Chaizurān (Schlankes Schilfrohr). Sie war die erste in einer ganzen Reihe einflussreicher Kalifenmütter, die ihre jungen Söhne anleiteten und dadurch erhebliche Macht ausübten; zudem war Hārūn ihr Lieblingssohn.

Auch die wohlhabende, glanzvolle Barmakiden-Familie versuchte, den jungen Hārūn zu leiten. In ihren literarischen und philosophischen Salons fand ein Großteil der kulturellen und intellektuellen Aktivitäten statt, die Bagdad unter Hārūn so berühmt machten. Ihre Geschichte veranschaulicht die Vielfalt des Abbasiden-Hofes, der intelligente und ehrgeizige Menschen aus der gesamten muslimischen Welt anlockte und weder Nichtaraber noch Menschen aus den entlegensten Provinzen diskriminierte. Die Barmakiden waren keine Araber, sondern kamen ursprünglich aus der alten Stadt Balch im heutigen Nordafghanistan. Dort übten sie die Funktion von Erbpriestern und Hütern eines großen buddhistischen Tempels aus, dessen Überreste noch heute außerhalb der Ruinen der Stadtmauern zu sehen sind. Zur Zeit der Abbasiden-Revolution schlossen sie sich wie viele andere aus Churasan dieser Sache an, traten zum Islam über und stiegen in der Abbasiden-Verwaltung bald auf, und zwar nicht als Soldaten, sondern als Buchhalter. Vielleicht nutzten sie dabei die neu eingeführte indische Zahlenschrift, die zu dieser Zeit in der muslimischen Welt studiert wurde und die wir heute als arabische Ziffern kennen.

In der folgenden Generation entwickelte sich der Barmakide Yahya, Lehrer und Mentor des jungen Prinzen, zu einem wichtigen Mann am Hof, während sein Sohn Dschaʿfar zu dessen engem Freund und ständigem Begleiter wurde. Als Hārūn die Nachfolge als Kalif antrat, kamen die Barmakiden voll zur Geltung und übertrafen in der großzügigen Förderung von Dichtern und Denkern häufig sogar den Kalifen. Es war eine glanzvolle, zugleich aber auch gefährliche Position, und nachdem Hārūn sich 15 Jahre lang von ihnen hatte anleiten lassen, hatte er anscheinend genug von ihnen. Eines Tages befahl er scheinbar aus heiterem Himmel – obwohl viele Besserwisser behaupteten, sie hätten es kommen sehen –, die Familie festzunehmen, darunter auch den alten, verehrten Yahya, der so viel für ihn getan hatte, und Dschaʿfar sofort hinzurichten, was noch schockierender war. Es sind ergreifende Berichte überliefert, wie der junge Mann seinem Henker und ehemaligen Abenteuergefährten Masrūr gegenüberstand und annahm, es müsse ein Irrtum vorliegen; als Masrūr unnachgiebig blieb, verlangte er, Hārūn zu sehen, um ihn um sein Leben bitten zu können. Doch der Kalif war unerbittlich und weigerte sich, mit seinem alten Freund zu sprechen. Am nächsten Tag ließ er Dschaʿfars Kopf und Leichnam auf der Hauptbootsbrücke, welche die beiden Stadtteile Bagdads links und rechts des Tigris verband, öffentlich präsentieren, damit das einfache Volk dieses Spektakel bestaunen konnte. Es war eine erschreckende Demonstration der Willkür: Der Hof des Kalifen war von Luxus und Unterhaltung geprägt und konnte eine Quelle großen Reichtums sein, steckte aber auch voller Gefahren und konnte plötzlich den Tod bringen. Noch Jahrhunderte später verwiesen Moralisten auf diese

Ereignisse als eine perfekte Warnung, nicht «auf Prinzen zu vertrauen».

In zwei Aspekten erfüllte Hārūn die Pflichten seines Kalifenamtes gewissenhafter als alle seine Vorgänger oder Nachfolger: als Befehlshaber der Sommerfeldzüge gegen die Byzantiner und als Führer des Haddsch. Die Feldzüge gegen die Byzantiner waren die einzigen, an denen die Abbasiden teilnahmen. Dem Kalifen boten sie Gelegenheit, sich als Militärführer der Muslime zu präsentieren. Seine Armee trat in den Grenzprovinzen Syriens und der Dschazira deutlich sichtbar in Erscheinung, und aus der gesamten islamischen Welt meldeten sich Freiwillige. In dieser Zeit entwickelten Traditionalisten wie Ibn Mubārak (gest. 797) auch die religiöse Theorie und rechtliche Basis des Dschihad. Das Vorgehen des Kalifen stand im Einklang mit der Meinung wachsender Teile der einfachen Muslime. So stellte er angeblich 806 ein 135 000 Mann starkes Heer aus Berufssoldaten und Freiwilligen auf, und auch wenn solche Zahlen mit einer gewissen Skepsis zu betrachten sind, handelte es sich eindeutig um einen außerordentlich großen Feldzug, der den Kalifen triumphal als Feldherrn der Gläubigen zeigte. Er trug einen *qalansuwa*, der für alle sichtbar mit den Worten «Krieger für den Glauben und Pilger» (*ghāzī, hāddsch*) bestickt war.[18]

Hārūn war auch bemüht, die muslimische Seemacht im Mittelmeer auszubauen, und unternahm einen groß angelegten Angriff auf Zypern, allerdings waren die militärischen Erfolge vergleichsweise bescheiden. In Südanatolien eroberte er die kleine Stadt Heraclea und brachte die Einwohner nach Syrien, versuchte jedoch nicht, das muslimische Territorium bis nördlich des Taurus auszudehnen. Zur Feier seines Triumphes begann der Kalif mit dem Bau eines großen Siegesdenkmals in einer neuen Siedlung am Euphrat in Syrien, die er nach seinen Eroberungen Hiraqla nannte. Heute sind nur noch die rechteckigen Grundmauern vorhanden, und es ist nicht geklärt, ob das Monument je vollendet wurde; es war jedoch eindeutig als dauerhaftes, sichtbares Denkmal für Hārūns militärische Leistungen an der Hauptstraße von Bagdad nach Raqqa gedacht, seiner zweiten Residenzstadt an der byzantinischen Grenze.

Ebenso engagiert setzte Hārūn sich für den Haddsch ein. Er unternahm die Pilgerfahrt nach Mekka während seiner 23-jährigen Regentschaft ganze neunmal und damit öfter als jeder andere Kalif vor ihm. Zudem war er der letzte regierende Kalif aller Dynastien, der die Wallfahrt überhaupt antrat. Die Pilgerfahrten waren großartige Angelegenheiten: Zahlreiche Vertreter der Regierung und der politischen Elite begleiteten ihn, und er hatte Gelegenheit, seine Führungsrolle und seine Frömmigkeit vor den Muslimen der gesamten islamischen Welt zu demonstrieren, was für hervorragende Publicity sorgte. Ein kleines, aber bezeichnendes Beispiel für ein solches Schauspiel liefert ein Bericht über den Haddsch seines Vaters Mahdī. Damals fand die Pilgerfahrt im Hochsommer statt, und in Mekka herrschte drückende Hitze, aber einer seiner wohlhabendsten Höflinge, sein Vetter Muhammad ibn Sulaimān, sorgte dafür, dass der Kalif Eis bekam, um seine Getränke zu kühlen. Vermutlich musste er das Eis im Winter aus dem Zagros-Gebirge im Westiran kommen lassen, in unterirdischen Eishäusern lagern und dann zur Freude des Kalifen in mit Stroh isolierten Kisten durch die Wüste transportieren. So erschien der Kalif vor seinem Volk nicht nur als Souverän, der seine Machtfülle genoss, sondern auch als Wundertätiger, der den Naturgesetzen zu trotzen vermochte.

Der Kalif und seine Familie investierten auch in anderer Hinsicht viel in den Haddsch. So wurde die Pilgerstraße gebaut, die ihren Namen Darb Zubaida nach der Lieblingsfrau des Kalifen hatte. Unter den Umayyaden hatte die Hauptpilgerroute von Syrien durch den Hedschas geführt, und von Zeit zu Zeit hatten die Umayyaden-Kalifen sich bemüht, die Straße in Stand zu setzen und Pilgern die Reise zu erleichtern. Als die Abbasiden ihr Machtzentrum in den Irak verlegten, gestaltete sich der Haddsch erheblich schwieriger, und die lange Route durch die Wüste Zentralarabiens wurde zu einer echten Herausforderung. Hārūn und seine Mutter investierten viel Geld, um die Straße von Steinen zu befreien (das Ergebnis ist noch heute auf Luftaufnahmen zu erkennen), bauten entlang der Route Wasserzisternen, kleine Festungen und Rasthäuser. Es handelte sich nicht nur um das größte zivile Bauprojekt der frühislamischen Zeit, sondern auch praktisch um das einzige bekannte Beispiel, dass die Abbasiden-Kalifen Geld in solche Infrastrukturmaßnahmen investierten. Inschriften würdigten die frommen Spenden verschiedener Mitglieder der Herrscherfamilie, und die Tatsache, dass diese Route noch heute Darb Zubaida (Zubaida-Straße) heißt, belegt ihren Bekanntheitsgrad.

Die «goldene Blütezeit» endete 809 mit Hārūn al-Raschīds Tod. Obwohl er zuweilen als strenger und weiser «elder statesman» dargestellt wird, war er erst Ende Vierzig, als er starb. Von den großen Abbasiden-Kalifen wurde nur Mansūr über sechzig Jahre alt, viele der anderen starben in ihrem dritten oder vierten Lebensjahrzehnt, also nach unseren Maßstäben recht jung. Hārūn hinterließ eine Nachfolgeregelung, die sich als katastrophal für die Abbasiden wie auch allgemein für das Kalifat erweisen sollte. Bei einer großen Versammlung anlässlich des Haddsch hatte er 803 festgelegt, dass sein (und Zubaidas) Sohn Amīn Kalif werden und Bagdad, den Irak und die westliche islamische Welt regieren sollte, während ein weiterer Sohn, Ma'mūn, Churasan und den Ostiran verwalten und, was problematischer war, Amīns Erbe werden sollte.

Es dauerte nur zwei Jahre, bis unter den Brüdern Krieg ausbrach. Ma'mūns Truppen drangen unter dem brillanten Heerführer Tāhir ibn Husain nach Westen vor, besiegten Amīns wesentlich größeres Heer und standen schon bald vor Bagdad. Von August 812 bis September 813 befand sich die Großstadt im Belagerungszustand und wurde in weiten Teilen durch die Kämpfe rivalisierender Milizen verwüstet, die angeblich Amīn oder Ma'mūn unterstützten, in Wirklichkeit aber häufig nur das Chaos nutzten, um sich zu bereichern. Besonders verheerende Auswirkungen hatten die großen Katapulte mit Hebelarm, die beide Seiten einsetzten und die unterschiedslos töteten und verwüsteten. Dieser Krieg brachte eine bemerkenswerte Protestliteratur hervor, die von Wut und Trauer gleichermaßen geprägt war über den Schaden, den die bewaffneten Gruppen der einfachen Bevölkerung der Stadt zufügten, und erinnert gespenstisch an die Lage 1200 Jahre später, als verschiedene Milizen 2006 und 2007 um die Kontrolle über die Stadt kämpften.

Im Zentrum dieses Sturms stand Kalif Amīn, der letztlich in der imposanten runden Stadtanlage seines Urgroßvaters Mansūr eingekesselt war, umringt von seinen Feinden. Ihm war klar, dass er die

Stadt nicht würde halten können, sein Dilemma war jedoch, wem er sich ergeben sollte, um die besten Überlebenschancen zu haben. Die Schilderung der Ereignisse in der Nacht des 25. September 813, als er seine Entscheidung traf, gehört zu den dramatischsten und bewegendsten Erzählungen der gesamten früharabischen Geschichtsschreibung. Der zum Untergang verdammte Kalif wollte sich einem alten Gefolgsmann der Familie ergeben, Harthama ibn Ayan, der in Ma'mūns Heer diente. Dieses Vorhaben stieß jedoch auf den entschiedenen Widerstand Tāhirs, der fürchtete, dass es zu einer Versöhnung der Brüder kommen könnte und er um die Früchte seines Sieges gebracht würde. Letzten Endes vereinbarte man einen Kompromiss: Amīn sollte sich Harthama ergeben, aber die Insignien des Kalifen, Stab, Umhang und Siegelring des Propheten, sollten Tāhir übergeben werden, denn «das ist das Kalifat». Über diese Herrschaftszeichen ist in den Quellen wenig zu finden. Sie werden selten erwähnt und wurden offenbar nie öffentlich zur Schau gestellt, besaßen anscheinend jedoch einen hohen Symbolwert.

Die Ereignisse verliefen jedoch völlig anders. Amīn ritt im Dunkeln ans Tigrisufer, wo Harthamas Boot ihn abholen sollte, aber Tāhir hatte dort seine Männer postiert, die das Boot zum Kentern brachten und Amīn und seine Retter ins Wasser warfen. Dieser schwamm ans Ufer, wurde aber schon bald von Tāhirs Leuten gefangen genommen, in ein sicheres Haus gebracht und nur mit einigen Decken und Kissen in einem leeren Raum eingesperrt. Einer seiner Höflinge, der zur gleichen Zeit festgesetzt wurde, berichtete, was anschließend geschah. Interessant ist die Geschichte insofern, als sie eine radikal veränderte Sicht auf den Kalifen vermittelt. In Schilderungen Amīns aus der Zeit, als sein Vater noch lebte, sowie aus der Anfangszeit seiner eigenen Regentschaft ist er als faul, dumm und leichtsinnig dargestellt und wird ständig von seinem klügeren, reiferen Bruder Ma'mūn bloßgestellt. Doch in den letzten Stunden seines Lebens erlangt er wie Richard II. in Shakespeares Drama eine Würde, die er nie zuvor besessen hat, und als eine Gruppe persischer Soldaten aus Ma'mūns Armee ihn in den frühen Morgenstunden ermorden will und er versucht, die Schwerter seiner Mörder mit den Kissen in seinem Zimmer abzuwehren, wird er zum Märtyrer. «Ich bin der Vetter des Propheten Gottes!», ruft er. «Möge Gott mein Blut rächen.» Der Tod eines Kalifen war immer schrecklich. Uthmān, Walīd II. und Amīn hatten alle ihre Fehler, aber die meisten Muslime hielten ihre Ermordung für abscheuliche Verbrechen, und ihr Tod löste jeweils nur noch mehr Leid aus. Nach dem Tod Amīns dauerte es gut sechs Jahre, bis Ma'mūn mithilfe seiner iranischen Anhänger das gesamte Kalifat unter seine Kontrolle gebracht hatte, mit Ausnahme Tunesiens, das nie wieder unter die Herrschaft Bagdads zurückkehrte. Mit der Zeit etablierten sich im Maghreb wie fünfzig Jahre zuvor schon in Spanien unabhängige Herrscher. Ma'mūn brachte eine neue Oberschicht ostiranischer Aristokraten und türkischer Söldner mit. Türken aus Zentralasien (die heutige Türkei wurde erst im ausgehenden 11. Jahrhundert von turksprachigen Völkern besiedelt) waren bekannt für ihre Widerstandsfähigkeit im Krieg und ihre Reitkunst: Sie waren hervorragende Berufssoldaten. Abgesehen vom Kalifen und einigen seiner Verwandten bekam praktisch niemand, der unter Hārūn al-Raschīd gedient hatte, Zugang zur neuen herrschenden Klasse, und ihre Kinder und Enkel gingen weitgehend in der breiten Bevölkerung Bagdads unter. Die neue Elite entledigte sich brutal ihrer Vorgänger. So wurde in Ägypten durch ein Dekret angeordnet, sämtliche Araber aus der früheren Armee der Provinz zu entlassen und durch türkische Soldaten zu ersetzen. Die Neuankömmlinge aus dem Osten wussten kaum etwas über den Islam und sprachen so gut wie kein Arabisch, die Sprache der Ägypter, über die sie herrschten und von deren Steuern ihr Sold bezahlt wurde.

Kurzfristig war diese Politik durchaus effektiv: Die neue Armee unterdrückte Revolten wirkungsvoll, und die Macht der Kalifen blieb weitgehend unangefochten. Langfristig jedoch hatten diese Veränderungen fatale Folgen für das Kalifenamt und die Einheit der Muslimgemeinde, die es symbolisierte. Nun gab es eine tiefe Kluft zwischen denjenigen, die die alltägliche Macht ausübten, und dem Kalifen mit seinen Beratern, die sich hinter den abweisenden Mauern ausgedehnter Paläste am Tigrisufer verschanzten. Der Kalif konnte nicht mehr auf die Unterstützung und Treue der breiten muslimischen Gemeinschaft zählen.

Außer der neuen herrschenden Elite und der Armee brachte das neue Regime auch neue Ideen mit sich. Ma'mūn war, wie wir im folgenden Kapitel sehen werden, ein echter Intellektueller mit regem Interesse an Naturwissenschaften und Philosophie, allerdings fanden nicht alle seine Vorstellungen bei seinen Untertanen Anklang. Seine umstrittenste Maßnahme war, dass er die Lehre der «Erschaffenheit» des Koran unterstützte. Muslime akzeptierten, dass der Koran tatsächlich das Wort Gottes war – das bestritt niemand –, manche meinten jedoch, Gott habe ihn zu einem bestimmten Zeitpunkt geschaffen, nämlich als er ihn Mohammed durch den Engel Gabriel offenbarte. Nach der Überzeugung der Gegner dieser Ansicht bestand der Koran ebenso wie Gott schon ewig und war der Menschheit erst bei der Offenbarung gegenüber Mohammed präsentiert worden. Auf den ersten Blick erscheint dieser Disput wie eine obskure Auseinandersetzung über einen an sich unergründlichen Aspekt der Glaubenslehre. Dennoch löste er einen Sturm der Entrüstung aus, der dem Ansehen und der Macht der Kalifen letztlich erheblich schadete.

Gegner dieser Doktrin waren der Auffassung, wenn der Koran in der Zeit geschaffen worden sei, könne man annehmen, dass er sich im Lichte veränderter Bedingungen interpretieren lasse. Möglicherweise könnten sogar neue Offenbarungen ans Licht kommen, und es fiele den Kalifen zu, über solche Fragen zu entscheiden. Widerstand erregte auch die Art und Weise, in der Ma'mūn das Recht des Kalifen durchsetzte, über solche Glaubensfragen zu urteilen und zu entscheiden. Frühere Kalifen der Umayyaden wie auch der Abbasiden hatten den Anspruch erhoben, in schwierigen islamischen Rechtsfragen Entscheidungen zu fällen, doch hier lagen die Dinge völlig anders. Der Kalif beanspruchte in einem gewagten Schritt das Recht, die Glaubenslehre festzulegen, ganz ähnlich wie die Päpste im Hochmittelalter es in Westeuropa taten.

Viele führende Gegner dieser Doktrin stammten aus Familien, die in der frühen Abbasiden-Herrschaft hohe Ämter in Armee und Staatsverwaltung bekleidet, nun aber ihre Stellung und ihre Besoldung verloren hatten. Die Unzufriedenheit war noch weiter gewachsen, nachdem Ma'mūns Nachfolger, der Soldatenkalif Muʿtasim, seine Residenz von Bagdad in die von ihm 130 Kilometer weiter nördlich gegründete Stadt Samarra verlegt und diese zum Verwaltungszentrum gemacht hatte. Die Opposition gegen die neue Doktrin hatte ihren Schwerpunkt in Bagdad, was teils auf den Groll der Einwohner über die Verlegung der Hauptstadt und den damit einhergehenden Verlust an Einnahmen zurückzuführen war.

Das neue Regime war fest entschlossen, die neue Ideologie durchzusetzen. Sämtliche Staatsbeamten mussten sie unterstützen, und Kriegsgefangene, die in den Grenzkriegen in byzantinische Gefangenschaft geraten waren und ausgelöst werden wollten, mussten sich zur Erschaffenheit des Koran bekennen, bevor die Behörden für ihre Freilassung zu bezahlen bereit waren. Das einzige Mal in der langen Geschichte dieses Amtes maßte ein Kalif sich an, über eine wichtige theologische Frage zu entscheiden und seine Meinung jedem aufzuzwingen, der eine wesentliche Rolle in der militärischen oder politischen Hierarchie spielen wollte. Zu diesem Zweck wurde eine Inquisition (*mihna*) geschaffen, die alle Andersdenkenden überprüfte und notfalls bestrafte. Es war das erste und zugleich letzte Mal, dass ein Kalif eine solche Institution schuf.

Diese Politik erregte erheblichen Widerstand, vor allem in Bagdad. Der stimmgewaltigste Vertreter der Opposition war Ahmad ibn Hanbal, ein Rechtsgelehrter und Polemiker, der nachdrücklich die Meinung vertrat, alle Entscheidungen über islamisches Recht und islamische Handlungsweisen müssten auf den Überlieferungen des Propheten und auf nichts anderem basieren. Die Hüter und Interpreten dieser Überlieferungen seien die Gelehrten, die sie sammelten und studierten, also die entsprechenden Fachleute. Kein Kalif oder Herrscher könne sich das für ein kluges Urteil notwendige Wissen aneignen oder die Menge der Überlieferungen im Kopf behalten.

In Bagdad kam es zu einem kleinen Volksaufstand, der jedoch ohne Weiteres von den staatlichen Sicherheitskräften niedergeschlagen wurde. Die breitere Opposition, geschürt von den Schriften und Predigten der Hanbaliten, hielt sich jedoch hartnäckig. Letzten Endes beschlossen Kalif Mutawakkil (reg. 847–861) und seine Berater, den Kampf aufzugeben. Sie ließen die Doktrin der Erschaffenheit des Korans stillschweigend fallen und führten eine Fülle von Maßnahmen ein, die das Engagement des Kalifen für islamische Werte demonstrieren sollten, unter anderem die Stigmatisierung religiöser Minderheiten. Dieser Vorfall prägte von da an die politische und vor allem die religiöse Rolle des Kalifen. Er verlor die richterlichen Kompetenzen, die alle rechtgeleiteten Kalifen ebenso wie die Umayyaden und die Abbasiden wie selbstverständlich besessen hatten, an die professionellen Rechtsgelehrten. Sie bezogen ihre Autorität und Macht nicht vom Kalifen oder einem Staatsbeamten, sondern aus dem Respekt ihrer Kollegen und der Bestätigung durch die Öffentlichkeit, die ihre *fatwas* (juristische Meinungen) nachfragte und wertschätzte. Der Kalif war in vielen Angelegenheiten, die seine Untertanen am unmittelbarsten betrafen, zu einem Herrscher ohne Gesetzgebungsbefugnisse geworden.

Diesem ideologischen Debakel folgte der politische Zusammenbruch. Die Kalifen waren nach Samarra gezogen, lebten dort in großen Palästen hinter hohen, festungsartigen Mauern und zeigten sich, soweit wir wissen, nur selten in der Öffentlichkeit; sie waren von türkischen Soldaten umgeben, die ihre Palastwache stellten. 861 wurde Mutawakkil in seinem Palast während eines jener Trinkgelage, die ein auffallendes Merkmal seiner Regentschaft bildeten, ermordet. Die Motive für seine Ermordung waren die Eifersucht seines Sohns, der befürchtete, er könne als Erbe durch seinen Bruder ersetzt werden, und die Unzufriedenheit der türkischen Wachtruppen, die ihre Stellung durch andere Gruppen innerhalb der Armee unterminiert sahen. Wie im Falle Uthmāns, Walīds II. und Amīns öffnete die Ermordung des Kalifen tragischen Entwicklungen und Katastrophen Tür und Tor. Dem neuen Herrscher blieb kaum Zeit, seine Stellung zu genießen, denn in der klaustrophobischen, mörderischen Welt Samarras folgten die Kalifen mit erschreckender Geschwindigkeit aufeinander; meist wurden sie von türkischen Soldaten ermordet, denen sie ihren Sold nicht hatten zahlen können.

Von 861 bis 870 waren die Kalifen durch die Machtkämpfe in Samarra weitgehend isoliert. Unterdessen stellte die Bevölkerung in der übrigen islamischen Welt fest, dass sie auch ohne einen herrschenden, effektiven Kalifen auskam. In Ägypten übernahm der örtliche türkischstämmige Gouverneur Ibn Tūlūn einfach die Provinz als angeblich erster unabhängiger Herrscher des Landes seit Cleopatra und leitete eine Ära des Friedens und Wohlstands ein, die in krassem Gegensatz zum Chaos im Irak stand. Im größten Teil Ostirans rissen die Saffariden, eine Familie militärischer Abenteurer, die Macht an sich. Sie waren zwar Muslime, aber auch Perser, die kein Arabisch sprachen (sie brauchten auf Neupersisch verfasste Lobreden, damit sie die Lobpreisungen der Dichter verstehen konnten). Ihre Loyalität galt dem Islam, nicht dem machtlosen Kalifen.

Die Anarchie endete 870 mit einem neuen, weitgehend machtlosen Kalifen in Samarra und vor allem mit seinem Bruder, der sich den Quasi-Kalifennamen Muwaffaq gab (obwohl er nie Kalif wurde). Sein Erfolg beruhte auf seinen engen Verbindungen zu Kommandeuren des türkischen Militärs, allerdings herrschte er über ein stark geschrumpftes Reich. Den Kalifen waren nur der Zentralirak und einige Gebiete Syriens und Westirans geblieben. Muwaffaq begann, das verlorene Territorium zurückzugewinnen. Als erstes machte er sich an die Rückeroberung des Südiraks, den eine Rebellengruppe, die sogenannten Zandsch, übernommen hatte. Dabei handelte es sich um ostafrikanische Sklaven, die von reichen Grundbesitzern als Hilfskräfte in den Südirak geholt worden waren, um die bewässerten Felder vom angesammelten Salz zu befreien, das eine landwirtschaftliche Nutzung unmöglich machte. Die Arbeit auf den brütend heißen, schattenlosen Feldern war grauenvoll, und so war es nicht erstaunlich, dass es zu einer sozialen Revolte kam – dem einzigen Massenaufstand von Sklaven in der Geschichte des Nahen Ostens. Der Anführer war offenbar ein Araber, der behauptete, der Prophetenfamilie anzugehören; ideologisch handelte es sich um einen schiitischen Aufstand, in dem die Prophetenfamilie sich erneut als Führer der Unterdrückten präsentierte. Muwaffaq stellte die Revolte jedoch als antiislamische, im Grunde heidnische Bewegung dar. Dadurch konnte er behaupten, seine Leute führten unter der Leitung der Abbasiden-Familie einen Dschihad, um den Islam zu retten. Muwaffaq gab eine ausführliche Erzählung in Auftrag, die den langwierigen Feldzug schilderte, und ließ seine Siege in Briefen und von der Kanzel weithin publik machen.

Am Ende waren die Rebellen besiegt und das wiederbelebte Abbasiden-Kalifat als bedeutende Regionalmacht etabliert, die über den Irak, Teile Irans und Syriens herrschte. 905 wurde sogar für kurze Zeit Ägypten zurückerobert. Zudem fanden viele regionale Machthaber es hilfreich, Ernennungsurkunden vom Kalifen zu besitzen, die ihre Legitimität belegten, selbst wenn Standarten und Urkunden, die aus Bagdad (das nun wieder Hauptstadt war) kamen, lediglich eine vollendete Tatsache anerkannten.

Die verheerende Regentschaft des Kalifen Muqtadir

Diese bescheidene Wiederbelebung, die zu einer verbreiteteren Akzeptanz der Abbasiden-Herrschaft in der islamischen Welt hätte führen können, kam unter der Regentschaft des Kalifen Muqtadir (reg. 908–932) zum Stillstand. Dieser trat aufgrund einer Palastintrige die Nachfolge seine Bruders Muktafī an. Sein Problem war jedoch, dass er gerade erst dreizehn Jahre alt war und unter dem Einfluss seiner mächtigen, beherrschenden Mutter stand, die von allen als Sayyida (Herrin) bezeichnet wurde. Viele waren mit der Ernennung eines unerfahrenen Jugendlichen in dieses höchste Amt nicht einverstanden, eine kleine, mächtige Clique um den Wesir Ibn al-Furāt sah allerdings dessen jugendliches Alter als seinen Hauptvorzug: Er ließ sich lenken und manipulieren. Seine Regentschaft war eine nahezu vollständige Katastrophe. Die Verwaltung war durch wiederholte Finanzkrisen und den häufigen Wechsel der Wesire gelähmt.

Dieses Chaos nutzten die Byzantiner, um muslimisch beherrschte Grenzstädte zu erobern. Vielleicht noch schlimmer war, dass eine schiitische Beduinengruppe, die sogenannten Qarāmita, Pilgerkarawanen überfiel. Sie töteten männliche Pilger und verkauften ihre Frauen und Kinder in die Gefangenschaft. Nicht einmal Mekka, das nominell unter Abbasiden-Herrschaft stand, war sicher: Rebellen plünderten die Stadt, warfen die Leichen massakrierter Einwohner in den heiligen Brunnen Zamzam, brachen den Schwarzen Stein aus der Kaaba heraus und stahlen ihn. Die Abbasiden konnten nichts tun, um der wichtigsten Pflicht des Kalifen nachzukommen: die Grenzregionen des Islam zu schützen und die Sicherheit des Haddsch zu gewährleisten. Das Ende kam, als Muqtadir in relativ jungen Jahren im Kampf mit dem Heerführer, der ihn eigentlich beschützen sollte, getötet wurde. In den folgenden Wirren riss eine Reihe militärischer Abenteurer die Macht an sich und legte sich den Titel Emir der Emire zu, der eine völlige Kontrolle über sämtliche Aspekte der weltlichen Verwaltung implizierte, aber keinerlei religiöse Bezüge enthielt. Sie übernahmen nicht nur die Überreste der Armee, sondern auch die gesamte zivile Bürokratie, schafften das Amt des Wesirs ab und machten den Kalifen zu einer machtlosen Repräsentationsfigur in seinem riesigen Palast am Tigrisufer. Das Scheitern des Abbasiden-Kalifats war für jeden Muslim deutlich erkennbar.

Trotz oder vielleicht gerade wegen dieser politischen Schwäche versuchte die Abbasiden-Administration offenbar, die Rolle des Kalifen als Oberhaupt der Muslime in den Beziehungen zur nichtmuslimischen Welt zu stärken. Nach den anfänglichen arabischen Eroberungen im 7. und frühen 8. Jahrhundert, die das große Kalifat begründeten, hatten die Herrscher nur wenig Außenpolitik betrieben. Völker, die jenseits der Grenzen des Dār al-Islām (Haus des Islam) in den unkartierten, barbarischen Wüsten des Dār al-Harb (Haus des Krieges) lebten, waren zu unbedeutend und zu arm, um von Interesse zu sein. Das Byzantinische Reich war die einzige Macht, die den Kalifen in etwa auf Augenhöhe begegnen konnte, aber die sporadischen Verhandlungen über Waffenruhen oder den Austausch von Gefangenen reichten kaum an diplomatische Beziehungen heran.

Im 10. Jahrhundert gab es Anzeichen für einen Wandel. Ob er jedoch auf eine gezielte Politik des Kalifen Muqtadir und seiner Berater zurückging, die damit die Funktion des Kalifen als Sprecher der *umma* ausweiten und publik machen wollten, oder ob es Zufall war, ist schwer feststellbar. In den Quellen sind jedoch zwei Erzählungen erhalten, die den Herrscher in dieser Rolle zeigen, und allein schon die Tatsache, dass sie sorgfältig ausgearbeitet wurden, deutet auf ein gewisses offizielles Interesse, wenn nicht sogar auf mehr hin.

Die erste dieser Erzählungen schildert in aller Ausführlichkeit das

Abbasiden-Zeremoniell beim Empfang zweier Gesandter des Byzantinischen Reiches im Juni 917. Sie waren gekommen, weil sie um einen Waffenstillstand an der Grenze und einen Gefangenenaustausch bitten wollten, ein Routinevorgang, aber der Wesir Ibn al-Furāt beschloss, daraus eine aufwändige Veranstaltung zu machen. Man gab den Gesandten eine Unterkunft und versorgte sie mit allem, was sie brauchten. Schließlich kam der Tag der Audienz.

Der Wesir gab Befehl, dass die Soldaten auf dem ganzen Weg vom Saʿid-Palast [wo die Gesandten wohnten] bis zu seinem eigenen Palast ein Spalier bilden sollten und dass seine Diener und die im Palast stationierten Truppen des Zweiten Kämmerers sich in einer Reihe vom Eingang des Palastes bis zum Empfangssaal aufzustellen hätten. Ein großer Saal mit vergoldeter Decke im Gartenflügel des Palastes wurde prunkvoll eingerichtet und mit teppichartigen Wandbehängen versehen. Für neue Möbel, Teppiche und Vorhänge wurden 30 000 Dinar ausgegeben. Man versäumte nichts, um den Palast zu verschönern und den Prunk dieses Anlasses zu erhöhen. Der Wesir selbst saß auf einem prachtvollen Gebetsteppich, hinter ihm ein erhöhter Thron, vor und hinter ihm sowie links und rechts neben ihm Diener, während der Saal voller Militärs und Staatsbeamter war. Dann führte man die beiden Gesandten herein, die unterwegs so viele Soldaten und Menschen gesehen hatten, dass es sie mit Ehrfurcht erfüllen musste.

Als sie den öffentlichen Trakt betraten, ließ man sie auf der Veranda Platz nehmen, da der Trakt voller Soldaten war. Dann führte man sie einen langen Flur entlang, der sie in den rechteckigen Gartenhof und von dort in den Saal brachte, in dem der Wesir saß. Die Pracht des Saales und seiner Einrichtung und die Menge der Bediensteten gaben ein imposantes Schauspiel ab. Sie waren in Begleitung eines Dolmetschers und des Polizeipräfekten mit seiner gesamten Truppe. Man ließ sie vor dem Wesir stehen, den sie begrüßten, wobei der Dolmetscher ihre Worte übersetzte, und der Wesir antwortete, was ebenfalls übersetzt wurde. Sie ersuchten um den Loskauf der Gefangenen und erbaten die Unterstützung des Wesirs, die Einwilligung Muqtadirs zu erlangen. Er teilte ihnen mit, er müsse die Angelegenheit mit dem

Kalifen besprechen und gemäß den Anweisungen, die er erhalte, handeln ... Man entließ sie und brachte sie auf demselben Weg hinaus, den sie hereingekommen waren, und noch immer säumten Soldaten in voller Uniform und vollständiger Ausrüstung die Straße. Die Uniform bestand aus fürstlichen Satinjacken mit eng anliegenden Kappen, über denen sie spitz zulaufende Kapuzen trugen.[19]

Die Audienz beim Kalifen verlief nach dem gleichen Muster. Man führte die Gesandten durch die von uniformierten Soldaten gesäumten Straßen zum Palast.

Als sie den Palast erreicht hatten, brachte man sie in einen Gang, der in einen der Innenhöfe führte, und von dort in einen weiteren Korridor, der in einen größeren Innenhof als den ersten mündete, und die Kammerherrn geleiteten sie durch Flure und Innenhöfe, bis sie vom Gehen müde und recht verwirrt waren. All diese Gänge und Höfe waren voller Bediensteter und Diener. Endlich erreichten sie den Saal, in dem sich Muqtadir befand und alle Staatsbeamten nach ihrem jeweiligen Rang aufgestellt waren, während Muqtadir auf seinem Herrscherthron saß; in seiner Nähe standen der Wesir Ibn al-Furāt und der Eunuch Mu'nis [der Armeekommandeur], flankiert von seinen Offizieren. Als sie in den Saal kamen, küssten sie den Boden und stellten sich an die Stelle, die der Kammerherr Nasr ihnen zuwies. Dann übergaben sie den Brief ihres Herrn, der einen Loskauf der Gefangenen vorschlug und um eine wohlwollende Antwort bat. Der Wesir antwortete für den Kalifen, er akzeptiere das Angebot aus Mitleid mit den muslimischen Gefangenen und aus dem Wunsch heraus, sie frei zu kaufen, sowie aus seinem Eifer, Gott zu gehorchen und sie zu befreien.... Als die Gesandten die Gegenwart des Herrschers verließen, schenkte man ihnen kostbare, goldverzierte Umhänge und Turbane aus dem gleichen Material und bedachte auch den Dolmetscher, der mit ihnen nach Hause ritt, mit den gleichen Ehren.

Jeder der Gesandten erhielt 20 000 Silberdirham als persönliches Geschenk. Der Bericht erwähnt weiter, dass Mu'nis aus der Staatskasse in Bagdad die enorme Summe von 170 000 Golddinar bekam, um den Freikauf vorzunehmen.

Diese Schilderung ist insofern interessant, als sie Einblicke in die Rolle des Kalifen und die Manipulation seines Image vermittelt. Weitgehend ähnliche Darstellungen finden sich in mehreren arabischen Quellen, allerdings in keiner einzigen byzantinischen. Der große Truppenaufmarsch in Bagdad, das aufwändige Zeremoniell im Palast und die darauf folgende öffentliche Aufmerksamkeit zielten darauf ab, die muslimische Bevölkerung mit der Macht und Pracht des Kalifen und seiner Sorge um das Wohl der Muslime zu beeindrucken. Es war jedoch das letzte Hurra der Abbasiden-Macht. Nur wenige Jahre später waren Ibn al-Furāt und der Kalif tot, und der riesige Palast wurde zum Schauplatz von Mord und Wirren, als diverse Gruppierungen um die Kontrolle über das zunehmend machtlose Kalifat kämpften.

Die zweite Erzählung überliefert etwas über die Diplomatie des Kalifen außerhalb der islamischen Gebiete und ist zudem die älteste Reiseerzählung in Ichform der arabischen Literatur.[20] Sie schildert die diplomatische Mission eines gewissen Ibn Fadlān für die Regierung in Bagdad nach Zentralasien und in die Wolgaregion des heutigen Russland. Heutzutage wird sein Bericht, dessen Manuskript erst 1923 in Maschhad, Iran, entdeckt wurde, meist wegen der außergewöhnlichen, ja schaurigen Schilderung der Sitten und Gebräuche eines Volkes gelesen, das er als Rus bezeichnet; anscheinend handelt es sich um den ältesten Augenzeugenbericht über die Vorfahren der Russen. Er ist jedoch auch als Zeitdokument über die Reisen und Reaktionen eines Beamten des Kalifen zu einer Zeit interessant, als die Macht seines Herrn sichtlich schwand. Über den Autor wissen wir so gut wie nichts, außer, was er uns in seiner Erzählung beiläufig mitteilt. Eindeutig war er ein Beamter von einer gewissen Stellung und Bildung, allerdings nicht bedeutend genug, dass er in einer der allgemeinen narrativen Quellen seiner Zeit auftauchen würde.

Die Mission begann als Reaktion auf ein Schreiben, das der Kalif vom König der Wolgabulgaren erhalten hatte, nachdem dieser zum Islam konvertiert war. Er beteuerte dem Kalifen seine Loyalität und erklärte ihm, sein Name werde in den Gebieten der Bulgaren in den Freitagspredigten verkündet. Dann bat er ihn, ihm Männer zu senden, die ihn und seine Anhänger im islamischen Recht und der richtigen Verrichtung der Gebete und anderer Rituale unterweisen könnten. Außerdem erbat er Geld für den Bau einer Burg (*hisn*), damit er sich in diesem Land der Jurten und Holzhütten gegen seine Feinde verteidigen könne. Der Zusammenhang von Monotheismus und Steinbauten ist an vielen Orten im keltischen, slawischen und skandinavischen Europa jener Zeit zu finden. Der König wollte eine richtige Religion und neue Technologien, beides wesentliche Aspekte einer modernen Lebensweise im frühen 10. Jahrhundert, und zumindest für ihn war der Kalif der geeignete Ansprechpartner. Im westlichen Christentum hätte man sich vermutlich an den Papst gewandt.

Der Hof in Bagdad beschloss, eine Gesandtschaft zu schicken, die am 21. Juni 921 aufbrach. Es war eine lange Reise. Elf Monate später, am 12. Mai 922, trafen die Männer schließlich am Hof des Bulgarenkönigs an der Wolga ein, nachdem sie knapp 5000 Kilometer zurückgelegt hatten, also durchschnittlich etwa 15 Kilometer am Tag. Angesichts der politisch unsicheren Verhältnisse und des strengen Winterwetters, in das sie gerieten, war dies ein recht beeindruckender Rekord. Ihre Route führte durch das Zagros-Gebirge, vorbei am Nordrand der iranischen Salzwüste nach Buchara, wo der Samaniden-Emir im Namen des Kalifen, in Wirklichkeit aber als unabhängiger Herrscher residierte. Von dort ging es weiter in die fruchtbare Provinz Chwarazm (heute Chorezm) am Mündungsdelta des Oxus (Amudarja) am Südende des Aralsees. Es waren die letzten Vorposten muslimischer Besiedlung und Zivilisation, jenseits davon mussten sie unbekanntes Terrain durchqueren.

Die ersten Reiseetappen waren noch recht einfach: Durch die landwirtschaftlich genutzten Gebiete des Zentraliraks ging es auf der alten Straße, die durch die Berge auf das Iranische Hochland führte, nach Khorasan. Als sie sich der alten Stadt Rayy (am Südrand des heutigen Teheran) näherten, die in dem schmalen Streifen zwischen der großen Wüste im Süden und den Bergen im Norden lag, wurden ihnen die Grenzen der Macht des Kalifen klar, falls sie sie noch nicht gekannt haben sollten. Rayy und die anderen Orte an der

Strecke unterstanden den zaiditisch-schiitischen Imamen mit Sitz in Dailam am Südwestufer des Kaspischen Meeres. Diese schiitischen Herrscher maßten sich nicht nur die Macht des Kalifen an, sondern erkannten überdies die Rechtmäßigkeit der Abbasiden-Herrschaft und ihren Führungsanspruch über die *umma* nicht an. Daher war die Gesandtschaft gezwungen, ihre Identität zu verbergen und sich unter die übrige Karawane zu mischen.

Die Männer müssen sehr erleichtert gewesen sein, als sie Nischapur und den Schutz der samanidischen Armee erreichten. Von dort zogen sie weiter Richtung Osten nach Merv, wo sie für die Reise durch die wasserlose Wüste bis an den Oxus die Kamele wechselten. Nachdem sie den Fluss überquert hatten, ging es durch die Handelsstadt Paykant und die Dörfer der gut bewässerten Oase Buchara bis in die Hauptstadt. Dort befanden sie sich in Freundesland. Der Samaniden-Wesir, ein Mann namens Dschaihānī, war ein kultivierter Beamter, der sich sehr für Geographie interessierte. Er verschaffte der Gesandtschaft eine Unterkunft und ernannte jemanden, «der unsere Bedürfnisse erfüllen und allen unseren Wünschen nachkommen sollte». Auch eine persönliche Audienz beim Samaniden-Emir Nasr ibn Ahmad arrangierte er für sie. Offenbar zu Ibn Fadlāns Verwunderung mussten sie feststellen, dass er ein noch bartloser Jüngling war. Doch so jung er auch sein mochte, beherrschte er doch die höflichen diplomatischen Umgangsformen. Er begrüßte sie und bot ihnen einen Platz an. «Wie habt ihr meinen Herrn [*maulā*], den Fürsten der Gläubigen (al-Muqtadir) – möge Gott ihm selbst, seiner Garde und seinen Klienten langes Leben und Gesundheit schenken! – verlassen?» Sie erwiderten: «Im Wohlergehen.» Darauf sagte er: «Gott möge ihm Glück dazu spenden.» Das war der einfache Teil des Gesprächs. Nun mussten sie zum Geschäftlichen kommen, und da zeigten sich die Grenzen der Autorität des Kalifen in dieser entlegenen, aber wichtigen Provinz.

Das nächste Etappenziel bildete Chwarazm, dessen Emir ein Vasall der Samaniden war. Dort bereitete man ihnen einen gemischten Empfang. Man begrüßte sie zwar herzlich und gab ihnen eine Unterkunft, jedoch beggnete der Gouverneur ihrem Wunsch, den König der Bulgaren zu treffen, mit Misstrauen: Wenn jemand die Muslime bei diesen Ungläubigen vertreten sollte, dann müsste es der Samaniden-Emir in Buchara sein, nicht der ferne und praktisch machtlose Kalif in Bagdad. Er wandte ein, dass die Mission zu gefährlich sei und er dem Emir schreiben und ihn auffordern werde, dem Kalifen in einem Schreiben anzubieten, ihn zu konsultieren. Es handelte sich eindeutig um eine Verzögerungstaktik, die eine Fortsetzung der Mission nahezu mit Sicherheit verhindert hätte, aber Ibn Fadlān und seine Begleiter blieben hartnäckig: «Dies ist der Brief des Fürsten der Gläubigen», erklärten sie. «Was für einen Grund gibt es, sich in derselben (Frage) nochmals an ihn zu wenden?» Letzten Endes erlaubte man ihnen die Weiterreise in die eiskalte Steppe: Unser Autor zeichnet ein anschauliches Bild von der Kälte und ihren Leiden in dem Klima, das sich so stark von der Hitze in Bagdad unterschied.

Als sie sich im Mai 922 schließlich dem Lager des Bulgarenkönigs näherten, kam ihnen zunächst eine Ehrengarde der Königssöhne und schließlich der Monarch selbst entgegen, der vom Pferd stieg, vor ihnen auf die Knie fiel und Gott dankte. Man führte sie in das Lager und wies ihnen eigene Jurten zu, während der König einen zeremoniellen Empfang für sie vorbereitete. Nach vier Tagen gewährte er ihnen eine Audienz. Sie überreichten ihm zwei Standarten als Symbol für die Amtsübertragung, einen Sattel und einen schwarzen Turban. Anschließend verlas Ibn Fadlān das Schreiben des Kalifen und bestand darauf, dass alle sich erhoben, während sie zuhörten. «Ich begrüße dich und preise für dich Allah, außer welchem es keinen Gott gibt», las er. Dann befahl er ihnen, den Gruß des Fürsten der Gläubigen zu erwidern, was sie pflichtgemäß taten. Abschließend begann die Übergabe der Geschenke – Parfüms, Gewänder, Perlen und eine Ehrenrobe für die Königin, die entgegen dem muslimischen Hofprotokoll an der Seite des Königs saß.

Eine Stunde später gab es eine weitere Audienz in der Königsjurte. Zur Rechten des Königs saßen Vasallenherrscher, während die Gesandten zu seiner Linken Platz nahmen. Vor ihm saßen seine Söhne, und er selbst nahm in der Mitte auf einem Thron Platz, der mit byzantinischer Seide überzogen war. Es folgte ein feierliches Festmahl, bei dem der König zunächst für sich und dann für seine Gäste ausgesuchte Stücke Fleisch abschnitt. Dann brachte er zum

Met einen Trinkspruch aus, in dem er seine Freude über seinen Herrn (*maulā*), den Fürsten der Gläubigen, äußerte, «möge Gott sein Dasein verlängern».

Ibn Faḍlān gab ihm auch Anweisungen zu den Gebeten. Bis zu seinem Kommen hatte man beim Freitagsgebet vom *minbar* aus Segenswünsche für die Könige ausgesprochen, doch Ibn Faḍlān belehrte sie: «Gott ist allein der König (*malik*), und es wird niemand außer ihm, dem Mächtigen und Erhabenen, auf der Kanzel mit diesem Titel (als König) benannt. Und dieser, dein Herr, der Fürst der Gläubigen, hat sich für seine Person damit begnügt, daß man auf seinen Kanzeln im Osten und Westen nur sagt: ‹Mein Gott, schenke deinem Knecht und deinem Stellvertreter, dem Ǧaʿfar, dem Imām al-Muqtadir ibn-ʿAllāh, dem Fürsten der Gläubigen, Wohlergehen›.» Er lenkte ihre Aufmerksamkeit auch auf die *ḥadīth*, in denen der Prophet sagt, Muslime sollten seine Bedeutung nicht übertreiben, wie es die Christen mit der Bedeutung von Jesus, dem Sohn der Maria, täten, denn er sei lediglich der Diener Gottes und sein Gesandter.

Selbstverständlich erkundigte sich der König danach, wie am Freitag die Verkündigung von der Kanzel zu erfolgen habe. «In deinem Namen und im Namen deines Vaters», lautete die Antwort. «Wahrlich, mein Vater war ein Ungläubiger», wandte der König ein, «und ich will nicht seinen Namen auf der Kanzel erwähnen lassen. Ich mag also auch nicht meinen Namen aussprechen zu lassen, wenn derjenige, der mir diesen Namen gegeben hat, ein Ungläubiger war. Aber was ist der Name meines Herrn, des Fürsten der Gläubigen?»

«Ǧaʿfar», antwortete Ibn Faḍlān.

«Würde es wohl erlaubt werden, daß ich mit seinem Namen benannt werde?»

«Jawohl.»

«Also ändere ich meinen Namen in Ǧaʿfar und den meines Vaters in ʿAbd-Allāh um. Sage das dem Imam.»

Ibn Faḍlān tat es, und so wurde bei der Freitagspredigt verkündet: «O mein Gott! schenke deinem Knecht Ǧaʿfar ibn ‚ʿAbd-Allāh, dem Fürsten von Bulġār, dem Klienten des Fürsten der Gläubigen, Wohlergehen.»

Viele in der muslimischen Welt verachteten Muqtadir. Seine Jugend und Unerfahrenheit und die Tatsache, dass er nicht an die Leistungen seiner Abbasiden-Vorfahren heranzureichen vermochte, ließen das Kalifenamt beinahe zur Farce verkommen. Doch für den König der Bulgaren war der Kalif auf eine ganz persönliche Weise der Repräsentant der muslimischen Welt. Sein Herr waren nicht die *umma*, nicht die Religionsgelehrten, nicht die Muslime allgemein, sondern war der Kalif persönlich.

Der Zerfall des Abbasiden-Kalifats

Der Zerfall des Kalifats war ein langwieriger, komplexer Prozess, dessen Gründe es zu erforschen gilt. Jede Erörterung eines zukünftigen oder wiederbelebten Kalifats in der heutigen Zeit muss sich mit der Frage auseinandersetzen, warum die Abbasiden-Dynastie trotz ihrer politischen Macht und ihrer Verbindungen zur Prophetenfamilie zu diesem Zeitpunkt zerbröckelte. Die Probleme, eine multikulturelle muslimische Welt, die immer vielfältiger wurde, unter einer Führung zusammenzuhalten, wurden nie vollständig gelöst und werden jeden, der dieses Amt in der Zukunft wiederaufleben lassen möchte, vor erhebliche hartnäckige Herausforderungen stellen.

Einen Grund habe ich bereits erwähnt: die wachsende Entfremdung der Kalifen von der Masse der muslimischen Bevölkerung. Diese Ferne machte sich nicht nur physisch bemerkbar, indem die Kalifen sich zunehmend hinter den Mauern ihrer Paläste isolierten, sondern auch ideologisch, weil die herrschende Elite anfangs versucht hatte, den Glauben an die Erschaffenheit des Koran zwangsweise durchzusetzen. Selbst als sie diese Politik aufgaben, blieb eine tiefe, dauerhafte Kluft zwischen den Kalifen und den Religionsführern bestehen, die von der Masse der Muslime respektiert und zurate gezogen wurden. Diese Entfremdung nahm noch weiter zu, als die Kalifen in der ersten Hälfte des 10. Jahrhunderts ihren offenkundigsten Amtspflichten nicht mehr nachkamen, nämlich die Grenzen der muslimischen Welt besonders zum Byzantinischen Reich zu sichern und den Schutz und die Führung des Haddsch zu gewährleisten.

Es gab jedoch noch andere, langfristigere Probleme. Das erste war der wirtschaftliche Zusammenbruch des Iraks und besonders der irakischen Landwirtschaft. Zur Zeit der muslimischen Eroberungen war er in Bezug auf die Steuereinnahmen (der einzige Bereich, zu dem uns Zahlen vorliegen) die reichste Provinz des Kalifats. Sie erbrachte viermal so viel Steuereinnahmen wie Ägypten, die zweitreichste Provinz, und fünfmal so viel wie Syrien und Palästina zusammen. In der frühislamischen Periode änderte sich die Lage, teils aufgrund von Umweltfaktoren wie der zunehmenden Versalzung und Auslaugung der Böden, teils wegen wiederholter Bürgerkriege und Unruhen, die Schäden an den komplexen Bewässerungssystemen der Felder anrichteten. Diese erreichten 935 ihren Höhepunkt, als ein militärischer Abenteurer aus kurzfristigen taktischen Erwägungen den Deich des größten Kanals, des aus vorislamischer Zeit stammenden Nahrawan, durchbrach, der nie wieder instand gesetzt wurde.

Die Steuereinnahmen aus dem Irak ermöglichten es den Abbasiden, die Armee, die der Autorität des Kalifen zur Durchsetzung verhalf, sowie die Beamten, die diese Steuern eintrieben, zu bezahlen. Als diese Einnahmen unaufhaltsam zurückgingen, kam es wiederholt zu Meutereien, sodass die Truppen schließlich überwiegend damit beschäftigt waren, rivalisierende Gruppierungen innerhalb des Militärs zu bekämpfen und den Kalifen Geld abzupressen.

Es gab noch einen weiteren Faktor, der in gewisser Weise positiver war: Ein immer größerer Teil der Bevölkerung des Kalifats konvertierte zum Islam. Man könnte behaupten, der Zerfall des Kalifats sei die unausweichliche Folge des Erfolgs des Islam als Volksreligion. Dieser Prozess lässt sich nur schwer messen. Wir können sicher davon ausgehen, dass es in diesen Gebieten vor der arabischen Eroberung keine Muslime gab. Im 7. und frühen 8. Jahrhundert vollzogen sich die Übertritte nur allmählich, nahmen danach jedoch schnell zu, besonders im 10. Jahrhundert. Wahrscheinlich waren im Jahr 1100 und mancherorts auch schon vorher fünfzig Prozent der Bevölkerung Muslime, die der einen oder anderen Gruppe angehörten.

Diese neuen Muslime waren überwiegend keine Araber. Vermutlich kamen sie nie nach Bagdad (außer auf der Durchreise vom Iran in die Heiligen Städte) und hatten keinen Kontakt zu den Kalifen. Gruppen wie die Saffariden, die im ausgehenden 9. Jahrhundert weite Teile Irans beherrschten, waren Muslime, aber keine Araber. Ihre Loyalität galt muslimischen Glaubensbrüdern in ihren Herkunftsprovinzen, das Kalifat war für sie bestenfalls belanglos und schlimmstenfalls eine Quelle ärgerlicher Steuerforderungen. Neue Muslime hatten keinen Grund, eine Institution zu unterstützen, die ihnen wenig oder gar nichts zu bieten hatte.

Das bedeutete jedoch nicht, dass sich die muslimische Welt in separate politische Einheiten gespalten hätte, die keinerlei Kontakt miteinander hatten. Weithin war Arabisch die Sprache der religiösen und philosophischen Debatten. Kaufleute trieben ohne sonderliche Einmischung des Staates Handel über die Grenzen hinweg, und Verwaltungsbeamte wanderten auf der Suche nach lukrativen Posten von einem Hof an den anderen. In mancherlei Hinsicht war die *umma* ein vereintes Gemeinwesen: Nur spielten die Kalifen darin keine sonderliche Rolle.

4.

DIE KULTUR DES ABBASIDEN-KALIFATS

Der neue Kalif, Qāhir, beauftragte 932 einen seiner Höflinge, Muhammad ibn Alī al-Abdī, die Leistungen seiner Abbasiden-Vorgänger in einer Chronik aufzuzeichnen. Es waren schwierige Zeiten für das Kalifat. Muqtadir war gerade erst in Kämpfen mit seiner eigenen Armee getötet worden, und von allen Seiten war es von Gegnern bedrängt. Von den glorreichen Tagen Hārūn al-Raschīds war es weit entfernt. Der Höfling, ein Geschichtsexperte, fertigte daraufhin eine kurze, aber faszinierende Reihe von Porträts der Kalifen dieser Dynastie an und gab einige Anhaltspunkte, was den Menschen von ihnen in Erinnerung geblieben war. Dieses Material verarbeitete der damals führende Geschichtsschreiber, Masʿūdī, in seinem Werk «Die Goldwiesen» (*Murūdsch al-dhahab*), das uns überliefert ist.[21]

Kalif Qāhir war ein zutiefst furchterregender Mann mit der Neigung zu unberechenbaren, gewalttätigen Ausbrüchen, die zusammen mit seiner Trunksucht schon bald dazu führten, dass er gestürzt und geblendet wurde. Mit einer Lanze in der Hand zwang er den Geschichtsschreiber, vor ihm zu stehen, und verlangte von ihm unter Androhung der Todesstrafe die Wahrheit.

Abdī begann beim ersten Abbasiden-Kalifen Saffāh (reg. 740–754), der «schnell im Blutvergießen» war, «diesen Mangel aber durch seine edle Gesinnung und besondere Großzügigkeit ausglich. Er gab fortwährend und verteilte mit offener Hand Gold». Über seinen Nachfolger Mansūr (reg. 754–775) heißt es:

> [Er war] der erste, der Zwiespalt zwischen der Familie des Abbās und der Familie Alīs säte, die bis dahin gemeinsame Sache gemacht

hatten. Er war der erste der Kalifen, der Astrologen an seinen Hof holte und Entscheidungen nach den Sternen richtete ... Er war zudem der erste Kalif, der ausländische literarische Werke ins Arabische übersetzen ließ, zum Beispiel *Kalīla wa Dimna* [gefeierte, aus dem Persischen übersetzte Tierfabeln], *Sindhind* [vermutlich ein Buch über Indien], die Abhandlungen des Aristoteles über Logik und andere Themen, den *Almagest* des Ptolemäus, das Buch des Euklid, die *Abhandlung über Arithmetik* sowie all die übrigen antiken Werke, griechische, byzantinische, pahlavi [mittelpersische] und syrische. Sobald diese Bücher in ihrem Besitz waren, las und studierte die Öffentlichkeit sie begierig.

Laut Abdī war Mansūr auch der erste Herrscher, der seinen Freigelassenen und Pagen öffentliche Ämter gab. Er übertrug ihnen wichtige Aufgaben und stellte sie über die Araber. Nach seiner Zeit führten die folgenden Kalifen, die seine Erben waren, diese Praxis fort, und so verloren die Araber die Führungsrolle, Überlegenheit und Ehren, die sie bis dahin genossen hatten.

Sobald Mansūr den Thron bestiegen hatte, widmete er sich der Bildung. Er studierte religiöse und philosophische Ideen und erwarb profunde Kenntnisse über die verschiedenen muslimischen Sekten und die muslimische Überlieferung. Unter seiner Regentschaft erlebte die Schule der Traditionisten (die Mohammeds *hadīth* studierten) einen Aufschwung und weitete ihre Studien aus.

Abdīs Darstellung fährt fort:

> Mahdī [reg. 775–785] war gut und großzügig und von edlem, weitherzigem Wesen ... Dieser Kalif hatte die Angewohnheit, wenn er in der Öffentlichkeit erschien, Taschen voller Gold und Silber vor sich hertragen zu lassen. Niemand bat vergebens um seine Barmherzigkeit, und der Haushofmeister, der vorausging, hatte Anweisung, jenen Almosen zu geben, die nicht darum zu bitten wagten, und ihre Not vorauszusehen ... Gegen Ketzer ging er erbarmungslos vor.

An dieser Stelle führte Abdī die Dualisten und andere Sekten auf, die während der Regierungszeit Mahdīs auftauchten, und fügte hinzu:

Der Abbasiden-Kalif Ma'mūn und sein Gefolge werden von einem Mann mit Obstschale gegrüßt. Osmanische Miniatur, 17. Jahrhundert

[Mahdī] war der Erste, der den Polemikern der Religionsschulen auftrug, sie zu widerlegen. Sie erbrachten überzeugende Beweise gegen ihre starrköpfigen Gegner, entkräfteten die schwachen Argumente der Ketzer und ließen die Wahrheit für alle Zweifler aufleuchten. Er baute die Moschee in Mekka und jene des Propheten in Medina dergestalt um, wie sie heute dort stehen, und er baute Jerusalem wieder auf, das durch Erdbeben stark zerstört worden war.

Über Hārūn al-Raschīd (reg. 786–809) schrieb Abdī:

[Er] erfüllte gewissenhaft seine Pflichten als Pilger und bei der Führung des heiligen Kriegs. An der Straße nach Mekka und dort auch in Mina und Arafat [beides wichtige Stätten bei den Ritualen des Haddsch] sowie in Medina ließ er öffentliche Bauten, Brunnen, Zisternen und Festungen errichten. Er verbreitete sowohl Wohlstand als auch den Schatz seiner Gerechtigkeit unter all seinen Untertanen. Er befestigte die Grenzen gegen das Byzantinische Reich, errichtete Städte, befestigte mehrere Orte wie Tarsus und Adana, brachte Massissa und Marasch [in der heutigen Südtürkei, damals aber Teil der muslimischen Grenzsiedlungen] zu neuer Blüte, führte unzählige militärische Bauten aus und errichtete Karawansereien. Seine Beamten folgten seinem Beispiel. Die Menschen ahmten sein Verhalten nach und schlugen die Richtung ein, die er vorgab. Irriges wurde zurückgedrängt, die Wahrheit kam wieder zum Vorschein, und der Islam erstrahlte in neuem Glanz und stellte alle anderen Länder in den Schatten. Die einzigartige Großzügigkeit und Barmherzigkeit seiner Regentschaft kam in der Person von Umm Dschaʿfar Zubaida, der Tochter Dschaʿfars und Enkelin Manṣūrs [des Kalifen], zum Ausdruck. Die Prinzessin ließ zahlreiche Karawansereien in Mekka bauen und füllte diese Stadt und die Pilgerstraße, die ihren Namen trägt, mit Zisternen, Brunnen und Bauten, die bis heute erhalten sind. Sie errichtete auch mehrere Hospize für Reisende an der syrischen Grenze und in Tarsus und stattete sie mit Stiftungen aus.

Der Autor erwähnt noch die Großzügigkeit der Barmakiden, bevor er zu Hārūn zurückkehrt, der als erster Kalif das Polospiel, das Pfeilschießen auf *birdschās* (ein bewegliches Ziel auf einem Pfahl) und Spiele mit Ball und Schläger populär machte. Wer sich in diesen Übungen auszeichnete, erhielt von ihm eine Belohnung, und so verbreiteten sich diese Spiele in der Bevölkerung. Er gehörte zudem zu den ersten Abbasiden-Kalifen, die Schach und Backgammon spielten. Hervorragende Spieler begünstigte er und bezahlte ihnen Löhne. Unter seiner Regentschaft herrschte so viel Pracht, Reichtum und Wohlstand, dass man sie die Tage der Hochzeiten und Feste nannte. An dieser Stelle unterbrach der Kalif den Erzähler und verlangte von ihm, mehr über Zubaida zu sagen. «Ich gehorche», erklärte dieser. «Der Edelmut und die Pracht dieser Prinzessin in ernsten wie auch in leichten Angelegenheiten haben dazu geführt, dass man sie in den allerersten Rang einordnet.» Unter den ernsten Dingen führte er weitere Einzelheiten zu ihren frommen Bauwerken und besonders zur Wasserversorgung in Mekka an. Dann wandte er sich ihren profaneren Ausgaben zu:

… jene, in denen Könige am eitelsten sind … Sie war die Erste, die sich auf Gold- und Silbergeschirr, verziert mit Edelsteinen, bedienen ließ. Für sie wurden feinste Gewänder aus bunter Seide gefertigt, *waschī* genannt, von der eine einzige Länge, die für sie gemacht wurde, 50 000 Dinar kostete. Als Erste stellte sie eine Eskorte von Eunuchen (die ihr selbstverständlich persönlich zu Diensten sein konnten) und Sklavinnen auf, die an ihrer Seite ritten, ihre Befehle ausführten und ihre Botschaften überbrachten. Als Erste nutzte sie Zelte aus Silber, Ebenholz und Sandelholz, verziert mit goldenen und silbernen Beschlägen und behangen mit bestickter Seide, Zobel, Brokat und roter, gelber, grüner und blauer Seide. Als Erste führte sie die Mode ein, mit kostbaren Edelsteinen bestickte Schuhe zu tragen und Kerzen aus Ambra zu machen, Modeerscheinungen, die sich in der Öffentlichkeit verbreiteten. Dann, o Fürst der Gläubigen, als das Kalifat an ihren Sohn [Amīn, reg. 809–813] überging, begünstigte er Eunuchen und zeigte seine Gunst, indem er ihnen die höchsten Ehren erwies. Zubaida, die ihres Sohnes ausgeprägte Vorliebe für diese Eunuchen und deren Einfluss auf ihn bemerkte, suchte junge Mädchen von herausragend anmutiger Gestalt und reizvollem Angesicht

aus. Sie ließ sie Turbane tragen und gab ihnen Gewänder, die in den
königlichen Werkstätten gewebt und bestickt worden waren, ließ sie
ihre Haare nach Art junger Männer mit Stirnfransen und Locken
versehen und in den Nacken kämmen. Sie kleidete sie in eng anliegende Gewänder mit weiten Ärmeln, *qabā* genannt, und breiten
Gürteln, die ihre Taille und ihre Rundungen zur Geltung brachten.
Dann schickte sie die Mädchen zu ihrem Sohn Amīn, und als sie in
einer langen Reihe vor ihm erschienen, war er entzückt. Er war hin-
gerissen von ihrem Anblick und zeigte sich mit ihnen in der Öffentlichkeit. So kam es in allen Schichten in Mode, junge Sklavenmädchen
mit kurzen Haaren *qabā* und Gürtel tragen zu lassen. Man nannte
sie «Pagenmädchen».

Wieder unterbrach ihn der Kalif. «Page», rief er, «einen Becher Wein
zu Ehren der Sklavenmädchen!» Sofort erschien eine Schar junger
Mädchen, alle von gleicher Größe und alle wie junge Männer ausse-
hend. Alle trugen eng anliegende Jacken, *qabā* und Ponyfransen. Ihr
Haar trugen sie gelockt, und sie hatten goldene und silberne Gürtel.

Während der Kalif seinen Becher erhob, bewunderte ich die Reinheit
der Juwelen daran, das Funkeln des Weins, der ihn mit seinen Strah-
len vergoldete, und geriet in Verzückung über die Schönheit dieser
jungen Mädchen.

Aber Qāhir hielt immer noch seine furchterregende Lanze. Er trank
den Becher in einem Zug aus und befahl mir: «Fahre fort!»

Der Geschichtsschreiber vermied es diplomatisch, den gestürzten
und ermordeten Amīn zu erwähnen, und ging gleich zu dessen Bruder Ma'mūn (reg. 813–833) über:

> Zu Beginn seiner Regentschaft stand dieser Kalif unter dem Einfluss
> von Fadl ibn Sahl [seinem persischen Wesir] und anderer Höflinge.
> Er widmete sich dem Studium der Astrologie und deren Entschei-
> dungen. Vorbild für sein Betragen waren ihm die Sassanidenkönige
> wie Ardashir, Sohn des Babak [reg. 224–241], und andere. Er hegte
> eine Leidenschaft für alte Bücher, studierte sie unablässig und betrieb
> seine Forschungen so lange, bis es ihm gelang, sie zu verstehen und
> zu ihrem innersten Kern vorzudringen... Nach seiner Ankunft im

Irak gab Ma'mūn seine liebsten Studien auf und bekannte sich zur Lehre der Einheit, der Verheißung und der Bedrohung,[22] also zu den Lehren der Muʿtaziliten. Er leitete Zusammenkünfte von Religionsgelehrten und holte für ihre Debatten berühmte Polemiker an seinen Hof. An seinen Versammlungen nahmen immer Rechtsgelehrte und gebildete Männer teil, die er aus vielen verschiedenen Städten kommen ließ und entlohnte. Die Bevölkerung fand Gefallen an philosophischen Überlegungen, das Studium der Dialektik kam in Mode, und jede Schule verfasste Werke zur Untermauerung ihrer Argumente und der Lehren, zu denen sie sich bekannte.

Zu Ma'mūn selbst führte er aus:

> Er war der gütigste und geduldigste Mensch. Niemand hat seine Macht je besser genutzt, war freigiebiger, verteilte seine Gaben breiter und war weniger geneigt, sie zu bereuen. Minister und Höflinge eiferten ihm nach; alle folgten seinem Beispiel und traten in seine Fußstapfen.

Abschließend gab der Geschichtsschreiber noch einen kurzen Überblick über Muʿtasim (reg. 833–842), «der Pferde liebte und in seinem Tafelgeschirr persische Könige nachzuahmen suchte»; über Wāthiq (reg. 842–847), der streng in seinem Glauben und ein großer Feinschmecker war; sowie über Mutawakkil (reg. 847–861), «der das Studium der verschiedenen religiösen Glaubensmeinungen verbot und den Glauben an Autorität und die Lehre der Überlieferung wiederherstellte. Seine Regentschaft war glücklich und seine Regierung stabil und wohlfundiert». Von den späteren Kalifen erwähnte er keinen.

Masʿudīs Bericht ist aus diversen Gründen interessant. Der wohl auffallendste Aspekt ist, dass eine Frau die führende Rolle spielt, nämlich Zubaida, die für ihre frommen Werke, aber auch als Inbegriff höfischen Stils bewundert wird. Er fällt auch einige politische Urteile, beispielsweise über Mansūrs Beförderung Freigelassener und den daraus folgenden Statusverlust der Araber. Überraschend ist, dass Mansūr, der in anderen Quellen als Inbegriff des nüchternen

Politikers erscheint, hier als Förderer der Astrologie und der Übersetzungen philosophischer Literatur beschrieben wird. Aus anderen Quellen wissen wir von Ma'mūns Interesse an antiker Literatur und alten Büchern, aber ihm wird hier ebenso wie Mansūr zugutegehalten, dass er die Religionswissenschaften sowie das Studium des Koran und der Überlieferungen des Propheten förderte. Mahdīs aktiver Schutz des Glaubens vor Häresie und Mutawakkils Rückkehr zur streng orthodoxen Lehre nach der spekulativeren geistigen Atmosphäre am Hof seiner Vorgänger demonstrieren den beträchtlichen Einfluss, den einzelne Kalifen als Führer der Muslimgemeinde ausüben konnten.

Bildung und Wissen für viele

Die Hochblüte des Abbasiden-Kalifats von 750 bis 945 erlebte eine außerordentliche Explosion kultureller Aktivitäten. Es war eine Zeit geistiger Offenheit und Vielfalt, die in der Menschheitsgeschichte nur wenige Parallelen findet. Welche Ursachen hatte diese enorme kulturelle Blüte?

Werfen wir zunächst einen Blick auf die Infrastruktur des Wissens. Die Verwaltungssysteme, die Umar I. nach den großen arabischen Eroberungen aufgebaut und sowohl die Umayyaden als auch die Abbasiden weiterentwickelt hatten, führten, wie bereits gesagt, zur Entstehung großer Städte: zuerst Kufa und Basra im Irak, dann Fustāt in Ägypten, Qairawān in Tunesien und Merv in Churasan. Seit der Mitte des 8. Jahrhunderts kamen zu diesen Zentren die beiden größten muslimischen Städte des frühen Mittelalters hinzu, Bagdad und Córdoba. In all diesen Orten gab es Beamte und Soldaten, die regelmäßig Gehälter und Sold bezogen. Dieses Einkommen konnten sie für den notwendigen Alltagsbedarf wie Nahrung, Kleidung und ähnliches verwenden, vielen blieb jedoch noch frei verfügbares Geld übrig, das sie nicht nur für Konsumgüter wie feine Textilien, Keramiken und exotische Lebensmittel, sondern auch für Bücher und immaterielle, aber überaus wichtige Kulturgüter wie Lyrik, Gesang und die Überlieferungen des Propheten ausgeben konnten. All diese Dinge brachten kulturelles Kapital und gesellschaftliches Ansehen.

Die Verwaltungsmaßnahmen führten zur Entwicklung einer Infrastruktur mit geschultem Personal, das diese Aufgaben bewältigen konnte. Es ist allgemein bekannt, dass der Umayyaden-Kalif Abd al-Malik Arabisch im gesamten Kalifat zur Amtssprache machte. Das hatte zur Folge, dass sich eine säkulare Beamtenschicht herausbildete, die lesen und schreiben konnte. Zudem schuf es eine Nachfrage nach mathematischer Bildung, die nicht nur die buchhalterischen Fähigkeiten umfasste, Steuern zu berechnen, sondern auch das erforderliche geometrische Können für die Vermessung von Land zu Steuerzwecken. Hätte man diese Fertigkeiten nicht für staatliche Zwecke benötigt, hätten sich die Fähigkeit, Arabisch zu lesen und zu schreiben, ebenso wie die mathematischen Kenntnisse aller Wahrscheinlichkeit nach nicht so entwickelt, wie es der Fall war.

Die zunehmende Bedeutung der Bürokratie ging mit der Entstehung einer breiten lesenden Öffentlichkeit einher. Da statistische Daten fehlen, lässt sich das Ausmaß der Lese- und Schreibfähigkeit nur schwer einschätzen, Berichte über literarische Aktivitäten beispielsweise in Bagdad im 9. Jahrhundert lassen jedoch vermuten, dass sie als normal und selbstverständlich galt, und zwar nicht nur für die geistige Elite, sondern für einen breiten Bevölkerungsquerschnitt. Gefördert wurde sie natürlich auch durch die Notwendigkeit, dass man für die richtige Praxis des muslimischen Glaubens den Koran lesen und verstehen musste. Alle Umayyaden- und Abbasiden-Kalifen konnten lesen, auch wenn der Soldatenkalif Mu'tasim angeblich damit Schwierigkeiten hatte. An dieser Stelle ist daran zu erinnern, dass der erste englische König, von dem man weiß, dass er lesen und schreiben konnte – vielleicht mit Ausnahme von Alfred dem Großen –, Edward I. im ausgehenden 13. Jahrhundert war.

Ein beträchtlicher lesender Bevölkerungsanteil war natürlich eine wichtige Voraussetzung dafür, dass sich in Bagdad im 9. Jahrhundert eine «Schriftstellerkultur» herausbildete, wie der Literaturhistoriker Shawkat Toorawa es nannte.[23] Andere Entwicklungen waren jedoch ebenfalls wichtig für die kulturelle Infrastruktur. Eine davon bildete die Einführung von Papier. In China war Papier bereits seit Jahrhunderten erfunden und gebräuchlich, das Vordringen dieser Technologie in den muslimischen Nahen Osten lässt sich jedoch recht genau datieren. Nach einer im 11. Jahrhundert kursierenden Geschichte brachten chinesische Kriegsgefangene, die in der Schlacht am Talas (im heutigen Kasachstan) 751 – der einzigen Gelegenheit, bei der muslimische und kaiserliche chinesische Heere in direkten Konflikt gerieten – von den Abbasiden-Armeen gefangen genommen wurden, die Kunst der Papierherstellung mit. Solche einfachen Erklärungen stießen bei Historikern selbstverständlich auf Skepsis, die allerdings unbegründet sein mag. Denn wir wissen, dass es in den Jahrzehnten nach dieser Schlacht im Irak chinesische Kriegsgefangene gab, weil einer von ihnen nach seiner Rückkehr in seine Heimat auf Chinesisch einen Bericht über dieses Land schrieb. Papier erwähnt er zwar nicht, aber die Geschichte liefert einen plausiblen Kontext für diesen wichtigen Austausch technischer Fertigkeiten.

Ebenso wichtig ist die Tatsache, dass es in der Gesellschaft der frühen Abbasiden-Zeit durchaus eine Nachfrage nach neuen, effizienteren Schreibmaterialien gab: Ohne diese Nachfrage wäre die Einführung von Papier nicht mehr als eine amüsante Kuriosität gewesen. Wie nahezu alles Papier, das es vor dem 19. Jahrhundert gab, wurde auch dieses aus Lumpen, also aus alten Textilien, hergestellt: Damals war Papier aus Zellstoff so gut wie unbekannt, was wohl ein Glück war: Denn im Irak der Abbasiden-Zeit gab es vermutlich nicht viel Wald, da das Land schon seit Jahrtausenden intensiv landwirtschaftlich genutzt wurde, dagegen waren alte Kleider reichlich vorhanden.

Der auf islamische Kunst spezialisierte Historiker Jonathan Bloom hat gezeigt, wie wichtig das Aufkommen von Papier für die kulturelle Entwicklung war, da es das Schreiben grundlegend demokratisierte. Preisgünstiger als mit Pergament (Tierhaut) und effizienter als mit Papyrus, der bis dahin das gebräuchlichste Schreibmaterial war, ließen sich mit Papier Bücher wirtschaftlich herstellen. Nach Blooms Ansicht hatte die Erfindung des Papiers für die Buchproduktion eine umwälzende Wirkung, die vielleicht mit der Erfindung des Buchdrucks im frühmodernen Europa vergleichbar ist.[24]

Noch eine weitere Innovation gab es damals, die ebenfalls auf die Nachfrage nach einer einfacheren und schnelleren Produktion von Lesestoff zurückging: die Entwicklung neuer Schriftformen. Zahlreiche erhalten gebliebene Manuskripte, die sich überwiegend, aber nicht ausschließlich mit dem Koran befassen, sind in einer bestimmten Schrift des 7. und frühen 8. Jahrhunderts verfasst, der sogenannten kufischen Schrift. Sie ist förmlich, sorgfältig und oft sehr elegant, war aber langsam zu schreiben, da jeder Buchstabe akkurat einzeln geformt werden musste. Im frühen 10. Jahrhundert, wenn nicht bereits vorher, tauchte eine neue Schriftart auf. Angeblich wurde sie erstmals von Ibn Muqla, dem Wesir von Kalif Muqtadir, entwickelt, wahrscheinlich war seine Errungenschaft jedoch der Gipfelpunkt jahrzehntelanger Experimente. Diese Schrift, *naschi*, Kopierschrift, genannt, ließ sich erheblich schneller und leichter schreiben, beinahe wie eine Kurzschrift, und während prunkvolle Koranausgaben zuweilen noch in kufischer Schrift produziert wurden, fand der neue Schrifttyp für die meisten anderen literarischen Publikationen Verwendung.

Die Nutzung von Papier und der neuen arabischen Schrift eröffnete auch Menschen ohne Privatvermögen den Zugang zum Schreiben. Man könnte behaupten, Bagdad unter dem Abbasiden-Kalifat sei die erste Gesellschaft der Weltgeschichte gewesen, in der Männer und Frauen ihren Lebensunterhalt als Autoren bestreiten konnten. Selbstverständlich waren schon vorher Tausende von Büchern entstanden: Deren Verfasser waren jedoch immer reich, fest angestellt, von reichen Mäzenen gefördert oder gehörten Institutionen wie christlichen Klöstern an, die ihnen den zum Schreiben nötigen Raum und sicheren Rahmen geben konnten. Im 9. Jahrhundert herrschte in Bagdad eine Grub-Street-Kultur, in der ein Möchtegern-Autor ein Buch schreiben, kopieren lassen und in den gut hundert Läden des Bücher-Suk (*Sūq al-warrāqīn*) verkaufen und damit genug Geld für seinen Lebensunterhalt verdienen konnte. Vom Schreiben zu leben war zwar nicht leichter, als es das heutzutage in der westlichen Welt ist, aber es war immerhin möglich. Und wenn die eigenen Werke sich nicht gut verkauften, konnte man immer noch die Bücher anderer kopieren, um magere Zeiten zu überbrücken.

Die Technologien waren vorhanden, die Nachfrage war da, was produzierten also die Autoren, Dichter und Künstler im Abbasiden-Kalifat? In der zweiten Hälfte des 10. Jahrhunderts stellte ein Schriftsteller namens Ibn al-Nadīm (gest. 995) in Bagdad ein Buch mit dem Titel *Fihrist* zusammen, was sich am besten mit «Katalog» übersetzen lässt. Ob es sich dabei um einen Bibliotheks- oder Buchhandelskatalog handelte, ist nicht bekannt, jedenfalls listete er 3500 Autoren mit den Titeln ihrer Bücher und einer knappen Inhaltsangabe auf. Viele müssen recht kurz gewesen sein, kaum mehr als Flugschriften, bei ebenso vielen handelte es sich jedoch um umfangreichere Werke. Die Bandbreite der behandelten Themen war erstaunlich. Die Liste gliedert sich in zehn Kapitel:

1) Sprachen und Schriftarten: die Schriften der Muslime und anderer Völker des Buches (37 Seiten)
2) Grammatik und Wörterbücher (51 Seiten)
3) Geschichte, Belletristik, Biographie und Genealogie (73 Seiten)
4) Poesie (22 Seiten)
5) Scholastische Theologie (47 Seiten)
6) Recht und Tradition (38 Seiten)
7) Philosophie und die «antiken Wissenschaften» (62 Seiten)
8) Geschichten, Legenden, Romanzen, Magie und Zauberbücher (32 Seiten)
9) Lehren der nicht-monotheistischen Religionen (32 Seiten)
10) Alchemie (9 Seiten)

Mit islamischer Religionswissenschaft und arabischer Poesie ist in einer solchen Liste zu rechnen, überraschender ist die Menge der Werke über andere Religionen, nichtarabische Schriften sowie Naturwissenschaften und Philosophie. Allem Anschein nach war das gesamte Wissen der Menschheit, das zur damaligen Zeit existierte, irgendwo vertreten, und nichts deutet darauf hin, dass ein Thema verboten, zensiert oder als Tabu empfunden wurde.

Blüte der Poesie

Die Poesie war die Königin der damaligen Kunst. Seit den großen vorislamischen Dichtern der Dschāhiliyya mit ihren Bildern von einsamen Kämpfern mit ihren Kamelen, die in der harten Umgebung der arabischen Wüste reiten, kämpfen und lieben, hatte Lyrik die Ambitionen der Menschen beflügelt, die ein prosaischeres Leben führten. Sie hatte auch Grammatiker und Literaturkritiker fasziniert, die darin nach den Ursprüngen der arabischen Sprache und obskureren Aspekten der Grammatik und Lexikographie suchten. Die meisten Leser und Zuhörer im Abbasiden-Kalifat lebten natürlich nicht in der Wüste, und ihre Kenntnisse über und ihre Begeisterung für Kamele waren vermutlich fast ebenso begrenzt wie unsere; daher gingen die Dichter der Abbasiden-Zeit von den alten, verehrten Paradigmen zu der überwiegend urbanen, höfischen Welt über, an der sie teilhatten.

Lobgedichte waren immer noch die beste Möglichkeit, Geld zu verdienen: Diese Dichtungsform ist für uns am schwierigsten einzuschätzen. Die extravaganten, komplexen Metaphern wirken einfach gekünstelt, heuchlerisch und eindeutig darauf angelegt, vom Kalifen oder einem anderen Mäzen belohnt zu werden. Damals hatten die Menschen jedoch eine andere Auffassung. Ebenso wie wir heute die schmeichelhaften Porträts, die Velázquez oder Goya von den Mächtigen und Reichen malten, als erlesene Zeugnisse für das Können des Malers bewundern können, schätzten Zeitgenossen diese Poesie wegen der überraschend neuen Bilder oder der subtilen Variationen gängiger Tropen.

Jagddichtung kann viele von uns kalt lassen, und nicht viel besser sind Lobgedichte auf Wein, den wir nicht mehr kosten können, dagegen finden Liebesgedichte selbst in Übersetzung noch über die Jahrhunderte hinweg ihren Widerhall. Der wohl bekannteste Dichter von Liebeslyrik der Abbasiden-Zeit war Abū Nuwās, der «Vater der Locken». Seine Blütezeit hatte er während der Regentschaft Hārūn al-Raschīds, besonders im Umfeld des jungen Prinzen Amīn, wo sich seine innovativen, unkonventionellen dichterischen Talente entfalten konnten. Er schrieb über Wein und Liebe und verherrlichte beide unverhohlen. Mit unverbrämter Begeisterung feiert er die Taverne und die Gruppen junger Männer, die dort trinken. Es mag verwundern, dass Trinkgedichte in der damaligen muslimischen Gesellschaft so beliebt waren, es ist jedoch ein Maßstab für das Selbstbewusstsein und die Vielfalt dieser Gesellschaft, dass sie solche herausfordernden Bilder akzeptieren konnte, wenn sie elegant und geistreich präsentiert wurden. Abū Nuwās schildert zwar die Welt der gewöhnlichen Schenken, aber der Weingenuss war bei den Abbasiden auch ein zentraler Bestandteil der höfischen Kultur. Manche Kalifen wie Mahdī tranken aus religiösen Bedenken keinen Alkohol, bei vielen anderen gehörte es dagegen zum fürstlichen Auftreten und Gebaren.

Abū Nuwās verfasste Liebesgedichte über Frauen, häufiger jedoch über junge Männer und Knaben. Dabei handelte es sich keineswegs um abstrakte, keusche Fantasien. Vielmehr feierte er homoerotischen Sex mit einer unverhohlenen Begeisterung, die moderne Leser zuweilen erstaunt: Gedichte von Männern mittleren Alters, die sexuelle Reize von Schuljungen preisen, gälten schließlich sogar oder vielleicht erst recht im frühen 21. Jahrhundert als gefährlich übergriffig, aber sowohl in der arabischen als auch in der spätpersischen Dichtung des islamischen Nahen Ostens war die Feier gleichgeschlechtlicher Liebe eine weithin akzeptierte Literaturform.

Es fällt leicht, Abū Nuwās aufzugreifen, weil seine Dichtung klug, eloquent, originell und sehr populär war, es wäre jedoch irrig, anzunehmen, er sei typisch für alle Dichter und Schriftsteller seiner Zeit gewesen. Manche wie sein Zeitgenosse und zeitweiliger Rivale Abū l-Atāhiya waren zutiefst fromm und widmeten sich religiösen Themen, während andere wie Abū Tammām im 9. Jahrhundert neue, interessante Möglichkeiten fanden, ihre Mäzene, in seinem Fall den Kriegerkalifen Muʿtasim, zu loben und ihre Siege über die Byzantiner zu feiern. Für moderne Leser ist das wohl auffallendste Merkmal dieser Dichtungen ihre schiere Vielfalt: Das Männerleben war in all seinen Erscheinungsformen vertreten, und es gab keinen offiziellen oder inoffiziellen Versuch, es zu zensieren. Manche der zum Ausdruck gebrachten Einstellungen erregten sicher das Missfallen frommer Menschen, im Allgemeinen wurden aber weder Bücher verbrannt noch Dichter eingesperrt oder bestraft.

Die Dichter jener Zeit waren meist Männer, Frauen spielten allerdings bei den kulturellen Darbietungen eine wichtige Rolle. In Schilderungen öffentlicher wie auch privater Zusammenkünfte, bei denen es um Poesie ging, kommt regelmäßig eine Sängerin (*dschāriya*) vor. Die meisten Gedichte wurden gesungen, und bei den Vortragenden handelte es sich überwiegend um junge Frauen. Das kann man leicht vergessen, weil es damals keinerlei Notenschrift gab; daher sind zwar die Texte unzähliger Lieder überliefert, aber die Melodien sind verloren gegangen. Die Sängerinnen lernten die musikalische Überlieferung und gaben sie weiter. Sie kommen in unzähligen Geschichten vor, sind klug, frech und selbstverständlich schön; zudem waren sie nicht nur musikalisch gebildet, sondern auch in den Überlieferungen des Propheten und den Religionswissenschaften bewandert. Gewöhnlich waren es Sklavinnen, die in der heiligen Stadt Medina von ihren Herren ausgebildet und dann nach Bagdad verkauft wurden, doch bevor wir uns Gedanken über die Auswirkungen ihrer Sklavenstellung machen, sollten wir uns die Anekdote über ein Gespräch in Erinnerung rufen, das Zubaida (Hārūns Ehefrau) mit einem Mädchen in ihrer Entourage führte: «Bist du eine Sklavin oder eine Freie?», fragte die Königin. Das Mädchen antwortete: «Ich weiß es nicht.» Darauf erwiderte Zubaida: «Nein, ich weiß es auch nicht.» Mit ihren Kenntnissen und ihrer Persönlichkeit hatten die Sängerinnen eine tragende Rolle im künstlerischen Milieu und waren ein fester Bestandteil der Hofkultur. Als das Kalifat Mitte des 10. Jahrhunderts zerfiel, verschwanden zugleich auch die Sängerinnen aus der Kulturlandschaft.

Von dem Reichtum und der Vielfalt dieser literarischen und musikalischen Kultur zeugt eine der großen Sammlungen, die durch die neuen Schreibtechniken ermöglicht wurden, das große Buch der Lieder (*Kitāb al-aghānī*). Zu Beginn seiner Arbeit an diesem Werk suchte Abū l-Faradsch al-Isfahānī (gest. 967) die hundert besten Lieder aus, die er finden konnte, und nutzte sie als Rahmen, den er mit zahlreichen anderen Gedichten und, was ebenso wichtig war, mit Prosaanekdoten über das Leben und die Leistungen vieler Dichter und Sängerinnen füllte. Das Ergebnis ist faszinierend, und die Geschichten über die Künstler sind insofern ungewöhnlich, als sie eingehend das Leben von Menschen schildern, die nicht der Elite angehörten. Ein durchgehendes Thema der Sammlung ist die Möglichkeit, dass Menschen aus den unteren Schichten und sogar aus den Randbereichen der Gesellschaft es durch ihre künstlerischen Talente zu Ruhm und Reichtum bringen können, und somit bilden Geschichten über das Ringen der Armen einen wesentlichen Teil des Werkes. Isfahānī schrieb nach dem Zerfall des Abbasiden-Kalifats im 10. Jahrhundert, und seine Sammlung setzt in gewisser Weise einer untergehenden Kultur ein Denkmal, doch die Reichtümer, die sie bewahrt, vermitteln ein wunderbares Panorama dieser Welt.

Wissenschaft, Philosophie und das Erbe der Griechen

Wären Poesie und Lieder die einzigen literarischen Erzeugnisse der Kultur dieses Kalifats, so wäre das zwar interessant, aber doch begrenzt. Tatsächlich erstreckten sich die kulturellen Aktivitäten in viele verschiedene Richtungen. Zu den berühmtesten Leistungen jener Zeit gehören die Übersetzungen antiker griechischer Werke ins Arabische und die Ideen, die daraus erwuchsen. Die griechischsprachigen Byzantiner, die Rūm der arabischen Quellen, waren selbstverständlich Erzfeinde der frühen Muslime, und der Krieg gegen sie bedeutete eine regelmäßige fromme Übung. Das erwies sich jedoch nicht als Hindernis, sich griechische Bildung anzueignen. Muslime strebten griechische Bildung an, weil sie sie für nützlich hielten, und sie übersetzten und lasen jene Teile des griechischen Kanons, den moderne westliche Leser nahezu vollständig ignorieren. Sie interessierten sich für Euklids Geometrie, Ptolemäus' Astronomie, Galens Medizin und Dioskurides' Kenntnisse über Heilkräuter und -pflanzen. Vor allem aber wollten sie sich die Philosophie des Aristoteles aneignen, und zwar sowohl als Weltsicht als auch als Instrumentarium logischer Techniken für die Konstruktion von Argumenten.

Dagegen hatten sie keinerlei Interesse an griechischer Dichtung: Alte Dichtung hatten sie schließlich selbst genug, weshalb sie die *Ilias*, die *Odyssee* und alle späteren Dichtungen völlig ignorierten. Das griechische Drama war für sie ein ungeöffnetes Buch, und auch an historischen Werken zeigten sie kein Interesse. Herodots *Historien*, die ihnen viel über die antiken Perser und ihre Bauwerke, deren Ruinen sie in Persepolis vorfanden, sowie über die alten Ägypter, die Erbauer der Pyramiden, hätten verraten können, waren ihnen unbekannt.

Kalifen und auch andere hatten bereits ab der Umayyaden-Zeit Übersetzungen aus dem Griechischen in Auftrag gegeben, und Mansūr wird, wie bereits erwähnt, das Verdienst zugeschrieben, mit dieser Praxis begonnen zu haben, doch ihren wahren Aufschwung erlebte die Übersetzungsbewegung erst durch die persönliche Begeisterung des Kalifen Ma'mūn. Unter den Kalifen, denen wir in diesem Buch begegnen, hatte er wohl die ausgeprägtesten geistigen Interessen, und die von ihm vorgegebene Richtung ermunterte seine Höflinge, Übersetzer und andere Intellektuelle zu fördern, für ihre Arbeit zu bezahlen und sie in ihrem Haus als Lehrer ihrer Kinder zu beschäftigen.

In überlieferten Quellen aus jener Zeit wird ein sogenanntes Haus der Weisheit (*Bait al-hikma*) erwähnt, das begeisterte moderne Historiker für eine Art Proto-Universität gehalten haben, ein Kolleg, an dem herausragende Gelehrte in Frieden und in einem gewissen Wohlstand arbeiten und debattieren konnten. In Wirklichkeit handelte es sich jedoch schlicht um eine Bibliothek, in der Bücher gelagert waren. Um Gelehrte bei der Arbeit zu finden, musste man in die großen Häuser gehen, in denen Mäzene Intellektuellen eine Unterkunft und ein Auskommen boten. In diesem Sinne hatte Bagdad zur Abbasiden-Zeit eine gewisse Ähnlichkeit mit London und Paris zur Zeit der Aufklärung: Gelehrsamkeit erlebte ihre Blüte in den Salons und Arbeitszimmern von Staatsbeamten und selbstverständlich in denen von Kalifen und Privatpersonen.

Viele Werke, die ins Arabische übersetzt wurden, waren zuvor aus dem Griechischen ins Syrische, eine weitere semitische Sprache, übertragen worden. Syrisch war die literarische Version des Aramäischen, der semitischen Verkehrssprache des Nahen Ostens vor den muslimischen Eroberungen. Diese Übersetzungen waren überwiegend in christlichen Klöstern entstanden, den Zentren des ehemaligen syrischen geistigen Lebens. Auf diese Weise waren die Werke bereits gefiltert. Die Mönche interessierten sich für die gleichen praktischen Texte wie die muslimischen Gelehrten. Im Großen und Ganzen übersetzten sie keine theologischen oder religiösen Schriften, wie man sich denken kann, da sie die Byzantiner für Häretiker hielten, deren Werke nutzlos und verderblich waren.

Die Menschen, die Griechisch und Syrisch beherrschten, waren meist Christen, und so wurden nahezu alle Übersetzungen von Angehörigen der religiösen Minderheiten angefertigt. Nehmen wir beispielsweise Hunain ibn Isḥāq (gest. 873). Er war ein Christ aus der Stadt Hira bei Kufa im Zentralirak. In vorislamischer Zeit war der Ort ein Zentrum des irakischen Christentums gewesen, und diese Bildungstraditionen waren dort noch immer lebendig. Hunain beherrschte Griechisch, Syrisch und Arabisch stilsicher und hatte als Übersetzer ein gutes Auskommen. Ein späterer Biograph vermittelte Einblicke in seinen angenehmen Lebensstil:

> Jeden Tag ging er nach seinem Ausritt ins Bad und ließ sich mit Wasser übergießen. Dann kam er in einem Morgenmantel heraus, und nachdem er einen Becher Wein und Gebäck zu sich genommen hatte, legte er sich nieder, bis er zu schwitzen aufhörte. Gelegentlich schlief er ein. Danach stand er auf, verbrannte Duftöle, um seinen Körper auszuräuchern, und ließ das Abendessen kommen. Dieses bestand aus einem großen, in Brühe gegarten Masthähnchen und einem Pfund Brot. Nachdem er etwas von der Brühe getrunken und das Hähnchen und das Brot gegessen hatte, schlief er ein. Nach dem Aufwachen trank er vier *ratl* [vielleicht zwei Liter] alten Wein. Wenn ihn nach frischem Obst gelüstete, aß er einige syrische Äpfel und Quitten. An dieser Gewohnheit hielt er bis zu seinem Lebensende fest.[25]

Trotz dieser entspannten Lebensweise war er außerordentlich produktiv und hatte einen enormen Ausstoß von hoher Qualität.

Die Übersetzung griechischer Texte war weit mehr als eine passive

Rezeption von Werken aus einer anderen Kultur. Diese Schriften stießen eine Welle neuer Forschungen und Diskussionen in der muslimischen Welt an. Griechische Philosophie inspirierte Ya'qūb ibn Ishāq al-Kindī, bekannt als der «Philosoph der Araber». Im Gegensatz zu vielen Gelehrten im Umfeld des Abbasiden-Hofes war Kindī ein Araber aus einem alten, aristokratischen Beduinenstamm, verbrachte sein Leben jedoch in Bagdad und ging am Hof der Kalifen Ma'mūn, Mu'tasim und Wāthiq ein und aus. Er besaß eine umfangreiche Privatbibliothek, die seine ganze Freude und sein Stolz war, bis sie auf Drängen seiner geistigen Rivalen, der Banū Mūsā, konfisziert wurde, auch wenn er sie später zurückbekam. Er war kein Übersetzer, nutzte aber als Erster Aristoteles' Werk, um einen islamischen philosophischen Diskurs auf Arabisch zu entwickeln. Zudem setze er sich als Erster mit dem Problem auseinander, den Glauben mit logischen Untersuchungen zu vereinbaren.

Diese Herangehensweise an die muslimische Lehre erregte bei konservativeren Gesellschaftskreisen Argwohn und Feindseligkeit, so dass es ständig zu Disputen zwischen den Philosophen und den Traditionisten kam, die der Auffassung waren, die Lehren des Koran und der *sunna* seien ohne Nachfragen zu akzeptieren. Die Auseinandersetzungen hatten große Ähnlichkeit mit den Diskussionen, die in Frankreich im 12. Jahrhundert zwischen dem radikalen, schillernden Philosophen Peter Abaelard und seinem Gegner, dem strengen, dogmatischen Abt Bernhard von Clairvaux, stattfanden. In beiden Disputen ging es nicht um die Wahrheit der Religion, um Gläubige und Atheisten, sondern um das Verständnis und die Untersuchung religiöser Vorstellungen. Sowohl im Bagdad des 9. Jahrhunderts als auch im Paris des 12. Jahrhunderts strebten Philosophen als Ideal nach *fides quaerens intellectum*, Glauben, der nach Erkenntnis sucht, und in beiden Fällen stießen sie auf Verfechter der Ansicht, göttliche Geheimnisse ergründen zu wollen führe zu Häresie und Unglauben. So lange Kalifen wie Ma'mūn und Wāthiq regierten, genossen Kindī und Gleichgesinnte den Schutz des Hofes. Doch als Mutawakkil 847 den Thron bestieg, kehrte er zum streng orthodoxen Glauben zurück und suchte die Gunst der Traditionisten, was den Einfluss der Philosophen zurückdrängte.

Trotz dieser Feindseligkeit hielt sich die arabische philosophische Tradition über Jahrhunderte hinweg. In Andalusien initiierte der große Ibn Ruschd (gest. 1198) unter den Almohaden-Kalifen die letzten originellen Diskussionen des Kanons. Arabische Philosophie sollte letztlich den Verlust der Förderung durch die Kalifen überleben, allerdings ist es unwahrscheinlich, dass sie sich ohne den anfänglichen Schutz und die Unterstützung des Kalifenhofs im 9. Jahrhundert so entwickelt hätte und herangereift wäre, wie es der Fall war. Diese Offenheit für und Freude an neuen Ideen war grundlegend.

Kalif Ma'mūn zeigte eindeutig echtes Interesse an Naturwissenschaften und experimenteller Wissenschaft. Davon zeugt die Geschichte seines Projekts, den Erdumfang zu messen. Es stand außer Frage, dass die Erde rund ist: Das wusste jeder gebildete Mensch in Bagdad im 9. Jahrhundert. Aber niemand wusste, welche Größe sie hatte, und der Kalif war fest entschlossen, es herauszufinden. Ihm war bekannt, dass die alten Griechen ihren Umfang auf 24 000 Meilen (38 623 km) berechnet hatten, er wollte nun wissen, ob das zutraf. Also beauftragte er die Banū Mūsā, die seine wichtigsten wissenschaftlichen Berater waren, mit Nachforschungen. Ibn Challikān berichtete:

> Sie erkundeten, wo sich eine flache Ebene fände, und erfuhren, dass die Wüste Sinjar [im Nordwestiran] vollständig flach sei wie die Umgebung von Kufa. Sie nahmen eine Reihe von Begleitern mit, deren Meinung Ma'mūn vertraute und die zuverlässige Kenntnisse dieser Gegend besaßen. Sie machten an einer Stelle Halt, an der sie die Höhe des Polarsterns mit bestimmten Instrumenten maßen. Dann trieben sie einen Pflock in den Boden und befestigten daran eine lange Schnur. Sie gingen genau nach Norden und vermieden es so weit als möglich, nach links oder rechts abzuweichen. Als die Schnur zu Ende ging, trieben sie einen weiteren Pflock in den Boden, befestigten eine Schnur daran und gingen wie zuvor weiter nach Norden, bis sie eine Stelle erreichten, an der die Höhe des Polarsterns um ein Grad höher war. Dann maßen sie die Entfernung, die sie am Boden zurückgelegt hatten, mithilfe der Schnur. Sie betrug 66 2/3 Meilen. Nun wussten sie, dass jedem Grad am Himmel 66 2/3 Meilen auf

der Erde entsprachen. Dann kehrten sie an den Ort zurück, an dem sie den ersten Pflock eingeschlagen hatten, und gingen weiter nach Süden, wie sie zuvor nach Norden gegangen waren, schlugen Pflöcke ein und befestigten Schnur. Als sie mit der gesamten Schnur fertig waren, die sie auch bei ihrem Gang nach Norden gebraucht hatten, maßen sie die Höhe des Polarsterns und stellten fest, dass sie um ein Grad niedriger war als bei der ersten Beobachtung. Das bewies, dass ihre Berechnungen richtig waren und sie erreicht hatten, was sie sich vorgenommen hatten.

Jeder, der etwas von Astronomie versteht, wird erkennen, dass dies stimmt. Es ist bekannt, dass die Anzahl der Himmelsgrade 360 beträgt, der Himmel sich in zwölf Konstellationen und jede Konstellation in dreißig Grade teilt. Das ergibt insgesamt 360 Grad. Die Zahl der Himmelsgrade multiplizierten sie mit 66 2/3, also der Länge eines jeden Grades, und erhielten die Summe von 24 000 Meilen. Das steht fest und daran besteht kein Zweifel.

Die Banū Mūsā kehrten zu Ma'mūn zurück und teilten ihm mit, was sie gemacht hatten und dass es mit dem übereinstimmte, was er in den alten Büchern gelesen hatte. Da er es an einem anderen Ort bestätigen wollte, schickte er sie in die Umgebung von Kufa, wo sie das in Sinjar durchgeführte Experiment wiederholten. Sie stellten fest, dass beide Berechnungen übereinstimmten, und Ma'mūn erkannte die Wahrheit dessen an, was die Alten zu diesem Thema geschrieben hatten.[26]

Die Schilderung zeugt vom Respekt, den die Intellektuellen im Umfeld des Kalifen für die antiken Denker hatten, deren Werke sie nun in neuen Übersetzungen lesen konnten. Dieser Respekt war jedoch keineswegs unkritisch, vielmehr mussten sie das Gelesene überprüfen, statt sich von der Autorität der Alten einschüchtern zu lassen. Deutlich zu erkennen ist auch ihre Verpflichtung auf eine praktische wissenschaftliche Methode, das Aufstellen einer Hypothese und die Verwendung experimenteller Belege, um sie zu beweisen, und, was vielleicht am beeindruckendsten ist, die Sorgfalt, mit der sie sicherstellten, dass sich das Experiment in derselben Gegend wie auch an einem völlig anderen Ort wiederholen ließ. Das alles zeugt von einem wahrhaft wissenschaftlichen Ansatz, zu dem sich in der nachklassischen, vormodernen Zeit nur wenige Parallelen finden.

Religionswissenschaften und Geschichtsschreibung

Die produktive literarische Kultur des Abbasiden-Kalifats kam auf vielerlei Art zum Ausdruck. Für etliche im Bagdad des 9. Jahrhunderts, für Intellektuelle wie auch für einfache Menschen, standen vermutlich die gesammelten Überlieferungen des Propheten an erster Stelle, die in zahlreichen Gremien der Stadt zusammengetragen und diskutiert wurden. Aus der gesamten muslimischen Welt kamen Menschen in die Hauptstadt, um sich die Ausführungen der Meister anzuhören und neues und ungewöhnliches Material zu sammeln. Dort lehrten und schrieben in dieser Zeit auch führende Vertreter der aufkommenden Rechtsschulen wie Ahmad ibn Hanbal. In gewisser Hinsicht waren diese Aktivitäten das Ergebnis des Regierungssystems im Kalifat. Ohne den finanziellen Aufschwung und die Entwicklung dieser Stadt hätten sich die Zirkel und Versammlungen nie gebildet. In anderer Hinsicht entfalteten sich die Islamwissenschaften jedoch nicht am Abbasiden-Hof des 9. Jahrhunderts, vielmehr waren der Hof und die Gelehrten sich in vielen Dingen uneins. Dichtung und Wissenschaft erlebten in den Abbasiden-Palästen und in den Häusern der reichen und mächtigen Höflinge eine Blütezeit, nicht aber die Sammlung der Überlieferungen. Diese Religionsstudien wurden in Moscheen und Privathäusern gelehrt, nicht am Hof.

Der Abbasiden-Hof förderte auch die Entwicklung der Geschichtsschreibung, allerdings fand diese ebenfalls großenteils in Arbeitszimmern und Bibliotheken fernab vom Palast statt. Der größte Meister jener Zeit war Abū Dschaʿfar al-Tabarī (gest. 923), ein Perser aus der Region Tabaristan (daher sein Name) an der Südküste des Kaspischen Meeres. Nach Bagdad kam er als junger Mann, um zu studieren, und verbrachte dort den größten Teil seines Erwachsenenlebens. Offenbar führte er ein asketisches Junggesellenleben – eine engere Familie wird nicht erwähnt – und lebte von den Pachteinnahmen des Familienbesitzes in seiner Heimat Tabaristan, die Pilger ihm alljährlich auf der Durchreise in die Heiligen Städte brachten. Trotz seiner persischen Herkunft schrieb er ausschließlich auf Arabisch. Seine «Geschichte der Propheten und Könige» ist eine umfangreiche Materialsammlung über die vorislamische und islamische Vergangenheit, also praktisch eine Ein-Mann-Bibliothek. Die englische Übersetzung umfasst 38 Bände von jeweils über 250 Seiten. Das war jedoch noch nicht alles: Tabarī schrieb zudem noch einen Kommentar zum Koran, der nahezu ebenso umfangreich war.

Aufgrund seiner wirtschaftlichen Unabhängigkeit war Tabarī nie ein Hofgeschichtsschreiber, und offenbar gibt es keine Hinweise, dass er einen der Kalifen seiner Zeit je getroffen oder ihren Hof besucht hätte. Er kritisierte ihr Regime zwar nicht aktiv, berichtete jedoch mit anschaulicher Ehrlichkeit über so anrüchige Episoden wie die Hinrichtung Abū Muslims durch den Kalifen Mansūr oder die vermeidbaren Katastrophen der Bürgerkriege, die nach Hārūn al-Raschīds Tod 809 ausbrachen. Auch die Biographie des Schiiten Muhammad, der Reinen Seele, der 762 einen Aufstand gegen die Abbasiden-Herrschaft anführte, schilderte er mit tiefer Sympathie für den Rebellen. Es gibt auch keinerlei Anzeichen für eine Herabwürdigung der Umayyaden-Kalifen, die von den Abbasiden gestürzt wurden. Kurz, nichts deutet darauf hin, dass er mit seiner Geschichtsschreibung dem Hof gefallen wollte oder irgendeiner Zensur unterlag. Er hatte zwar seine Vorurteile – eine Abneigung gegen Volksaufstände und Erhebungen sowie gegen extreme religiöse Ansichten –, im Wesentlichen entsprachen sie jedoch den zeitgenössischen Einstellungen der frommen Schichten Bagdads.

In den späteren Teilen seiner Chronik bezog er die offizielle Geschichtsschreibung ein, wie man es nennen könnte. Darin spiegelt sich die Politik der Abbasiden-Kalifen wider, die darauf bedacht waren, ihre Rolle als militärische Kämpfer für den Islam öffentlichkeitswirksam darzustellen. Der Kriegerkalif Muʿtasim gab offenbar ausführliche und detaillierte Schilderungen seiner Feldzüge gegen die Byzantiner in Auftrag, besonders von der Zerstörung Amorions

833, sowie der Feldzüge seiner Generäle gegen nichtmuslimische Rebellen im Nordiran. Später ließ Kalif Muʿtadid seine militärischen Aktionen gegen die Zandsch-Rebellen im Südirak ebenso sorgfältig beschreiben. Wir wissen, dass man im späten 9. Jahrhundert beim Freitagsgebet in der Moschee Briefe von Generälen und Provinzgouverneuren verlesen ließ, in denen sie die Siege über Rebellen schilderten; einige davon nahm Tabarī in sein großes Werk auf. Im Allgemeinen ist seine facettenreiche Geschichte jedoch ein Spiegel der pluralistischen Gesellschaft, in der sie entstand, eine Gesellschaft, in welcher der Staatsapparat des Kalifen keinerlei Versuche unternahm, zu kontrollieren oder zu diktieren, was Intellektuelle schrieben.

Die Geschichtsschreibung jener Zeit war zutiefst humanistisch in dem Sinne, dass sie Ereignisse als in erster Linie durch menschliches Handeln verursacht darstellte, dem menschlichen Charakter besondere Bedeutung beimaß und die Hauptakteure mit all ihren Schwächen und Stärken beschrieb. Nur selten berief sie sich auf unmittelbare göttliche Intervention in den Gang menschlicher Angelegenheiten. Selbstverständlich wurde eingeräumt, dass Gott manche Tugendhaften schützte und Frevelhafte bestrafte, die Menschen trafen jedoch die Entscheidung, gut oder schlecht zu handeln. Strenge Frömmigkeit galt nur selten als Maß für das gute oder schlechte Verhalten von Herrschern, nur dem Umayyaden-Kalifen Umar I. wurden religiöse Motive zugeschrieben; seine Regentschaft war indes zu kurz, um Schlussfolgerungen zuzulassen. Die von einem Herrscher erwarteten Eigenschaften waren das Bestreben, den Islam und die Muslime zu verteidigen, Weisheit und Voraussicht, Mäßigung in allen Dingen sowie Gerechtigkeit gegenüber allen Menschen. Kalifen und andere Herrscher versagten aufgrund ihrer Dummheit, Eitelkeit und Arroganz. Es war ein Wertmaßstab, den unter anderem auch Shakespeare anerkannt hätte.

Religiöse und kulturelle Vielfalt

Ein wichtiger Aspekt dieser kulturellen Aktivitäten war ihre Inklusivität. Das Abbasiden-Kalifat war ein zutiefst muslimisches Gemeinwesen; es wurde von Muslimen regiert, und der Kalif war Gottes Stellvertreter auf Erden. Gleichzeitig verhielt es sich jedoch weitgehend tolerant gegenüber religiös Andersdenkenden; so gibt es kaum Belege für eine schlechte Behandlung der nichtmuslimischen Bevölkerungsgruppen. Bagdad war als Hauptstadt einer muslimischen Dynastie gegründet worden, und ihr offizieller Name, Madīnat al-Salām, Stadt des Friedens, ließ die muslimische Identität erkennen. Doch innerhalb dieser neu gegründeten Stadt hatte sich eine christliche Gemeinde gebildet, die Kirchen und Klöster baute, ohne dass sich ihr jemand in den Weg stellte. Die Kalifen erkannten die Hierarchien der verschiedenen christlichen Kirchen im Kalifat an. Ein Patriarch der Ostkirche, Timotheus, war regelmäßig Gast am Hof des Kalifen Mahdī. Christliche Beamte arbeiteten weiterhin in den höheren Verwaltungsebenen, auch wenn Muslime dort weit in der Überzahl waren, und bei den Übersetzungen aus dem Griechischen ins Arabische spielten Christen, wie erwähnt, eine wichtige Rolle.

Kirchen und Synagogen wurden im Großen und Ganzen respektiert, und es gab nur wenige Berichte über gezielte Angriffe auf diese Kultstätten. Zwar ließ der Umayyaden-Kalif Walīd die Kathedrale in Damaskus abreißen, allerdings nur, weil er an ihrer Stelle eine (noch heute existierende) Moschee bauen wollte, und er entschädigte die Christen mit einer hohen Geldsumme und mit der Rückgabe einiger Kirchen, die sie während der muslimischen Eroberung der Stadt siebzig Jahre zuvor verloren hatten. Die große Kathedrale in Edessa (heute Urfa in der Südtürkei) wurde beschädigt, als man einige ihrer Marmorsäulen für den Bau von Moscheen verwendete. In Bagdad kam es zu Übergriffen des Pöbels auf Kirchen, die jedoch Teil allgemeiner ziviler Unruhen waren, nicht das Ergebnis einer Politik der Kalifen.

Ebenso wie es keine Versuche gab, Kirchen generell zu übernehmen oder zu zerstören, blieben zoroastrische Feuertempel in Gebieten wie Fars im Südiran bestehen, wo noch im 10. Jahrhundert viele solcher Kultstätten in Betrieb waren. Tatsächlich wurden sie – zumindest von manchen Muslimen – geschätzt, weil sich aus dem Ruß der ewigen Flammen in diesen Feuertempeln die schwärzeste und dauerhafteste Tinte herstellen ließ. Ab dem 11. Jahrhundert wurden die meisten dieser Tempel wegen der zunehmenden Konversion zum Islam aufgegeben, da sich nicht mehr genügend Gläubige fanden; es gab jedoch keine offiziellen Maßnahmen, sie zu schließen.

Die nicht mehr genutzten Tempel und andere Monumente der klassischen Antike fanden Bewunderung, und auch wenn man sie als Steinbrüche für Baumaterial nutzte, kam es nicht zu Versuchen, sie aus ideologischen Gründen zu zerstören. Zu diesem Thema berichtet Tabarī über eine interessante Diskussion, die Kalif Mansūr angeblich mit seinem persischen Berater Chalīd ibn Barmak, einem für die Baumaßnahmen in Bagdad zuständigen Beamten, führte. Mansūr schlug vor, den riesigen Backsteinpalast der persischen Sassaniden-Könige in der nahe gelegenen ehemaligen Hauptstadt Ktesiphon abzureißen und den Schutt in seiner neuen Stadt zu verwenden. Chalīd wandte ein: «Das halte ich nicht für eine gute Idee, o Fürst der Gläubigen», und als der Kalif ihn nach dem Grund fragte, antwortete er: «Er ist einer der Beweise des Islam, die den Betrachter überzeugen, dass Völker und ihre Herren nicht durch die Macht dieser Welt hinweggefegt wurden, sondern allein durch die Macht Gottes.» Der Kalif hielt ihm vor, er habe Unrecht und behaupte dies nur wegen seiner persischen Verbindungen.

Mansūr ordnete den Abriss des Palastes an, der auch teilweise erfolgte, aber schon bald stellte sich heraus, dass die Abrissarbeiten und der Transport des Materials teurer waren als eine Neuanfertigung vor Ort. Als der Kalif erneut Chalīd zurate zog, erhielt er zur Antwort, er solle die Abbrucharbeiten fortsetzen, sonst würden die Leute sagen, er habe aufgegeben. Doch Mansūr verwarf auch diesen Rat, und so steht der große Bogen von Ktesiphon bis heute.

Es wäre allerdings irreführend, zu behaupten, dass es sich um eine Gesellschaft gehandelt habe, in der Menschen unterschiedlichen Glaubens gleichberechtigt zusammengelebt hätten. Christen, Juden und andere nichtmuslimische Minderheiten waren in vielerlei Hinsicht Bürger zweiter Klasse, die zumindest theoretisch weder Waffen tragen noch Pferde reiten durften – beides öffentliche Statussymbole. Gleichzeitig nahmen sie jedoch am wirtschaftlichen und geistigen Leben der Gesellschaft teil, und ihre Beiträge zur Kultur waren als wichtiger Bestandteil jener lebendigen Mischung akzeptiert und bewundert, die typisch für das Leben im Abbasiden-Kalifat war.

Das Nachleben der abbasidischen Kultur

Auch in weniger glanzvollen Zeiten hielt sich die Erinnerung an die prachtvolle Kultur des Abbasiden-Hofes. Die Persönlichkeiten jener Zeit, ihr Charakter, ihre Taten und Aussprüche blieben noch jahrhundertelang Bestandteil des geistigen Hintergrunds arabischer Schriftsteller und Denker. Ein interessantes Beispiel ist Ibn al-Sāʿīs Buch *Consorts of the Caliphs*.[27] Ibn al-Sāʾī (gest. 1276) lebte in Bagdad und war in der Stadt, als die Mongolen sie 1258 eroberten und den Abbasiden-Kalifen töteten. Er überlebte dieses traumatische Ereignis und erreichte ein hohes Alter. Vermutlich schrieb er dieses Buch bereits vor der Eroberung Bagdads. Es besteht aus 38 kurzen, teils nur wenige Zeilen umfassenden Lebensbeschreibungen der Ehefrauen und Gefährtinnen der Kalifen und preist deren Geist, Reichtum und Frömmigkeit. Der Autor führte die Geschichte bis in seine Zeit fort und versuchte zu zeigen, dass die großen Frauen am zeitgenössischen Abbasiden-Hof (des 13. Jahrhunderts) würdige Erbinnen einer großen Tradition waren, ein tugendhaftes, schlichtes Leben führten, aber nur in Prosa redeten. Dagegen besaßen die Frauen der frühen Abbasiden-Zeit einen extravaganten Stil, Geist und die Fähigkeit, Poesie lebendig werden zu lassen.

In dieser Sammlung gibt es viele denkwürdige Persönlichkeiten; als Kostprobe sei hier die Geschichte Mahbūbas, der Geliebten des Kalifen Mutawakkil, angeführt. Sie gehörte zu einer Gruppe von vierhundert jungen Sklavinnen, die ein Höfling dem Kalifen geschenkt hatte, aber «in seinen Augen übertraf sie diese alle». Berühmt war sie für ihren wachen Verstand und ihre schlagfertigen Antworten. Einer der Höflinge erzählte über sie die folgende Anekdote:

> Einmal war ich mit Mutawakkil zusammen, als er trank. Er reichte Mahbūba einen Apfel, der mit duftendem Moschus parfümiert war. Sie küsste den Apfel und ging. Dann kam eine ihrer Sklavinnen mit einem Blatt Papier, das sie Mutawakkil reichte. Er las, lachte und gab mir das Blatt zu lesen. Folgendes stand dort geschrieben:
>
> *Du Duft eines Apfels, den ich für mich hatte,*
> *Du entfachst in mir das Feuer der Verzückung.*
> *Ich weine und beklage mein Leiden*
> *Und die Tiefe meines Kummers.*
> *Könnte ein Apfel weinen, würde der, den ich halte,*
> *Solche Tränen des Mitleids vergießen.*
> *Wenn du nicht weißt, was meine Seele leidet,*
> *Schau, der Beweis ist in meinem Körper.*
> *Wenn du ihn ansiehst, wirst du eine sehen,*
> *Die unfähig ist, geduldig zu leiden.*
>
> Das Gedicht wurde vertont und wurde zu einem beliebten Lied.

Derselbe Höfling erinnerte sich noch an einen anderen bezeichnenden Vorfall:

> Der Kalif sagte: «Ich besuchte die Dichterin Qabīha[28] und sah, dass sie meinen Namen mit duftendem Moschus auf ihre Wange geschrieben hatte. Ich schwöre, Alī [der Hofdichter, der neben ihm saß], noch nie habe ich etwas Schöneres gesehen als diesen schwarzen Strich auf ihrer weißen Wange. Geh und mache ein Gedicht darauf!» Mahbūba saß hinter einem Vorhang und hörte uns reden, und bis man ein Tintenfass und eine Rolle Papier gebracht und Alī seine Gedanken formuliert hatte, hatte sie bereits folgenden Vers improvisiert:

«Sie schrieb mit Moschus ‹Ja'far›²⁹ auf ihre Wange.
Wie schön der Strich, den der Moschus hinterließ!
Auf ihr Gesicht schrieb sie nur eine Zeile,
Doch viele weitere ritzte sie in mein Herz.
Wer hilft einem Herrn, der hörig seiner Sklavin, im Herzen, doch für
alle sichtbar, ihr unterwürfig ist,
Oder einer, deren heimliches Begehren Ja'far ist?
Möge er sich an deinen Lippen satt trinken.»

Alī war verblüfft, dass er so bloßgestellt wurde.

In einer anderen Anekdote erzählt derselbe Höfling:

> Mutawakkil hatte einen Streit mit Mahbūba und ertrug es nur schwer, mit ihr entzweit zu sein. Letzten Endes versöhnte sich das Paar. In der Zwischenzeit suchte ich ihn auf. Er erzählte mir, er habe geträumt, sie hätten sich versöhnt, daher habe er einen Diener gerufen und ihm aufgetragen: «Geh und finde heraus, wie es ihr geht und was sie tut.»
> Der Diener kehrte zurück und sagte ihm, sie singe.
> «Kann diese Frau tatsächlich singen, wenn ich so wütend auf sie bin?», fragte er mich. «Komm, lass uns herausfinden, worüber sie singt.»
> Wir gingen zu ihrem Zimmer, und das sang sie:

«Ich durchwandere den Palast, sehe aber niemanden,
Niemand erwidert meine Klage, wie es scheint.
Ich fühle mich, als hätte ich eine Sünde begangen,
die ich bereuen, aber nie wiedergutmachen kann.
Wird jemand Fürsprache für mich halten bei einem König,
der in einem Traum kam und einen Streit beendete?
Doch als der Tag anbrach und die Sonne schien,
verließ er mich wieder und ließ mich allein.»

Mutawakkil war sichtlich gerührt. Als sie merkte, dass er da war, kam sie aus ihrem Zimmer, und ich zog mich zurück. Sie sagte ihm, dass er im Traum zu ihr gekommen sei und sie sich versöhnt hätten. Deshalb hatte sie das Gedicht verfasst, vertont und gesungen. Mutawakkil war so gerührt, dass er beschloss, zu bleiben und mit ihr zu trinken. Sie sorgte dafür, dass ich reich belohnt wurde.

Aber die Zeiten von Moschus und Wein endeten brutal 861 mit der Ermordung des Kalifen. Trotz all ihrer Schönheit, ihrer Klugheit und ihres Reichtums war Mahbūba immer noch eine Sklavin. Nach der Ermordung Mutawakkils wurden seine Sklaven aufgeteilt, und Mahbūba kam zu einem türkischen Soldaten, Wasīf, einem der Verschwörer, die für den Tod des Kalifen verantwortlich waren.

Der Höfling berichtete weiter:

> Eines Tages, als Wasīf seinen Morgenwein trank, befahl er, dass man ihm Mutawakkils Sklavinnen bringen solle. Sie kamen in ihrer ganzen Pracht, geschmückt, parfümiert und in bunte Gewänder gehüllt und mit Juwelen behangen, bis auf Mahbūba, die ein reinweißes Trauergewand und keine Schminke trug.
> Die Sklavinnen sangen, tranken und feierten ebenso wie Wasīf. Von alledem hingerissen, befahl er Mahbūba, zu singen. Sie nahm ihre Laute und sang schluchzend:
>
> *«Welche Süße hält das Leben noch für mich,*
> *Wenn ich Ja'far nicht sehen kann?*
> *Ein König, den ich mit eigenen Augen hingemordet sah, rollte in den Staub.*
> *Kranke und Bekümmerte,*
> *sie alle können Heilung finden;*
> *Nicht so Mahbūba –*
> *Sähe sie den Tod zum Kauf feilgeboten,*
> *Sie gäbe dafür alles, was sie besitzt,*
> *und würde ihm ins Grab folgen.*
> *Der trauernden Hinterbliebenen*
> *Ist der Tod süßer als das Leben.»*

Das Lied traf ins Schwarze. Erzürnt wollte Wasīf sie töten, als Bughā [ein anderer türkischer Soldat], der zufällig dabei war, sagte: «Gib sie mir!» Bughā nahm sie mit, schenkte ihr die Freiheit und erlaubte ihr, zu leben, wo sie wollte. Sie verließ Samarra, ging nach Bagdad und lebte dort im Verborgenen, bis sie vor Kummer starb. Möge Gott sich ihrer erbarmen und sie für ihre Hingabe an das Andenken ihres geliebten Herrn belohnen.

Die Geschichte hat viele interessante Aspekte: die brillante Hofkultur, in der ein wacher Verstand und ein guter poetischer Stil eine Gewähr für Erfolg boten; die Rolle der Frauen, die praktisch zugleich Prinzessinnen und Sklavinnen, aber auch wichtige Akteurinnen im höfischen Leben waren; und der berührende Epitaph, verfasst vierhundert Jahre nach den Ereignissen, die dem Autor jedoch immer noch frisch und schmerzlich in Erinnerung waren.

Die Hofkultur zur Blütezeit der Abbasiden war von beispielloser Vielfalt und Strahlkraft. In dieser Umgebung konnten die unterschiedlichsten Talente aus vielen verschiedenen Schichten und Herkunftsorten zur Entfaltung kommen. Abgesehen von der Welt der Theologie und den Disputen über die Erschaffenheit des Koran, die, wie gesagt, gleichermaßen politisch wie intellektuell waren, gab es keine offizielle Linie, der es zu folgen galt, keine Zensur der Ansichten zu einer großen Bandbreite von Fragen. Die schiere Lebendigkeit und Vielfalt dieser Kultur macht das Abbasiden-Kalifat zu einem so inspirierenden und wirkmächtigen Vorbild.

Doch trotz all ihres Glanzes findet die Abbasiden-Kultur bei einem modernen Publikum in der muslimischen Gemeinde, besonders aber darüber hinaus kaum einen Widerhall. Einer von Bildern dominierten Welt haben die Abbasiden kaum etwas zu bieten. Das Bagdad jener Zeit hat kaum greifbare Spuren hinterlassen, und anhand der detaillierten Beschreibungen können wir es lediglich in unserer Fantasie rekonstruieren. Die Umrisse der großen Paläste in Samarra lassen sich im Zentralirak in Staub und Sand zeichnen, aber die Lehmziegel, aus denen sie erbaut waren, haben sich in den Boden zurückverwandelt, aus dem sie gefertigt waren, während Putz,

Mosaike und Fresken, die ihre Wände bedeckten und verschönerten, nur in winzigen Fragmenten erhalten geblieben sind. Spurlos verschwunden sind die prächtigen Seidenstoffe und kunstvollen Teppiche, die in Quellen fortwährend erwähnt sind. Unmengen von Büchern wurden produziert und gelesen, aber es gab keine illustrierten Manuskripte, die ein Bild des Kalifenhofes bewahrt hätten. Die Umayyaden-Kalifen hinterließen in der syrischen Wüste ihre steinernen Paläste, die wir noch heute bewundern können. Die Höfe im spätmittelalterlichen Iran sind in den Buchmalereien illustriert, die das höfische Leben so lebendig heraufbeschwören, und die Osmanen haben uns nicht nur Illustrationen des Hoflebens, sondern auch die grandiosen Paläste hinterlassen, in denen sie mit ihrem Hof und ihrem Harem lebten. Diese große Lücke sollte uns jedoch nicht blind machen für die Tatsache, dass der Kalifenhof zu seiner Zeit das wichtigste und reichste Kulturzentrum der Erde war.

5.

DAS SPÄTE ABBASIDEN-KALIFAT

Machtlosigkeit unter den Herrschern der Buyiden

Der Beginn der Buyiden-Herrschaft in Bagdad ab 945 führte zu einem nahezu vollständigen Zusammenbruch der Verwaltung des Abbasiden-Kalifats und leitete eine zwei Generationen währende Phase der Bedeutungs- und Machtlosigkeit ein, in der dieses althergebrachte Amt vielen als überkommenes Relikt erschien. Eine Abfolge von Kalifen lebte in den Überresten des großen Palastes des Kalifats (Dār al-chilāfa) am Tigrisufer, der jedoch in weiten Teilen nur noch eine Ruine war, und besaß lediglich in dessen Mauern noch eine gewisse Autorität. So hatten sie keinen Wesir mehr, der ihre Angelegenheiten geregelt hätte, da es kaum noch etwas zu regeln gab, es fanden keine *dīwāne* mehr statt, weil keine Beamten mehr da waren, und es existierten keine Kasernen mehr für ihre Soldaten, die nun anderen Herren dienten. Sie verfügten über einen Sekretär und ein bescheidenes Gefolge von Dienern, einen hochtrabenden Titel und einen alten Stammbaum, das war aber auch schon alles. Nicht einmal ihre persönliche Sicherheit war gewährleistet: Muttaqī wurde 944 gestürzt und geblendet, Mustakfī 949 getötet, als beide den Zorn ihrer militärischen «Beschützer» erregten.

Die Buyiden waren völlige Außenseiter in der Welt des Kalifats. Sie kamen nicht aus einem berühmten Stamm, und bis zum Beginn des 10. Jahrhunderts lebten sie als unbekannte Fischer an der Küste des Kaspischen Meeres. Mit einer Mischung aus Wagemut und Können nutzten sie das Debakel des Kalifats und machten sich 945 zu

Herren des Westirans, des Iraks und Bagdads und damit auch des Abbasiden-Kalifen. Die Buyiden herrschten in Shiraz, Rayy und Bagdad, das immer die prestigeträchtigste, wenn auch nicht mehr die reichste ihrer Hauptstädte war. Sie waren Schiiten, wobei nicht klar ist, welcher Strömung der Schia sie angehörten. Das bedeutete, dass sie den Abbasiden nicht annähernd den Respekt entgegenbrachten wie die anderen Politiker und Generäle jener Zeit. Es wäre vielleicht folgerichtig erschienen, die Abbasiden gänzlich abzusetzen und einen Kalifen aus dem Haus Alīs einzusetzen. Das taten sie jedoch nicht, zum Teil vielleicht, weil sie damit Gefahr gelaufen wären, einen Mann auszuwählen, dessen Autorität und Popularität ihre eigene überstiegen hätte und der auf sie hätte verzichten können. Stattdessen passte es ihnen gut, eine gewisse Präsenz der Abbasiden beizubehalten. Sie sicherte ihrem Regime einige Unterstützung in der nicht-schiitischen Bevölkerung und verlieh ihnen konstitutionelle Legitimität. Sie herrschten als Unterstützer der *daula* (des Staates oder der Dynastie, also der Abbasiden) und gaben sich Titel wie «Säule der Dynastie», «Stütze der Dynastie» (Rukn al-Daula, Adud al-Daula) und so weiter. Jeder wusste, dass es sich dabei bestenfalls um eine höfliche Fiktion handelte, da die Buyiden selbst in Bagdad sämtliche Entscheidungen trafen, aber es erfüllte seinen Zweck. Als die Fatimiden 969 Ägypten eroberten, unternahmen die Buyiden keinerlei Versuch, mit ihnen eine schiitische Allianz zu schmieden, sondern blieben weiterhin die Beschützer der Abbasiden.

Trotz seiner Machtlosigkeit konnte der Kalif den Buyiden-Herrschern zuweilen immer noch nützlich sein. Als ein Gesandter des rivalisierenden Fatimiden-Kalifen in Kairo 980 Adud al-Daula, den damaligen Herrscher in Bagdad, aufsuchte, versuchte dieser ihn mit der Anwesenheit seines Kalifen Tāʾī zu beeindrucken. Er ließ den Gesandten zwischen dicht geschlossenen Reihen von Soldaten hindurch vor den Kalifen führen, der hinter einem Vorhang verborgen war. Als dieser geöffnet wurde, sah man ihn auf einem hohen Thron sitzen, umgeben von hundert prächtig gekleideten Wachen mit gezückten Schwertern. Der Kalif trug den Umhang des Propheten und hielt sein Zepter in der Hand. Vor ihm lag der Koran Uthmāns. Als der Gesandte fragte, wer das sei, antwortete Adud al-Daula: «Das

Die Mongolen unter Dschingis Khans Enkel Hülegü überschreiten 1258 den Tigris und erobern Bagdad. Miniatur aus dem 14. Jahrhundert

ist der Kalif Gottes auf Erden», eine klare Zurückweisung der fatimidischen Machtansprüche. Adud al-Daula erwies dem Kalifen demonstrativ seinen Respekt und küsste ihm die Füße, bevor er sich offiziell Ämter übertragen ließ, die er ohnehin schon innehatte: «Ich betraue dich mit der Sorge für meine Untertanen, die Gott mir im Osten und Westen anvertraut hat, mit Ausnahme meines persönlichen und privaten Besitzes. Nimmst du dieses Amt an?» Darauf erwiderte der Buyide scheinbar demütig: «Gott helfe mir in Gehorsam gegenüber unserem Herrn, dem Fürsten der Gläubigen.» Die Vorstellung endete damit, dass der Kalif ihm Ehrengewänder überreichte.[30] Die demonstrative Unterwürfigkeit Adud al-Daulas gegenüber dem Kalifen war, wie jeder wusste, eine Scharade, aber schon bald sollten die Abbasiden-Kalifen erneut eine wesentliche Rolle als Führer der sunnitischen Gemeinde in Bagdad und der weiteren Welt erlangen.

Damals kam es in Bagdad zu umwälzenden Entwicklungen, die auffallende und unglückliche Parallelen zur heutigen Zeit aufweisen. Die sunnitische und die schiitische Gemeinde waren 900 noch nicht scharf getrennt. Sicher gab es enthusiastische und sogar fanatische Anhänger der Prophetenfamilie, die bereit waren, für die Sache ihr Leben zu riskieren, viele Muslime waren jedoch schlicht Teil des breiten Stroms der *umma*. Die durch den Zusammenbruch des Staates im 10. Jahrhundert verursachten Unsicherheiten ließen manche den Schutz Gleichgesinnter suchen. Aus den bisherigen Meinungsverschiedenheiten in Glaubensfragen wurden nun Differenzen im politischen Leben. Bagdad spaltete sich in sektiererische Gemeinden, die fest entschlossen waren, jeweils ihr eigenes Revier abzustecken. Die Schiiten besuchten ihre eigenen Moscheen und entwickelten ihre eigenen, exklusiven Feste, besonders die Feier von Ghadīr Chumm, jenes Weihers zwischen Mekka und Medina, an dem Mohammed nach dem Glauben der Schia Alī zu seinem Erben ernannt hatte. Ihre Gegner, die man als Proto-Sunniten bezeichnen könnte, setzten dem das rivalisierende Höhlenfest entgegen zum Gedenken an die Höhle, in der Mohammed und Abū Bakr sich vor den Verfolgungen der Mekkaner versteckt hatten. Graffiti-Künstler schrieben Parolen an Wände, die einige der frühen Kalifen verfluchten. Die meisten in

Bagdad waren damit einverstanden, den syrischen Umayyaden
Muʿāwiya zu verfluchen; als sich die Schmähungen jedoch auf Uthmān und, schlimmer noch, auf Abū Bakr und Umar ausdehnten
(weil sie Alī um sein rechtmäßiges Erbe gebracht hätten), artete die
Wut schnell in Gewalt aus.

Das Buyiden-Regime wurde in diese Differenzen hineingezogen
und unterstützte häufig die Schia als Mittel, Kräfte innerhalb der
Bevölkerung gegen ihre Gegner zu mobilisieren, die wiederum Führungsstärke von den Abbasiden erwarteten. Bis zu seinem Tod 983
beherrschte der größte Buyiden-Emir, Adud al-Daula, die Stadt mit
eiserner Hand und schlug Gewaltausbrüche, gleich welcher Seite,
nieder: Einmal ließ er – als Zeichen seiner unparteiischen, harten
Justiz – die Führer der alidischen Schiiten und die des Abbasiden-Flügels gemeinsam im Tigris ertränken.

Nach seinem Tod kam es unter seinen Nachfolgern zu Kämpfen
um sein Erbe. Als die inneren Streitigkeiten und wachsende Finanzprobleme die Macht der Buyiden-Prätendenten untergruben, verschob sich allmählich auch das Kräfteverhältnis zwischen ihnen und
den Abbasiden-Kalifen. Zunehmend brauchten die Buyiden in Bagdad Unterstützung, welche die Abbasiden ihnen gelegentlich bieten
konnten, so dass der Kalif mehr öffentlichen Handlungsspielraum
bekam.

Die Neuerfindung des abbasidischen Kalifats

Ende 991 gab der Abbasiden-Kalif Tāʾī dem neuen Herrscher von
Bagdad, Bahā al-Daula, eine Audienz. Der Kalif trug ein zeremonielles Schwert und saß auf seinem Thron, während der Buyide sich ihm
näherte und protokollgemäß vor ihm den Kopf bis zum Boden
neigte, bevor er aufgefordert wurde, sich neben ihn zu setzen:
Schließlich waren die Buyiden trotz all ihrer Macht theoretisch immer
noch Diener der Dynastie. Was dann geschah, entsprach eindeutig
nicht den Plänen des Kalifen. Die Buyiden-Truppen näherten sich

dem Kalifen, doch statt sich vor ihm zu verneigen, packten sie ihn am Gurt seines Schwertes, zerrten ihn vom Thron und brachten ihn als Gefangenen in ihr örtliches Machtzentrum Dār al-mamlaka. Dort erklärte Bahā al-Daula den Kalifen für abgesetzt und Tā'īs Vetter Qādir, der sich damals als Flüchtling im südirakischen Marschland aufhielt, zum neuen Kalifen.

Es war eine offenkundige öffentliche Demütigung für die Abbasiden (auch wenn der abgesetzte Kalif mehr Glück hatte als seine Vorgänger, die man geblendet oder ermordet hatte). Dennoch markierte dieses Ereignis einen Neubeginn für das Kalifat, obwohl man es damals wahrscheinlich nicht erkannte.

Einige recht detaillierte Schilderungen sind überliefert, wie Qādir als Kalif angenommen wurde. Es gab zwei Treueide: einen ersten, privaten Treueschwur (*bai'at al-chāssa*), der im Kreis der Abbasiden-Familie und der Mitglieder des Kalifenhaushalts abgelegt wurde, und einen zweiten, öffentlicheren (*bai'at al-āmma*), der vor einem größeren Publikum getätigt wurde. Der nächste Schritt war eine Zeremonie, in der sich der neue Kalif und sein Förderer unter den Buyiden gegenseitig die Treue schworen. Zusätzlich vereinbarten sie, dass Bahā al-Daulas Tochter den neuen Kalifen heiraten sollte. Sie starb jedoch, bevor die Hochzeit stattfinden konnte. Solche dynastischen Eheschließungen erlangten damals zunehmende Bedeutung, da sie Außenseitern wie den Buyiden und später den Seldschuken eine Möglichkeit boten, sich mit dem Stammbaum der Quraisch und der Abbasiden in Verbindung zu bringen.

Die Namensnennung des Kalifen in der *chutba* (Freitagspredigt) und auf den *sikka* (Münzen) bedeutete in den Augen der Öffentlichkeit eine weitere Anerkennung seiner Stellung. Zur Zeit der allmächtigen Umayyaden- und Abbasiden-Kalifen galten solche Symbole mehr oder weniger als selbstverständlich, gegen Ende des 10. Jahrhunderts waren sie jedoch häufig umstritten und daher umso wichtiger. Die Buyiden-Armee in Bagdad weigerte sich jedoch, zuzulassen, dass die *chutba* in Qādirs Namen gehalten wurde, bevor nicht jeder von ihnen 80 Dirham erhalten hatte – was wieder einmal die Aufsässigkeit belegt, mit der Soldaten damals auf ihre Herrscher reagieren konnten.

Obwohl Predigt und Münzen wichtige Indikatoren für die Akzeptanz des Kalifen über Bagdad und die unmittelbare Umgebung der Stadt hinaus bildeten, gab es solche Loyalitätsbekundungen in den von schiitischen Fatimiden beherrschten Gebieten Syriens und Ägyptens selbstverständlich nicht, da sie dort mit eigenen Predigten und Münzen ihren Kalifentitel verkündeten. Im Iran war die Lage noch komplizierter, denn dort waren manche, besonders andere Mitglieder der Buyiden-Familie, mit Bahā al-Daulas rücksichtslosem Verhalten gegenüber dem vorhergehenden Kalifen nicht einverstanden. Bis zum Jahr 1000 wurde Qādir jedoch nahezu universell als Kalif anerkannt, und seine Position erfuhr 1001 noch weitere Stärkung, als sein Sohn öffentlich als sein rechtmäßiger Erbe Akzeptanz fand.

Die Nennung eines Kalifen auf Münzen ist für Historiker ein wertvolles Indiz. Während den Chronisten bei komplexen Ereignissen, die lange vor ihrer Zeit stattfanden, Fehler unterlaufen können, sind Inschriften auf datierten Münzen zuverlässiger und ermöglichen es uns, nachzuvollziehen, in welchen Gebieten und von welchen lokalen Herrschern ein Kalif anerkannt wurde.

Doch welche tatsächliche Autorität war damit verbunden? Von der Regentschaft Qādirs bis zur Ermordung des letzten Abbasiden-Kalifen, Mustaʿsim, durch die Mongolen 1258 übten Kalifen auf zwei Ebenen begrenzte Macht aus. Zum einen waren sie auf eine vage, nicht näher definierte, aber dennoch wichtige Art Oberhäupter der sunnitischen Muslimgemeinde. Die meisten Denker waren überzeugt, dass ein Kalif für die Bewahrung der Scharīa und des wahren Islam notwendig sei. In mancherlei Hinsicht hatte der Kalif Ähnlichkeit mit dem Verborgenen Imam der Zwölfer-Schiiten, der machtlos, aber unerlässlich für die Ausübung der wahren Religion war, nur dass es sich beim Kalifen um einen lebendigen Menschen handelte. Andererseits waren die späteren Abbasiden-Kalifen Herrscher über ein Fürstentum im Zentralirak mit Bagdad als Hauptstadt, das in der Regionalpolitik Großmesopotamiens immer größere Bedeutung erlangte und seinen Höhepunkt während der langen Regentschaft des Kalifen Nāsir (1180–1225) erreichte.

Eine der Möglichkeiten, wie Qādir tatsächliche Macht ausüben konnte, bestand in der Ernennung von *qādīs*, Richtern. Während sich die Bestellung örtlicher Gouverneure oder Militärkommandeure seiner Kontrolle entzog, verdankten *qāḍīs* ihre Stellung der Scharia, als deren Hüter der Kalif sich verstehen durfte. *Qāḍīs* waren häufig aus eigenem Recht wichtige Persönlichkeiten, weil sie aus einflussreichen Familien ihres Ortes stammten. Um die Mitte des 11. Jahrhunderts ist festzustellen, dass sie als praktisch unabhängige Herrscher in ihren Städten agierten. Qādir nahm 999 einige solcher Ernennungen in der Umgebung von Bagdad, in Wasit und im fernen Dschilan im Nordiran vor. Dabei beschränkte er sich nicht auf die Ernennung, sondern schickte Briefe mit Anweisungen und Anleitungen. Das bedeutete zwar eindeutig eine «weiche» Machtausübung, aber nichtsdestotrotz Macht.

In Bagdad bekräftigte Qādir seine Führungsposition über die örtliche sunnitische Gemeinde. Zuweilen tat er dies durch unmittelbares Eingreifen in Konflikte, die die Stadt plagten. So kam es 1007 zu einem Streit, in dem man den Sunniten die Verbrennung einer Koranfassung vorwarf, die bei den Schiiten hohes Ansehen genoss. Die Schiiten versammelten sich zu Protesten, verfluchten die Beteiligten öffentlich und gingen sogar so weit, ihre Treue gegenüber dem Fatimiden-Kalifen in Kairo zu verkünden, doch Qādir schickte Angehörige seines Haushalts zur Unterstützung der Sunniten. Letzten Endes kehrte wieder Ruhe ein, und die Schiitenführer gingen zum Kalifen, um sich zu entschuldigen.

Ein wesentlich wichtigeres Element in Qādirs Politik war die Durchsetzung seines Anspruchs, Entscheidungen über die Glaubenslehre und besonders über die sunnitische Lehre im Unterschied zu anderen Formen der muslimischen Religion zu fällen. Die frühen Abbasiden-Kalifen waren keine Sunniten im modernen Wortsinn. Ihr Anspruch auf das Kalifat beruhte letztlich auf ihrer Zugehörigkeit zur erweiterten Prophetenfamilie; damals gab es gar keinen klar umrissenen Glauben, den man als sunnitisch hätte bezeichnen können. Angesichts der Sympathien seiner Beschützer, der Buyiden, für die Schiiten und des erheblich bedrohlicheren Anspruchs der Fatimiden, die rechtmäßigen Kalifen der gesamten islamischen Welt zu sein, beschloss Qādir, seine Führung über die sunnitische Gemeinde unmissverständlich klarzumachen. 1017 forderte er «Neuerer», vor allem muʿtazilitische Rechtsgelehrte (die davon überzeugt waren, die Geheimnisse des Glaubens mit philosophischer Logik anzugehen), auf, zu bereuen und ihre Lehren einzustellen. Erheblich weiter ging er 1029, als er im Dār al-chilāfa eine Reihe öffentlicher Zeremonien abhielt, an denen die zivile Elite Bagdads teilnahm. Dort ließ er ein Schreiben verlesen, das den rechten Glauben erklärte und Muʿtaziliten und Schiiten angriff. Am Ende seines Lebens verfasste er ein Dokument, in dem er den sunnitischen Glauben auf klare und leicht zugängliche Art darlegte.[31]

Das Glaubensbekenntnis des Qādir *(Risālat al-Qādiriya)* ist ein vergleichsweise kurzes Dokument und hat nichts von der bombastischen, gewundenen Sprache, die etwa im bereits erwähnten Schreiben Walīds II. zur Ernennung seines Erben zu finden ist. Offensichtlich war es für die öffentliche Verbreitung und Information verfasst.

Nachdem Qādir, wie zu erwarten, zunächst Gottes Einheit und Ewigkeit bekräftigt und erklärt hatte, dass er der Schöpfer und Herr aller Dinge sei, kritisierte er die Anthropomorphisten, die Gott menschliche Attribute, besonders die Sprache, zuschrieben: «Er redet mit Rede, nicht mit einem erschaffenen Werkzeuge wie die Redewerkzeuge der Geschaffenen.» Ebenso verurteilte er scharf alle, die an die Erschaffenheit des Wortes Gottes, also des Koran, glaubten: «Wer behauptet, es sei in irgendeinem Zustande erschaffen, der ist ein Ungläubiger, dessen Blut vergossen werden darf, nachdem man ihn zur Buße aufgefordert.» Nach einer allgemeinen Ermahnung zum Glauben, der kein Ende haben könne, weil niemand wisse, was Gott über ihn verzeichnet habe, kam er zur wichtigsten Frage, die Sunniten und Schiiten trennte:

> Man muß alle Gefährten des Propheten lieben; sie sind die besten der Kreatur nach dem Gesandten Gottes. Der Beste von ihnen allen und der Edelste nach dem Gesandten Gottes ist Abū-bekr es-Siddīq, dann ʿOmar ibn al-Chattāb, dann ʿOthmān ibn ʿAffān, dann ʿAlī ibn Abī Tālib; Gott habe sie selig, verkehre mit ihnen im Paradiese und erbarme sich der Seelen der Gefährten des Gesandten Gottes.

Anschließend ging er auf zwei erheblich umstrittenere Personen ein. Die erste war Mohammeds Frau Aischa, die in der Kamelschlacht gegen Alī gekämpft hatte und deren angebliche Feindschaft zu Alī sie unter Schiiten zu einer verhassten Gestalt machte: «Wer die ʿĀʾišah schmäht, der hat keinen Teil am Islām.» Die zweite war der erste Umayyaden-Kalif, «über Muʿāwiya soll man nur Gutes sagen und sich nicht auf einen Streit um ihn einlassen». Diese Einstellung gegenüber Muʿāwiya war etwas, was keiner der Schiiten, gleich welcher Sekte er angehörte, akzeptieren konnte.

Dieser kompromisslosen Aufzählung folgt ein allgemeiner Aufruf zur Toleranz unter Muslimen: «Man soll keinen für ungläubig erklären, weil er eine der gesetzlichen Bestimmungen unterlässt, ausgenommen allein das vorgeschriebene Gebet», untermauert durch ein Zitat des Propheten: «Zum Unglauben gehört das Unterlassen des Gebets; wer es unterlässt, ist ungläubig und bleibt ungläubig, bis er bereut und betet.» Er fügte hinzu, dass die Vernachlässigung anderer Vorschriften einen Menschen nicht zum Ungläubigen mache. Das richtete sich anscheinend direkt gegen die Charidschiten und sicher auch andere, die meinten, Sünder (also alle, die nicht mit ihnen übereinstimmten) seien keine Muslime, sondern Ungläubige, die von wahren Muslimen getötet werden sollten, falls sie nicht bereuten. «Das ist die Lehre der Altgläubigen (ahl es-sunnah) und der Gemeinde.» Qādir schloss mit einer Bitte um Gottes Vergebung und einem Satz, der vielleicht einen Hinweis auf die Rolle des Kalifen enthielt: «... lasse uns Verteidiger der frommen Sitte sein und vergebe uns und allen Gläubigen.»

Dieses Dokument ist interessant, beeindruckend und bemerkenswert sowohl in dem, was es aussagt, als auch in allem, was es ungesagt lässt. Es ist beispielsweise keine Rede von der Nutzung der Prophetenüberlieferung als Rechtsquelle, vom Fasten, dem Haddsch oder dem Alkoholverbot – Aspekte, die man vielleicht erwarten würde. Das Gebet ist die einzige absolut verbindliche Pflicht eines jeden Muslims. Der Hinweis auf den Kalifen ist zurückhaltend und bescheiden.

Ebenso wichtig wie der Inhalt dieser Epistel ist die Art ihrer Veröffentlichung. Man verlas sie in öffentlichen Versammlungen, schickte

Abschriften in die Provinzen, und Qādirs Sohn und Nachfolger Qā'im gab sie während seiner Regentschaft erneut heraus. Niemand konnte Zweifel daran hegen, dass der Kalif das Recht und die Pflicht beanspruchte, die Grundlagen der sunnitischen Glaubenspraxis zu beschließen und zu kommunizieren. Das war etwas Neues und Abweichendes in der Entwicklung dieses Amtes.

All das fand vor dem Hintergrund eines raschen Wandels der politischen Lage statt. Der Tod Bahā al-Daulas 1012 leitete eine chaotische Phase im Buyidenstaat ein, in der diverse Familienmitglieder die Führungsrolle anstrebten und die Loyalität der Armee zu gewinnen suchten. Als ein kurzlebiger und verarmter Prätendent auf den anderen folgte, verschoben sich die Kräfteverhältnisse zwischen dem Kalifen und seinen «Beschützern». Nun waren die Kalifen nicht mehr in den Fängen der Buyiden, die sie nach Belieben ablösen und demütigen konnten, sondern die Buyiden waren zunehmend auf Qādirs Unterstützung angewiesen, der sich in der Rolle des Vermittlers zwischen ihnen und ihren Truppen wiederfand, als sie eine stabile Regierungsbasis suchten – allerdings ohne sonderlichen Erfolg. In diesem Stadium besaß der Kalif zwar keine eigene Armee, gewann aber in der Bagdader Politik zunehmend an Einfluss.

Bagdad und der Hof der Ghaznaviden-Sultane

Im Ostiran kündigten sich größere Umwälzungen an. Gegen Ende des 10. Jahrhunderts begann der Zerfall des Samaniden-Emirats, das über nahezu hundert Jahre hinweg von seiner Hauptstadt Buchara aus den Osten Irans sowie Transoxanien (heute Turkmenistan und Uzbekistan) beherrscht hatte. Einer ihrer ehrgeizigen Sklavensoldaten, Sebuktagin, und dessen Sohn Mahmūd übernahmen den Westteil ihres Territoriums im Ostiran und im Norden des heutigen Afghanistan. Sie gründeten eine Dynastie, die nach ihrer Hauptstadt Ghazni, in Ostafghanistan zwischen Kabul und Kandahar gelegen, den Namen Ghaznaviden erhielt. Da diese neue Dynastie mächtiger Monarchen erst eine Generation von Sklaverei und Heidentum trennte, brauchte sie einen legitimierenden Diskurs, eine Position im Flickenteppich der umgebenden islamischen Dynastien und etwas, was die religiösen Würdenträger der ostiranischen Großstädte wie Nischapur und Balch, deren Herren sie nun waren, beeindruckte.

Es war Mahmūd, der zu dem Schluss kam, eine Allianz mit dem Abbasiden-Kalifen könnte seinen Interessen am besten dienen. Für diese Politik sprach viel. Die Abbasiden konnten seinen Titel besser bestätigen als irgendjemand sonst, waren aber weit entfernt und brauchten Hilfe; ihre Oberherrschaft wäre daher keine Bürde. Zudem gab es noch eine religiöse Begründung: Der Ghaznavide verstand sich nicht nur als Muslim, sondern als sunnitischer Muslim und stand damit in krassem Gegensatz zu den schiitischen Buyiden, aber noch mehr zu den Rāfiditen, den Ismāʿīliten und anderen schiitischen Bevölkerungsgruppen im Iran.

Mahmūds militärische Stärke machte ihn zu einem hervorragenden Verbündeten und ermöglichte es Qādir, ihn über die Köpfe der Buyiden hinweg um Unterstützung zu bitten. Dieses Bündnis führte zudem ein Thema ein, das in der weiteren Geschichte des Kalifats eine wesentliche Rolle spielen sollte: die Allianz zwischen den Türken und dem sunnitischen Kalifat. Mit Mahmūd wurde diese Beziehung erstmals hergestellt, und in gewisser Weise folgten die Seldschuken und Osmanen lediglich dem Muster, das er vorgegeben hatte. Es ist nicht einfach, zu erklären, warum türkische Dynastien sich zu diesen Ansichten so hingezogen fühlten, vielleicht lag es schlicht daran, dass die ersten Muslime, mit denen sie in Kontakt kamen, Sunniten waren und sie bei ihrer Bekehrung deren Glauben annahmen. Worin die Gründe auch immer bestanden haben mochten, jedenfalls stellte Mahmūd diese Verbindung zum wiedererfundenen sunnitischen Abbasiden-Kalifat her, und die türkischen Seldschuken im 11. und 12. Jahrhundert sowie die ebenso türkischen Mamluken im spätmittelalterlichen Ägypten führten sie weiter fort. Die Identifikation der Türken mit dem sunnitischen Islam hat sich bis heute gehalten: Die moderne türkische Republik und die turksprachigen Regionen Zentralasiens – Turkmenistan, Usbekistan, Kasachstan und Kirgisistan – sind streng sunnitisch. Nur im iranischen Aserbaidschan findet sich ein beträchtlicher turksprachiger schiitischer Bevölkerungsanteil.

Qadīrs ursprünglich vorgesehener Erbe war lange vor seinem Vater eines offenbar natürlichen Todes gestorben. Daher ernannte der Kalif 1030 mit über achtzig Jahren einen neuen Erben mit dem Herrschernamen Qāʾim. Es wird berichtet, wie der Kalif, der mittlerweile beinahe zu taub war, um die Vorgänge zu verstehen, die Kniefälle einiger alter Feinde entgegennahm, bevor der Vorhang, der ihn während des ersten Teils der Zeremonie vor den Blicken des Publikums verborgen hatte, gelüftet wurde und der alte Mann auf seinem Thron zu sehen war. Die Ernennung des Erben bedurfte nicht der Zustimmung der Buyiden. Der damalige Buyiden-Herrscher in Bagdad wurde schriftlich darüber informiert und hatte keine andere Wahl, als sich stillschweigend zu fügen, da der Kalif diese Entscheidung allein treffen konnte.

Qādir starb 1031 im Alter von sechsundachtzig Jahren nach annähernd vierzigjähriger Regentschaft. Das war an sich schon bemerkenswert, sein Sohn Qāʾim indes setzte diese Tradition der Langlebigkeit fort: Er starb 1075 nach vierundvierzigjähriger Regentschaft. Solche biologischen Vorgänge hatten eine über das rein Zufällige hinausgehende Bedeutung. Keiner der «großen» Kalifen der frühen Abbasiden-Zeit war wesentlich älter als sechzig Jahre geworden, viele waren bereits mit vierzig oder noch jünger gestorben. Qādir und Qāʾim überlebten dagegen nahezu all ihre politischen Zeitgenossen und Rivalen: Buyiden-Herrscher und Seldschuken-Sultane lösten sich in rascher Folge ab, nur die Kalifen lebten weiter, wurden immer ehrwürdiger und geachteter. Die Gründe für diese Langlebigkeit sind nicht klar. Möglicherweise hatten eine maßvolle Lebensweise und der Verzicht auf Alkohol einen gewissen Anteil daran, wofür es allerdings keinen Beleg gibt. Ihre weitgehende Ortsfestigkeit – keiner von ihnen unternahm anscheinend von Bagdad aus größere Reisen – deutet eindeutig nicht auf frische Luft und Bewegung als wichtige Faktoren hin. Wie dem auch sei: Das lange Leben und die lange Regentschaft dieser beiden Kalifen waren wesentlich für das Wiederaufleben der Macht und des Ansehens der Kalifen in jener Zeit.

Qāʾim setzte die Politik seines Vaters weitgehend fort, unter anderem auch das Bündnis mit den Ghaznaviden. Von der Bedeutung dieser Beziehung für beide Seiten zeugt die Schilderung des Empfangs, den der Ghaznaviden-Hof in Balch dem Gesandten des Kalifen bereitete, der kam, um den Amtsantritt Qāʾims zu verkünden und die *baiʿa* des neuen Ghaznaviden-Sultans Masʿūd entgegenzunehmen, der im Jahr zuvor die Nachfolge seine Vaters angetreten hatte. Dieser Besuch, der von Dezember 1031 bis Januar 1032 dauerte, ist in der persischen Geschichte des Baihaqī beschrieben, eines Höflings der Ghaznaviden und Augenzeugen, der die Bedeutung des Zeremoniells für die Begründung der Legitimität faszinierend detailliert schildert.

Damals waren die Ghaznaviden mit Sultan Masʿūd (reg. 1030–1041), dem Sohn des großen Mahmūd, an der Spitze die mächtigste Dynastie im Ost- und Zentraliran und beherrschten von ihrer Residenz Ghazni aus einen Großteil Nordindiens. Zudem hatten sie sich durch ihren Anteil an diesem Dschihad (dem «heiligen Krieg» der Plünderung und Eroberung) im Norden des indischen Subkontinents erhebliches Ansehen in der weiteren muslimischen Welt verschafft. Mit ihrer schlagkräftigen, gut organisierten Armee, die über zahlreiche Elefanten verfügte, sowie mit ihrem erfahrenen Beamtenstab und ihren Ressourcen in den reichen Städten Churasans waren die Ghaznaviden anscheinend nicht sonderlich auf die Anerkennung durch den nahezu machtlosen Kalifen im fernen, halb verfallenen Bagdad angewiesen.

Hinter diesem Anschein der Unbesiegbarkeit verbargen sich jedoch einige beträchtliche Schwächen und Befürchtungen. Trotz all ihrer Militärmacht und ihrer Hauptrolle im Dschihad in Nordindien waren die Ghaznaviden nach wie vor Neulinge auf der politischen Bühne. Masʿūd, der 1030 sein Amt antrat, bildete in seiner Dynastie die dritte Generation, allerdings müssen sich noch viele im Iran daran erinnert haben, dass sein Großvater ein Sklave war, der aus einem obskuren Turkstamm in einem entlegenen Teil des heutigen Kirgisistan stammte. Zudem war er ein Konvertit der ersten Generation. Seine Familie konnte sich auf keinerlei Verwandtschaft mit der Prophetenfamilie oder den Helden des frühislamischen Staates berufen und erhob keine sonderlichen Ansprüche auf Frömmigkeit. Tatsächlich gehörte der öffentliche und förmliche Konsum großer Mengen Weins zu den prägenden Merkmalen ihres höfischen Stils. Unter diesen Umständen war es überaus wichtig für sie, die Anerkenung des Kalifen zu erhalten. Es hatte für sie große Vorteile, als Diener der Abbasiden-Kalifen auftreten zu können, die ihnen die Herrschaft über weite, bevölkerungsreiche Regionen der östlichen islamischen Welt übertragen hatten. Dies verlieh ihnen eine eindeutige Stellung in der Hierarchie muslimischer Herrscher, selbst wenn jeder wusste, dass sie diese mit brutaler Gewalt errungen hatten und dem Kalifen kaum eine andere Wahl blieb, als ihre Stellung zu akzeptieren.

Mahmūd hatte enge Verbindungen zu Qādir geknüpft, da sie gemeinsame Interessen verbanden. Der Kalif hatte, wie gesagt, die religiösen und ideologischen Aspekte seines Amtes ausbauen wollen und mächtige Unterstützer gebraucht, die dies akzeptierten. Darin hatte Mahmūd von Ghazni, der sich mittlerweile fest als Herrscher etabliert hatte, seine Chance gewittert, sich zum loyalen Diener und Beschützer des Kalifen gegen die «häretischen» Buyiden erklärt und dem nun eindeutig sunnitischen Kalifat die Treue geschworen. Es war durchaus kein Zufall, dass er ein Auge auf viele der reichen Landstriche im Westiran geworfen hatte, die damals gerade der Kontrolle der schwächer werdenden Buyiden-Fürsten entglitten. Wer weiß, ob er nicht auch anstrebte, seinen Einfluss auf Bagdad auszuweiten und als mächtiger sunnitischer Beschützer des Kalifen zu herrschen. Etwaige Bestrebungen in dieser Richtung endeten mit seinem Tod 1030. Aber Mas'ūd, in jeder Hinsicht der Sohn seines Vaters, war fest entschlossen, das Bündnis mit den Abbasiden fortzuführen.

Noch in anderer, konkreterer Hinsicht konnte die Unterstützung des Kalifen für den neuen Ghaznaviden-Herrscher von Vorteil sein. Mas'ūds Amtsantritt erfolgte keineswegs unumstritten. Als sein Vater in Ghazni starb, befand Mas'ūd sich gerade mit seiner Armee im fernen Zentraliran. Sein Halbbruder Muhammad übernahm die Kontrolle über die Hauptstadt und meldete seinen Anspruch auf die Herrscherposition an. Es gab keine unumstrittene Erbfolge und keine Primogenitur, nach der man hätte entscheiden können, welcher der beiden die Nachfolge antreten oder ob das Ghaznaviden-Reich zwischen ihnen aufgeteilt werden sollte. Vorerst wurde Muhammad besiegt und in einer Burg bei Ghazni inhaftiert, besaß allerdings immer noch einflussreiche Anhänger und mochte durchaus eine Rückeroberung der Herrschaft planen. Die Investitur Mas'ūds durch den Kalifen vermochte daher viele Schwankende vielleicht davon zu überzeugen, dass er der legitime Herrscher sei.

Allerdings lag noch ein weiteres Problem vor. Beim Zerfall des Samaniden-Staates hatten die Ghaznaviden die westlichen und südlichen Regionen unter ihre Kontrolle gebracht, aber in Transoxanien mit der alten Samaniden-Hauptstadt Buchara hatte ein türkischer Nomadenstamm, allgemein Karachaniden oder Schwarze Chane genannt, die Macht übernommen. Sie waren zum Islam übergetreten und erhoben den Anspruch, starke muslimische Herrscher zu sein. Zudem hatten sie als mächtige Rivalen die Absicht, ihren Einfluss westlich des Oxus bis in die Städte Churasans und besonders in das reiche Binnendelta des Oxus, die Region Chwārizm, auszudehnen, deren Herren nominell zwar Vasallen der Ghaznaviden waren, sich aber ihre Autonomie sorgfältig bewahrt hatten. Wenn die Ghaznaviden die Kontrolle über diese Gebiete behalten wollten, war es unerlässlich, dass sie sich die Investitur durch den Kalifen sicherten, die sowohl die Stadtbevölkerung als auch die Lokalfürsten von der Legitimität ihrer Herrschaft überzeugen würde. Es mochte allerdings einiger Überredungskünste bedürfen, den neuen Kalifen dazu zu bewegen, seine sämtlichen Ressourcen in die Ghaznaviden zu investieren.

Zu Beginn seiner Darstellung berichtet Baihaqī, dass Qādir gestorben war und sein Sohn Qā'im zu seinem Nachfolger ernannt worden war.[32] Sowohl die Abbasiden als auch die Aliden und die gesamten Einwohner Bagdads hatten ihm gegenüber den Treueid abgelegt. Nun wurden Gesandte in die verschiedenen Provinzen des Kalifats geschickt, die den Treueid einfordern sollten, und zu diesem Zweck war Muhammad Sulaimānī nach Churasan gekommen. Der Sultan und seine Berater setzten sich zusammen, um ihr weiteres Vorgehen zu besprechen. Da es während der gesamten Ghaznaviden-Dynastie noch keinen neuen Kalifen gegeben hatte, gab es keinen Präzedenzfall und keine Regel, der sie folgen konnten. Sie erfanden also eine

Tradition, die sich ausbauen ließ, um zugleich das Ansehen des Kalifen wie auch des Sultans zu heben, und erkannten, dass sich ihnen eine hervorragende Gelegenheit bot, den Kalifen um politische Unterstützung zu bitten und ihren Untertanen die Macht des Sultans zu demonstrieren. Masʿūd hielt sich damals in Balch auf. Wie viele zeitgenössische Monarchien Westeuropas zogen auch die Ghaznaviden-Herrscher mit ihrem Hofstaat von einer Stadt und einem Jagdgrund ihres Reiches zum anderen. Balch, manchmal als «Mutter aller Städte» bezeichnet, hatte sehr alte Wurzeln, die bis in die Achämenidenzeit, wenn nicht noch weiter, zurückreichten. Die alte Zitadelle war von einer etwa kreisrunden Altstadt, *shahristan*, umgeben, in der sich die große Moschee und die Basare befanden, während vor den Stadtmauern Gärten und die Paläste der Elite lagen. Masʿūd residierte in einem Gartenpalast, der ausreichend Platz für seine Truppen bot, und richtete vorübergehende Amtsstuben für die Regierungsabteilungen ein.

Am Freitag, dem 3. Dezember 1031, traf die Nachricht ein, der Gesandte sei bereits in der Nähe, worauf der Sultan einem Empfangskomitee aus *scharīfs* (Vornehmen) der Aliden und anderen Prominenten befahl, hinauszuziehen und ihn in die Stadt zu begleiten. Es war wichtig, Männer auszuschicken, die Arabisch sprachen, da nichts darauf hinweist, dass der Gesandte Persisch konnte, während viele am Ghaznaviden-Hof, darunter auch der Sultan, Arabisch kaum oder gar nicht beherrschten. Am 10. Dezember hielt der Gesandte, eskortiert von den örtlichen Notabeln und einer tausend Mann starken Ehrengarde, Einzug in die Stadt und wurde in seine Unterkunft in einem Palast in der Korbmachergasse geleitet, wo man «sogleich viele köstlich zubereitete Speisen hereinbrachte».

Man ließ dem Gesandten drei Tage Zeit, sich von den Strapazen der Reise zu erholen, und bewirtete ihn aufwändig. Dann ordnete der Sultan an, ihn zu ihm zu bringen. Bevor er eintraf, setzte Masʿūd sich erneut mit seinen wichtigsten Beratern zusammen und besprach mit ihnen, wie diese Begegnung ablaufen sollte und wie das Schreiben mit der Treueverpflichtung abgefasst war. Der 19. Dezember, ein Donnerstag, war der erste Tag des neuen muslimischen Jahres (423). Schon im Morgengrauen marschierten 4000 Soldaten in voller Montur auf, mit Gürtel, Schwert, Köcher und Bogen, jeder in einem mit Brokat abgesetzten Umhang aus Tustar, einer südiranischen Stadt, die für die Herstellung feiner Stoffe berühmt war. Sie standen für den Gesandten Spalier, dem die Macht eines Staates zweifelsfrei klargemacht werden sollte, der so viele Soldaten aufbieten und mit derart prachtvollen Uniformen ausstatten konnte. Der Festzug, der ihn zum Palast brachte, wurde von den lauten Klängen von Trompeten und verschiedenen Trommeln begleitet, die teils auf dem Rücken von Elefanten befestigt waren – «man hätte glauben können, es sei der jüngste Tag»; Muhammad Sulaimānī war tief beeindruckt, da er so etwas am bescheidenen Hof in Bagdad noch nie erlebt hatte.

Als Sulaimānī in der schwarzen Kleidung der Abbasiden in den Palast kam, saß dort der Sultan, umgeben von Höflingen, auf seinem Thron, der Großwesir stand neben ihm. Der Gesandte wurde gebeten, Platz zu nehmen, und der Sultan erkundigte sich nach dem Befinden des Kalifen. Das war für ihn das Stichwort, die schlechte Nachricht vom Tod Qādirs und die gute von der Thronbesteigung Qā'ims zu verkünden. Der Großwesir bat ihn nun, das Schreiben zu übergeben, das er mitgebracht hatte, und so erhob er sich, ging zum Thron hin und holte den Brief aus einer schwarzen Seidentasche. Er forderte einen der Höflinge auf, das auf Arabisch verfasste Schreiben vorzulesen und ins Persische zu übersetzen, damit alle (auch der Sultan) es verstehen könnten. Nachdem dies geschehen war, geleitete man den Gesandten wieder mit großem Zeremoniell zurück in seine Unterkunft.

Am folgenden Tag begann die Trauer um den verstorbenen Kalifen. Der Sultan und all seine Höflinge trugen eine weiße Kopfbedeckung und ein weißes Gewand, da Weiß die Farbe der Trauer war. Die Basare blieben geschlossen, und Menschen aller Schichten kamen in Gruppen, um zu kondolieren. Nach drei Tagen endete die Trauer, und Trommeln verkündeten die Wiederöffnung der Basare.

Die nächste Phase der Feierlichkeiten bestand in der Anerkennung des neuen Kalifen und sollte in der großen Moschee im Stadtzentrum stattfinden. Der Sultan ließ Alī ibn Mikāl kommen, der einer renommierten persischen Familie angehörte, den Vorsitz über die Notabeln der Stadt führte und mit den Vorbereitungen der Veranstaltung betraut war. Alī erhielt Anweisung, die Straße vom Tor des Palastes bis zur großen Moschee zu schmücken. Zudem sollten Zierbögen auf Tribünen errichtet werden. Daraufhin rief Alī die führenden Bürger zusammen, und sie verwandelten die Straßen fast eine ganze Woche lang, von Montag bis Donnerstag, sodass «niemand sich erinnern konnte, Balkh je so gesehen zu haben». Am Donnerstag arbeiteten sie die ganze Nacht hindurch, und am Freitag bei Morgengrauen war alles bereit.

An diesem Morgen hielt der Sultan Hof und gab Anweisungen, dass die Menschen in geordneter Weise kommen sollten, um sich die Prozession anzusehen. Dabei sollten sie darauf achten, die Bögen und andere Dekorationen nicht zu beschädigen, keinen Lärm zu machen und auf jegliche Ausgelassenheit und Lustbarkeiten zu verzichten, bis er und der Gesandte vorbeigezogen waren. Anschließend konnten die Zuschauer machen, was sie wollten, da er auf einem anderen Weg jenseits der Stadtmauern in seinen Palast zurückkehren wollte. Wächter in schwarzen Gewändern hatten dafür zu sorgen, dass die Bevölkerung sich benahm und die ihr zugedachte Rolle in diesem würdevollen Umzug spielte.

Zur Mittagszeit stieg der Sultan auf sein Pferd. Die 4000 Soldaten, die beim Eintreffen des Gesandten in der Stadt die Ehrenwache gestellt hatten, führten den Umzug an, gefolgt von ihrem Kommandeur. Danach kamen die Leibgarde des Sultans mit dessen Standarte, die wichtigsten Würdenträger des Hofes und schließlich der Sultan. Auf ihn folgten der Großwesir und Alī ibn Mikāl mit dem Gesandten sowie die zivile Elite der Stadt, die Richter und die *ulamā*. Alles verlief sehr ruhig und diszipliniert, und außer den Trommeln und den Aufforderungen der Wächter an die Zuschauer, zurückzutreten, war kein Laut zu hören.

Als der Zug die Moschee erreichte, war dort der Minbar von oben bis unten mit golddurchwirktem Brokat bedeckt. Der Sultan und sein Hofstaat setzten sich an den Fuß der Kanzel, während der offizielle Prediger, der *chatīb*, die Predigt hielt und sich dabei förmlich auf den Namen des neuen Kalifen berief. Anschließend traten die Kämmerer des Sultans vor und legten Beutel voller Münzen am Minbar ab, zunächst im Namen des Sultans, dann im Namen seiner

Söhne und seiner Höflinge, bis eine große Geldsumme zusammengekommen war. Das alles sollte nach Bagdad gebracht und dem Kalifen Qāʾim übergeben werden. Nach der Zeremonie zerstreute sich der Hofstaat: Der Sultan und sein unmittelbares Gefolge kehrten in den Palast zurück, während Alī ibn Mikāl den Gesandten durch die Basare mit ihren Markständen, an denen nun dichtes Gedränge herrschte, zurück in seine Unterkunft geleitete, wo man einen aufwändigen Empfang vorbereitet hatte. Unterdessen feierte die Bevölkerung begeistert.

Der folgende Tag war geschäftlichen Angelegenheiten vorbehalten. Der Großwesir und andere Berater mussten das offizielle Abkommen (*adh*) aufsetzen, das Sulaimānī nach Bagdad mitnehmen sollte, damit der Kalif es unterzeichnen konnte. Nachdem der Wesir sich mit seinen Kollegen beraten hatte, ließ man Sulaimānī kommen. Offenbar fanden harte Verhandlungen statt. Der Sultan war bereit, das aus Bagdad mitgebrachte Abkommen mit gewissen Einschränkungen zu akzeptieren. Masʿūd sollten erheblich umfangreichere Gebiete übertragen werden, als er bis dahin kontrollierte. Dazu gehörten «ganz Sind und Hind» (Indien) sowie das gesamte westiranische Hochland bis zum Pass von Hulwān, was umstrittener war, denn damit kämen seine Truppen bis in die Nähe der irakischen Ebene, also in geringe Entfernung zu Bagdad. Der Kalif hatte außerdem zu versichern, dass er nicht in unmittelbaren Kontakt zu den Karachaniden in Transoxanien treten und ihnen weder Ehrentitel noch Ehrengewänder verleihen, sondern die Ghaznaviden als Mittler einsetzen würde. Die Berater behaupteten, diese Stellung hätten die Ghaznaviden bereits unter dem großen Mahmūd von Ghazni innegehabt, und wollten sie nun wiederhergestellt wissen. Außerdem sollte der Kalif ihnen erlauben, mit ihren Truppen Kirman im Südiran und Oman jenseits des Golfs anzugreifen. Auch die ketzerischen Karmaten in Bahrain müssten ausgelöscht werden. Die Vertreter des Sultans machten aus ihren Motiven keinen Hehl: «Wir haben eine große Streitmacht zusammengestellt und brauchen mehr Land. Die Armee muss zum Einsatz kommen.» Soldaten, die keine neuen Ressourcen erschlossen, bedeuteten eine untragbare Belastung für den Staat.

Das war jedoch noch nicht alles. Hätte Masʿūd nicht so großen

Respekt vor dem Kalifen gehabt, wäre er gezwungen gewesen, Bagdad anzugreifen. Hätte der Tod seines Vaters nicht seine Rückkehr in den Osten erforderlich gemacht, «stünden wir jetzt in Syrien und Ägypten». Der Sultan erklärte, auch wenn er mit den Buyiden-Herrschern im Zentral- und Westiran auf gutem Fuße stehe, müssten diese doch stärker darauf achten, das Kalifat zu respektieren und dessen frühere Würde wiederherzustellen. Vor allem müssten sie die Pilgerroute schützen. Die Untertanen des Sultans hatten Anweisung erhalten, den Haddsch vorzubereiten, und man hatte ihnen versprochen, dass einer seiner Generäle sie begleiten würde. Wenn die Buyiden die Pilger nicht schützen sollten, würden die Ghaznaviden «hart durchgreifen». Denn sie seien «Gott dem Allerhöchsten verantwortlich, da man ihnen nicht nur große Macht und Ansehen, sondern auch unzählige, voll ausgerüstete und einsatzbereite Soldaten gegeben» habe. Die Mischung aus religiöser Rechtfertigung und militärischer Drohung war unmissverständlich. Nachdem Sulaimānī eingeräumt hatte, das alles klinge angemessen und vernünftig, gingen die Beamten zum Sultan, der nicht an den Gesprächen teilgenommen hatte, und informierten ihn über die Ergebnisse.

Nachdem diese Angelegenheiten geregelt waren, war es für den Gesandten an der Zeit, abzureisen. Die führenden Höflinge wurden zusammengerufen, und das auf Arabisch abgefasste Dokument zur Treueverpflichtung auf den Kalifen wurde ins Persische, «so fein und erlesen wie byzantinischer Brokat», übersetzt. Man legte die arabische Fassung und die persische Übersetzung Sulaimānī vor, der beide laut verlas, die persische Übersetzung als korrekte Übertragung bestätigte und erklärte, er werde das Abkommen dem Fürsten der Gläubigen empfehlen. Anschließend verlas der Sultan die persische Version mit großer Eloquenz: «Unter den Monarchen dieses Hauses habe ich keinen gekannt, der Persisch so lesen und schreiben konnte wie er», berichtete der Geschichtsschreiber. Sobald er geendet hatte, brachte man die königliche Schreibgarnitur, und er unterschrieb den arabischen wie auch den persischen Text mit seinem Namen. Der Großwesir und die anwesenden Beamten unterzeichneten als Zeugen. Da der türkische Armeekommandeur, Begtughdī, nicht schreiben konnte, unterzeichnete ein Höfling an seiner Stelle.

Nun erhob sich die Frage, welche Geschenke Sulaimānī mit nach Bagdad nehmen sollte. Der Großwesir meinte, vielleicht recht überraschend, großzügige Mengen Indigo für den Kalifen und die Höflinge seien eine traditionelle Gabe, obwohl nicht klar ist, woher er diese Vorstellung nahm. Außerdem solle der Gesandte selbstverständlich alle Geschenke mitnehmen, die man ihm in der Moschee gemacht hatte. Auch hier griff der Großwesir auf Präzedenzfälle zurück. Wie er erklärte, hatte er in historischen Berichten gelesen, dass Kalif Muʿtamid 879 dem Saffaniden Amr ibn Laith bei dessen Amtsantritt einen Gesandten schickte und dieser mit einem Geschenk von 100 000 Dirham zurückkehrte. Als der Gesandte des Kalifen mit der Standarte (*liwa*), die die Amtsübertragung auf Amr symbolisierte, und mit einem entsprechenden Dokument des Kalifen wiederkam, erhielten er und seine Gesandtschaft weitere 700 000 Dirham. Diesem Beispiel solle man nun folgen: Sulaimānī sollte zunächst 100 000 Dirham erhalten, und wenn er die Unterschrift des Kalifen brächte, würde er bekommen, was der Sultan für angemessen hielte. Der Sultan fand diesen Vorschlag vernünftig.

Eine Liste weiterer Geschenke entstand: Großzügigkeit war ein wichtiges Kennzeichen eines mächtigen Herrschers. Sie enthielt hundert Stücke hochwertiger Stoffe, zehn davon golddurchwirkt; fünfzig Behälter Moschus; hundert Kampferpastillen; zehn Ballen Leinen höchster Qualität; fünfzig exzellente indische Schwerter; einen mit Perlen gefüllten Goldkelch; zwanzig feine Rubine aus Badachschan (in Nordafghanistan, das damals zum Reich des Sultans gehörte); zehn Saphire; zehn Churasan-Pferde mit Satinbrokat-Schabracken und Kopfschmuck sowie fünf wertvolle türkische Sklaven. Es war eine, gelinde gesagt, vielseitige Liste.

Nun erhielt Sulaimānī auch noch persönliche Geschenke, darunter Reittiere und Reitausrüstung sowie 100 000 Dirham zur eigenen Verwendung. Am 9. Januar 1032 brach er schließlich auf, nachdem er gut drei Wochen in Balch verbracht hatte. In seinem Gefolge befand sich ein Spion, der über alle Vorgänge in die Heimat berichtete – eine für Masʿūds Hof typische Maßnahme.

Dieser ausführlichen Schilderung hängte Baihaqi Abschriften der arabischen Briefe an, die bis zu diesem Punkt ausgetauscht worden waren. Sie als hochtrabend zu bezeichnen, wäre eine Untertreibung: Sie sind ein Meisterkurs in klassischer arabischer Briefrhetorik, enthalten jedoch nur wenig Substanzielles und kaum Details. Der Kalif beginnt mit einer langen, frommen Einleitung über Gottes Gnade gegenüber Mohammed und den Kalifen und die Unausweichlichkeit des Schicksals. Es folgen Segenswünsche für seinen Vater und Vorgänger Qādir. Schließlich erklärt er, dass er aufgrund der Ernennung durch seinen Vater Kalif geworden sei. Dann habe er eine allgemeine Ratsversammlung abgehalten, bei der die prominenten Mitglieder des Hofes, die Anhänger der Dynastie sowie religiöse Würdenträger, Richter, Rechtsgelehrte und Sachverständige ihm alle ihre Hand zum Treueschwur gereicht hätten. Abschließend lobt er Masʿūds Qualitäten und seinen Gehorsam und bittet ihn, durch seinen Gesandten Muhammad Sulaimānī den öffentlichen Treueid auf ihn abzulegen; dann endet er mit ausführlichen Segenswünschen für alle Beteiligten.

Die Antwort des Sultans ist ebenso rhetorisch geschliffen und voller schöner, aber inhaltsloser Phrasen. Er schwört dem Kalifen, seinem Herrn (*sayyid*), aufrichtige, unverbrüchliche Treue, ohne allerdings auszuführen, was dies im Einzelnen umfasst. Eindeutig ist keine Rede von militärischer oder finanzieller Unterstützung. Er legt den Eid auf den Koran ab, wie man es erwarten darf, aber auch auf die jüdische Thora, die christlichen Evangelien und die Psalmen Davids, und schließt mit einer langen Klausel, in der er festlegt, dass bei einem Bruch dieses Eides seinerseits seine gesamte Habe einschließlich der Sklaven an die Armen verteilt und er unwiderruflich von seinen jetzigen oder zukünftigen Ehefrauen geschieden werden solle. Zudem werde er dreißig Mal den Haddsch nach Mekka zu Fuß, nicht zu Pferde, absolvieren.

Der Sultan erhielt die Amtseinsetzung durch den Kalifen in der altehrwürdigen Art und Weise, sodass alle seine Untertanen es sehen konnten. Doch so viel die Urkunde und die Standarte des Kalifen den Ghaznaviden auch bedeuten mochten, konnten sie Masʿūd doch nicht vor seinem Schicksal bewahren. Inmitten der Feierlichkeiten traf die Nachricht ein, dass Turkmenen aus der Wüste an der Ostgrenze das Ghaznaviden-Reich überfallen hatten, und viele der Soldaten, die an den Feiern teilgenommen hatten, mussten ausrücken, um sie zu bekämpfen. Es war ein Vorzeichen für Kommendes. Innerhalb von zehn Jahren besiegten die Turkmenen unter ihren Seldschuken-Herrschern die Ghaznaviden-Armee und vertrieben sie aus Churasan. Der Sultan starb, und der Machtbereich seiner Nachfolger beschränkte sich auf ein kleines Gebiet im nördlichen und östlichen Afghanistan. Trotz all seiner hochtrabenden Rhetorik war der Kalif weder bereit noch imstande, ihm zu helfen, und seine Investitur zählte nichts, als die Ghaznaviden sich mit der rüden Militärmacht der türkischen Nomaden konfrontiert sahen.

Abbasiden und Seldschuken

Die Kalifate Qādirs und Qāʾims markieren eine Phase, in der die Abbasiden ihre spirituelle Führungsrolle in der islamischen Welt zu unterstreichen versuchten. Qādirs Epistel mit seinem Bestreben, sunnitische Glaubenslehren zu kodifizieren, die Ernennung von *qadīs* und die aufwändige Anerkennung von Herrschern wie Masʿūd von Ghazni waren durchweg Zeichen, dass das Kalifat eine Rolle spielte, zeugten jedoch nicht von militärischer Stärke.

In den nahezu zwei Jahrhunderten, die zwischen dem Tod Qāʾims 1075 und der Eroberung Bagdads durch die Mongolen 1258 lagen, rang eine Reihe von Abbasiden-Kalifen nacheinander darum, ihre Stellung in einer unvorstellbar komplexen politischen Welt zu bewahren. Qāʾim hatte 1058/59 eine versuchte Eroberung Bagdads durch einen militärischen Abenteurer überlebt, der auf Anweisung des Fatimiden-Kalifen in Ägypten gehandelt hatte; damals hatte man das einzige Mal in der Geschichte einen schiitischen Kalifen von den Kanzeln Bagdads verkündet. Die Ankunft der türkischen Seldschuken-Herrscher, die dem sunnitischen Islam verpflichtet und den Fatimiden eindeutig feindlich gesinnt waren, hatte dieser Bedrohung ein Ende gesetzt, aber die Seldschuken konnten anspruchsvolle Beschützer sein. Zum Glück für die Abbasiden hatten sie kein Interesse, Bagdad zu ihrer Hauptstadt zu machen, sondern zogen es vor, von iranischen Städten wie Isfahan, Nischapur und Merv aus zu regieren, obwohl sie die Stadt kontrollieren und den Kalifen in Schranken halten wollten.

Der große Sedschuken-Sultan Malik Schāh und sein mächtiger Wesir Nizām al-Mulk starben beide 1092, danach ließ sich die Seldschuken-Familie auf Bürgerkriege ein, die nahezu das gesamte 12. Jahrhundert hindurch andauerten und ihren einst mächtigen Staat zerstörten. Die Seldschuken-Kriegsherren gerieten – so wie es den Buyiden ergangen war – zunehmend in Abhängigkeit von den Abbasiden, nicht umgekehrt. Die Kalifen konnten einem Prinzen ihr Mandat erteilen und es einem anderen entziehen. Zudem kontrollierten sie Bagdad und bauten die Region im Laufe des 12. Jahrhunderts zu einem praktisch unabhängigen Staat im Südirak aus, der von Tikrit bis an den Persischen Golf reichte. Innerhalb der Stadt herrschte eine oftmals heikle Aufteilung der Macht zwischen dem Dār al-chilāfa, dem alten Kalifenpalast, und dem Dār al-mamlaka, der Residenz des seldschukischen Militärgouverneurs. Nach und nach gewannen die Abbasiden einige Attribute weltlicher Herrschaft zurück, die ihre Vorfahren genossen hatten. So verfügten die Kalifen wieder über Wesire, die eine umfangreiche Verwaltung leiteten, und 1125 führte Kalif Mustarschid (reg. 1118–1135) eine Armee gegen einen aggressiven Prinzen von Hilla ins Feld, der sich der schiitischen Sache angeschlossen hatte. Kalif Muqtafī (reg. 1136–1160) nutzte seine verbesserten Einkünfte für den Aufbau einer neuen Armee, die sich nicht aus Türken, sondern aus zum Islam konvertierten Griechen und Armeniern rekrutierte. Häufig präsentierten sich die Kalifen als Beschützer Bagdads und seiner Einwohner gegen die kriegerischen türkischen Soldatenbanden. Zudem erhoben sie in der Stadt Anspruch auf moralische Überlegenheit, setzten sich für die sunnitische und gegen die schiitische Sache ein und ließen Weinhandlungen schließen, die häufig von Agenten seldschukischer Prinzen geführt wurden.

Fortschritte gab es auch auf internationaler Ebene. Der neue Almoraviden-Herrscher im muslimischen Spanien und Marokko, Yūsuf ibn Taschfīn, der gerade erst einen wichtigen Sieg über König Alfons VI. von Kastilien errungen hatte, erhielt 1086 von den religiösen Rechtsgelehrten den Rat: «Es ist angemessen, dass deine Autorität vom Kalifen kommen sollte, damit alle dir zum Gehorsam verpflichtet sind.» Also schickte er dem Kalifen Mustazir, dem Fürsten der Gläubigen, einen Gesandten mit einem großen Geschenk und einem Schreiben, in dem er die fränkischen Territorien erwähnte, die Gott (durch seine Hand) erobert hatte, sowie seine Bemühungen um den Sieg des Islam schilderte und bat, ihm die Herrschaft über sein Land zu übertragen. Die Kanzlei des Kalifen stellte ihm die gewünschte Urkunde aus, worauf er den (neu erfundenen) Titel Fürst der Muslime erhielt. Außerdem schickte man ihm Ehrengewänder, worüber er sich sehr freute.[33] Der Herrscher von Delhi, Iltutmisch, erbat 1229 vom Kalifen Mustansir (1226–1242) die Investitur. Er erhielt den Titel Großsultan und die Bestätigung seiner sämtlichen Besitzungen. In einer großen Versammlung wurde das Dokument feierlich verlesen, und von da an prägte Iltutmisch den Namen des Kalifen auf sämtliche Münzen. Seine Nachfolger schlossen sich seinem Beispiel an.[34] Hierzu ist anzumerken, dass die Abbasiden auf dem Höhepunkt ihrer politischen Macht nie die Herrschaft über Spanien und Marokko oder über Nordindien besaßen.

Die ersten Kreuzfahrer, von den Muslimen Franken genannt, brachen 1097 aus Frankreich und anderen Teilen Westeuropas auf und erreichten den Nahen Osten. 1099 eroberten sie Jerusalem, das den Muslimen ebenso heilig war wie den Christen und den Juden, und machten es zur Hauptstadt eines neuen lateinisch-christlichen Königreichs. In den folgenden Jahrzehnten entstanden weitere Kreuzfahrerstaaten in Tripoli, Antiochien in Nordsyrien und sogar im fernen Edessa (Urfa in der Südtürkei), bis schließlich die gesamte Ostküste des Mittelmeeres von diesen ungläubigen Eindringlingen beherrscht war. Über nahezu zweihundert Jahre hinweg gab es eine Militärpräsenz der Franken, also der Ungläubigen, in den Küstenregionen Syriens und Palästinas, im Herzen des Dār al-Islam. Allem Anschein nach hätte sich den Abbasiden-Kalifen hier eine Gelegenheit geboten, die Initiative zu ergreifen und die Führung oder zumindest die Koordination der muslimischen Reaktion zu übernehmen. Damals waren Muslime jedenfalls dieser Ansicht, und Flüchtlingsgruppen aus den besetzten Städten kamen in der Hoffnung nach Bagdad, die

Unterstützung des Kalifen zu finden. Tatsächlich beteiligte sich jedoch kein Kalif aktiv an den Feldzügen oder wagte sich weit über Bagdad hinaus. Offenbar war keiner von ihnen bereit, als Führer der Muslime aufzutreten oder die traditionelle Rolle des Kalifen als Verteidiger des Islam gegen nichtmuslimische Feinde auszufüllen. Rückblickend lässt es sich vielleicht als verpasste Chance werten, die alte Funktion und das Ansehen dieses Amtes wiederaufleben zu lassen. Stattdessen gaben die Kalifen den Militärführern, die den Kampf gegen die Invasoren aufnahmen, ihren Segen, aber nicht viel mehr. Der große Saladin, der von 1174 bis zu seinem Tod 1193 Herrscher über das muslimische Syrien und Ägypten war, verkündete, er führe die Muslime als Diener des Kalifen Nāsir (reg. 1180–1225) in den Dschihad. Doch die Beziehungen der beiden Männer waren generell kühl und zurückhaltend, und beide waren sorgsam darauf bedacht, den anderen nicht gegen sich aufzubringen; zu einer sinnvollen Zusammenarbeit kam es nicht. Als Saladin erfuhr, dass der deutsche Kaiser Friedrich Barbarossa am Dritten Kreuzzug teilnahm, drohte er ihm in einem Schreiben: «Wenn wir den Kalifen von Badgad, Gott schütze ihn, auffordern, zu uns zu kommen, wird er sich von dem hohen Thron seines Reiches erheben und unserer Exzellenz zuhilfe eilen»[35] – aber er rief «Geister aus der unermesslichen Tiefe»: Der Kalif rührte sich nicht.

Im Laufe der Kreuzzüge erfuhren die Europäer erstmals von den Kalifen, und das Wort tauchte in lateinischen und altfranzösischen Texten auf. Autoren versuchten, die Autorität des Kalifen mit der des Papstes in der lateinischen Kirche zu vergleichen. Der arabische Geschichtsschreiber Ibn Wāsil, der im frühen 13. Jahrhundert einige Zeit am Hof der Staufer in Süditalien verbracht hatte, kommentierte: «Nach ihrer [der Franken] Ansicht ist der Papst in Rom der *khalīfa* des Messias und derjenige, der seine Stelle vertritt. Er hat das Recht, zu verbieten und zu erlauben ... Er krönt die Könige und ernennt sie. Nichts geschieht nach ihrem Heiligen Recht [*sharīʿa*] ohne seine Zustimmung. Er muss ein Priester sein.»[36] Es gab tatsächlich einige Parallelen. Beide herrschten über einen kleinen Staat, der Papst in Rom und die Kalifen in Bagdad, strebten jedoch eine spirituelle Führung über ein erheblich umfangreicheres Gebiet an. Beide konnten neuen Herrschern durch ihre Investitur Legitimität verleihen, wie Mustazir es bei dem Almoraviden Ibn Taschfīn und Gregor VII. 1080 bei Rudolf von Schwaben tat. Es gab jedoch weitaus mehr Unterschiede. Die Päpste von Gregor VII. bis Innozenz IV. (1073–1216) bauten eine gebieterische Autorität über die Westkirche auf, die es ihnen erlaubte, Konzilien einzuberufen, Entscheidungen über die Glaubenslehre zu fällen und erheblichen Einfluss auf die Wahl von Bischöfen in ganz Westeuropa auszuüben. Dagegen besaß der Kalif keinerlei Autorität in Fragen der Glaubenslehre und nur geringen bis gar keinen Einfluss auf die Wahl von *qāḍīs* oder anderen religiösen Führern außerhalb von Bagdad und der unmittelbaren Umgebung.

In einer Hinsicht erlebte das 12. Jahrhundert jedoch eine Ausweitung der theoretischen Autorität des Kalifen. Saladin eroberte 1171 Ägypten, beendete das Fatimiden-Kalifat und ließ als eine seiner ersten Amtshandlungen die Souveränität des Abbasiden-Kalifen von den Kanzeln in Kairo verkünden. Die langjährigen Kämpfe zwischen den sunnitischen Abbasiden in Bagdad und den schiitischen Fatimiden in Kairo um Macht und Einfluss in der muslimischen Welt fanden ein Ende: Es gab nur noch ein einziges Kalifat mit universellem Anspruch, das der Abbasiden – auch wenn das praktisch wenig bedeutete.

Keiner der Kalifen des 12. Jahrhunderts hatte die Gelegenheit oder vielleicht auch die nötige Persönlichkeit, ein ähnliches Ansehen zu erlangen, wie es die großen Herrscher der frühen Abbasiden-Zeit – etwa Mansūr, Hārūn al-Raschīd oder Ma'mūn – genossen hatten, manche standen jedoch zumindest in dem Ruf, in ihrer eigenen Region um Bagdad eine gute Regierung und Verwaltung geführt zu haben. Von Mustazir (gest. 1118) hieß es:

> Er war (Gott finde Gefallen an ihm) von vornehmem, edlem Charakter. Er liebte es, das Volk mit Wohltaten zu überschütten und Gutes zu tun. Er war begierig, fromme Werke und gute Taten zu üben. Seine Bemühungen waren geschätzt, und er verweigerte keine Gunst, die von ihm erbeten wurde.
> Er setzte großes Vertrauen in jene, die er in Ämter berief, hörte auf

keinen Verleumder und achtete nicht auf das, was ein solcher sagen mochte. Willkür war ihm fremd, und das Drängen von Menschen, die eigene Interessen verfolgten, ließ ihn nicht in seinem Entschluss wankend werden.

Seine Regierungszeit waren Tage des Glücks für seine Untertanen, so gut wie Festtage waren sie. Als er das hörte, freute er sich und war überaus glücklich. Wenn ein Sultan oder einer seiner Stellvertreter jemandem Schaden zufügte, bemühte er sich nach Kräften, es zu verhindern und zu verurteilen.

Er hatte eine gute Handschrift und verfasste Dokumente exzellent. Darin reichte niemand an ihn heran, was von seiner vielseitigen Kultur und breiten Bildung zeugte.[37]

Er war auch ein Poet, was für einen Herrscher seiner Zeit ungewöhnlich war:

> Die Hitze der Leidenschaft schmolz, was in meinem Herzen erfroren war,
> Als ich meine Hand zum förmlichen Abschied reichte.
> Wie soll ich den Weg ausdauernder Geduld gehen,
> Wenn ich sehe, dass mein Pfad über die Abgründe der Liebe aus Stricken besteht?
> Ein Neumond, den ich liebte, hat sein Versprechen gebrochen,
> Nachdem mein Schicksal erfüllte, was es verhieß.
> Wenn ich hiernach den Liebesvertrag in meinem Herzen breche, mag ich ihn nie mehr betrachten.

Es ist interessant, sich das Liebesleben von Kalifen und anderen Angehörigen der Elite anzusehen, wie es sich in ihrer Poesie darstellt. Für einen Kalifen kam es offenkundig nicht infrage, einer freien Frau Gedichte zu schreiben. Höflinge und Herrscher der frühen Abbasiden-Zeit konnten ihre Liebe zu unfreien Sängerinnen zum Ausdruck bringen, die vielleicht Sklavinnen waren, aber zumindest im Land der Poesie die kokette Freiheit besaßen, die Avancen ihrer Herren zurückzuweisen. In der strengeren, stärker militärisch geprägten Welt des 12. Jahrhunderts waren Sängerinnen nur noch eine ferne Erinnerung. Nur der schöne junge Mann war ein angemessenes, schickliches Objekt für die Leidenschaft eines Kalifen.

Ibn Dschubairs Reisetagebuch liefert einen aufschlussreichen Bericht, wie ein ausländischer Besucher den Abbasiden-Kalifen 1184 erlebte.[38] Ibn Dschubair war ein Andalusier (aus dem muslimischen Spanien) und ein frommer, scharfsichtiger Beobachter. Von seiner fernen Heimat aus machte er den Haddsch und bereiste nach seiner Pilgerfahrt den Irak, Syrien und die Kreuzfahrerstaaten, bevor er von Akko aus die Heimreise auf einem italienischen Schiff antrat. Man sollte meinen, dass er als Beamter des Almohaden-Kalifats eine ablehnende Haltung gegenüber dem Abbasiden-Kalifat eingenommen hätte. Tatsächlich zeigte er sich jedoch interessiert und respektvoll, auch wenn seine wahre Bewunderung Saladin galt, der damals gerade seinen langwierigen Kampf gegen die Kreuzfahrer vorbereitete.

Ibn Dschubair schildert die teils verfallene Stadt Bagdad, die nach wie vor über zahlreiche Bäder und Moscheen verfügte, unter anderem auch diejenige, die Mansūr errichten ließ und zwar alt, aber immer noch in Betrieb war. Zudem erwähnt er die unzähligen Boote, mit denen die Menschen den Fluss überquerten, nachdem Hochwasser die Bootsbrücke weggeschwemmt hatte, sowie das «berühmte Bagdader Krankenhaus»:

> Es liegt am Tigris; jeden Montag und Donnerstag besuchen es Ärzte, um den Zustand der Kranken zu ermitteln und ihnen das zu verordnen, was sie benötigen. Zu ihrer Verfügung stehen Menschen, die die Vorbereitung von Mahlzeiten und Medikamenten durchführen. Das Hospital ist ein großer Palast, mit Räumen, Schränken und allem Zubehör königlichen Lebens. Wasser gelangt vom Tigris hinein.

Er würdigt die beiden Grabstätten der Nachfahren Alīs, «möge Gott ihn in seiner Gunst bewahren», und die der großen sunnitischen Rechtsgelehrten Abū Hanīfa und Ahmad ibn Hanbal. Ohne ein Urteil abzugeben, berichtet er sogar, dass er das Grab Hallādschs, des berühmten Mystikers des frühen 10. Jahrhunderts, gesehen habe, der auf Befehl des Kalifen Muqtadir wegen Ketzerei hingerichtet wurde. Und schließlich wendet er sich dem Kalifen zu:

... denn alle Angehörigen der abbasidischen Kalifenfamilie leben in kostspieliger Abgeschiedenheit in diesen Palästen. Sie gehen nicht hinaus, werden nicht gesehen und beziehen ein Gehalt. Ein großer Teil der Paläste wird von dem Kalifen genutzt. Er hat die hohen Lustschlösser, prächtigen Hallen und hübschen Gärten in seinem Besitz. Heute hat er keinen Wesir, nur einen sogenannten Vize-Wesir, der den Rat besucht, den Besitz des Kalifen verwaltet und die Bücher und Angelegenheiten kontrolliert. Er hat einen Verwalter für den ganzen Abbasiden-Palast und einen Vertrauten für den Harem, der seit der Zeit des Großvaters und Vaters des Kalifen tätig ist. [...] Er tritt wenig an die Öffentlichkeit, ist mit seinen Angelegenheiten in und um den Palast beschäftigt, ihrer Überwachung, der Verantwortung für die Schlösser und der Inspektion Tag und Nacht. Der Glanz dieses Hofes ist ein Jüngling namens Chālis, der Kommandeur der ganzen Armee ist. Wir sahen ihn eines Tages ausgehen, umgeben von Offizieren der Armee, Türken, Dailamīʿs (Persern) und anderen, umringt von ungefähr fünfzig gezogenen Schwertern in den Händen der Männer um ihn herum. [...] Der Kalif wurde manchmal in Booten auf dem Tigris gesehen; gelegentlich zog er in die Wüste zum Jagen. Er zieht in bescheidenem Stile aus, um seinen Status vor den Menschen zu verbergen; trotz dieser Geheimhaltung nimmt sein Ruf nur zu. Gern erscheint er vor den Leuten und zeigt seine Zuneigung zu ihnen. Sie glauben sich durch seinen Charakter vom Glück begünstigt, denn in seiner Zeit fanden sie Leichtigkeit, Gerechtigkeit und ein gutes Leben; Groß und Klein loben ihn. Wir sahen den Kalifen an-Nāsir vor seinem Lustschloß. Er war herausgekommen und zu seinem Palast hoch am Ostufer des Flusses hinaufgefahren. Er ist jung an Jahren, mit einem leichten kurzen, doch vollen Bart, von hübscher Statur und gutaussehend, hellhäutig, mittelgroß und angenehm anzusehen. Er ist ungefähr fünfundzwanzig Jahre alt. Er trug ein weißes Gewand, mit Gold bestickt, auf seinem Kopf eine vergoldete Kappe, umrankt von schwarzem Pelz kostbarer und wertvoller Art, wie er für königliche Gewänder benutzt wird, von Mardern oder noch kostbareren Tieren. Mit dem Tragen dieses türkischen Gewandes bezweckt er, seinen Status zu verbergen, doch die Sonne kann nicht versteckt werden, selbst wenn sie verhüllt ist. Dies war am Sonnabend, dem 19. Mai 1184; wir sahen ihn nochmals am folgenden Sonntagabend, als er vom Lustschloß herabblickte. Wir wohnten in seiner Nähe.

Anschließend beschreibt Ibn Dschubair die Moschee des Kalifen, die gleich neben dem Palast stand, weitläufig war und hervorragende Waschanlagen besaß. Vor den Stadtmauern, wo auch der Sultanspalast gestanden hatte, gab es zudem eine Moschee des Sultans (also der Seldschuken-Herrscher). Früher hatten die Seldschuken die Angelegenheiten des Kalifen kontrolliert, besaßen aber diesen Einfluss mittlerweile nicht mehr. In einer anderen Moschee in Rusāfa befanden sich die Gräber der Abbasiden-Kalifen, «möge Gottes Gnade auf ihren Seelen ruhen». Er beendet seine Schilderung mit einer poetischen Reflexion über die vergangene Herrlichkeit Bagdads:

> Der Zustand der Stadt ist großartiger, als man beschreiben kann. Doch was ist sie im Vergleich zu dem, was sie einst war. Heute können wir auf sie den Ausspruch der Liebenden anwenden: «Du bist nicht du, und die Häuser sind nicht die, die ich kannte.»

Ibn Dschubair weist auf den Wohlstand hin, den die Herrschaft des Kalifen der Stadt gebracht habe, erwähnt jedoch keine seldschukischen Beamten: Sie gehörten der Vergangenheit an. Als er Bagdad mit heimkehrenden Pilgern verließ, begleitete sie ein Trupp Soldaten des Kalifen, um sie vor den Beduinen zu beschützen – damit erfüllte der Kalif zumindest teilweise seine uralte Pflicht, den Haddsch zu sichern. Andererseits ist mit keinem Wort erwähnt, dass er das Freitagsgebet in der Moschee besucht hätte, obwohl sie gleich neben seinem Palast stand, oder dass er öffentliche Empfänge abhielt. Ibn Dschubair hörte etwas über ihn, sicher weil er viele Fragen stellte, und sah ihn aus der Ferne, doch davon, sich ihm zu nähern oder eine Audienz bei ihm zu bekommen, konnte keine Rede sein.

Diese Spätphase des Abbasiden-Kalifats erreichte ihren Höhepunkt mit der langen Regentschaft Nāsirs (reg. 1180–1225), jenes Kalifen, den Ibn Dschubair als jungen Mann sah. Nāsir errichtete einen starken Staat im Zentral- und Südirak und machte das Abbasiden-Kalifat zu einer wichtigen Regionalmacht, denn mehr war es nicht. Die Fatimiden stellten für die Abbasiden keine schiitische Bedrohung mehr dar, und die Ismailiten waren auf ihre gebirgigen Hochburgen in den syrischen Küstenregionen und im Nordiran begrenzt. Das wiederbelebte Kalifat hegte keinerlei Ambitionen mehr auf universelle Macht oder weiter reichende religiöse Autorität; die Abbasiden-Kalifen verkörperten nur noch eine der Dynastien – und nicht unbedingt die mächtigste –, die ihren Einfluss im Fruchtbaren Halbmond auszudehnen versuchten.

Katastrophe: Die Eroberung durch die Mongolen 1258

In der Spätzeit der Regentschaft Nasīrs tauchte eine neue Bedrohung für die gesamte politische Ordnung des Nahen und Mittleren Ostens auf: die Invasionen der Mongolen. Diese hatten ihren Machtbereich in Ostasien seit dem ausgehenden 12. Jahrhundert erweitert, und Dschingis Khan herrschte 1206 über ein Nomadenreich, das die Steppe bis nördlich der Chinesischen Mauer umfasste. Für die islamische Welt stellten die Mongolen keine Gefahr dar, bis Dschingis Khan 1217 als Reaktion auf eine dumme Provokation durch einen ostiranischen Lokalfürsten einen verheerenden Angriff gegen den Iran führte. Große islamische Kulturzentren wie Samarkand, Merv und Nischapur wurden zerstört und ihre Einwohner massakriert oder nach Westen vertrieben. Für etwa eine Generation kamen die Eroberungen zum Stillstand, doch ab 1256 drang Dschingis Khans Enkel Hulegu (Hülegü) mit erneuter Wucht nach Westen vor. Er hatte die Absicht, den Mongolen die Herrschaft über den gesamten Iran und den Irak zu sichern. Diese Vormachtstellung war durch zwei Gruppen gefährdet: durch die ismailitischen Assassinen in ihrer Burg Alamut im Nordiran, die erfolgreich sämtliche Unterwerfungsversuche durch die seldschukischen Türken abgewehrt hatten, und durch die Abbasiden-Kalifen in Bagdad.

Zwei Jahrhunderte zuvor hatte die Ankunft der seldschukischen

Türken aus dem Osten für die Kalifen zugleich eine Bedrohung und eine Chance bedeutet, denn zumindest dem Namen nach waren sie zum Islam konvertiert, und ihre Herrscher strebten die Integration in die politische muslimische Welt an. Mit ihnen konnten die Kalifen Geschäfte machen und taten es auch. Bei den Mongolen sah die Sache völlig anders aus. Sie waren keine Muslime und strebten die Vorherrschaft an, keine Integration. Für sie waren die Abbasiden-Kalifen mit ihrem Führungsanspruch über die gesamte muslimische Gemeinde eine Gefahr, die sie nicht dulden konnten. So kam es, dass Hülegü 1257 mit seinen Truppen gegen Bagdad zog.

Nach einer mehr als einmonatigen Belagerung stürmten die Mongolen Ende Januar 1258 die Stadt, nahmen Kalif Musta'sim gefangen und verschleppten ihn in Hülegüs Lager. Was dann geschah, lieferte den Stoff für gleich mehrere Legenden.[39] In arabischen und persischen Quellen finden sich einige zeitgenössische oder nahezu zeitgenössische Darstellungen, die allerdings äußerst unterschiedliche Ansichten vertreten. Eine Gruppe bildeten die pro-abbasidischen sunnitischen Geschichtsschreiber. Der erste von ihnen war unser alter Bekannter Ibn al-Sā'ī, der zur Zeit der Eroberung in Bagdad lebte und in seiner knappen «Geschichte der Kalifen» den Tod des letzten Kalifen von Bagdad schilderte. Für ihn war der Fall Bagdads das Resultat eines Verrats durch Ibn al-Alqamī, den Wesir des letzten Kalifen. Dieser war Schiite und fest entschlossen, sich für einen Angriff der Soldaten des Kalifen auf das schiitische Viertel Bagdads zu rächen. Er habe Hülegü geschrieben und ihn aufgefordert, die Stadt einzunehmen, und er habe den unglücklichen Kalifen und die sunnitische Oberschicht der Stadt überredet, in Hülegüs Lager zu gehen, wo sie alle getötet wurden, wobei das Wie nicht ganz klar ist: «Es wurde berichtet, dass er [der Kalif] ertränkt, stranguliert oder in einen Sack gesteckt und zu Tode getreten wurde.» Dann folgte die Eroberung der Stadt und das Massaker an ihren Einwohnern: «Es heißt, dass sie die Bücher der Bibliotheken Bagdads benutzten, um Ställe für ihre Pferde zu errichten.» Laut späteren arabischen Quellen erfolgte die Hinrichtung, indem man den Kalifen und seine Söhne in zwei große Säcke steckte und zu Tode trampeln ließ. Nach der mongolischen Werteskala war das Töten eines Mannes, ohne sein Blut zu vergießen, ein Ausdruck von Respekt. Diese Würdigung mag dem 37. und letzten Abbasiden-Kalifen allerdings entgangen sein, als Hülegüs Pferde ihn zertrampelten.

So weit also die sunnitische Erzählung, wonach der schuldlose Kalif von seinem schiitischen Wesir verraten wurde. In schiitischen und promongolischen Kreisen entwickelte sich, wie nicht anders zu erwarten, eine radikal andere Geschichte. Anscheinend geht sie auf die Schilderung von Nāsir al-Dīn al-Tūsī (gest. 1274) zurück, einen Philosophen und Naturwissenschaftler, der sich den ismailitischen Assassinen in Alamut angeschlossen hatte, später jedoch in das Gefolge des Mongolen Hülegü wechselte. Nach seiner Darstellung lag die Schuld für die Ereignisse bei dem wankelmütigen Kalifen und seinen sunnitischen Höflingen. Hülegü («König der Welt und Quelle des Friedens und der Sicherheit») hatte den Kalifen gebeten, ihm Truppen zur Unterstützung der Belagerung Alamuts zu schicken, doch dieser wurde überredet, abzulehnen, weil es sich angeblich um eine List handele, um ihn seiner Soldaten zu berauben. Als Hülegü wütend wurde, versuchte der Kalif, ihn mit Geschenken aus Goldgerätschaften und anderen Kostbarkeiten zu beschwichtigen. Als man den ausgehungerten Kalifen vor den Eroberer schleifte, befahl dieser ihm, das Gold und Silber zu essen, und als er erwiderte, das könne er nicht, warf Hülegü ihm Geiz vor. Anschließend wurde er auf eine nicht näher geschilderte Art getötet.

Diese Geschichte bildete die Grundlage für eine moralisierende Legende, die im ausgehenden 13. Jahrhundert in westlichen Quellen auftauchte. Die älteste überlieferte Erzählung findet sich in der Biographie des französischen Kreuzfahrerkönigs Ludwig IX., die der Franzose Jean de Joinville (gest. 1317) verfasste. Diese Version griff Marco Polo auf, der im ausgehenden 13. Jahrhundert durch den Nahen Osten reiste, und machte sie populär.

Nach dieser Legende führte man den Kalifen vor Hülegü und zeigte ihm die gesamten Gold- und Silbergerätschaften, die man aus seinen Schatzkammern geholt hatte. Dann erklärte Hülegü ihm, er müsse den Besitz essen, den er so liebe. Als der Kalif erwiderte, man könne sie nicht essen, fragte Hülegü, warum er sie dann nicht verwendet habe, um ihm Geschenke zu schicken und von einem Angriff abzubringen oder um mehr Soldaten zur Verteidigung seiner Stadt zu rekrutieren. Schließlich sperrte man den Kalifen, umgeben von seinen Schätzen, ins Gefängnis und ließ ihn verhungern.

Der Fall Bagdads und der brutale Tod des Kalifen bildeten auf einer Ebene lediglich einen weiteren grausigen Vorfall in einer Zeit, die mehr als ihren Anteil an Massakern und Morden erlebt hatte. In der muslimischen Welt gab es, wie gesagt, keine weit verbreitete oder unmittelbare Welle des Entsetzens oder allgemeines Wehklagen. Spätere Generationen erkannten jedoch im Rückblick auf diese Ereignisse, dass sie das Ende einer langen Geschichte markierten. Nie wieder sollte das Kalifat zu einer politisch unabhängigen Einheit werden, sondern, wie sich zeigen wird, immer den Herrschern der Mamluken oder Osmanen und ihrem Vorrang untergeordnet bleiben. Während das Papsttum sich seine zuweilen prekäre politische Unabhängigkeit bis heute bewahrt hat, verlor das Kalifat sie 1258 und gewann sie nie wieder zurück. Mit seiner politischen Unabhängigkeit schwanden auch alle echten Ambitionen auf eine Führungsrolle, die über dynastische Eigeninteressen hinausreichte.

6.

DREI AUTOREN AUF DER SUCHE NACH DEM KALIFAT

Der Zustand des Kalifats in diesen Jahrhunderten nahezu völliger Machtlosigkeit sorgte für beträchtliche Unruhe und Selbsterforschung bei Intellektuellen und Denkern, die sich mit Politik befassten. Abgesehen von einigen wenigen Charidschiten waren alle sich einig, dass die Gemeinschaft einen Kalifen brauchte, der die Menschen regierte und verhinderte, dass sie vom rechten Weg abkamen. Ein wesentlicher Teil dieser Pflicht bestand selbstverständlich in der Aufrechterhaltung von Recht und Ordnung, notfalls mit Gewalt, damit Muslime in Frieden und Eintracht miteinander leben konnten. Zudem besaß dieses Amt einen religiösen Aspekt. In einem denkwürdigen Ausdruck, der offenbar aus der Frühzeit des Islam stammte, bezeichnete man die Kalifen als «Zeltpflöcke unseres Glaubens». Sie wurden also gebraucht, um das gesamte Gebäude der Scharia aufrechtzuerhalten. Alle *qādīs* und Prediger verdankten ihre Autorität letztlich dem Kalifen, lautete die Argumentation. Ohne ihn gäbe es keine gültigen Eheschließungen, keine einklagbaren Verträge, und der Mensch würde seiner spirituellen Anleitung beraubt.

Diese Vorstellung barg jedoch ein schwer wiegendes Problem. Den Abbasiden-Kalifen mangelte es an Macht und Autorität, diese Aufgaben effektiv zu erfüllen. Was war zu tun? Wie ließ sich diese Institution so reformieren oder neu aufstellen, dass sie den drückenden Verpflichtungen, welche die Gemeinde ihr auferlegte, gewachsen wäre und ihnen gerecht würde? An dieser Debatte beteiligten sich viele Gelehrte; in diesem Kapitel konzentriere ich mich auf drei der einflussreichsten von ihnen: Māwardī (gest. 1058), Dschuwainī (gest. 1085) und Ghazālī (gest. 1111).

Māwardī und die Frage der Macht

Der erste und vermutlich einflussreichste dieser Gelehrten war Māwardī, der in seiner Abhandlung über die Regeln der Herrschaft unter anderem versuchte, die äußerst mehrdeutige Stellung zu klären, in der sich der Kalif damals befand.[40] Auf einer Ebene war der Kalif der Stellvertreter Gottes auf Erden oder der Nachfolger des Propheten Gottes, und alle Menschen hatten ihm zu gehorchen. Auf einer anderen Ebene war er der machtlose Erbe eines alten Amtes, der über keinen einzigen Soldaten verfügte und lokalen Kriegsherren auf Gedeih und Verderb ausgeliefert war. Māwardī war eine Autorität auf diesem Gebiet. Er war keineswegs ein Lehnstuhlakademiker, sondern stand im aktiven diplomatischen Dienst des Kalifen Qā'im. Dieser betraute ihn 1031 mit der heiklen Mission, von dem mächtigen Buyiden-Herrscher Abū Kālīdschār in Schiraz die *bai'a* zu erwirken, und es zeugt vermutlich von seinem diplomatischen Geschick, dass ihm dies tatsächlich gelang und er nach seiner Rückkehr von seiner guten Behandlung berichten konnte. Später handelte er im Auftrag des Kalifen Abkommen zwischen Buyiden-Prinzen aus. In seiner letzten Mission vermittelte er 1043 eine Vereinbarung zwischen dem effektiv letzten Buyiden-Herrscher, Dschalāl al-Daula, und dem neu eingetroffenen Seldschuken-Führer Tughrul Beg. Māwardī hatte also klare Vorstellungen von den politischen Realitäten seiner Zeit.

Seine Abhandlung ist in mancherlei Hinsicht eine Zusammenfassung der islamischen Regierungspraxis und befasst sich in weiten Teilen mit Details der Steuererhebung, den Befugnissen der Richter und ähnlichen Angelegenheiten, widmet sich in den ersten drei Kapiteln jedoch unmittelbar der Wahl des Kalifen und der Macht, die er besitzen konnte.

Die beiden Gelehrten Abu Zaid und al-Hārith im Gespräch. Illustration zu den «Makamen» des Harīrī, Bagdad 1237

Zunächst erörtert er die Notwendigkeit, dass die Muslimgemeinde einen Imam/Kalifen (er verwendet beide Begriffe synonym) haben müsse. Dafür lassen sich sowohl Vernunftgründe – Menschen müssen regiert werden, um Unordnung zu verhindern – als auch religiöse Gründe anführen, weil der Koran und die Überlieferung des Propheten es vorschreiben. Nachdem er dies geklärt hat, wendet er sich der Wahl des Kalifen zu. Er führt eine Reihe offenkundiger Eigenschaften an, die der Kandidat besitzen muss – Gerechtigkeitssinn, Wissen, körperliche Tüchtigkeit usw. –, und schließt mit der Behauptung, der Kalif müsse von den Quraisch abstammen. Das begründet er wie die meisten seiner Aussagen mit dem Verweis auf die Taten und Äußerungen der rechtgeleiteten Kalifen. Ihm genügt es, dass Abū Bakr, die Worte des Propheten zitierend, erklärte, die Quraisch seien die einzigen, die einen Anspruch auf das höchste Amt besäßen.

Māwardī schreibt, der Kalif könne gewählt oder durch einen Vorgänger bestimmt werden, stellt allerdings die Frage, wer im Fall einer Wahl wahlberechtigt sein solle. Manche meinen, alle Muslime sollten daran beteiligt sein, doch diese Vorstellung lehnt Māwardī mit Blick auf die Nachfolgeregelung bei den rechtgeleiteten Kalifen ab. Abū Bakr wurde von einer kleinen Gruppe bestimmt, Umar ernannte sechs Mitglieder für die *schūra*, die seinen Nachfolger wählen sollte, und Alī wurde von nur einem einzigen zum Kalifen bestimmt, von Abbās (dem Onkel des Propheten und Vorfahren der Abbasiden), der schlicht erklärte: «Gib mir deine Hände, damit ich dir meine Treue schwören und das Volk sagen kann: ‹Der Onkel des Gesandten Gottes, möge Gott ihn segnen und ihm Erlösung gewähren, hat seinen Vetter ernannt.› Dann werden keine zwei Personen über dich streiten.»[41]

Doch angenommen, es gäbe zwei gleich gute Kandidaten, überlegt Māwardī. Dann solle die Entscheidung von der jeweiligen Situation abhängig gemacht werden. Würden Muslime angegriffen, wäre der Tapferkeit im Kampf Priorität einzuräumen; wären verbreitete Lethargie und Ketzerei die Hauptprobleme, müsste Intelligenz als wichtiger eingestuft werden. Das Alter könne bei zwei gleich guten Kandidaten ein Auswahlkriterium sein, sei aber an sich noch keine entscheidende Qualifikation. Solche Fragen sollten allerdings nicht per Los entschieden werden. Nachdem die Entscheidung gefällt sei und der Kandidat die Wahl angenommen habe, könne die Entscheidung nicht mehr rückgängig gemacht werden, es sei denn, der Gewählte würde zurücktreten. Würden in verschiedenen Städten zwei Kandidaten gewählt, habe der zuerst Gewählte den Vorrang.

Nun wendet Māwardī sich der Ernennung zu. Hier stellt sich die Frage, ob der designierte Erbe die Zustimmung der Wähler braucht. Im Allgemeinen lautet die Antwort nein, manche sind allerdings der Auffassung, dass deren Zustimmung erforderlich sei, falls es sich bei dem Nominierten um den Sohn oder, was unwahrscheinlich ist, um den Vater des vorigen Kalifen handele.

Als nächstes befasst er sich mit der Zulässigkeit, zwei Erben zu benennen, die nacheinander die Nachfolge antreten sollen. Dieses Vorgehen war bei den Umayyaden und den frühen Abbasiden eine gängige Praxis, die allerdings auch zu Streitigkeiten und Gewalt geführt hatte. Nach Māwardīs Ansicht ist die Benennung von zwei Erben rechtmäßig, da sie sich mit dem Verhalten des Propheten deckt, der am Ende seines Lebens für den Feldzug nach Mu'ta in Syrien nicht weniger als drei Kommandeure bestimmte, die aufeinander folgen sollten.

Sobald der Kalif bestimmt ist, sollen sein Name und Titel bekannt gegeben werden. Hier setzt sich Māwardī mit dem heiklen Problem auseinander, ob der Kalif Stellvertreter Gottes oder Nachfolger des Propheten Gottes ist. Wie nahezu alle späteren Rechtsgelehrten stellt er sich entschieden auf die Seite derer, die den Kalifen als Nachfolger des Propheten sehen, und führt als schlagenden Beweis Abū Bakrs angebliche Weigerung an, den Titel Kalif Gottes zu tragen.

Als letzten Punkt behandelt er die Frage, ob es zulässig sei, einen schlechten oder unzulänglichen Kalifen zu beseitigen. Dabei zieht er drei Eventualitäten in Betracht. Die erste Möglichkeit ist, dass ein Kalif ungerecht wird oder der Häresie verfällt. In diesem Fall muss er zurücktreten oder des Amtes enthoben werden. Māwardī fasst sich zu diesem äußerst heiklen Problem sehr kurz und streift es nur. Wesentlich mehr Raum gibt er körperlichen Gebrechen wie Blindheit oder dem Verlust von Gliedmaßen als disqualifizierendem Merkmal, bekräftigt jedoch, dass ein Eunuch durchaus Kalif werden könne, auch wenn es keinerlei Belege gibt, dass dies in der Geschichte des Kalifats je vorgekommen wäre. Eine letzte Form von Unzulänglichkeit ist der Fall, dass Muslime oder Nichtmuslime einen Kalifen gefangen nehmen, wobei die Art der Gefangenschaft und die Aussicht auf seine Freilassung für das weitere Vorgehen entscheidend sind.

Nachdem Māwardī die nötigen Qualifikationen und das Auswahlverfahren für das Kalifenamt erörtert hat, befasst er sich im zweiten Kapitel mit der Ernennung von Wesiren. Dabei geht er auf zwei Formen ein. Die erste ist das Wesirat der Delegierung (*tafwīd*), bei dem der Kalif im Grunde sämtliche Funktionen einem Beamten überträgt, der in jeder Hinsicht für ihn handelt. Hier verleiht Māwardī einer Situation, in der Beamte die Kalifenmacht usurpiert haben, wie es die Buyiden-Emire seiner Zeit taten, einen rechtlichen Rahmen. Im zweiten Fall (*tanfīdh*) ernennt der Kalif einen Wesir, der lediglich seine Anweisungen ausführt und somit die Rolle eines Premierministers einnimmt, wie es in der frühen Abbasiden-Zeit der Fall war, in der die Kalifen noch tatsächliche Macht besaßen. Das folgende Kapitel behandelt die Ernennung von Provinzgouverneuren. Auch hier unterscheidet Māwardī zwei Formen. Bei der ersten kann der Kalif entscheiden, wen er ernennt, und den mit diesem Amt Betrauten wieder entlassen und zurückrufen. Diese Praxis war in der Umayyaden- und frühen Abbasiden-Zeit üblich. Die zweite Art bezeichnet Māwardī als Ernennung durch Usurpation oder Zwang. In diesem Fall ist der Kalif gezwungen, einem Lokalgouverneur, der bereits selbst die Macht an sich gerissen hat, seine Zustimmung zu geben. Auf diese Weise liefert Māwardī dem Kalifen einen Kunstgriff, mit dem er sich die theoretische Oberhoheit über die politisch fragmentierte muslimische Welt erhalten kann. In den Darlegungen zu den Wesiren wie auch zu den Gouverneuren entwickelt er eine konstitutionelle Ordnung, die dem Kalifen seine Stellung in einer Zeit des Wandels sichert. Es ist eine Synthese, die außerordentlichen Einfluss auf viele spätere Erörterungen des Kalifats haben sollte.

Dschuwainī: Militärische Stärke und wahrer Glaube

Abd al-Malik al-Dschuwainī stammte aus ganz anderen Verhältnissen als Māwardī. Seine Familie kam aus der ostiranischen Kleinstadt Dschuvain, und sein Vater war 1016 nach Nischapur gezogen, um eine Stellung an der dortigen Madrasa anzunehmen. In dieser akademischen Umgebung wuchs der junge Dschuwainī auf und trat mit nur neunzehn Jahren die Nachfolge seines Vaters an. Im Jahr 1053 ging er nach Bagdad, damals nach wie vor das bedeutendste geistige Zentrum der muslimischen Welt, wo er vermutlich Māwardī kennenlernte und sicher dessen Abhandlung über die Regeln der Herrschaft las. Möglicherweise begegnete er auch dem Kalifen Qāʾim, der damals gerade seine Beziehung zu den aufstrebenden Seldschuken-Sultanen aushandelte. Nach einer weiteren vierjährigen Studien- und Lehrzeit in Medina und Mekka kehrte Dschuwainī 1063 auf Einladung von Nizām al-Mulk, der damals seine Stellung als Wesir des Seldschuken-Sultans Alp Arslan festigte, nach Churasan zurück. Nizām al-Mulk ernannte ihn zum Professor der von ihm gegründeten Nizāmīya-Schule, an der Dschuwainī bis zu seinem Tod lehrte.

Seine politische Abhandlung *Ghiyāth al-umam* (Hilfe für die Völker) schrieb Dschuwainī zwischen 1072 und 1085, als die Politik in der östlichen islamischen Welt von dem Seldschuken-Sultan Malik Schāh und seinem überaus mächtigen Wesir Nizām al-Mulk dominiert wurde. Die Seldschuken übten erheblichen politischen Einfluss aus, brauchten jedoch die Anerkennung des Kalifen und wollten ihre Vorherrschaft noch weiter ausbauen. Vor allem wollten sie eine Dynastie gründen, die das Kalifat und das Sultanat, also die religiösen und die weltlichen Aspekte islamischer Regierung, verbinden sollte. Zu diesem Zweck heiratete der Abbasiden-Kalif Muqtadī die Tochter Malik Schāhs und zeugte mit ihr einen Sohn namens Dschaʿfar, den Malik Schāh unbedingt zum Fürsten der Gläubigen machen wollte. Also befahl er dem amtierenden Kalifen 1092, zurückzutreten und die Stadt zu verlassen, um den Weg für Dschaʿfar als Nachfolger frei zu machen. Malik Schāh starb jedoch jung, und Nizām al-Mulk wurde ermordet, und so brach der ganze Plan zusammen, als die Seldschuken-Prinzen und ihre Anhänger untereinander um die Nachfolge rangen. Dschuwainī war bereits sieben Jahre zuvor gestorben, aber seine Abhandlung konnte als intellektuelle Rechtfertigung für die Pläne der Seldschuken dienen. Seine Vorstellungen von der Rolle des Kalifats unterschieden sich grundlegend von denen Māwardīs. Für Māwardī mit seiner von Bagdad geprägten Herkunft und Bildung war die Abstammung von den Abbasiden ein Schlüsselelement des Kalifats. Ziel musste es sein, die Würde des Kalifats wiederherzustellen und ein System einzuführen, in dem die verschiedenen Sultane und Emire Untergebene des Kalifen wären, auch wenn die tagtägliche Machtausübung großenteils bei ihnen lag. Für Dschuwainī mit seinem ostiranischen Hintergrund war die Abstammung von den Abbasiden bestenfalls irrelevant und schlimmstenfalls eine Ablenkung, die eine effektive Verwaltung und Regierung der Gemeinde verhinderte. Der Kalif sollte ohne Rücksicht auf seine Abstammung aus den stärksten und mächtigsten Muslimen ausgewählt werden. Unter der Herrschaft dieses neuen mächtigen Kalifen sollten Kalifat und Sultanat vereint werden: Die Tatsache, dass das Blut der Prophetenfamilie nicht in seinen Adern floss, war bedeutungslos.

Dschuwainī untersucht viele der von Māwardī behandelten Aspekte, zieht aber häufig völlig andere Schlüsse. Zunächst erörtert er die Qualifikationen für das Kalifenamt, das er generell als Imamat bezeichnet, und weist die schiitischen Behauptungen zurück, dass die Wahl des Kalifen von Gottes Bestimmung abhänge; die von ihnen als Beleg vorgebrachten Überlieferungen des Propheten seien falsch, denn wenn sie echt wären, würden die Sunniten sie ebenfalls akzeptieren. Somit bevorzugt er die Idee der Wahl. Die Wähler sollten freie Männer mit Erfahrung auf den Gebieten des Rechts, der Regierung und Verwaltung sein. Wie Māwardī akzeptiert er die Möglichkeit, dass nur ein Einzelner die Wahl trifft, dessen wichtigste Qualifikation allerdings sein muss, Macht und Autorität – von ihm *schaukat* genannt – zu besitzen. Auch wenn er dies nicht ausdrücklich äußert, könnte dies einem mächtigen Seldschuken-Herrscher die Möglichkeit eröffnen, einen Kalifen rechtmäßig zu ernennen.

Als nächstes untersucht Dschuwainī die Eigenschaften, die der Kalif besitzen muss: Vor allem sollte er körperlich und geistig gesund sein, darin sind sich alle Autoritäten einig. Was die Abstammung von den Quraisch angeht, findet Dschuwainī die zur Begründung angeführte Überlieferung nur schwach belegt und kommt zu dem Schluss, dass diese Abstammung keineswegs entscheidend sei. Idealerweise sollte der Kalif zwar in Rechtsdingen gebildet sein, damit er Entscheidungen treffen und Anleitung geben kann, doch wenn er es nicht ist, kann er auf die *ulamā* vertrauen, mit denen er partnerschaftlich zusammenarbeiten sollte. Dschuwainī hebt Führungsstärke und Autorität als notwendige Eigenschaften des Kalifen hervor, um die Einheit der *umma* erhalten, Armeen aufstellen und die Grenzen verteidigen zu können. Hier leistet Dschuwainī Bahnbrechendes, denn solche Eigenschaften sind für ihn nicht Ergebnis, sondern Voraussetzungen für das Kalifenamt. Wael Hallaq, der große moderne Gelehrte für islamisches Recht, führt aus:

> Militärische und politische Macht haben nach Juwaynīs Ansicht Vorrang vor allen anderen Erwägungen, denn Macht stellt das einzige Mittel dar, durch das der Souverän die Angelegenheiten der Gemeinschaft richtig regeln kann. Ein machtloser Herrscher muss daher durch einen mächtigen ersetzt werden: «Wenn der Imam seine Macht verliert und seine Gemeinde ihn ohne erkennbaren Grund nicht mehr anerkennt ... und wenn seine Anhänger ihn im Stich lassen», ist er abzusetzen, und «das Imamat sollte einem Imam anvertraut werden, dem das Volk gehorcht».[42]

In der Person dieses einen starken Führers würden die Funktionen des Kalifen und des Sultans vereint. Dschuwainī macht klar, dass der machtlose Kalif, den er im Sinn hat, der Abbasiden-Kalif Qā'im ist.

Darin scheint eine verschleierte Ermunterung an den Seldschuken-Wesir Nizām al-Mulk zu liegen, das Kalifat zu übernehmen. Das hätte zwar eine äußerst radikale Abkehr von der Tradition und Praxis der Muslimgemeinde bedeutet, wäre nach Dschuwainīs Argumentation jedoch gerechtfertigt gewesen. Er lobt die Rolle der Seldschuken, ihre Staatsorganisation und ihre Führung des Dschihad, und vertritt die Auffassung, dass man einen Usurpator akzeptieren sollte, der die Macht und die Eignung besaß, die *umma* zu führen. Der Herrscher sollte auch die *ulamā* in das Staatsgefüge einbeziehen, weil sie, wie er sagt, die Erben des Propheten und Hüter der Scharia seien.

Aus Dschuwainīs Ansichten ergaben sich geradezu revolutionäre Weiterungen für das Kalifat. Konsequent zu Ende gedacht, bedeuten sie, dass miliärische Stärke und wahrer Glaube die einzig sinnvollen Qualifikationen für das Kalifenamt sind und der Kalif nicht etwa ein von Gott bestimmter Herrscher, sondern einfach der mächtigste Militär sein sollte, der seine Herrschaft dem Konsens der Muslimgemeinde verdankt. Von Rechts wegen sollte ihm nicht nur die Autorität über weltliche Angelegenheiten, sondern auch über die richtige Bewahrung der Religion und die Scharia zustehen.

Dschuwainīs Vorstellungen waren ein Produkt seiner Zeit und seiner engen Verbindungen zu den Seldschuken und zu Nizām al-Mulk. Er starb 1085, bevor sie praktisch umgesetzt werden konnten. Aber das Debakel nach dem Tod Malik Schāhs und seines Wesirs verschob die Machtverhältnisse zwischen den Abbasiden-Kalifen und den seldschukischen Möchtegern-Sultanen dramatisch. Während die Seldschuken-Prinzen miteinander um das Sultanat stritten, erlangten die Abbasiden-Kalifen allmählich wieder mehr Einfluss.

Ghazālī: Der Kalif als Quelle der Scharia

Der dritte unserer Autoren war zugleich der populärste und meistgelesene. Ghazālī war ein Schüler Dschuwainīs und hatte wie dieser einen ostiranischen Hintergrund. Auch er genoss die Unterstützung Nizām al-Mulks und erhielt 1091, nur ein Jahr vor Nizāms Tod, eine bedeutende Stellung als Lehrer an der Nizāmīya-Madrasa in Bagdad. Als er 1095 in eine, wie es heißt, spirituelle Krise geriet, gab er seine erfolgreiche akademische Karriere auf und kehrte in seine Heimat Churasan zurück, wo er sich auf seine sufistischen und spirituellen Schriften konzentrierte. Dort starb er 1111.

Ghazālī schuf ein umfangreiches Werk und erörterte in vielen seiner Bücher das Kalifat, wenn auch nicht immer ganz stimmig. Hier werde ich mich auf das *Kitāb al-Mustazhiri* (Buch des Mustazhir) konzentrieren, das er Anfang 1095 schrieb, als er noch in Bagdad lehrte, und dem amtierenden Abbasiden-Kalifen Mustazhir (reg. 1094–1118) widmete, wie der Titel zeigt. Nach eigenen Angaben erhielt er vom Kalifen den Auftrag, ein Buch zu schreiben, das die Ansprüche der schiitischen Ismailiten auf das Kalifat entkräften sollte. Dabei handelte es sich um ein drängendes Problem: Malik Schāh und Nizām al-Mulk waren tot, die Seldschuken zutiefst gespalten und sowohl die ismailitischen Fatimiden in Ägypten als auch die ismailitischen Assassinen im Nordiran standen bereit, um die Wirren für sich zu nutzen.

In seinem Buch geht es Ghazālī zunächst und vor allem darum, ismailitische Vorstellungen vom Kalifenamt zu widerlegen. Für die Ismailiten war der Kalif der Stellvertreter Gottes und der Einzige, der qualifiziert war, Gottes Offenbarung zu interpretieren. Er allein hatte über Fragen der Scharia zu entscheiden, und nicht etwa Rechtsgelehrte. Der Fatimiden-Kalif in Ägypten war der einzige rechtmäßige Kalif, und alle Menschen sollten ihm gehorchen.

Diese Vorstellungen zerpflückt Ghazālī nun und entwickelt dabei eine alternative Legitimation der Abbasiden-Kalifen. Nach seiner Auffassung muss es einen Kalifen geben, um der Scharia Geltung zu verschaffen: Er ist Gottes Kalif und die Hauptquelle für alles, was richtig ist. Ohne einen Kalifen wären alle öffentlichen Funktionen nichtig, und das gesamte Gefüge der Scharia drohte zusammenzubrechen. Diese Argumentation basiert auf dem Konsens der *umma*, auf den Handlungen der Gefährten des Propheten, die unmittelbar nach dessen Tod einen Kalifen wählten, um die Einheit und Zukunft der Gemeinde zu gewährleisten, und auf der Tatsache, dass es nur einen einzigen Kalifen, keine *schūra*, geben kann, weil dies der alleinige Weg ist, Chaos zu verhindern.

Als Nächstes stellt sich die Frage der Kalifenwahl. Nachdem Ghazālī die schiitische Idee einer göttlichen Bestimmung abgelehnt hat, befasst er sich mit Wahlverfahren. Dabei lehnt er jegliche öffentliche Beteiligung ab, selbst wenn sie sich auf tugendhafte und religiös rechtschaffene Personen beschränkt, und bevorzugt die Entscheidung durch einen Einzelnen, dessen wichtigste Qualität darin besteht, dass er genügend Macht und Autorität besitzt, die Herrschaft des Kalifen erfolgreich durchzusetzen. Ghazālī übernimmt damit den bereits von Dschuwainī verwendeten Begriff *schaukat* für die Kombination aus Stärke und ehrfurchtgebietender Ausstrahlung, die für die Durchsetzung von Gehorsam notwendig ist, denn ein Kalif, der keinen Gehorsam einfordern kann, nützt niemandem. *Schaukat* wird von Gott verliehen und erhalten, der auf diese Weise seine Unterstützung der Kalifenwahl zum Ausdruck bringt.

Diese Doktrin hat weit reichende Folgen. Sie kommt dem Argument «Macht geht vor Recht» sehr nahe, da politische Macht von Gott bestätigt wird. Für Ghazālīs Zeit bedeutete sie praktisch, dass die Nominierung durch einen Seldschuken-Sultan völlig legal war, sofern dieser *schaukat* besaß. Somit ergab sich selbstverständlich das Problem, was passierte, wenn niemand da war, der diese Qualität besaß. Offenbar beschäftigte Ghazāli sich mit dieser Frage nicht weiter, abgesehen von dem Vorschlag, dass zwei oder drei Männer sich zusammentun könnten, damit sie genügend *schaukat* aufbrächten, um die Autorität des von ihnen gewählten Kalifen durchzusetzen. Ein solches System mochte durchaus tragfähig und praktikabel erschienen sein, als Malik Schāh Sultan war und sein mächtiger Wesir Nizām al-Mulk (den Dschuwainī offenbar gern als Kalifen gesehen hätte) über das erforderliche Maß an *schaukat* verfügte. Als beide 1092, nur drei Jahre, bevor Ghazālī sein Buch schrieb, starben, gab es niemanden, der ihren Platz hätte einnehmen können, auch wenn er vielleicht glaubte und hoffte, dass so jemand auftauchen würde.

Des Weiteren erörtert Ghazālī die notwendigen Eigenschaften, die der Kalif braucht. Einige sind unumstritten, zum Beispiel geistige und körperliche Gesundheit und Männlichkeit (hier gab es keine Diskussionen). Er besteht jedoch auch wie Māwardī, aber anders als Dschuwainī, auf der Abstammung von den Quraisch. Anschließend beschreibt er eine Reihe von Eigenschaften, die nicht angeboren, sondern erworben sind. Die erste, die er *nadschda* nennt, ist die Demonstration von Stärke:

Eine reichliche Rüstungsausstattung, die Zuhilfenahme von Armeen, das Aufstellen von Bannern und Standarten, die Fähigkeit, mithilfe von Unterstützern und Anhängern Rebellen und Übeltäter zu unterwerfen, gegen Ungläubige und unbotmäßig Stolze zu kämpfen, den Ausbruch von Zwistigkeiten zu unterbinden und den Strom angestauter Wogen misslicher Beschwerden aufzuhalten, bevor ihr Unheil offenkundig wird und der von ihnen angerichtete Schaden sich ausbreitet. Das bedeutet *nadschda*.

Diese Passage ist voller verbaler Arroganz und rhetorischer Schnörkel, wie die Übersetzerin Carole Hillenbrand anmerkt.[43] Aber die Bedeutung ist klar: Ein Kalif, der diese Anforderungen nicht erfüllen kann, ist für Ghazālī kein echter Kalif. In einem langen Exkurs führt er aus, dass zu seiner Zeit die Türken, die den größten Teil der Soldaten stellten, trotz aller Konflikte und allen Ungehorsams für Mustazhirs Kalifat die Quelle seiner *nadschda* darstellten.

Drei weitere Eigenschaften, die ein Kalif braucht, sind Kompetenz (*kifāya*), Frömmigkeit (*warā*) und Wissen (*ilm*). Frömmigkeit ist schwer mit der Ausübung von Macht vereinbar und hängt von der strikten Einhaltung des Rechts ab. Was das Wissen angeht, so braucht der Kalif kein herausragender Gelehrter zu sein, da er den Rat und die Meinung der *ulamā* einholen kann. Damit steht Ghazālī in Gegensatz zur ismailitischen Vorstellung vom Kalifen, der Rechtsentscheidungen allein aufgrund göttlicher Inspiration fällt und nicht irren kann.

Ghazālī geht es vor allem darum, ein starkes Kalifat zu schaffen, das die Stabilität und Einheit der sunnitischen Welt gewährleistet und sie in die Lage versetzt, Angriffe der ismailitischen Schiiten abzuwehren, die er wie sein Förderer Nizām al-Mulk leidenschaftlich hasst. Um dies zu erreichen, muss er einen Rahmen für die Kooperation des Kalifen mit dem türkischen Militär schaffen, obgleich die Türken gelegentlich (und sogar zunehmend) eine Quelle der Unordnung im Staat darstellen.

Alle drei Autoren rangen mit den Problemen, die theoretischen Ansprüche des Kalifats und Imamats mit den Realitäten politischer Macht in ihrer jeweiligen Zeit zu vereinbaren. Der Zusammenbruch des Abbasiden-Kalifats hatte das Wesen dieses Amtes tiefgreifend infrage gestellt. Alle drei Denker waren sich einig, dass ein Kalif für die richtige Ordnung der Muslimgemeinde notwendig sei. Darüber hinaus gelangten die drei frommen und intelligenten Muslime jedoch zu äußerst unterschiedlichen Schlussfolgerungen. Māwardī war es wichtig, Macht und Ansehen des Abbasiden-Kalifats wiederherzustellen, während Dschuwainī die Abbasiden für einen bedeutungslosen Anachronismus hielt und überzeugt war, dass, wenn das Kalifat seine Funktion erfüllen solle, es auf den militärisch mächtigsten und effektivsten Herrscher seiner Zeit übergehen müsse, natürlich vorausgesetzt, dass dieser ein frommer Muslim sei. Ghazālī suchte nach einem Kompromiss, der militärische Stärke mit spiritueller Führung verband. Die Haupterkenntnis, die wir aus dieser Debatte ziehen können, ist, dass es bereits im 11. und 12. Jahrhundert unter führenden sunnitisch-muslimischen Denkern tiefgreifende Differenzen gab, wie das Kalifat beschaffen sein sollte. Es gab kein einheitliches, definitives Modell oder Vorbild.

7.

DAS KALIFAT DER SCHIITEN

Die bislang behandelten Kalifate, das der rechtgeleiteten Kalifen, der Umayyaden und der Abbasiden, gehören alle zur sunnitischen Hauptströmung des Islam oder wurden von ihr vereinnahmt; es gibt jedoch noch eine andere, ebenso lebendige und vielfältige Tradition des Kalifats, die wir als schiitisch definieren könnten. In der schiitischen Tradition wird die islamische Führung als Kalifat oder Imamat bezeichnet. Der Begriff Imam besitzt, wie gesagt, in der Erörterung der islamischen Gesellschaft ein breites Bedeutungsspektrum. Im Kontext unserer Diskussion wird er praktisch gleichbedeutend mit Kalif, also der religiös-politischen Führung der Muslime, verwendet. Die Zwölfer-Schiiten brachten zwar Imame, aber, vom ersten Alī abgesehen, keine Kalifen hervor; sicherlich sollten diese Imame mit Gottes Hilfe und Unterstützung der Schia irgendwann in der Zukunft auch zu Kalifen werden. Da dies jedoch nicht eintrat, verschwanden die Imame in der Verborgenheit.

Häufig werden die Schiiten als Häretiker bezeichnet. Es ist sinnvoll, sich anzusehen, was diese Vorstellung im Islam bedeutet. Im Christentum, im Islam und im Judentum heißt Häresie, in religiösen Dingen das Falsche zu glauben. Sie ist das Gegenteil vom orthodoxen oder rechten Glauben. Niemand behauptet je von sich, er sei ein Häretiker, weil niemand sich damit brüsten würde, das Falsche zu glauben, sondern jeder meint, allein den rechten Glauben zu besitzen. Für Schiiten jeglicher Couleur gelten die Sunniten als Häretiker. Im frühen Christentum ging es bei der Häresie um theologische Fragen, vor allem um das Verhältnis zwischen den drei Personen der Dreifaltigkeit und um das Wesen der Fleischwerdung Christi. Diese

Zwei Krieger des fatimidischen Kalifats, 11. Jahrhundert

abstrakten Fragen, die sich dem Wissen im Grunde entzogen, weckten heftige Leidenschaften und führten in den drei Jahrhunderten vor der Entstehung des Islam zu Debatten, die eine umfangreiche polemische Literatur und viel Blutvergießen hervorbrachten. Ab dem 11. Jahrhundert war die Westkirche durch eine Häresie anderer Art zerrissen, nämlich durch die Debatte über die Autorität des Papsttums in Rom, eine Kontroverse, die letztlich zur Spaltung der Kirche und im 16. Jahrhundert zur Reformation führte.

Dieselben Probleme spalten die christliche Kirche bis heute. Die grundlegende Frage betrifft die Rolle des Papstes bei der Festlegung des wahren Glaubens. Für Katholiken stand fest, dass Gottes Gnade dem Papst die Autorität verliehen hatte, über strittige Glaubensfragen zu entscheiden, und im 19. Jahrhundert wurde es zur offiziellen Doktrin erhoben, dass der Papst unfehlbar sei, also bei der Verkündigung der christlichen Glaubenslehre keine Fehlentscheidung treffen könne. Dagegen lehnten Protestanten die päpstliche Autorität ab, die sie für päpstliche Diktatur hielten, und vertraten die Auffassung, Fragen der Glaubenslehre sollten von Theologen diskutiert, letztlich aber vom Einzelnen und von den Kirchen entschieden werden. Das Entscheidende sei letzten Endes die Beziehung des einzelnen Gläubigen zu Gott.

Dem Islam blieb das spekulative Ringen um Fragen der Dreifaltigkeit und der Fleischwerdung weitgehend erspart, weil die Einheit Gottes unanfechtbar und von herausragender Bedeutung war; tatsächlich definierten Muslime sich als diejenigen, die *schirk* (Polytheismus) ablehnten. Allerdings gab es nach wie vor zwei Bereiche, in denen spekulative Theologie in falschen Glauben oder Häresie abgleiten konnte.

Der erste betraf das Wesen des Koran. Alle Muslime stimmen überein, dass der Koran das Wort Gottes ist. Dagegen sind die meisten, wenngleich keineswegs alle Christen davon überzeugt, dass die Bibel göttliche Äußerungen, aber auch sehr viel von Menschen verfasstes Material wie geschichtliche Darstellungen, Sprüche und ähnliches enthält. Wer den Koran nicht als Wort Gottes anerkennt, kann kein Muslim sein. Die Frage, die Sunniten und Schiiten spaltete, bestand darin, ob der Koran schon von Ewigkeit an mit Gott existiert habe oder ob Gott ihn zu einem bestimmten Zeitpunkt der Menschheitsgeschichte verfasst und dem Propheten Mohammed offenbart habe.

Die zweite spekulative Frage, die Muslime entzweite, betraf den Anthropomorphismus, den Glauben, dass Gott in Form und Gestalt dem Menschen gleich, nur wesentlich größer und besser sei, dass er also Arme und Beine habe, buchstäblich auf einem Thron sitze und Worte ebenso wie wir mit dem Mund äußere. Niemand behauptete von sich, ein Anthropomorphist zu sein, vielmehr konnte man diesen Vorwurf Muslimen machen, die andere Auffassungen vertraten als die Rechtgläubigen, wie etwa die Almohaden im Maghreb es taten, um die Ansichten ihrer Gegner, der Almoraviden, zu diskreditieren.

Diese Kontroversen waren damals zwar wichtig, hatten jedoch nur begrenzte Reichweite und Dauer. Das Problem, das die *umma* bis heute wirklich spaltet, betrifft die Autorität in der Muslimgemeinde. In dieser Hinsicht wird man an die Kontroversen der Christen über die Vorrangstellung des Papstes erinnert, die sich als ebenso spaltend erwiesen.

Das arabische Wort *schiʿa* bedeutet im Grunde «Partei» im Sinne einer «Gruppe von Anhängern». Davon leitet sich *schiʿī* ab, die Bezeichnung für ein Mitglied einer solchen Partei, die dem Wort Schiite zu Grunde liegt. Im politischen Diskurs der frühislamischen Zeit gab es verschiedene Schias, etwa die Schia Uthmāns oder die der Abbasiden, im 10. Jahrhundert fand der Begriff jedoch in der Regel nur noch Anwendung für die Partei Alīs oder die der Prophetenfamilie.

Nach der alle Schiiten einenden Grundidee kommt der Familie des Propheten eine Sonderstellung in der Muslimgemeinde zu. Das war an sich nie strittig oder spaltend. Zumindest in vormoderner Zeit akzeptierten die meisten sunnitischen Muslime, dass man die Mitglieder der Prophetenfamilie ehren und ihnen vielleicht eine Pension oder andere Vergünstigungen zukommen lassen sollte. Was die Schiiten von ihnen unterschied, war die Überzeugung, nur die Prophetenfamilie habe das gottgegebene Recht, die Muslimgemeinde als Kalifen oder Imame zu führen und Entscheidungen in Fragen der Scharia zu fällen.

Wenn man diese Überzeugung akzeptierte, erwuchs daraus eine Reihe weiterer Fragen: Wer genau zählte zur Prophetenfamilie? Eindeutig galt das für die unmittelbaren Blutsverwandten Mohammeds über seine Tochter Fātima, ihren Mann Alī ibn Abī Tālib und die beiden Söhne Hasan und Husain. Gehörten dazu jedoch auch die Nachkommen von Alīs Bruder Dschaʿfar oder die von Abbas, dem Onkel des Propheten väterlicherseits, von dem die Abbasiden abstammten? Des Weiteren ergaben sich Fragen nach den späteren Nachkommen. Waren sämtliche Nachfahren Hasans und Husains für die Führung der Gemeinde qualifiziert? Wenn ja, dann erwuchsen daraus im Laufe der Jahrhunderte unzählige potenzielle Kandidaten – zu viele, um eine angemessene Auswahl zu treffen. Wenn man die Zahl der infrage kommenden Familienmitglieder jedoch eingrenzen wollte, wer sollte dies tun und wie? Und für den Fall, dass ein Imam mehrere Söhne zeugte, sollte dann zwangsläufig der älteste sein Nachfolger werden oder sollte man den Fähigsten und Geeignetsten auswählen? Und was sollte geschehen, wenn der vermeintlich rechtmäßige Thronfolger, Gott bewahre, auf Abwege geriete und sich unislamisch benähme? Sollte man ihn absetzen und durch einen anscheinend besser geeigneten Kandidaten ersetzen, oder bedeutete es, dass Gottes Entscheidungen für den Menschen unergründlich waren und befolgt werden mussten, ganz gleich, wie die Situation sich augenscheinlich darstellte?

Eine weitere Frage war, worin die gottgegebene Autorität bestand. Nach Überzeugung praktisch aller Schiiten soll der Imam unklare und umstrittene Passagen des Koran interpretieren, weil er, nicht die Gelehrten der Überlieferung, das nötige Wissen dazu besitzt. Über die Scharia der Schiiten hat der Imam zu entscheiden, nicht die *ulamā* oder der Konsens der Gemeinde. Manche gingen sogar noch weiter und meinten, der Imam solle aufgrund seiner überlegenen Urteilskraft die Scharia ändern und sogar außer Kraft setzen können.

Dies alles waren ernsthafte, schwierige Fragen, deren Beantwortung weit reichende Folgen für die Führung der *umma* besaß. Daher ist es kaum verwunderlich, dass hierzu eine umfangreiche Literatur entstand. Ein Teil hatte die Form von Häresiographien oder Darstellungen der verschiedenen Sekten, die entstanden waren und deren

Anzahl bis zu dreiundsiebzig betrug. Sie waren jeweils nach einem realen oder imaginären Begründer benannt und propagierten eine bestimmte Antwort auf die verschiedenen Fragen. Es gab große Gruppen, andere bestanden aus kaum mehr als einem Einzelnen, der seine eigenen exzentrischen Ideen verkündete.

Die Vielzahl solcher Gruppen mag den Eindruck von wucherndem Chaos oder sogar von Leichtfertigkeit erwecken, die meisten boten jedoch Antworten auf die Hauptfragen an, die aus der Vorstellung eines gottgeleiteten Herrschers erwuchsen. Um diese komplexen Entwicklungen zu verstehen, müssen wir sie uns als Bestrebungen frommer, aufrichtiger und intelligenter Männer vorstellen, die sinnvolle Antworten auf schwierige, aber grundlegende Fragen des Glaubens und der Autorität im muslimischen Umfeld suchten.

Für das Aufkommen so vieler verschiedener Gruppierungen unter den Schiiten waren noch andere, weltlichere Faktoren verantwortlich. Zuweilen erwuchs der Zuspruch für den Schiismus aus sozialen Spannungen. Im Irak war die Begeisterung für Alī und dessen Nachfahren in frühislamischer Zeit, wie bereits gesagt, offenbar vor allem bei denjenigen verbreitet, die sich übergangen und als Bürger zweiter Klasse behandelt fühlten. Zudem gab es regionale Differenzen. So wurde darauf hingewiesen, dass die Ergebenheit gegenüber dem Haus Alīs schon sehr früh mit der irakischen Verbitterung über die syrische Dominanz einherging und ein Bestandteil dieses Grolls war. In späteren Jahrhunderten sind schiitische Herrscher in Randgebieten der muslimischen Welt zu finden, etwa in den nordiranischen Bergen oder im Jemen, wo der Schiismus als Ausdruck der lokalen Stimmung entstand. Im modernen Iran ist der offizielle Schiismus ein untrennbarer Bestandteil der nationalen Identität.

Unter den vielen verschiedenen schiitischen Strömungen, die sich entwickelten, gibt es drei Hauptrichtungen. Die erste und gegenwärtig größte Gruppe bilden die Zwölfer-Schiiten, zu denen die Schiiten im heutigen Irak und Iran gehören; die zweite sind die Zaiditen, die heute nur noch im Nordjemen aktiv sind, aber eine lange, interessante Geschichte haben; und die dritte sind die Ismailiten, die das Fatimiden-Kalifat in Ägypten (969–1171) gründeten und heute in einer weltweiten Diaspora verstreut sind und großenteils die Führung des Aga Khan akzeptieren.

Die Zwölfer-Schiiten und der verborgene Imam

Prägend für den Zwölfer-Schiismus (*ithnā ascharī*) ist die Tatsache, dass er zwölf Imame anerkennt, die von Alī und dessen Sohn Husain abstammen. Bis auf Alī war keiner dieser Imame zugleich Kalif oder besaß eine nennenswerte politische Macht, obwohl ihre Anhänger sicher überzeugt davon waren, dass es anders sein sollte. Nachdem Husains versuchte Machtübernahme 680 fehlgeschlagen und er in der Schlacht von Karbala gefallen war, führte sein Sohn Alī (gest. 712), den spätere Zwölfer-Schiiten Zain al-Ābidīn (Zierde der Gläubigen) nannten, anscheinend ein zurückgezogenes Leben. Obwohl Biographien dieser frühen Imame später so bearbeitet wurden, dass sie den Eindruck fortwährender Aktivitäten vermittelten, gibt es keinen Beleg, dass dieser zweite Alī in der Politik seiner Zeit eine Rolle gespielt oder als Autorität in religiösen Fragen Respekt genossen hätte. Im Wesentlichen das Gleiche galt für seinen Sohn Muhammad al-Bāqir (gest. um 735). Im Irak kam es zu schiitischen Revolten – insbesondere 740 der Aufstand des Zaid ibn Alī in Kufa –, an denen die Zwölfer-Imame jedoch keinen Anteil hatten. Es wird berichtet, dass der Organisator der Abbasiden-Bewegung in Kufa, Abū Salama, zur Zeit der Abbasiden-Revolution den damaligen Imam Dschaʿfar al-Sādiq (gest. 765) zu bewegen versuchte, sich für das Kalifenamt zur Verfügung zu stellen, doch Dschaʿfar lehnte eine Beteiligung – vielleicht klugerweise – ab, und Abū Salama bezahlte seine Initiative mit dem Leben.

Trotz alledem war Dschaʿfar offenbar der erste der Zwölf Imame, der mehr als nur ein Name im Stammbaum war. Seine Stellung wurde von späteren schiitischen Autoren ausgeschmückt und vermutlich übertrieben, aber angeblich zeichnete er sich durch Rechtsurteile aus und gewann eine Anhängerschaft, die diese Urteile nicht nur respektierte, weil er gebildet war, sondern vor allem, weil er ein unmittelbarer Nachkomme Alīs und des Propheten war. Dschaʿfar machte offenbar klar, dass man an die spirituelle Autorität der Prophetenfamilie glauben konnte, ohne sich für eine offene Rebellion zu engagieren. Den schiitischen Imam als geistigen Führer zu akzeptieren, musste also nicht zwangsläufig in gewaltsamen Widerstand gegen das Abbasiden-Kalifat münden, sondern konnte eine private Überzeugung sein. Möglicherweise entwickelte sich in dieser Zeit die ausgesprochen schiitische Doktrin der *taqīya*, nach der es durchaus legal und keineswegs tadelnswert war, seine religiösen Überzeugungen zu verbergen, wenn jemand den Eindruck hatte, sein Leben zu gefährden, falls er sich offen dazu bekennen würde. Obwohl jemand den schiitischen Imam für den rechtmäßigen Führer der Muslime halten konnte, der in einer idealen Welt Kalif sein sollte, folgte daraus nicht, dass er sich gegen bestehende Autoritäten auflehnen oder gewaltsame Aktionen unternehmen musste.

Viele schauten zu Dschaʿfar als zu einem von Gott inspirierten Imam und einer gebildeten Autorität auf, und vermutlich sah er sich selbst so. Doch manche Gläubige, die in der arabischen Tradition als *ghulāt* bezeichnet werden, was sich etwa mit «Extremisten» übersetzen lässt, waren überzeugt, dass Dschaʿfar und andere Imame – einschließlich dessen Zeitgenossen, des Abbasiden-Kalifen Mansūr, was recht unwahrscheinlich war – Erlöser und Messiasse seien, die in ihren Ansichten unfehlbar gewesen seien und ein makelloses Leben geführt hätten. Diese beiden Strömungen, die akademische und die messianische, waren in gewisser Hinsicht zwar widersprüchlich, gingen jedoch später als Bestandteile in das zusammengesetzte Bild des Imam ein.

Unter Dschaʿfars Sohn und allgemein anerkanntem Erben Mūsā al-Kāzim begann der Zwölfer-Schiismus, sich als politische Bewegung zu organisieren. Mūsā hatte Agenten, die für ihn arbeiteten, sammelte Geld von seinen Anhängern und plante anscheinend einen Vorstoß, selbst die politische Macht zu beanspruchen. Er ist einer von zwei Imamen, derer in dem großen schiitischen Heiligtum in Bagdad gedacht wird, was zeigt, dass die Erinnerung an ihn lebendig blieb. Ihm folgte sein Sohn Alī al-Ridā (der Auserwählte: Daher ist

Reza, die persische Form von Ridā, ein bei iranischen Männern, unter anderem bei den letzten beiden Schahs, gebräuchlicher Name). Alī war der einzige der zwölf Imame, der immerhin in die Nähe politischer Macht kam, als der Abbasiden-Kalif Ma'mūn ihn nämlich für kurze Zeit in dem Bestreben adoptierte, die verschiedenen Flügel der Prophetenfamilie wieder zu vereinen und dringend benötigte politische Unterstützung im Irak zu gewinnen. Alī starb jedoch noch vor dem Kalifen, manche behaupten, man habe ihn vergiftet, als er politisch unbequem geworden sei. Sein Grab und das dort entstandene Heiligtum in Maschhad im Nordostiran ist die größte und prachtvollste der schiitischen Pilgerstätten.

Sein Nachfolger war noch ein Kind, und die Imame, die nach ihm kamen, wurden von den Abbasiden mehr oder weniger unter Hausarrest gehalten. Als der letzte, allgemein anerkannte Imam 874 starb, verschwand sein kleiner Sohn, falls es ihn denn überhaupt gab. Seine Anhänger behaupteten, er habe sich von den Menschen zurückgezogen: Das arabische Wort *ghaiba* wird im deutschen irritierenderweise mit «Verborgenheit» übersetzt.

Für die Zwölfer-Schiiten bedeutete und bedeutet diese Verborgenheit bis heute, dass es auf der Welt einen Imam gibt, ja geben muss, denn sonst wäre der Islam nicht möglich; aber er ist verborgen. Eine unmittelbare Kommunikation mit ihm ist unmöglich, und er kann auch keine Dekrete erlassen. Vielmehr müssen Gelehrte aufgrund der von Alī und den bekannten Imamen gefällten Urteile Entscheidungen treffen. Das verleiht den Gelehrten im Zwölfer-Schiismus eine enorme Autorität, und die wichtigsten von ihnen gelten ab dem 9. Jahrhundert als Ayatollahs oder «Zeichen Gottes», da ihre Stellung nicht nur von ihrer Bildung abhängt wie bei sunnitischen Gelehrten, sondern auch von ihrem Status als Vertreter des «verborgenen Imam». Entsprechend lässt die Existenz des «verborgenen Imam» keinen Raum für einen gleichzeitigen Kalifen: Dieses Amt ist, sozusagen, nicht vakant. Deshalb werden die Zwölfer-Schiiten und andere schiitische Strömungen die Ansprüche moderner Prätendenten auf das Kalifenamt niemals akzeptieren können. Die zwölfer-schiitischen Buyiden, die im ausgehenden 10. und frühen 11. Jahrhundert im Irak herrschten, ernannten nie einen Kalifen aus der Prophetenfamilie, und die mächtigen, prachtvollen Safawiden-Herrscher im Iran konnten sich zwar den alten iranischen Titel Schah geben, sich aber nicht zu Kalifen ausrufen.

Die Zaiditen und ihre Imame im Jemen

Die Zaiditen stehen in krassem Gegensatz zu dieser quietistischen Tradition. Hinter dem zaiditischen Glauben, wie er sich im 9. und 10. Jahrhundert herausbildete, stand die Grundidee, der Kalif, der selbstverständlich ein Nachkomme Alīs und Fātimas sein musste, habe sich durch den bewaffneten Kampf gegen die ungerechtfertigte Herrschaft von Muslimen auszuzeichnen, die der Prophetenfamilie ihre Rechte streitig machten. Jeder der zahlreichen männlichen Nachkommen der Prophetenfamilie habe das Recht, dieses Amt zu beanspruchen und dafür sein Leben zu riskieren. In der Praxis wurde die Führungsrolle im späteren Zaidismus in bestimmten Familien erblich, was anfangs jedoch kein Leitprinzip war.

Was politisches Handeln anging, waren die frühen Zaiditen also wesentlich radikaler als die Zwölfer-Schiiten. In anderer Hinsicht standen sie der sunnitischen Hauptströmung näher. Die Zwölfer-Schiiten waren Rāfiditen, das heißt, sie sprachen den ersten drei Kalifen, Abū Bakr, Umar und Uthmān, ihre Legitimität ab, weil diese nach ihrer Auffassung das Kalifat usurpiert hatten, das rechtmäßig Alī zugestanden hätte. Manche, wenngleich nicht alle Zaiditen waren jedoch bereit, die ersten beiden Kalifen (die selbstverständlich Alī unterlegen waren) als legitim anzuerkennen, und verbanden den Beginn des Irrwegs mit Uthmān. Die Umayyaden und die Abbasiden waren ohne jeden Zweifel illegitim und sollten von wahren Zaiditen mit Gewalt bekämpft werden. Ein Imam, der zu Hause saß und einigen friedfertigen Anhängern Weisheiten darlegte, sei gar kein Imam und nütze niemandem.

Außer seiner Abstammung von den Aliden und seiner Tapferkeit brauchte ein zaiditischer Imam noch Gelehrsamkeit. Zur Diskussion stand, ob sich seine Bildung aufgrund seiner Abstammung vom Propheten von der gewöhnlicher Menschen unterscheide oder ob sie der gewöhnlicher Menschen gleiche, nur besser sei. Da der Imam somit in der Lage war, Fragen der Scharia zu entscheiden, wäre ein umfassend qualifizierter zaiditischer Kalif nicht auf den Rat der *ulamā* angewiesen.

Die Zaiditen sind benannt nach einem gewissen Zaid ibn Alī, einem jüngeren Sohn des vierten der zwölf Imame. Während sein älterer Bruder Muhammad al-Bāqir zu Hause blieb und später von den Zwölfer-Schiiten als wahrer Imam anerkannt wurde, führte Zaid 740 in Kufa eine Revolte gegen die Umayyaden an. Wie so viele Aufstände der Aliden war auch dieser ein völliger Fehlschlag. Die Einwohner Kufas erhoben sich nicht massenweise gegen die Umayyaden-Herrschaft, und Zaid wurde schon bald von den Truppen des Gouverneurs besiegt und getötet. Allerdings brachte diese Rebellion die älteste politische Rhetorik der schiitischen Tradition hervor. Zaid hatte dazu aufgerufen, ihn aufgrund seiner Zugehörigkeit zur Prophetenfamilie als Kalifen anzuerkennen, er hatte aber auch ein praktisches Programm entwickelt. Als Kalif wollte er den Einwohnern Kufas ihren Anspruch auf Löhne und Gehälter wiedergeben, Rechte, die sein Vorfahre Alī ihnen garantiert hatte, die aber die Umayyaden ihnen praktisch genommen hatten. In seinen überlieferten Reden stellt Zaid die Vorstellung heraus, die Zaiditen würden Unrecht beseitigen und sich für die Enteigneten einsetzen.

Zaids Tod bedeutete keineswegs das Ende seiner Ideen. Sein Sohn Īsā führte die Sache seines Vaters fort und leitete eine kleine Geheimzelle von Gläubigen in Kufa. Trotz ständiger Verfolgung durch die Polizeikräfte der Umayyaden und später der Abbasiden hielten sie die Flamme der Revolution lebendig und stellten den Kern der Unterstützer für den spektakulärsten aller frühschiitischen Aufstände in frühislamischer Zeit. Muhammad ibn Abd Allāh, genannt «die reine Seele» (*al-Nafs al-zākīya*), stammte nicht wie die zwölf Imame von Husain, sondern von dessen älterem Bruder Hasan ab. Er war nach seinem Vorfahren, dem Propheten, benannt und lebte in dessen Stadt Medina. Unmittelbar nach Errichtung des Abbasiden-Kalifats begann er mit den Vorbereitungen der Revolte. Sein Plan sah vor, die islamische Gemeinde so wiederherzustellen, wie sie zur Zeit des Propheten und der ersten Muslime bestanden hatte. Allerdings war Medina, das fernab der größten muslimischen Macht- und Bevölkerungszentren lag und auf Nahrungsmittelimporte aus Ägypten angewiesen war, ein äußerst ungünstiger Ort, um ein solches Projekt in Angriff zu nehmen. Doch darum ging es nicht: Weitaus wichtiger war, dass es die Stadt des Propheten war, die er gegen die Feinde des Islam verteidigt hatte. Es war eine fromme, romantische Vision, die mutig angestrebt und eloquent verteidigt wurde.

Über seinen Plan wissen wir sehr viel, weil ein gewisser Umar ibn Schabba nach dem Scheitern der Revolte einen bemerkenswerten Bericht zusammenstellte, der nicht nur in schiitischen Quellen, sondern auch im großen Geschichtswerk des streng sunnitischen Tabarī erhalten geblieben ist. Es ist eine heroische Darstellung, die ständig auf das Beispiel des Propheten verweist und einen Briefwechsel zwischen dem Rebellen, der sich in der Heiligen Stadt offen erklärt hatte, und seinem Gegner, dem Abbasiden-Kalifen Mansūr, enthält, in dem jeder der beiden seinen Führungsanspruch über die Muslimgemeinde begründet. Letzten Endes siegte erwartungsgemäß die militärische Stärke. Eine kleine Berufsarmee, geführt von einem Vetter des Kalifen, griff die Stadt an. Muhammad verteidigte sie, wie der Prophet es getan hatte, indem er einen Graben aushob, der den Feind aufhalten sollte; es war jedoch vergebens, und Muhammad wurde in tapferem Kampf getötet.

Nach diesen und späteren Niederschlagungen militärischer Alidenaufstände flohen viele ihrer Anhänger, um der unvermeidlichen Bestrafung zu entgehen. Zwei der Flüchtigen sollten bleibende Auswirkungen auf die religiöse Landschaft der muslimischen Welt haben und eine Verbindung zwischen der Prophetenfamilie und muslimischen Gruppen in Regionen schaffen, die fernab der Macht- und Bevölkerungszentren lagen.

Eine dieser Regionen war das Gebiet des heutigen Marokko. Nominell hatten die Muslime es 700 erobert, die muslimische Bevölkerung und Verwaltung konzentrierte sich jedoch jenseits der Straße von Gibraltar in Andalusien, während die einheimischen Berberstämme von der Ankunft des Islam kaum betroffen waren. In diese

Welt flüchtete Idrīs ibn Abd Allāh in der Hoffnung, dem langen Arm der Abbasiden-Herrschaft zu entkommen. Idrīs konnte sein Ansehen als heiliger Mann und Nachfahre des Propheten etablieren und eine Anhängerschaft unter den Berberstämmen aufbauen, schaffte es aber nicht, sich vor der Vergeltung der Abbasiden zu schützen. Angeblich starb er durch einen vergifteten Zahnstocher, den der Kalif ihm geschickt hatte. Die Idrisiden, wie man seine Nachfahren nannte, konnten nie einen dauerhaften, stabilen Staat errichten, schufen jedoch ein Herrschaftsmuster in dieser Region, das bis heute Wirkmacht besitzt, ein Muster, in dem die Abstammung vom Propheten über Idrīs (auf die sich der gegenwärtige König von Marokko beruft) einzigartiges politisches Ansehen verleiht. Zugleich war die Sicht der Idrisiden streng genommen nicht schiitisch, da sie keine halb göttliche Macht oder Weisheit für sich beanspruchten. Dennoch blieb und bleibt die Idee eines Kalifats, das religiöse und politische Führung vereint, ein wesentlicher Bestandteil des politischen Diskurses im Maghreb.

Zaiditische Überzeugungen breiteten sich auch bis in die Bergregionen am Südende des Kaspischen Meeres aus: Die Berge boten, wie so oft, einen Zufluchtsort für Ideen, die sozusagen aus den weiten Ebenen und Großstädten der zentralen islamischen Welt vertrieben worden waren. Acht Jahrhunderte lang gab es in dieser Region eine Vielzahl schiitischer Gemeinden, und zwar sowohl zaiditische wie auch ismailitische. Die Zaiditen hielten sich bis ins 16. Jahrhundert als unabhängige Gruppe, wurden dann jedoch vom Zwölfer-Schiismus des Safawiden-Staates absorbiert und verschwanden.

Noch länger bestand das zaiditische Imamat im Jemen. Gegründet im ausgehenden 9. Jahrhundert, überstand es mehrere Invasionen – durch die Ayyubiden im 12. Jahrhundert und zweimal durch die Osmanen im 16. und im ausgehenden 19. Jahrhundert – und blieb bis 1962 an der Macht, als der letzte Imam durch einen Putsch gestürzt wurde. Die Hochburgen der Zaiditen befanden sich in den Bergen Nordjemens in der Umgebung der Stadt Saʿda, während ihr Einfluss in der alten Hauptstadt Sanaʿa und im Süden immer gering war. Die Huthi aus dem Norden, die gegenwärtig um die Macht im Jemen kämpfen, sind Zaiditen, und es ist sicher nur eine Frage der

Zeit, wann jemand beschließt, die Initiative zu ergreifen, wie die Zaiditen es immer getan haben, und ihr Kalifat wiederzubeleben. Das zaiditische Imamat blieb ein rein jemenitisches Phänomen. In gewisser Weise standen die Imame außerhalb der Stammesstrukturen. Sie fungierten als Vermittler, Berater, Gelehrte und Führer der Jemeniten gegen Eindringlinge, nicht aber als Herrscher, die eine absolute Kontrolle über Recht und Ordnung und andere Aspekte des Alltagslebens ausgeübt hätten: Diese Aufgaben lagen weiterhin in den Händen der Stämme und Stammesführer. Dieses Herrschaftsmodell funktionierte im Jemen jahrhundertelang recht gut, ließ sich aber nicht in andere Teile der Welt exportieren.

Die frühen Ismailiten und die Frage der Nachfolge

Die letzte große Gruppe der Schiiten, mit der wir uns befassen müssen, sind die Ismailiten. Ihre Bedeutung beruht auf der Vielzahl der Ausdrucksformen des ismailitischen Glaubens (Qarāmita, Fatimiden, Assassinen), auf ihrer geographischen Verbreitung (von Tunesien bis nach Tadschikistan und in das spätere Indien) sowie auf der Tatsache, dass sie sich so lange hielten (die Ismailiten entstanden im ausgehenden 9. Jahrhundert und sind noch heute ein äußerst aktiver Teil der Muslimgemeinde).

Die Ismailiten zeichnen sich aus unserer Sicht besonders dadurch aus, dass sie das bedeutendste schiitische Kalifat hervorbrachten und an ihnen so deutlich wie sonst nirgendwo die Vorteile und Probleme ersichtlich werden, die ein von Gott aus der Prophetenfamilie erwählter Kalif mit sich bringt. Die Zwölfer-Schiiten hätten gern im Namen der Prophetenfamilie ein Kalifat über die gesamte muslimische Welt etabliert, aber ihre Bestrebungen blieben erfolglos. Die Zaiditen brachten tatsächliche Herrscher hervor, von denen einige den Titel Kalif trugen wie die frühmodernen zaiditischen Imame im Jemen, aber ihr Einfluss blieb immer auf die verarmten Randgebiete der muslimischen Welt beschränkt. Bei den Ismailiten lagen die

Dinge anders: Die Fatimiden-Kalifen herrschten schließlich über Ägypten und weite Teile Syriens, für kurze Zeit war ihre Autorität sogar in Bagdad anerkannt, und Missionare und Agenten der Fatimiden waren im Osten bis nach Afghanistan tätig. Die grundlegende Frage, die wir uns stellen müssen, lautet: In welchem Maße und auf welche Weise unterschied sich dieses schiitische Kalifat in seiner Definition und Zielsetzung von seinen sunnitischen Pendants? Handelte es sich um ein radikal anderes Modell oder im Grunde um dasselbe in anderer Gestalt?

Die schiitische Bewegung hatte ihren Ursprung im Umfeld der Zwölfer-Schiiten im Irak des frühen 9. Jahrhunderts. Nach eigener Darstellung erwuchs diese Strömung aus einem Disput über die Nachfolge des Imams Dschaʿfar al-Sādiq (gest. 765), vor allem über die Gründe, warum sein ältester Sohn nicht sein Nachfolger wurde. Die Wurzeln dieser Auseinandersetzung sind unklar: Entweder starb Ismāʿīl vor seinem Vater, oder man hielt ihn für ungeeignet und entfernte ihn aus dem Amt. Jedenfalls wurde er nicht Imam, hinterließ aber angeblich einen Sohn, Muhammad, der zum siebten und letzten Imam wurde (daher bezeichnet man die Ismailiten zuweilen als Siebener-Schiiten im Gegensatz zu den oben behandelten Zwölfer-Schiiten).

Der Streit über die Nachfolge betrifft den Kern der schiitischen Ansichten zum Imamat. Für manche bedeutete Ismāʿīls aus welchen Gründen auch immer gescheiterte Nachfolge, dass seine Ansprüche nichtig waren. Für andere war er jedoch von Gott ernannt. Sollte er moralische Mängel aufgewiesen haben, so lag es daran, dass Menschen Gottes Vorhaben nicht verstanden; und sollte er vor seinem Vater gestorben sein, so war auch das Gottes Wille, und sein Sohn hätte eindeutig seine Nachfolge antreten sollen.

Wie dem auch sei, offenbar hatte niemand je von Ismāʿīl oder seinem mutmaßlichen Erben gehört, bis Leute in den südirakischen Dörfern zu behaupten begannen, die Nachfahren Ismāʿīls seien die wahren Erben der Prophetenfamilie. Das war selbstverständlich, nachdem der zwölfte Imam in die Verborgenheit gegangen war, und mag durchaus eine Reaktion von Schiiten gewesen sein, die einen realen, präsenten Führer als Nachfolger haben wollten. Kurz vor

900 behauptete ein Mann namens Ubaid Allāh, der damals in der zentralsyrischen Kleinstadt Salamiya lebte, er sei ein Nachfahre Ismāʿīls, und die Menschen sollten ihm als dem lebenden Imam die Treue schwören. Damit waren nicht alle Ismailiten einverstanden, und eine Gruppe meinte, sie sollte auf die Rückkehr des wahren Imam, Muhammad ibn Ismāʿil, aus der Verborgenheit warten. Diese sogenannten Qarāmita (oder Karmaten) gründeten in Ostarabien einen revolutionären Staat, plünderten Pilgerkarawanen und stahlen schließlich, wie bereits erwähnt, den Schwarzen Stein aus der Kaaba. Sie schufen jedoch kein Kalifat, und ihre Führer trugen diesen Titel nicht.

Ubaid Allāh erhob weiterhin Anspruch auf die Führung, aber Syrien war keine geeignete Basis für eine Rebellion. Die Beduinen der Wüste hatten eigene Vorstellungen, und die etablierten Herrscher in Bagdad und Ägypten waren mächtig genug, ihn an der Eroberung von Städten zu hindern. Also schickte er Agenten aus, die ihre Chancen erkunden sollten, in den Randgebieten der muslimischen Welt Unterstützung zu finden. Schließlich entschied er sich für den Jemen und für Ifrīqiya (das heutige Tunesien).

Sein Agent Abū Abd Allāh al-Schiʿī traf 893 in Tunesien ein und begann dort zu predigen, und zwar nicht in arabisch-muslimischen Bevölkerungszentren wie Qairawān und Tunis, sondern in den Bergen der Kabylei im heutigen Westalgerien. Dort fand er ein bereitwilliges Publikum unter den Berbern des Kutāma-Stammes, die generell gegen die Herrschaft der Aghlabiden-Dynastie in Qairawān waren. Die Kutāma-Berber bildeten bis weit nach der Eroberung Ägyptens 969 das militärische Rückgrat des Fatimiden-Kalifats, wie es die Churasanis für die Abbasiden taten. Schon bald nach seinen ersten Erfolgen stieß Ubaid Allāh 909 zu ihm. Gemeinsam eroberten sie die alte Hauptstadt Qairawān und riefen die Gründung eines Kalifats aus.

Das Fatimiden-Kalifat und die muslimische Welt

Es war das erste Mal, dass ein schiitisches Kalifat unter der Führung eines Mitglieds der Prophetenfamilie in der muslimischen Welt die Macht ergriff. Das war ein Ereignis von großer Tragweite, bedeutete allerdings auch, dass viele bis dahin unbeantwortete Fragen in Angriff genommen werden mussten. Sollte dieses neue Kalifat eine radikal andere Institution sein als die muslimischen Regierungen, die ihm vorangegangen waren, oder sollte es ein herkömmlicher Staat unter einer sozusagen andersartigen Leitung sein? Es war leicht, über einen gottgeleiteten, unfehlbaren Imam zu reden, solange eine solche Gestalt nichts weiter als ein Traum war, aber wie würde es funktionieren, wenn ein realer Mensch reale Macht ausübte? Wie sollte es nicht zu einer Desillusionierung führen, wenn man weltliche Angelegenheiten wie die Aufrechterhaltung der Ordnung und das Eintreiben der Steuern bei Zahlungsunwilligen in Angriff nehmen musste? In der arabischen Terminologie war dies der Übergang von *da'wa* (Missionierung) zu *daula* (Staat), von der Ära der Wunder und Geheimnisse zu den harten Realitäten des Regierungsgeschäfts.

Ubaid Allāh begann sofort, seine Autorität entschlossen durchzusetzen. Er ließ den Missionar Abū Abd Allāh, dessen Predigten so viel zur Mobilisierung der Kutāma für die Sache der Fatimiden beigetragen hatten, hinrichten, wie es der Abbasiden-Kalif Mansūr mit Abū Muslim getan hatte. Es konnte nur einen Fokus der Autorität geben.

Der neue Kalif legte sich den messianischen Titel Mahdī zu und erhob den Anspruch, der wahre Führer der Prophetenfamilie zu sein. Er und seine Nachkommen nannten sich Fatimiden, um ihre Abstammung von Fātima und somit vom Propheten persönlich hervorzuheben. Als solche waren sie seine legitimen Nachfolger, wie die Abbasiden es von sich nie behaupten konnten. Der Mahdī sollte jedoch weitaus mehr als ein Lokalfürst sein: Die Fatimiden wollten die wahren Kalifen, die Herrscher über die gesamte islamische Welt sein. Davon waren jedoch nicht alle überzeugt. Anders als bei den zwölf Imamen, deren Stammbaum selbst von Sunniten und anderen feindlich gesinnten Beobachtern generell akzeptiert wurde, wies die Abstammungslinie der Fatimiden einige mögliche Lücken auf. Wie war das genaue Verwandtschaftsverhältnis von Ubaid Allāh zu Muhammad ibn Ismāʿil, der hundert Jahre vor dessen Erscheinen auf der Bildfläche gestorben sein musste, und wer waren die Bindeglieder? Diese Schwäche machte die Fatimiden anfällig für Angriffe ihrer Feinde. Ihr gesamter Machtanspruch beruhte auf der Abstammung vom Propheten. War sie falsch oder auch nur zweifelhaft, dann war die ganze Sache ein Schwindel.

Zur Bekräftigung ihres Anspruchs mussten die Fatimiden Gewalt anwenden. Sie machten die Kutāma zu einer regulären Armee und zahlten ihnen Lohn, rekrutierten griechische und slawische Sklavensoldaten, die zusammen mit ihnen dienten, und bauten eine Kriegsmarine auf. Das alles sah sehr nach einem konventionellen muslimischen Staatsapparat aus, wie er den Umayyaden- und Abbasiden-Herrschern vertraut gewesen sein dürfte.

Versuche, den Moment für eine Invasion Ägyptens zu nutzen, scheiterten, und ab 920 begann das Kalifat, sich als Lokalfürstentum in Tunesien zu entwickeln. An der Mittelmeerküste wurde Mahdīya, eine neue Hauptstadt, gegründet. Die Überreste sind noch heute zu sehen, ein befestigter Seehafen am Mittelmeer, mit Blick nach Osten, Richtung Ägypten. Im Vergleich zu Bagdad oder später zu Kairo waren die Bauten bescheiden, aber sowohl der Name als auch die Gebete in der neuen Moschee verkündeten die Rolle dieser Neugründung als erster Hauptstadt eines neuen Kalifats.

In dieser Zeit regelten die Fatimiden auch ihr Verhältnis zu ihren nicht-schiitischen Untertanen. Der überwiegende Teil der Bevölkerung Tunesiens, besonders in der Heiligen Stadt Qairawān, blieb sunnitisch, und die Fatimiden unternahmen keinen Versuch, sie zu ihrem ismailitischen Glauben zu bekehren. Die neue Hauptstadt jedoch war ismailitisch, und wer höhere Ämter in Armee oder Verwaltung anstrebte, musste den Kalifen als gottgeleiteten Mahdī anerkennen. In der Praxis war diese Übereinkunft erfolgreich. Da die Fatimiden keine Zwangsbekehrung anstrebten, gab es kaum öffentliche Opposition gegen ihre Herrschaft. Solange sie für Recht und Ordnung sorgten, die Bevölkerung vor Angriffen von außen schützten, Kaufleuten erlaubten, Geld zu verdienen, und nicht allzu aggressiv ihre Steuern eintrieben, wurden sie ohne jeden offenen Widerstand akzeptiert. Die Kalifen der neuen Dynastie waren schon bald zu den unschönen Entscheidungen und Kompromissen gezwungen, die mit politischer Macht verbunden sind, und selbst ihre größten Bewunderer müssen sich gefragt haben, ob sie tatsächlich immer so sündenfrei und unfehlbar waren, wie sie behaupteten; den meisten genügte jedoch eine gute Regierung.

Nachdem der Fatimiden-General Dschauhar, ein ehemaliger Sklave griechischer Abstammung, 969 mit seiner Armee Ägypten erobert hatte, wandelte sich das Fatimiden-Kalifat von einer Provinzkuriosität zur Weltmacht. Die Eroberung erfolgte keineswegs als gewaltsame, zerstörerische Invasion. Das nach-abbasidische Ichschididen-Regime, das von den Fatimiden gestürzt wurde, besaß kaum Rückhalt in der Bevölkerung: Eine Serie niedriger Nilhochwasser hatte zu Hungersnöten geführt, und Agenten der Fatimiden hatten frühzeitig den Boden vorbereitet und allen Gesellschaftsschichten versichert, dass eine Machtübernahme der Fatimiden in ihrem Interesse läge. Daher vollzog sich die Eroberung zwar nicht gänzlich friedlich, aber ohne aktiven Widerstand der breiten Mehrheit. Als Dschauhar mit seiner etwa 100 000 Mann starken, überwiegend aus Berbern bestehenden Armee näher rückte, schloss er Vereinbarungen mit den führenden Verwaltungsbeamten und dem obersten *qādī* von Fustāt (Altkairo), so dass er die Streitkräfte des alten Regimes mühelos besiegen konnte. Im Juli wurden die Gebete in der altehrwürdigen Amr-Moschee, dem Zentrum spirituellen Lebens des Landes, im Namen des Fatimiden-Kalifen Muʿizz, nicht mehr des Abbasiden Mutī, gesprochen; die Herrschaft der Prophetenfamilie über einen Großteil der muslimischen Welt hatte triumphal begonnen.

Eine der ersten und wichtigsten Maßnahmen Dschauhars war 970 die Gründung der neuen Residenzstadt Kairo (das Arabische *Qāhira* bedeutet «die Siegreiche»). Fustāt, die erste islamische Hauptstadt Ägyptens, die heute häufig Altkairo genannt wird, lag unmittelbar vor den Mauern der altrömischen Festung, die den ursprünglichen Kern der Besiedlung in dieser Region bildete. Die neue Fatimiden-Hauptstadt war von Fustāt durch Freiflächen und Gärten getrennt und bildete eine eigene, von Mauern und Toren umgebene Stadt. Sorgfältig geplant, richtete sich der Baubeginn nach eingehenden astrologischen Beobachtungen. Im Zentrum standen zwei ausgedehnte Paläste, die sich zu beiden Seiten der von Norden nach Süden verlaufenden Hauptstraße erstreckten. Beide sind längst verschwunden, aber die Straße heißt noch heute Bain al-Qasrain (Zwischen den beiden Palästen). Zudem entstand eine neue Moschee für ismailitische Riten, die noch immer den Kern der heutigen Azhar-Moschee bildet.

Es war eine prachtvolle Regierungs- und Residenzstadt für einen Kalifen, der Gottes Stellvertreter auf Erden und der direkte Nachfahre seines Propheten Mohammed war. Diese Bleibe war alles andere als bescheiden: Für alle sichtbar wurde demonstriert, dass der Herrscher in Gottes Gunst stand, durch die Großzügigkeit, den Wohlstand und Prunk, mit dem er diesen überhäufte. Es gab Parallelen zu Mansūrs kreisrunder Stadtanlage von Bagdad, nur dass dort die Moschee und nicht Paläste im Zentrum standen. Andernorts ging das nicht-fatimidische Leben weiter wie zuvor. Fustāt blieb das Handelszentrum des Landes und Heimat der christlichen und jüdischen Gemeinden. In der alten Amr-Moschee sprach der *qadī* von Fustāt weiterhin sunnitisches Recht für eine sunnitische Bevölkerung. Man könnte sagen, dass das Fatimiden-Kalifat ein Land mit zwei Systemen regierte.

Dieses duale System war einer der Gründe für den Erfolg der Fatimiden. Hätten sie versucht, ihre Berbersoldaten in der Altstadt zu stationieren, wäre es unweigerlich zu Spannungen, Unruhen und Aufständen gekommen. Hätten sie einer widerstrebenden Bevölkerung ihre Glaubenslehren aufzudrängen versucht, wären sie auf denselben Widerstand gestoßen, der die Abbasiden zur Aufgabe ihrer Lehre von der Erschaffenheit des Koran gezwungen hatte.

Die Azhar-Moschee ist heute als führendes Zentrum religiöser sunnitischer Gelehrsamkeit in der gesamten islamischen Welt berühmt. Das galt jedoch für ihre Anfänge keineswegs. Das Fatimiden-Kalifat war in vielerlei Hinsicht ein intellektuelles Projekt. Von den Anfängen des Staates 909 an hatten die Kalifen und ihre Berater sich bemüht, eine ideologische Grundlage für das Regime zu schaffen. Diese war für das Kalifat entscheidend, um seine Herrschaft in Ägypten und anderen von ihm kontrollierten Regionen zu rechtfertigen, aber auch, weil die frühen Fatimiden-Kalifen fest entschlossen waren, ihre Autorität auf die gesamte muslimische Welt auszudehnen. Ägypten war lediglich ein Anfang und eine Ausgangsbasis. Weiter im Osten, im Irak und im Iran, bauten sie ein Netz von *dāʿis*, Missionaren, auf, die zu unzufriedenen Muslimen predigten, wo immer sie solche fanden. Manche dieser Missionare wurden von Kairo ausgeschickt, andere waren Ismailiten, die in die Hauptstadt kamen, um den Kalifen in all seiner Pracht zu sehen, bevor sie in ihre Heimat zurückkehrten, um diese Lehre zu verbreiten. Ein solches Netzwerk erforderte eine klare Botschaft und ein Glaubenssystem, auf das sich die Missionare bei ihrer Tätigkeit stützen konnten. In Kairo gab es zweimal wöchentlich, donnerstags und freitags, bei offiziellen «Versammlungen der Weisheit» (*Madschlis al-hikma*) Unterricht in ismailitischer Glaubenslehre und Recht. Keiner der Umayyaden- oder Abbasiden-Kalifen hatte je versucht, seine Untertanen so systematisch zu unterrichten.

Ihren umfassendsten Ausdruck fand diese Ideologie in einem bemerkenswerten Werk von Qādī Nuʿmān (gest. 974) mit dem Titel *Daʿāʾim al-Islām* (Die Säulen des Islam), das noch vor der Eroberung Ägyptens durch die Fatimiden entstand und «eine klare, gut organisierte dogmatische Darlegung der Grundzüge des ismailitischen positiven Rechts» ist, wie Wadād al-Qādī es formulierte.[44] Der erste Band behandelt die sieben Säulen der *ibādāt* nach ismailitischem Glauben, also Ergebenheit gegenüber den Imamen, rituelle Reinheit, Gebet, Almosen, Fasten, Pilgerfahrt und Dschihad, während der zweite Band sich mehr mit praktischen Rechtsfragen befasst wie Kaufverträgen, Eiden, Nahrungsmitteln, Eheschließungen, Scheidungen, Diebstahl, Zeugenaussagen und so fort. Nuʿmān bearbeitet sein Thema systematisch, gliedert jedes Kapitel in Abschnitte und führt zu jedem Abschnitt die entsprechenden Rechtsentscheidungen in Form von Koranzitaten und Überlieferungen des Propheten, Alī ibn Abī Tālibs und der ersten fünf Imame nach Alī an, also bis zu Ismāʿils Vater Dschaʿfar al-Sādiq.

In den meisten Fällen weicht das positive Recht kaum von der generellen Praxis der Sunniten und Zwölfer-Schiiten ab. Die fünf Säulen des Islam werden um die Ergebenheit gegenüber den Imamen und um rituelle Reinheit ergänzt. Allerdings gibt es eine überaus wichtige, originelle Abweichung, die dieses Werk von ähnlichen sunnitischen Rechtskompendien unterscheidet: die verwendeten Quellen. Die Grundlage bilden selbstverständlich der Koran und die von der schiitischen Lehre anerkannten Überlieferungen des Propheten. Als nächstes folgen die Überlieferungen Alīs und der ihm folgenden Imame. Dagegen finden die Überlieferungen der Gefährten des Propheten ebenso wenig Verwendung wie natürlich die Werke der großen sunnitischen Rechtsgelehrten Schāfiʿī (gest. 820) oder Ibn Hanbal (gest. 855). Der Prophet und seine Familie entscheiden über das Recht, nicht die Muslimgemeinde und ihre Rechtsgelehrten.

Das zweite prägende Merkmal dieses Werkes ist die Tatsache, dass es zum offiziellen, vom Kalifen und seiner Regierung sanktionierten und geförderten Handbuch wurde. Tatsächlich erlangte es den Status kalifalen Rechts. Selbst die mächtigsten und größten Umayyaden- und Abbasiden-Kalifen, Abd al-Malik oder Mansūr, hatten sich nicht angemaßt, ein offizielles Rechtswerk hervorzubringen. Hier sanktionierte nun der Kalif das Recht und bildete die zuständige Institution, an die schwierige Entscheidungen verwiesen wurden. Hatten die Abbasiden den Kampf mit den *ulamā* um die Kontrolle über die Scharia verloren, so hatten die Fatimiden ihn eindeutig gewonnen.

Das neue Kalifat sah sich mit Problemen konfrontiert, die eher politischen Charakter hatten. Ziel der Fatimiden-Politik blieb die Herrschaft über die gesamte muslimische Welt, doch das war offensichtlich ein langfristiges Projekt. Unmittelbarer war die Frage der Verwaltung Syriens und Palästinas. Beide Regionen hatten die Dynastien der Tuluniden und Ichschididen, die Vorgänger der Fatimiden in Ägypten, mehr oder weniger effektiv regiert, daher war es nur natürlich, dass die neuen Kalifen dasselbe anstrebten. Es gab jedoch noch weitere Gründe, sich mit Syrien und Palästina zu befassen.

Den ersten bildeten wirtschaftliche Erwägungen. Ägypten war in seiner Nahrungsversorgung auf das Nilhochwasser angewiesen. Dessen Höhe variierte von Jahr zu Jahr, lieferte meist jedoch ausreichend Wasser und Schlick, dass die Landwirtschaft die Bevölkerung ernähren konnte. In manchen Jahren reichte das Hochwasser jedoch nicht aus, und andere Wasserquellen hatten die Bauern nicht. Zur Zeit der Pharaonen konnte dies, wie in der Bibel geschildert, zu schweren Hungersnöten führen, gegen die eine Regierung, seien es die Pharaonen oder die Kalifen, im Grunde nichts tun konnte. Dagegen war die Landwirtschaft Syriens vom Regen abhängig, den Westwinde vom Mittelmeer brachten. Auch er unterlag natürlichen Schwankungen, und es gab gute und schlechte Jahre, aber das System war ein völlig anderes als das ägyptische, weshalb es nur in äußerst ungünstigen Fällen gleichzeitig in Ägypten und Syrien zu Ernteausfällen kam. Die Sicherheit der Nahrungsversorgung war für die Fatimiden ein wichtiger Grund, die Kontrolle zumindest über Teile Syriens anzustreben.

Der zweite Grund lag darin, dass die Herrschaft über Syrien die Fatimiden indirekt in Kontakt zu den Byzantinern bringen würde, die seit der Zeit des Propheten zu den Feinden der muslimischen Herrscher gehörten. Feldzüge gegen die Byzantiner waren die einzigen Kriege, an denen sich die Abbasiden-Kalifen beteiligt hatten, und die einzigen, in die sie ihre Truppen persönlich geführt hatten. Ihr Versagen, die Muslime der Grenzregionen in der ersten Hälfte des 10. Jahrhunderts zu schützen, hatte mit zum Verlust des Vertrauens in ihre Führungsqualitäten beigetragen.

Das Problem gewann an Dringlichkeit. Um die Mitte des 10. Jahrhunderts gelangen den Byzantinern – zum Teil aufgrund der Schwäche der Abbasiden-Kalifen – beträchtliche Vorstöße auf muslimisches Territorium, die 969 – eben in dem Jahr, in dem die Fatimiden sich in Kairo als Kalifen etablierten – in der Eroberung der antiken Stadt Antiochia (in der heutigen Türkei) gipfelten. Sie vertrieben Muslime aus ihren Häusern und nutzten Moscheen als Ställe. Die Fatimiden, die bestrebt waren, ihren Kalifenstatus auf die muslimische Welt auszuweiten, sahen darin zugleich eine Verpflichtung und eine Chance. Wenn sie die Muslime gegen die Ungläubigen verteidigten, also die grundlegende Pflicht eines jeden Führers der Muslime erfüllten, in der die Abbasiden so offenkundig versagt hatten, würde das ihr Ansehen erheblich steigern.

Auch beim Schutz und der Führung des Haddsch nahmen die Fatimiden den Abbasiden die Initiative aus den geschwächten Händen: Sowohl die Umayyaden- als auch die Abbasiden-Kalifen hatten diese Verpflichtung immer ernst genommen. Denn sie war ebenso wie der Dschihad ein Bereich, in dem sich die Kalifen oder ihre Familienangehörigen als wahre Führer der Muslimgemeinde öffentlich präsentieren konnten. Auch in dieser Hinsicht kamen die Abbasiden-Kalifen ihren Pflichten offenkundig nicht mehr nach. Nach Hārūn al-Raschīd hatte keiner von ihnen mehr persönlich den Haddsch durchgeführt. Ab dem späten 9. Jahrhundert hatten Beduinen die Pilger auf dem langen, oft wasserlosen Weg durch die arabische Wüste überfallen, ausgeraubt oder gefangen genommen und ihre Frauen als Sklavinnen verkauft. Diese Überfälle gipfelten im Diebstahl des Schwarzen Steins aus der Kaaba durch die Qarāmita, die sich häufig mit den Fatimiden anlegten. Es war der Fatimiden-Kalif, der noch von Tunesien aus die Rückkehr des Schwarzen Steins nach Mekka aushandelte, damit die Pilgerfahrt wieder nach den vorgeschriebenen Riten stattfinden konnte.

Nun, da sie in Ägypten herrschten, konnten die Fatimiden den Haddsch schützen, indem sie die Beduinen finanziell unterstützten, damit sie auf Überfälle verzichteten. Der «offizielle» Haddsch begann nun nicht mehr im Irak, sondern in Ägypten und Syrien. Die Route führte durch den Hedschas und an der Westküste Arabiens entlang oder nilaufwärts bis zur großen Flussbiegung bei Qūs und von dort hinüber zu den Häfen am Roten Meer, wo Pilger mit Schiffen nach Dschar oder Dschidda übersetzen konnten. Pilger aus der gesamten muslimischen Welt sollten die Pracht des Fatimiden-Kalifen erleben, unter dem Schutz seiner Standarte reisen und seinen Namen von den Kanzeln der Heiligen Städte Mekka und Medina hören.

Unter der Herrschaft der Fatimiden-Kalifen erlebte Ägypten eine Periode großen Wohlstands und löste schließlich den Irak als reichste Provinz der muslimischen Welt ab. Der Seehandel über den Indischen Ozean führte nicht mehr in den Persischen Golf nach Basra und in den Südirak, sondern in das Rote Meer nach Ägypten. Italienische Kaufleute aus Amalfi und anderen Hafenstädten kamen nach Alexandria, um fernöstliche Gewürze wie Pfeffer, Zimt und Nelken zu kaufen, die bei den zunehmend reicheren Eliten Westeuropas äußerst begehrt waren. Die Kalifen profitierten von diesen glücklichen Umständen, leisteten aber auch ihren Beitrag zum Wohlstand des Landes, vor allem, indem sie für Sicherheit und exzellente Münzen sorgten. Auch hier übernahmen sie die Symbole des Kalifats von den Abbasiden. Das Prägen von Goldmünzen war eindeutig mit dem Kalifenamt verknüpft. Als Abd al-Rahmān III. sich 929 zum Kalifen von Córdoba erklärte, bestand eine seiner ersten Maßnahmen darin, Goldmünzen zu prägen. Gleichzeitig verloren die Abbasiden die Fähigkeit, Goldmünzen herzustellen, und ihre Beschützer, die Buyiden, konnten nur minderwertige, entstellte Versionen der alten Silber-Dirhams ausgeben. Dagegen gehörten die Dinare der Fatimiden zu den schönsten und besten islamischen Münzen, die je geprägt wurden, und verkündeten der Welt den Glanz dieses schiitischen Kalifats.

Kairo wurde zum Zentrum großer öffentlicher Machtdemonstrationen, wie es sie zuvor in der muslimischen Welt nie gegeben hatte. Über das öffentliche Auftreten der Umayyaden- und Abbasiden-Kalifen ist erstaunlich wenig bekannt. Wir erfahren von Audienzen (*madschlis*), bei denen Beamte ernannt, Gesandte empfangen und Lyrik vorgetragen wurde. Die Umayyaden-Kalifen besuchten vielleicht die Moschee in Damaskus, die nach ihnen benannt ist, allerdings erfahren wir nichts darüber. Wir wissen, dass Mansūr in der Moschee in Bagdad predigte, es ist jedoch nicht klar, ob das auch für seine Nachfolger galt. Eine der unmittelbaren Ursachen, die 861 zum Tod Mutawakkils führten, war eine Änderung in der Anordnung der Prozession zur Moschee an Freitagen, wodurch der designierte Erbe Muntasir zurückgestuft wurde. Das ist allerdings der einzige verfügbare Hinweis, dass eine solche Prozession zum öffentlichen Leben des Abbasiden-Kalifats gehörte.

Die Fatimiden dagegen entwickelten völlig neue Ausdrucksformen öffentlicher Rituale. Sie machten Festlichkeiten wie das Öffnen der Deiche zur Zeit des Nilhochwassers zu öffentlichen Ereignissen, bei denen der Kalif oder ein Mitglied seiner Familie den Vorsitz führte. Hier konnte er sich als Beschützer des Volkes präsentieren und seine allgemeine Sorge um dessen Wohlergehen bekunden.

Einen Eindruck von der Wirkung, welche die Fatimiden-Kalifen auf ihre Untertanen und andere Muslime hatten, vermitteln die Reiseberichte des Nāsiri Chusrau (Naser-e Khosrou).[45] Dieser war ein Ismailit aus dem heutigen Tadschikistan, das damals wie heute in einer abgelegenen Region der muslimischen Welt lag. Der Philosoph und Denker reiste 1045 nach Ägypten an den Fatimiden-Hof. Als einer der lebendigsten und fesselndsten muslimischen Reiseschriftsteller schildert er in seinen Berichten anschaulich Erlebnisse aus erster Hand und persönliche Reaktionen. Kairo beeindruckte ihn zutiefst, der Wohlstand der Stadt ebenso wie die straffe, aber gütige Herrschaft der Kalifen. Ständig verglich er die Prosperität Ägyptens mit der Armut seiner iranischen Heimat. Selbstverständlich war er parteiisch – mit seinen Schriften wollte er seine Landsleute von der exzellenten ismāʿilitischen Herrschaft überzeugen (das Buch ist auf Persisch, nicht auf Arabisch geschrieben) –, dennoch scheint das von ihm gezeichnete Bild der Wahrheit zu entsprechen oder vermittelt zumindest eine Version der Wirklichkeit.

Nach einer lebendigen, wortgewandten Beschreibung Kairos, seiner opulenten Märkte und zahlreichen prachtvollen Moscheen, wendet der Autor sich der Rolle des Kalifen zu, den er häufig als Sultan bezeichnet.

Im Jahr 439 (1047/1048) wurde dem Sultan ein Sohn geboren, woraufhin er die Menschen aufforderte, sich mit ihm zu freuen. Sie schmückten die Stadt und den Basar derart, daß einer Beschreibung nur wenige Glauben schenken und vertrauen würden. Die Geschäfte der Stoffhändler und Geldwechsler und die anderer waren so voll mit Gold, Juwelen, Geldmünzen, Waren, golddurchwirktem Tuch und Qasab, daß es keinen Platz mehr zum Hinsetzen gab.
Alle sind sicher vor dem Sultan, und keiner lebt in Furcht vor Spionen und Denunzianten. Sie vertrauen dem Sultan, wissend, daß er niemanden ungerecht behandelt noch auf jemandes Besitz erpicht ist.
Ich sah die Reichtümer der dort ansässigen Menschen, deren Aufzählung und Beschreibung kein Mensch in Persien für wahr halten würde; ich sah mich nicht imstande, ein Ende und eine Grenze ihres Reichtums auszumachen.

Diese Ruhe, die ich an diesem Ort gefunden habe, erlebte ich an keinem anderen Ort. Ich begegnete einem Christen, der zu den Reichen von Misr zählte und von dem man behauptete, daß seine Schiffe, sein Vermögen und sein Grundbesitz unschätzbar seien. Soviel sei hier nur berichtet: In einem Jahr hatte das Nilwasser nicht die erwartete Höhe erreicht, und infolgedessen war das Getreide teuer geworden. Der Wazir des Sultans ließ diesen Christen rufen und sprach zu ihm: «Es ist kein gutes Jahr, und auf dem Herz des Sultans liegt aus Sorge um die Untertanen eine schwere Last. Wieviel Getreide kannst du liefern, sei es gegen Geld, sei es als Darlehen?» Der Christ erwiderte: «Dank des guten Geschickes des Sultans und des Wazir steht soviel Getreide bereit, daß ich Misr sechs Jahre lang mit Brot zu versorgen vermag.» [...] Wie sicher mußten sich doch die Untertanen gefühlt, und wie gerecht mußte doch der Sultan regiert haben, daß die Menschen ihre Tage in solch einem Zustand zu verbringen und soviel Vermögen anzuhäufen in der Lage waren! Denn der Sultan behandelte keinen ungerecht und übte auch sonst keinerlei Zwang aus; kein Untertan mußte etwas verstecken oder verheimlichen.

Später führte Nāsiri Chusrau aus:

> Welch eines Maßes an Sicherheit und Ruhe sich die Bevölkerung von Misr gewiß sein durfte, zeigte sich darin, daß die Ladentüren der Stoffhändler, Geldwechsler und Juwelenhändler zu keiner Zeit verschlossen waren. Sie zogen lediglich ein Netz davor, und niemand wagte es, Hand daran zu legen.

Dieser Bericht ist natürlich mit Vorsicht zu betrachten, aber die Grundaussage ist klar: Der Kalif fühlte sich für das Wohlergehen seiner Untertanen verantwortlich, und die Religion war kein Hindernis für Teilhabe an der Gesellschaft. Nach seinen Schilderungen spielte der Kalif eine wichtige Rolle bei Gebeten in der Moschee und bei Volksfesten, die anlässlich der Öffnung der Bewässerungskanäle zur Zeit des Nilhochwassers stattfanden. Er sah den Kalifen persönlich:

> Er war ein junger Mann mit einer vollkommenen Gestalt und einem makellosen Gesicht. Er ist der Nachkomme des Amir u-Muʿminin Husayn, der Sohn des ʿAli Ibn Abi Talib – die Gnade Gottes sei über ihnen beiden. Seine Haare waren zurechtgestutzt, und er saß auf einem Maultier, dessen Sattel und Zaumzeug schmucklos waren, also ohne Gold und Silberzierrat.
> Er selbst war in ein weißes Hemd mit einer weiten und langen Tunika darüber, so wie sie in den arabischen Ländern üblich ist und die man in Persien Dorraʿa nennt, gehüllt; hier bezeichnet man sie mit Dabiqi. Die seine hatte 10 000 Dinare gekostet. Um den Kopf geschlungen trug er einen Turban von der gleichen Farbe. Eine sehr wertvolle Peitsche hielt er in der Hand. Vor ihm schritten 300 Männer aus Deylam zu Fuß einher. Sie alle hatten mit Gold durchwobene Kleider aus Rum angezogen, darüber trugen sie Gürtel; die Ärmel waren nach der Sitte der Bewohner von al-Misr weit ausgeschnitten. Sie waren mit Äxten bewaffnet, und ihre Beine waren mit Gamaschen umwickelt.
> Ein Schirmträger begleitete auf einem Pferd sitzend den Sultan, auf seinem Kopf ein goldfarbener, mit Juwelen besetzter Turban. Er trug ein Kleid, das 10 000 maghrebinische Dinare gekostet hatte. Der Sonnenschirm, den er in der Hand hielt, war sehr prachtvoll und ganz mit Juwelen besetzt. [...]
> Rechts und links wurde er von Dienern flankiert, die Ambra und Aloe abbrannten. Gemäß ihrem Brauch mußten die Menschen, wo immer sie dem Sultan begegneten, sich zu Boden werfen und Gottes Segen über ihn erbitten.

Hier pflegte die Monarchie ihr öffentliches Erscheinungsbild: Der Herrscher, ein Nachfahre des Propheten und Gottes Stellvertreter auf Erden, Garant des Wohlstands seines Landes, präsentierte sich seinem Volk.

Im Gegensatz zu allem, was über die Umayyaden- und Abbasiden-Kalifen berichtet wurde, zeigte sich der Fatimiden-Herrscher gegenüber seinen Untertanen als großzügiger Gastgeber:

> Dem Brauch gemäß richtet der Sultan jährlich zwei Festessen aus

[zum īd am Ende der Fastenzeit Ramadan und zum īd am Tag des Opfers zur Zeit des Haddsch] und gewährt den Privilegierten und dem einfachen Volk eine Audienz. Die Privilegierten werden in seiner Anwesenheit bewirtet, das einfache Volk in anderen Häusern. Da ich bereits viel davon reden hörte, verlangte es mich, dies mit eigenen Augen zu sehen. Zufällig war ich mit einem Sekretär des Sultans ins Gespräch gekommen, und es war eine freundschaftliche Beziehung entstanden.

Ich sagte zu ihm: «Ich habe bereits die Audienzsäle der Könige und Sultane von Persien gesehen, wie den von Sultan Mahmud ul-Ghaznavi und dessen Sohn Mas'ud. Sie waren große Herrscher, die über viele Güter verfügten und Prunk schätzten. Jetzt möchte ich auch die Gesellschaft des Amir ul-Mu'minin sehen.»

Er redete daraufhin mit dem Kammerdiener, der Sahib us-Sitr genannt wird, und am letzten Tag des Monats Ramadan, im Jahre 440 (8. März 1049), als für die Gesellschaft alles bereits hergerichtet war, damit der Sultan am folgenden Tag, an dem das Fest stattfinden sollte, vom Gebet hierherkommen und am festlich gedeckten Tisch sich niederlassen konnte, brachte man mich dorthin.

Als ich von einer Tür des Gebäudes zur nächsten ging, sah ich Anbauten, Estraden und Eyvane, deren Beschreibung das Buch in die Länge ziehen würde. Ich sah zwölf eng beieinander gebaute Schlösser, alle quadratisch, und jedes, das ich betrat, war schöner als das vorhergehende […] Er [ein Thron] war vier Graz hoch, und drei seiner Seiten bestanden ganz aus Gold, worauf Jagdszenen, Arenen und andere Dinge gemalt waren, ferner fand sich eine Inschrift in Schönschrift. All die Teppiche und Vorleger, die in diesem Haram lagen, waren aus Rumi-Brokat und Buqalamun [ein reich bestickter Stoff]. Sie waren sämtlich exakt nach den Maßen der ihnen zugedachten Stelle gewoben. Eine goldene Gitterbrüstung umsäumte den Thron, die unmöglich zu beschreiben ist […].

Angeblich lässt der Sultan für die Festtafel 50 000 Man Zucker verwenden. Als Tafelschmuck sah ich einen Baum, dessen Zweige, Blätter und Früchte ganz aus Zucker gemacht waren und der aussah wie ein Orangenbaum. In seinen Zweigen hingen Figuren und Statuetten, alle aus Zucker.

> Die Küche des Sultans liegt außerhalb des Schlosses. 50 Diener sind dort ständig zugange. Vom Schloss führt ein unterirdischer Weg zur Küche. Man war darauf eingerichtet, täglich 14 Kamelladungen Schnee zum Getränkelager des Sultans zu transportieren. Von hier erhielten die Amire und Privilegierten ihre Rationen. Wenn die Stadtbewohner etwas für einen Kranken erbaten, bekamen sie ebenfalls ihren Teil. Genauso war es bei jedem Getränk und Medikament: Wurde es von jemandem in der Stadt benötigt, so erbat er es vom Haram, und er bekam es anstandslos. Auf die gleiche Art wurde mit den anderen Ölen wie Balsamöl und dergleichen verfahren.

Vier Jahre, nachdem Dschauhar Kairo erobert und die Herrschaft der Fatimiden etabliert hatte, kam Kalif Mu'izz 973 erstmals persönlich nach Ägypten. Er brachte seinen gesamten Hofstaat und die Särge seiner Vorfahren mit: Sein Umzug war also endgültig. Im Mai hielt er Hof am Fuß des Pharos von Alexandria, den man unter muslimischer Herrschaft restauriert hatte und der noch weitgehend intakt war. Dort empfing er die Führer der Oberschicht von Fustāt und der Beduinenstämme, gab sich konziliant und erklärte, er sei lediglich gekommen, um den Dschihad gegen die Ungläubigen zu führen und die Route nach Mekka für die Pilger zu schützen. Beides waren anerkannte Pflichten des Kalifen, gegen die kein Muslim Einwände erheben konnte.

Von diesen beiden Verpflichtungen war die Sicherung des Haddsch die einfachere Aufgabe, und so konnte 975 die Pilgerkarawane Mekka auf dem Landweg erreichen und der Name des Fatimiden-Kalifen von den Kanzeln der Heiligen Städte verlesen werden. Die politische Macht in Mekka übernahmen die Fatimiden nicht, sondern beließen sie in den Händen einer Familie alidischer *scharife*, die sie bis ins frühe 20. Jahrhundert behielt. Der Fatimiden-Herrscher wurde jedoch vor Pilgern aus der gesamten muslimischen Welt zum Kalifen proklamiert. Er finanzierte den Haddsch und stellte die *kiswa*, führte im Gegensatz zu den Abbasiden die Pilgerfahrt jedoch nie persönlich an.

Der Dschihad gegen die Byzantiner gestaltete sich wesentlich schwieriger und erforderte einen erheblichen Ressourceneinsatz.

Eines der Probleme war natürlich die Stärke der byzantinischen Truppen. Das Byzantinische Reich befand sich auf dem Höhepunkt seiner mittelalterlichen Macht, und Kaiser Basileios II. und seinen Nachfolgern in der ersten Hälfte des 11. Jahrhunderts gelang es, mit ihren Armeen bis tief nach Syrien vorzustoßen und die Vorherrschaft in Aleppo und Umgebung zu erringen. Hauptgegner der Fatimiden in Syrien waren jedoch nicht die Byzantiner, sondern die Beduinenstämme, die immer aggressiver in besiedelte Regionen vordrangen, Felder verwüsteten und Städte plünderten. Diese Stämme in Schach zu halten, erforderte die gesamten militärischen Mittel des Kalifats, und dennoch konnten die Fatimiden-Armeen nur gelegentliche Erfolge erzielen. Andererseits kam es nur selten zu unmittelbaren Konflikten mit den Byzantinern, und über lange Phasen unterhielten die Fatimiden zu ihnen gute diplomatische Beziehungen, was bei manchen ihrer muslimischen Untertanen erheblichen Abscheu erregte.

Die Kalifen stellten Armeen auf, bezahlten sie und ernannten Generäle als Heerführer, kommandierten ihre Streitkräfte jedoch nie persönlich. Sie blieben in Kairo als Galionsfiguren und manchmal als Vordenker dieser Feldzüge, nahmen jedoch nie daran teil. Ursprünglich rekrutierten sich ihre Streitkräfte aus Kutāma-Berbern, die ihnen im Großen und Ganzen treu ergeben und religiös der ismailitischen Sache verpflichtet waren. Allerdings waren sie nicht ganz einfach zu handhaben und sorgten in syrischen Städten wie Damaskus häufig für Konflikte mit der Bevölkerung. Als Gegengewicht begannen die Fatimiden, zunehmend turksprachige Soldaten aus dem Ostteil der muslimischen Welt zu rekrutieren. So stammte der größte Fatimiden-General in der ersten Hälfte des 11. Jahrhunderts, Anūschtakīn Dizbari, aus dem kleinen Fürstentum Chuttal im heutigen Tadschikistan. Dort geriet er in die Hände von Sklavenhändlern, die ihn in der großen muslimischen Handelsstadt Kaschgar, heute in China gelegen, verkauften. Von dort entkam er nach Buchara und wurde an Herren in Bagdad verkauft, bevor er nach Damaskus kam, wo er dem Fatimiden-Gouverneur auffiel und in den Dienst des Kalifen trat.

Dizbaris Geschichte zeigt, dass das Militär Sklaven die Chance auf gesellschaftlichen Aufstieg bot und die Kalifen ständig nach talentierten jungen Männern Ausschau hielten, ohne auf ihre Herkunft zu achten. Dieser junge Mann unbekannter Herkunft aus einer abgelegenen Region im Osten der islamischen Welt sollte im großen Fatimiden-Kalifat zum zweitmächtigsten Mann nach dem Kalifen aufsteigen. Er war zwar entweder bereits als Muslim aufgewachsen oder als Jugendlicher konvertiert, kam aber nicht aus ismailitischen Kreisen. Ohne Zweifel erkannte er den Herrschaftsanspruch der Kalifen aufgrund ihrer Zugehörigkeit zur Prophetenfamilie an, seine Loyalität galt jedoch in erster Linie – wie bei vielen seiner Landsleute aus den Turkvölkern – dem Kalifen als mächtigem Herrscher und nicht als spirituellem Führer. Mit dem Zustrom der Türken wirkte das Fatimiden-Kalifat immer weniger wie ein revolutionärer Neubeginn, sondern mehr und mehr wie ein konventioneller Nahoststaat.

Auch eine eigene Religionspolitik wurde von den Fatimiden betrieben. In Ägypten unternahmen sie nur gelegentlich Versuche, typisch schiitische Rituale durchzusetzen: Beispielsweise zwang der kurz zuvor eingetroffene Kalif Muʿizz die Händler im sunnitischen Fustāt, am 10. Muharram zum Gedenken an den Tod Husains die Läden zu schließen. Außerdem ordnete er für den Gebetsruf die spezielle schiitische Formel «Kommt zu den besten Werken!» an; damit waren die Grenzen der öffentlichen Proklamation des neuen Glaubens jedoch schon erreicht. Kalif Hākim (reg. 996–1021) befahl in einem seiner periodischen Anfälle religiösen Eifers, die *salaf*, also die erste Generation von Muslimen einschließlich der ersten drei Kalifen, Abū Bakr, Umar und Uthmān, sowie Aischa zu verfluchen, weil sie alle Alīs Überlegenheit nicht anerkannt hätten. Diese Maßnahme war äußerst provokativ und führte damals in Bagdad unweigerlich zu Blutvergießen. Um alles noch schlimmer zu machen, ordnete er an, die Flüche in goldenen Lettern an die Wände öffentlicher Gebäude zu schreiben. Wie die meisten seiner Dekrete hielt sich auch dieses nur kurze Zeit; zwei Jahre später erließ er ein allgemeines Toleranzedikt, in dem er die Weisung gab, die beleidigenden Flüche zu entfernen.

Die Ismailiten blieben eine kleine herrschende Oberschicht und brauchten daher Verbündete in der ägyptischen Bevölkerung. Dazu knüpften sie enge Verbindungen zu den nichtmuslimischen Gemeinden, den koptischen Christen und den Juden, die vermutlich die Bevölkerungsmehrheit ausmachten. Hochrangige Verwaltungs- und Regierungsämter, vor allem die überaus wichtige Finanzverwaltung, vertrauten die Fatimiden Christen an, die sie sunnitischen Muslimen offenbar generell vorzogen. Die christlichen Beamten dienten den Kalifen ihrerseits loyal. Einzigartige Einblicke in diese multikulturelle Gesellschaft vermittelt das Material aus der Geniza von Kairo, einem Lagerraum einer Synagoge in Altkairo, in dem die jüdische Gemeinde ihre nicht mehr gebrauchten Schriften auf Papyrus und Papier aufbewahrte. Da es nach ihrem Glauben falsch war, Geschriebenes wegzuwerfen, das den Namen Gottes enthalten könnte, und dies in den meisten Briefen, Berichten und ähnlichem der Fall war, verwahrten sie einfach alles, von eleganten Dekreten aus der Kanzlei der Fatimiden, die für Rechtsdokumente und Briefe wiederverwendet wurden, sobald sie nicht mehr aktuell waren, bis hin zu Zetteln, die kaum mehr als eine Einkaufsliste oder ein kurze Notiz an andere Gemeindemitglieder enthielten. Diese jüdische Gemeinde besaß eine Menge internationaler Kontakte, und einige der interessantesten Briefe haben mit dem Fernhandel zu tun, aber der größte Teil des Materials betrifft das Alltagsleben der Juden unter fatimidischer Herrschaft. Die Schriftstücke zeugen von guten und schlechten Zeiten und von den zuweilen schwierigen Beziehungen zur Obrigkeit, vermitteln generell jedoch den Eindruck einer toleranten Gesellschaft, in der ein maßvoll milder Staat verschiedenen Bevölkerungsgruppen die Regelung ihrer eigenen Angelegenheiten erlaubte. Es finden sich eindeutig keine Hinweise auf eine systematische Verfolgung der Juden oder auf Bestrebungen, sie zum Islam zu bekehren.

Die eigentlichen Versuche, ihre religiösen Überzeugungen zu verbreiten, unternahmen die Fatimiden außerhalb Ägyptens. Sie waren mit der Absicht und Erwartung angetreten, die gesamte muslimische Welt zu erobern und unter die Herrschaft der Prophetenfamilie zu bringen. Tatsächlich wurden diese Pläne durch die unlösbaren Probleme in Syrien und die Ankunft der Seldschuken durchkreuzt, aber die *daʿwa*, die ismailitische Missionsorganisation, blieb in Regionen wie dem Iran und Irak tätig, und viele der führenden ismailitischen Schriftsteller stammten aus den Reihen dieser Missionare.

Der berühmteste oder berüchtigtste Fatimiden-Kalif, Hākim, bestieg den Thron 996 im Alter von elf Jahren nach dem Tod seines Vaters Azīz. Mit fünfzehn Jahren zeigte er erstmals seine Vorliebe für absolute Machtausübung, als er seinen Lehrer und Mentor Bardschuwān hinrichten ließ. Nachdem er in diesen jungen Jahren festgestellt hatte, dass er mit Mord durchkommen konnte, ließ er seinen autokratischen Impulsen freien Lauf. Er terrorisierte die führenden Mitglieder der ismailitischen Hierarchie und ließ viele hinrichten, darunter die Familie von Qādī Nuʿmān, die seiner Dynastie gute Dienste geleistet hatte. Schließlich baten manche Bevölkerungsgruppen ihn um Sicherheitsgarantien in der zuweilen irrigen Hoffnung, diese würden sie vor seiner unberechenbaren Gewalt bewahren.

Hākims Kalifat ist insofern interessant, als er die Vorstellung des gottgeleiteten Kalifen ins Extrem trieb. Er erließ Dekrete und Gesetze gänzlich aus eigener Initiative, ohne sich beraten zu lassen oder sie mit Überlieferungen und Präzedenzfällen zu untermauern. Kein anderer Kalif in der sunnitischen oder schiitischen Tradition hatte je auf diese Weise Recht geschaffen. Offenbar folgte er dabei seinen Launen und erließ manche äußerst seltsamen Verordnungen. Zeitgenössische wie auch moderne Historiker haben in seinem Vorgehen nach einem beständigen, zielgerichteten Element gesucht. So gliederte Paul Walker seine Dekrete in vier Kategorien: «das Verbot von Nahrungsmitteln und Getränken, die Verordnung eines strengen Moralkodex, die Einschränkung und Abwandlung religiöser Praktiken sowie verschiedene Veränderungen in seinem öffentlichen Auftreten und dem, was er dafür erwartete».

In der ersten Kategorie findet sich ein striktes Verbot alkoholischer Getränke, das selbst für Christen und den liturgischen Gebrauch galt. Dieses Verbot stand im Einklang mit generell anerkannten islamischen Normen, aber er untersagte auch den Verkauf und Verzehr bestimmter Gemüsesorten und schuppenloser Fische, Maßnahmen, die keinerlei Grundlage im islamischen Recht oder im Alltagswissen haben.

Die wichtigsten Regelungen der zweiten Kategorie umfassten Vorschriften, die Frauen in ihrer Bewegungsfreiheit in der Öffentlichkeit stark einschränkten.

Die dritte Kategorie betraf die Beziehungen zu nichtmuslimischen Bevölkerungsgruppen des Kalifats. Auch hier war seine Politik vor allem durch Unberechenbarkeit geprägt. So ordnete er an, dass Christen und Juden unverwechselbare Kleidung zu tragen und minderwertige Reittiere zu verwenden hatten. Während eines Feldzugs zerstörte er Kirchen und Synagogen, darunter auch die Grabeskirche in Jerusalem. Gegen Ende seiner Regentschaft nahm er diese Maßnahmen wieder zurück und erlaubte sogar allen, die unter Zwang zum Islam konvertiert waren, wieder zu ihrem alten Glauben zurückzukehren, ohne als Abtrünnige zu gelten.

Seine öffentlichen Auftritte wurden immer seltener, und in seinen letzten Jahren gab er den Pomp und die Prachtentfaltung auf, die für die Fatimiden-Herrschaft so charakteristisch waren, ritt auf einem Esel und trug schäbige Kleidung. Sein Ende war ebenso mysteriös wie sein übriges Leben. Eines Tages im Jahr 1021 ritt er auf seinem Esel in die Berge des Muqattam östlich von Kairo und wurde nie wieder gesehen. Sein geheimnisvolles Verschwinden gab unweigerlich Anlass zu Spekulationen, dass er gar nicht gestorben, sondern wie der zwölfte Imam in die Verborgenheit gegangen sei. Manche behaupteten sogar, er sei in Wahrheit die Inkarnation Gottes auf Erden und werde niemals sterben. (Aus diesen Gruppen entwickelte sich zunächst in Kairo und später auch im Libanon und in Südsyrien die Religionsgemeinschaft der Drusen, die sich in Syrien bis heute gehalten hat. Da die Drusen jedoch kein Kalifat gründeten, liegt ihre Geschichte außerhalb des Rahmens dieses Buches.)

Das abstruse Verhalten Hākims löste in der ismailitischen Gemeinde Ägyptens eine Krise aus, woraufhin ein *dāʿī*, der damals aus dem Irak nach Kairo kam, sie überzeugen musste, dass ihre Vision nach wie vor lebendig sei und die Fatimiden-Kalifen die muslimische Welt immer noch unter ihrer Herrschaft einen könnten. Um die Mitte des 11. Jahrhunderts schien es für kurze Zeit, als könnte dies tatsächlich eintreten. Wichtige Führer arabischer Stämme in Syrien und im Irak hatten in den Freitagspredigten, den *chutbas*, auf ihrem Territorium statt des schwachen Abbasiden den Fatimiden-Kalifen proklamiert, und 1058/59 nahm ein Abenteurer namens Basasīrī sogar im Namen der Fatimiden Bagdad ein. Diese Gewinne beruhten jedoch nicht auf Eroberung oder realer Macht, sondern auf wechselnden vorübergehenden Allianzen, die bald zerfielen, als die strikt sunnitischen seldschukischen Türken ab den ausgehenden 1050er-Jahren an die Macht gelangten. Im letzten Jahrhundert seiner Existenz, also von etwa 1070 bis 1171, stand das Fatimiden-Kalifat in Konkurrenz zu den Ansprüchen der Seldschuken und ihrer abbasidischen Schützlinge. Zunehmend trat der speziell schiitische Charakter des Kalifats in den Hintergrund, und die Auseinandersetzungen drehten sich stärker um Großmachtpolitik als um grundlegende Differenzen über das Wesen des Kalifats. Als die Kreuzfahrertruppen 1097 den Osten erreichten, sahen die Fatimiden sie zunächst als potenzielle Verbündete gegen die Seldschuken.

Das schiitische Kalifat verschwand, als Saladin es 1171 abschaffte und die Namen der Abbasiden von den Kanzeln in Kairo verkünden ließ. Es war ein kühnes Experiment gewesen mit dem Ziel, die gesamte muslimische Welt unter die Führung eines Kalifen aus der Prophetenfamilie zu bringen. Letztlich scheiterte es an den Widersprüchen, die unweigerlich auftreten, wenn ein Mensch die Funktion eines unfehlbaren Stellvertreters Gottes auf Erden auszufüllen versucht, dessen sämtliche Handlungen göttlich inspiriert sind. Die schmutzigen, häufig brutalen Regierungserfordernisse führten bei den Menschen zu einer Desillusionierung. Das Fatimiden-Kalifat verkam zu einer Regionalmacht. Es war in Ägypten fest etabliert und wurde im Grunde zu einem ägyptischen Reich, das ägyptische Interessen vertrat und als solches den Muslimen im Irak und Iran wenig zu bieten hatte.

Doch selbst in Ägypten verschwand die ismailitisch-schiitische Gemeinde nach der Abschaffung des Kalifats, auch wenn sich in Nordsyrien und im Nordiran mit den Assassinen ismailitische Gemeinden hielten. Aber sie waren keine Kalifen. Mit dem Ende der Fatimiden starb effektiv der Traum vom Kalifat eines göttlich inspirierten Führers aus der Prophetenfamilie.

8.

DIE UMAYYADEN VON CÓRDOBA

Während das Ringen zwischen Abbasiden und Fatimiden um die Führung der islamischen Gemeinde weiterging, wurde in Andalusien ein drittes Kalifat ausgerufen und etabliert. Es betraf den äußersten Westen der islamischen Welt: die muslimisch beherrschten Gebiete Spaniens und Portugals. Nachdem muslimische Truppen 711 bis 716 den größten Teil der Iberischen Halbinsel erobert hatten, waren nur noch einige verarmte, isolierte Gebiete in Kantabrien und den Pyrenäen unter christlicher Herrschaft geblieben. Muslimische Stoßtrupps drangen anschließend tief nach Frankreich vor, im Osten das Rhônetal aufwärts und im Westen durch Aquitanien nahezu bis an die Loire. Ein solcher Stoßtrupp unter der Führung des Gouverneurs von Andalusien, Abd al-Rahmān al-Ghāfiqī, wurde 753 von Karl Martell mit einer fränkischen Armee besiegt. Obwohl diese Niederlage militärisch vermutlich nicht verheerend war, markierte sie das Ende der arabisch-muslimischen Expansion nach Frankreich und den Beginn einer Konsolidierungsphase, in der sich die muslimische Elite nicht mehr mit leichter Kriegsbeute finanzieren ließ und ein Steuersystem sowie ein fester Staatsapparat entwickelt werden musste.

Anfangs gehörte Andalusien zum Umayyaden-Kalifat, das von Damaskus aus eine erstaunlich effiziente Herrschaft ausübte. Die Gouverneure wechselten in rascher Folge und hielten sich höchstens einige Jahre im Amt, aber die Provinz war alles andere als friedlich. Die Eroberer setzten sich aus Berbern und arabischsprachigen Männern zusammen, deren Familien ursprünglich aus Arabien, überwiegend aus den besiedelten Gebieten des Südjemen stammten, aber für einige Generationen in Ägypten gelebt hatten, bevor sie sich den Expeditionen in den Maghreb angeschlossen hatten. Sie sprachen zwar Arabisch, waren aber im Großen und Ganzen keine nomadischen Beduinen, sondern an ein urbanes oder landwirtschaftlich geprägtes Umfeld gewöhnt. Die Berber, die jedoch in der Mehrheit waren, stammten aus dem Nordwesten Afrikas, sprachen ihre eigene Sprache und lebten mehrheitlich als Hirten außerhalb der Kleinstädte des Maghreb. In Andalusien zog es sie vornehmlich in das ländliche Hochland der Halbinsel.

Auch die Araber hatten sich mittlerweile in Andalusien angesiedelt, waren aber durch starke Stammesbindungen gespalten. Das Leben in Kleinstädten und Dörfern bewirkte wie im heutigen Jemen keineswegs, dass die Stammeszugehörigkeit ihre Bedeutung verloren hätte, ganz im Gegenteil. Stammesrivalitäten dominierten die Politik in Andalusien umso mehr, als die Einnahmen aus Kriegsbeute versiegten. Die Zusammensetzung der dortigen muslimischen Bevölkerung änderte sich 741 grundlegend. Die nordafrikanischen Berberstämmme hatten 740 gegen die von den Umayyaden ernannten Gouverneure in Qairawān (Kairouan) rebelliert. Ihr Groll richtete sich gegen die Erhebung der Grundsteuer, *charādsch*, durch die Behörden und gegen die Versklavung vor allem von Mädchen für die Haushalte des Kalifen und seiner Anhänger im Nahen Osten. Sowohl die Mutter des großen Abbasiden-Kalifen al-Mansūr als auch die des ersten Umayyaden-Herrschers von Andalusien, Abd al-Rahmān ibn Muʿāwiya, waren Berberinnen.

Zur Niederschlagung der Rebellion rekrutierten die Umayyaden in Syrien eine große Armee und schickten sie nach Westen. Ein Großteil der Soldaten kam aus den dortigen arabischen Stämmen, die das Rückgrat der Umayyaden-Streitkräfte bildeten, viele aber waren offenbar *mawālī* der Umayyaden-Familie, also keine Araber, sondern Konvertiten, die als Soldaten oder Beamte im Dienst der Umayyaden standen. Ihre Loyalität galt nicht ihren Stämmen oder der umfassenderen *umma*, sondern ihren Schutzherren, der Umayyaden-Familie. Der Feldzug wurde kein Erfolg, denn die Rebellen hielten die syrischen Truppen größtenteils in Ceuta an der Straße von Gibraltar auf. Da es auch in Spanien zu Unruhen unter den Berbern

DIE UMAYYADEN VON CÓRDOBA 255

Ein Kalif flankiert von zwei Dienern: Der linke hält einen Fliegenwedel, der rechte einen Fächer und eine Flasche. Elfenbeinrelief auf dem Kästchen von Leyre, Córdoba, um 1000

kam, erlaubte der Gouverneur den Syrern in Ceuta widerstrebend, die Straße von Gibraltar zu überqueren und ihn bei der Niederschlagung der Rebellion zu unterstützen. Nachdem sie ihre Aufgabe erledigt hatten, ließen sich viele von ihnen im Süden Andalusiens in verschiedenen Militärlagern, *dschunds*, nieder, die nach ihren Heimatregionen in Syrien benannt waren. Es bedarf keiner Erwähnung, dass es zwischen den verschiedenen Elementen der syrischen Streitkräfte sowie zwischen ihnen und den etablierten Arabern der ersten Eroberungswelle zu Konflikten kam.

Das Emirat von Córdoba

So sah die Lage aus, als die von 747 bis 750 aus dem Osten vorrückenden Abbasiden-Truppen das Umayyaden-Kalifat in Syrien stürzten. Die Abbasiden begannen, die Umayyaden-Familie zielstrebig und schonungslos auszulöschen, massakrierten viele ihrer Mitglieder auf der Stelle oder jagten sie, um sie dann zu töten. Zu den wenigen, die entkamen, gehörte Abd al-Rahmān ibn Muʿāwiya, ein Enkel des letzten großen Umayyaden-Kalifen Hischām. Nach einer abenteuerlichen Flucht, auf der er beispielsweise durch den Euphrat schwamm, um seinen Verfolgern zu entkommen, schlug Abd al-Rahmān sich nach Nordafrika durch, um bei den Verwandten seiner Mutter Zuflucht zu suchen. Dort konnte er sich vor den Abbasiden sicher fühlen.

Diese unternahmen keinerlei ernsthaften Versuch, Andalusien zu erobern, das zu abgelegen war; zudem hatten sie dringendere Probleme. Das bedeutete allerdings nicht, dass in der Provinz Frieden geherrscht hätte, denn dort gingen die heftigen inneren Auseinandersetzungen weiter. Unterdessen scheiterten Abd al-Rahmāns Versuche, seine Macht in Nordafrika zu etablieren, an Stammesrivalitäten, woraufhin er seinen *maulā* und seine rechte Hand Badr nach Andalusien schickte, um Kontakt zu den *mawālī* seiner Familie aufzunehmen. Nach einigen Verhandlungen überquerte Abd al-Rahmān

755 das Mittelmeer, fuhr in den kleinen Hafen Almunecar und zog mit Unterstützung der angeblich etwa 2000 *mawālī* seiner Familie und Teilen der syrisch-arabischen Bevölkerung, die weiter loyal zu den Umayyaden standen, im Mai 757 in Córdoba ein, wo er zum Emir ausgerufen wurde. Die Umayyaden-Herrschaft sollte sich über 250 Jahre lang halten, bis das Kalifat 1031 abgeschafft wurde.

Die langwierigen Kämpfe, mit denen die Umayyaden-Emire ihre Macht über die widerspenstigen Muslime Andalusiens durchsetzten und erhielten, übersteigen den Rahmen dieses Buches, einige Punkte sind jedoch hier zu erwähnen. Bis 929 regierten die Umayyaden als Emire und erhoben keinen Anspruch auf den Kalifentitel. Jeder wusste, dass sie dem Stamm der Quraisch angehörten und daher für diesen Titel infrage kamen. Zudem war allen bekannt, dass sie von den großen Umayyaden-Kalifen aus Damaskus abstammten; sie nannten sich «Söhne der Kalifen», was ihnen die Loyalität vieler Syrer sicherte, deren angestammte Heimat die Abbasiden-Herrscher unterworfen und in Armut gestürzt hatten.

Die Zurückhaltung der Umayyaden in diesem Punkt hatte wahrscheinlich teilweise damit zu tun, dass es eine offene Herausforderung der Abbasiden bedeutet hätte, die zumindest bis zum ausgehenden 8. Jahrhundert schlagkräftige Streitkräfte in Ifrīqīya unterhielten. Tatsächlich führten die Abbasiden nie einen Feldzug gegen Andalusien, gingen in ihren Feindseligkeiten kaum je über Schmähbriefe hinaus und stellten im 9. Jahrhundert keine echte Bedrohung mehr dar. Möglicherweise hielt die Umayyaden auch die allgemein anerkannte Vorstellung ab, dass es in der muslimischen Welt nur einen Kalifen geben könne; zudem waren sie eindeutig nicht in der Lage, gegen Bagdad zu marschieren und die Abbasiden zu stürzen. Also behielten sie den bescheidenen Titel Emir, der jedoch eigene Probleme barg. Zumindest in der Theorie war ein Emir ein Kommandeur oder Gouverneur, der vom Kalifen ernannt war. Zu seiner Legitimierung brauchte er eine vom Kalifen übersandte Ernennungsurkunde und eine Amtsstandarte. Diese Formalitäten besaßen, wie bereits geschildert, noch lange große Bedeutung, auch als die politische und militärische Macht der Abbasiden schwand. Offenkundig waren diese nicht bereit, einen Umayyaden-Herrscher anzuerkennen, nicht einmal in einer abgelegenen Region ihres Kalifats. Deshalb blieb ihr Titel weiterhin in einer Art konstitutionellem Vakuum. Solche Erwägungen hinderten die Umayyaden von Andalusien allerdings nicht am Aufbau eines starken, effizienten Staates, der vermutlich reicher und sicher langlebiger war als jedes der Emirate, die nach dem Zusammenbruch des Abbasiden-Kalifats im Osten entstanden waren. Das lag nicht nur an ihrer stehenden Armee, sondern auch an ihrer zunehmend durchorganisierten Verwaltung und der Ausgabe eigener Münzen. Die Iberische Halbinsel wurde von lokalen Gouverneuren regiert, die gewöhnlich, wenn auch nicht immer, vom Emir in Córdoba ausgewählt und auch entlassen wurden. Auch in der Architektur spiegelte sich die Macht der Umayyaden wider. Die Große Moschee in Córdoba, deren Bau von Abd al-Rahmān begonnen und von seinem Namensvetter, Abd al-Rahmān II., im 9. Jahrhundert erweitert wurde, konnte es an Größe und reicher Ausstattung mit allen zeitgenössischen Bauwerken in Bagdad oder Samarra aufnehmen. Anlage und Mauerwerk zeugten eindeutig vom syrischen Erbe der Umayyaden. Außer der Moschee gab es einen opulent ausgestatteten Emirpalast, von dem kaum Spuren erhalten geblieben sind, sowie außerhalb der Stadtmauern einen Ruhesitz in Rusāfa (benannt nach dem syrischen Palast des Umayyaden-Kalifen Hischām).

Trotz aller ideologischen Differenzen und des erbitterten Hasses zwischen Abbasiden und Umayyaden orientierte sich der Hof in Córdoba im 9. Jahrhundert in seinem königlichen Stil am Hof in Bagdad und ahmte ihn nach. Um die Mitte des 9. Jahrhunderts führte der Emir ein zurückgezogenes Leben in seinem luxuriösen Palast, umgeben von einem Haushalt mit Sklavinnen und Eunuchen. Die Verbindungen nach Bagdad wurden intensiver durch die Katastrophe, die sich in der Hauptstadt während des Bürgerkrieges zwischen Amīn und Ma'mūn 811 bis 814 und der nachfolgenden Anarchie ereignete. So verließen einige Intellektuelle und Dichter die Stadt und suchten in Andalusien ihr Glück. Zu ihnen zählte auch Alī ibn Nāfi, genannt Ziryāb. Er stammte aus dem Irak und war ein Schüler Ishāq al-Mausilis, der zu den prominentesten Dichtern und führenden kulturellen Kräften am Abbasiden-Hof gehörte. Nach einem vorübergehenden Aufenthalt in Nordafrika kam er 822 nach Andalusien und wurde dort bald tonangebend in Stil- und Geschmacksfragen, etwa bei Kleidung oder der Art, wie Mahlzeiten zu servieren waren. Abd al-Rahmān II. hegte ein lebhaftes Interesse an Kunst und Wissenschaften und förderte Dichter und Denker, unter anderem auch den exzentrischen Wissenschaftler Abbās ibn Firnās, der sich Flügel baute und zu fliegen versuchte.

Die Umayyaden waren stolze Herrscher eines der mächtigsten Staaten der muslimischen Welt. Möglicherweise reichte die Einwohnerzahl ihrer Hauptstadt an diejenige Fustāts heran, und ihr Hof war ebenso verschwenderisch wie der in Bagdad, aber bis zur Regentschaft Abd al-Rahmāns III. strebten sie nie den Kalifentitel an.

Abd al-Rahmān III., der 912 die Nachfolge als Emir antrat, bestieg den Thron nach einer langen Phase, in der muslimische Lokalfürsten die Macht des Herrschers in Andalusien infrage stellten und es den Anschein hatte, als ginge die Umayyaden-Herrschaft zu Ende. Langsam und systematisch machte der junge Emir sich daran, in einer Reihe jährlicher Feldzüge seine Autorität über seine widerspenstigen Untertanen zu bekräftigen. Bis 929 hatte er nahezu ganz Andalusien wieder unter seine Kontrolle gebracht.

Abd al-Rahmān III. und Hakam II.: Córdobas Glanzzeit

Nun ließ Abd al-Rahmān III. sich in den Freitagspredigten des obersten Richters Ahmad ibn Baqī in der Großen Moschee von Córdoba zum Kalifen und Fürsten der Gläubigen ausrufen und informierte alle Provinzen in Briefen über seinen neuen Status. Er bat niemanden um Erlaubnis, diesen Titel führen zu dürfen, er wurde von niemandem ernannt und von einer Wahl war keine Rede. Er war weitgehend ein selbsternannter Monarch. Was hatte diese Wendung ausgelöst, und welche Folgen hatte sie?

Um diesen Wandel zu verstehen, müssen wir ihn im Kontext der

Politik und der Entwicklungen in der weiteren muslimischen Welt sehen. Der wohl offensichtlichste Faktor war die Schwäche des Abbasiden-Kalifats unter der Regentschaft von Muqtadir (reg. 908–932), denn diese ließ ihren Anspruch, die einzigen Kalifen und Führer der *umma* zu sein, zunehmend unrealistisch, ja sogar absurd erscheinen. Trotz der großen Distanz zwischen Córdoba und Bagdad waren die Menschen in Andalusien sehr gut über die Vorgänge im Osten informiert (während kein Geschichtsschreiber im Osten den Ereignissen im fernen Andalusien sonderliche Bedeutung beimaß). Tatsächlich verfasste ein Andalusier, Arīb ibn Saʿīd al-Qurtubī (der Córdobaer) eine unserer wichtigsten Quellen über die komplexe Herrschaftsgeschichte Muqtadirs. Soweit wir wissen, reiste er nie in den Nahen Osten, wusste aber erstaunlich gut über das dortige Geschehen Bescheid. Er schrieb sogar die große arabische Chronik des Tabarī fort, die über die Geschichte der Abbasiden bis 910 berichtete und in den Bibliotheken Córdobas verfügbar gewesen sein muss. Mit nahezu tagebuchartiger Genauigkeit schilderte er die Ereignisse in Bagdad und das Debakel des Kalifats. Die Schwierigkeiten der Abbasiden waren also allgemein bekannt und boten Abd al-Rahmān Gelegenheit, seinen Anspruch auf den Kalifentitel geltend zu machen.

Es gab jedoch noch eine weitere Veränderung, die eine Proklamation des Kalifats in Córdoba zugleich möglich und dringender machte. Nur drei Jahre, bevor Abd al-Rahmān Emir von Córdoba wurde, hatte der erste Fatimide sich 909 in Qairawān zum Kalifen erklärt. Das war eine wichtige Entwicklung. Schon früher hatten sich schiitische Prätendenten und Rebellen zu Kalifen aufgeschwungen, aber letzten Endes hatte man sie immer niedergeschlagen, ihre Bestrebungen hatten zu nichts geführt. Doch dieses Mal lagen die Dinge offensichtlich anders. In ihrer Lage konnten die Abbasiden nicht einmal daran denken, in Ifrīqīya einzumarschieren und dieses neue Kalifat zu zerschlagen. Also würde es eindeutig weiterbestehen. Das bedeutete, dass die Bedenken gegen zwei gleichzeitige Kalifen effektiv überholt waren. Und wenn es zwei geben konnte, warum dann nicht auch drei? Es lag auf der Hand, dass die sunnitischen Andalusier einen schiitischen Kalifen niemals anerkennen oder ihm die Treue schwören würden.

Diese Inauguration eines neuen Kalifats besaß Aspekte, die es noch nie zuvor gegeben hatte. Die Umayyaden erhoben nicht den Anspruch, Nachfolger der Abbasiden oder Fatimiden zu sein. Soweit uns bekannt ist, verfluchten sie bei ihrer Proklamation die Abbasiden nicht und sprachen ihnen auch nicht den Herrschaftsanspruch ab. Im Gegensatz zu anderen Kalifen, einschließlich der zeitgenössischen Abbasiden und Fatimiden, erhoben die Umayyaden von Córdoba nicht den Anspruch, Herrscher oder Führer der gesamten muslimischen *umma* zu sein. Wenngleich die Grenzen ihres Kalifats nicht förmlich festgelegt waren, schien doch klar zu sein, dass es sich auf Andalusien und die Regionen des Maghreb erstreckte, die ihre Herrschaft akzeptierten.

Ihren Legitimitätsanspruch leiteten sie in erster Linie von ihrer Abstammung her. Wie schon ihr Name sagte, gehörten sie unbestreitbar wie der Prophet zum Stamm der Quraisch, und die Echtheit ihrer Abstammungslinie war allgemein anerkannt, anders als bei den Fatimiden, deren angebliche Abstammung von Ismāʿil und somit vom Propheten Mohammed und seiner Tochter Fātima in mehreren Punkten infrage gestellt wurde. Sie gehörten nicht nur zu den Quraisch, sondern waren auch Nachkommen der Umayyaden-Kalifen. Das hatte offensichtlich einiges Gewicht, allerdings gibt es keinerlei Hinweise, dass sie beanspruchten, das alte Umayyaden-Kalifat in seiner gesamten geographischen Ausdehnung wiederbeleben oder wiederherstellen zu wollen.

Ein weiterer Punkt im Zusammenhang mit dem Anspruch auf das Kalifat hatte mit der Führungsrolle der Umayyaden beim Dschihad in Andalusien zu tun. Sie waren die anerkannten Führer der Muslime gegen die christlichen Königreiche und Länder im Norden, und Abd al-Rahmān III. hatte noch als Emir diese Funktion aufrechterhalten und bekannt gemacht. Erstmals hatte er 920 die Muslime persönlich angeführt. Er war nördlich nach Toledo gezogen, wo er den Treueid des halb unabhängigen Lokalfürsten Lubb ibn Tarbīscha entgegengenommen hatte, dann war er weiter nordöstlich nach Medinaceli vorgerückt und hatte San Esteban de Gormaz und die heute verlassene Stadt Clunia eingenommen. Von dort war er weiter in das obere Ebrotal bei Tudela vorgestoßen, ins Innere des christlichen

Königreichs Navarra marschiert und hatte dessen Armee und die leonesischen Verbündeten bei Pamplona besiegt. 924 war er an der Ostküste Andalusiens nach Norden gezogen und hatte den Treueid der muslimischen Fürsten von Lorca und Murcia entgegengenommen. Von dort war er erneut ins Ebrotal und nach Navarra vorgedrungen, hatte Pamplona geplündert und die Kathedrale niedergebrannt.

Mit diesen und weiteren Feldzügen verfolgte er drei Zielsetzungen: Die erste und offensichtlichste bestand darin, für die Sicherheit der muslimischen Bevölkerung zu sorgen, die den Angriffen der zunehmend aggressiven und mächtigen christlichen Könige von Pamplona und Léon ausgesetzt waren, obwohl diese bemerkenswert wenig Territorium erobert oder besiedelt hatten. Das zweite Ziel war, die muslimischen Lokalfürsten, etwa die von Toledo, Murcia und Saragossa, persönlich zu treffen und sich ihrer Treue zu versichern, da sie sich in den Wirren des ausgehenden 9. und frühen 10. Jahrhunderts halbwegs unabhängig gemacht hatten. Die Tatsache, dass Abd al-Rahmān eine große Armee gegen die Ungläubigen im Norden anführte, machte es schwierig, sich seinen Forderungen zu entziehen. Damit hätten sich die aufsässigen Lokalfürsten nicht nur ihrem legitimen Emir widersetzt, sondern auch, was weitaus schlimmer gewesen wäre, die muslimischen Militäranstrengungen untergraben. Bei der letzten Zielsetzung handelte es sich darum, zu demonstrieren, dass der Emir und nur er allein imstande sei, alle Muslime Andalusiens gegen die Nichtmuslime ins Feld zu führen und damit seine Stellung als Führer sämtlicher Muslime der Halbinsel eindeutig zu bekräftigen. Zudem unternahmen die Byzantiner in dieser Zeit immer aggressivere Angriffe auf die syrischen Grenzen der muslimischen Welt und eroberten 934 Malatya. Der Gegensatz zwischen dem Abbasiden-Kalifen, der seine Armee nie persönlich in den Dschihad führte und dessen Streitkräfte seine muslimischen Untertanen nicht zu schützen vermochten, und dem Emir von Andalusien, der diese Aufgabe erfolgreich und sichtbar erfüllte, war für alle offensichtlich. Die andere Kalifenpflicht – die Leitung und der Schutz des Haddsch – lag selbstverständlich weit jenseits der Macht des Herrschers von Córdoba, doch das war anscheinend kein ernsthaftes Hindernis.

Ein weiterer wichtiger Aspekt war, dass die Umayyaden keinerlei Treuepflichten gegenüber einer anderen Macht hatten und somit keine Autorität in der Lage war, Einwände zu erheben. Sie hielten es offenbar auch nicht für notwendig, die Zustimmung ihrer Untertanen einzuholen: Es gab nicht einmal den Anschein einer Wahl. Sie ließen lediglich verkünden, dass das Freitagsgebet nun im Namen des Kalifen stattfände, und benachrichtigten schriftlich die Provinzen. Auf diese recht unkonventionelle Weise entstand ein Kalifat, das ein Jahrhundert lang bestehen bleiben und den Respekt der muslimischen Welt wie auch der Nachwelt gewinnen sollte.

Sodann stellt sich die Frage, ob Abd al-Rahmāns Herrschaftsstil sich änderte, nachdem er den neuen Titel angenommen hatte. Der erste und vielleicht offenkundigste Hinweis ist die Änderung seines Namens. Wie die Umayyaden-Kalifen von Damaskus hatten auch die Umayyaden-Emire von Córdoba bei ihrem Amtsantritt weiter ihre Geburtsnamen behalten, dagegen hatten die Abbasiden offenbar seit Beginn ihrer Herrschaft die Angewohnheit, sich förmliche Herrschernamen zuzulegen (Mansūr, Mahdī usw.), die im offiziellen Sprachgebrauch und in der Geschichtsschreibung verwendet wurden. Sowohl die Fatimiden-Kalifen in Tunesien als auch Abd al-Rahmān und seine Nachfolger übernahmen diese Praxis. Abd al-Rahmān nannte sich Nāsir li'dīn Allāh, «der der Religion Gottes zum Sieg verhilft».

Eine weitere äußere und sichtbare Veränderung bildete das Prägen von Goldmünzen. Viele der Dynastien, die im Osten die Macht von den Abbasiden übernahmen, prägten zwar im eigenen Namen Silbermünzen von äußerst unterschiedlicher Qualität, aber keine gab Golddinare aus. Ein Grund dafür war ohne Zweifel, dass sie keinen Zugang zu ausreichenden Goldmengen hatten, ein weiterer aber wohl, dass dies allgemein als Privileg des Kalifen galt. Die einzige Ausnahme von dieser Regel waren, wie gesagt, die Fatimiden in Ägypten, deren überaus feine Goldmünzen ein eindeutiges Zeichen ihrer herausragenden Stellung waren. Durch die Erschließung neuer Handelsrouten durch die Sahara hatten sowohl die Umayyaden von Córdoba als auch die Fatimiden in Ägypten über ihre nordafrikanischen Kontakte Zugang zu Gold und neu gewonnenem Reichtum bekommen.

Die Ausrufung des Kalifats spiegelte weit reichendere Veränderungen in der andalusischen Gesellschaft wider. Auch wenn uns keine gesicherten Zahlen vorliegen, erlebte die Iberische Halbinsel im ausgehenden 9. und 10. Jahrhundert einen rapiden Anstieg der Konversionsraten zum Islam, da immer mehr Einheimische sich der muslimischen Gemeinde anschließen wollten. Als Abd al-Rahmān sein Kalifat verkündete, war die Bevölkerungsmehrheit vermutlich muslimisch. Die Einführung des Kalifats bildete ein Zeichen, dass er nicht als Emir über eine elitäre Minderheit von Muslimen herrschte, sondern als Kalif über alle Muslime einer weitgehend muslimischen Gesellschaft. Innerhalb dieser Gesellschaft existierten jedoch viele Unterschiede und Spaltungen. So gab es nicht nur alte Stammes- und Regionalbindungen, sondern auch beträchtliche Spannungen zwischen den Muslimen, die sich auf ihre Abstammung von Arabern oder Berbern berufen konnten, und den *muwalladūn*, den zum Islam konvertierten Nachfahren der Christen und Juden aus der Zeit vor der muslimischen Eroberung. Unter den beiden ersten Kalifen (912–976) trat an die Stelle der Stammes- und Regionalbindung die Loyalität zum Kalifen und dem zunehmend mächtigen Staatsapparat, während der Unterschied zwischen Arabern und Berbern einerseits und *muwalladūn* andererseits allmählich an Bedeutung verlor.

In seiner nahezu fünfzigjährigen Regentschaft veränderte sich Abd al-Rahmāns Regierungsstil erheblich und entwickelte sich weiter. Ein Großteil der Macht und des Ansehens, die ihm den Anspruch auf das Kalifenamt überhaupt erst ermöglicht hatten, erwuchs aus seiner Führungsrolle im Dschihad gegen die Christen im Norden. In den ersten zehn Jahren seines Kalifats (929–939) setzte er diesen Feldzug fort, führte die muslimische Armee persönlich an und überredete und umschmeichelte die Fürsten der Grenzregionen wie des Ebrotals, sich ihm in diesem Kampf anzuschließen. Allerdings erlebte er 939 einen schweren Rückschlag. In diesem Jahr führte er einen Feldzug gegen Ramiro II., den christlichen König von León. Wie in früheren Jahren marschierte er durch das Ebrotal und bewegte die widerstrebenden Fürsten von Saragossa und Huesca dazu, ihm zu folgen. Dann ließ er sich auf eine erfolglose und demoralisierende Belagerung der Zitadelle von Simancas ein. Nach diesem Fehlschlag wandte er sich nach Süden, um seine Armee durch eine zerklüftete Landschaft auf muslimisches Territorium zurückzuführen. An einem nicht identifizierten Ort, den die Araber als Graben (*chandaq*) bezeichneten, geriet er in ein Gefecht mit irregulären christlichen Truppen. Die muslimische Armee wurde vernichtend geschlagen, und viele Soldaten wurden getötet oder gefangengenommen. Gedemütigt zog sich der Kalif mit seinem aufgeriebenen Heer nach Süden in die Sicherheit muslimischen Gebiets nach Guadalajara zurück.

Die Hauptursache für diese Niederlage bestand anscheinend darin, dass die Fürsten des Ebrotals, die dem Kalifen seine Bestrebungen, sie zu kontrollieren, ohnehin verübelten, im entscheidenden Moment desertiert waren und ihn seinem Schicksal überlassen hatten. Dieser Rückschlag führte zu einem grundlegenden Wandel seiner Regierung. Unmittelbar danach ließ er den Gouverneur von Huesca, Fortūn ibn Muhammad, einen der Fürsten, die ihn im Stich gelassen hatten, ergreifen und hinrichten, unternahm jedoch keinerlei Versuche, die Macht der anderen rebellischen Fürsten zu zerschlagen. Nie wieder leitete er persönlich einen Feldzug nach Norden und führte in den letzten zwanzig Jahren seiner Regentschaft die Muslime auch nicht mehr in den Dschihad. Er zog sich nach Córdoba zurück, wo er drei Jahre zuvor, 936, mit dem Bau der großen Palastanlage Madīnat al-Zahrā außerhalb der Stadt begonnen hatte, deren Ruinen noch heute zu sehen sind. Dort entfaltete er ein aufwändiges kalifales Hofleben in einer ausgedehnten Palaststadt mit Gärten, Innenhöfen, Teichen und einem üppig mit Mosaiken und Marmor dekorierten Thronsaal. Er empfing Gäste und nutzte die prachtvolle Umgebung, um das Kalifat in all seinem Glanz zu präsentieren. Mit seinem Luxus und seiner Kultur lockte der Hof – vor allem zu den beiden großen īds (Festen) des muslimischen Kalenders – Fürsten von der gesamten Iberischen Halbinsel und Stammesführer der Berber aus Nordafrika an. Statt als Kalif sozusagen auf Tournee zu gehen, schuf er einen Hof, der die Notabeln anzog, dem sie angehören wollten und an dem sie ihre Söhne ausbilden ließen. Viele Jahrhunderte später sollte Ludwig XIV. seinen Palast und Hof in Versailles nach dem gleichen Muster führen: autokratische Herrschaft durch Anziehungskraft statt durch Anwendung nackter Gewalt.

Dieser wohlhabende und offenkundig stabile Staat erregte damals viel Bewunderung, und seitdem hat sich die Nostalgie nach der verlorenen Herrlichkeit Andalusiens als zwar untergeordnetes, aber durchgängiges Motiv der arabischen Kultur gehalten. In jüngster Zeit herrscht sogar, vor allem im Westen, erneutes Interesse am Konzept der *convivencia*. Dieses spanische Wort für «Zusammenleben» hat sich für die wahrgenommene Situation in Andalusien zur Zeit des Kalifats eingebürgert, als Angehörige der drei großen monotheistischen Religionen, Muslime, Christen und Juden, harmonisch zusammenlebten und zumindest bis zu einem gewissen Grad eine gemeinsame Kultur teilten. Nach den Terroranschlägen in New York und Washington am 11.9.2001 verwiesen manche Kommentatoren auf Andalusien als historisches Beispiel und möglichen Beleg, dass zwischen den Religionen nicht unausweichlich Feindschaft herrschen müsse, eine Ansicht, die Rosa Maria Menocal von der Yale University in ihren Schriften besonders eloquent vertrat.[46] Diese Sicht teilten jedoch nicht alle: Für Usāma ibn Lāden und die Ideologen von al-Qaida war die Geschichte Andalusiens eine furchtbare Warnung. Muslime hatten christliche und jüdische Bevölkerungselemente geduldet und ihnen Rechte und Ämter eingeräumt. Das Ergebnis war offensichtlich: Letzten Endes hatte man Muslime aus ihrem eigenen Land vertrieben, und die Iberische Halbinsel war für den Dār al-Islām endgültig verloren gegangen.

Die historische Wirklichkeit ist ein bisschen durchwachsener. Tatsächlich gab es in Andalusien offenbar kaum eine aktive Christenverfolgung. Sie durften ihren Glauben in Kirchen und Klöstern praktizieren, und christliche Bischöfe spielten eine wichtige Rolle bei der Verwaltung der christlichen Bevölkerung. Kalif Nāsir schickte den Christen Recemundo als Gesandten nach Aachen und Konstantinopel, und im folgenden Jahrhundert lag die Verwaltung des Königreichs Granada weitgehend in den Händen mächtiger jüdischer Beamter.

Die Beziehungen zwischen den Religionen waren jedoch nicht gleichbleibend. Im 9. Jahrhundert gab es eine gewisse Opposition gegen die muslimische Herrschaft. Die sogenannten «Märtyrer von Córdoba», eine fromme Christengruppe, forderten ihren Tod heraus, indem sie den Propheten Mohammed und den Islam öffentlich schmähten. Trotz der Intervention des Bischofs von Córdoba, der sich strikt gegen diese Bewegung stellte, und trotz aller Bemühungen der muslimischen Obrigkeit, die Gruppe zum Widerruf zu bewegen, wurden einige von ihnen hingerichtet. In den ersten Jahrzehnten des 10. Jahrhunderts versuchte Ibn Hafsūn, ein Rebellenführer in den Bergen Südspaniens, Unterstützer zu gewinnen, indem er sich als Vorkämpfer der Christen darstellte. In der Zeit des Kalifats ist jedoch nichts dergleichen zu finden.

Aus dieser Periode gibt es keinerlei Berichte über christlichen oder jüdischen Widerstand oder über Verfolgungen irgendeiner Art. Wahrscheinlich sah die Realität so aus, dass sowohl Christen als auch Juden durch den wachsenden Bevölkerungsanteil, der zum Islam konvertierte, an Bedeutung verloren und kaum noch eine Bedrohung darstellten. Diese Situation änderte sich im 11. Jahrhundert, als Christen durch den wachsenden militärischen Druck aus dem christlichen Léon, Kastilien und Navarra als potenzielle fünfte Kolonne gelten konnten und viele von ihnen unter der Herrschaft der Almoraviden das Land verließen und nach Norden gingen. *Convivencia* bedeutete zwar friedliche Koexistenz, aber keineswegs Gleichberechtigung. Christen und Juden waren Bürger zweiter Klasse, und ein friedliches Zusammenleben war nur so lange möglich, wie sie ihre untergeordnete Stellung akzeptierten. Als dies nicht mehr der Fall war und die Muslime sich bedroht fühlten, war die *convivencia* zum Untergang verurteilt.

Nicht nur Muslime kamen nach Córdoba, um dem Kalifen ihren Respekt zu zollen, und verließen den Hof beeindruckt. Nāsir leitete eine «Außenpolitik» ein, die einem Kalifen entsprach. Um 950 begann ein Austausch von Gesandten mit dem mächtigsten Herrscher Westeuropas, dem deutschen Kaiser Otto I. (reg. 938–973). Otto strebte eine Zusammenarbeit mit dem Kalifen gegen muslimische Piraten an, die den südfranzösischen Hafen Fréjus eingenommen hatten und nun als Stützpunkt nutzten, von dem aus sie die Umgebung terrorisierten und Schiffe ausplünderten. Über diese Mission berichtet keine arabische Quelle, es gibt jedoch einen lateinischen Bericht über das Leben des deutschen Botschafters, Abt Johannes von Gorze, der die Pracht des Kalifenhofes aus der Sicht eines Außenstehenden schildert.[47] Johannes war ein äußerst undiplomatischer Gesandter, der fest entschlossen war, sich weder beeindrucken noch einschüchtern zu lassen, und so kamen die Verhandlungen nur langsam voran. Über den örtlichen christlichen Bischof äußerte er sich überaus abfällig, als er die Kompromisse schilderte, die Christen eingehen mussten, um im muslimischen Córdoba überleben zu können. Schließlich schickte Abd al-Rahmān einen Gesandten nach Aachen, einen Mozaraber (arabisierten Christen) namens Recemundo (lateinisch) oder Rabī ibn Zaid (arabisch). Nach dreijähriger Wartezeit in Córdoba erhielt Johannes endlich eine Audienz.

Die Schilderung dieser Begegnung, verfasst von einem Ordensbruder, ist der einzige Augenzeugenbericht über einen vormodernen Kalifen, den ein nicht der muslimischen Welt angehörender Autor lieferte. Bevor er dem Kalifen begegnete (der in seiner Schilderung durchgängig *rex*, König, genannt wird), wurde Johannes aufgefordert, er solle «sich mit geschorenem Haar, gewaschenem Körper, besserem Gewand vorbereiten, so wie einer, der den königlichen Blicken vorgestellt werden soll». Er weigerte sich, selbst als der Kalif ihm zehn Pfund in Münzen schickte, damit er sich herausputzte, dankte ihm für das Geschenk, fand jedoch, man solle es besser für Almosen an die Armen ausgeben. «Die königlichen Gaben verschmähe ich nicht», erwiderte er, erklärte dann aber, einem Mönch sei es nicht gestattet, etwas anderes als seinen Habit zu tragen. Schließlich gab der Kalif nach: «Mag er mit einem Sack bekleidet kommen.»

Als der Tag kam, an dem Johannes den Kalifen treffen sollte, bedachte man ihn mit einer umfassenden Machtdemonstration des Kalifen:

> Den ganzen Weg von ihrem Gasthaus bis an die Stadt und von dort zum königlichen Palast [vermutlich fand die Begegnung in Madinat al-Zahra statt, daher der Fußweg über die staubige Straße von der Stadt aus] umsäumten dicht gedrängt auf beiden Seiten militärische Abteilungen: hier Fußtruppen, die da standen mit in den Boden gepflanzten Lanzen, dort weit entfernt solche, die einige Wurf- und Schleudergeschosse schwirren und mit der Hand schwingen ließen

und wechselseitige Schläge vortäuschten; nach ihnen einige, die in leichter Bewaffnung auf Maultieren saßen, dann Reiter, die ihre Pferde mit den Sporen zum Schnauben und wechselnden Aufbäumen anstachelten, außerdem Mauren, die die Unsrigen durch ihre ungewohnte Gestalt erschreckten. So wurden sie unter mancherlei Vorführungen, die, wie sie meinten, von den Unsrigen für Wunder gehalten würden, auf dem überaus staubigen Weg, den die Trockenheit der Zeit – es war nämlich Sommersonnenwende – allein von sich aus schon aufgewirbelt hätte, zum Palast geführt. Ihnen entgegen schritten alle Vornehmen; an der äußeren Palastschwelle war der ganze Fußboden mit kostbaren Teppichen und Tüchern bedeckt. Als sie zu dem Gemach kamen, worin der König wie ein Solitär, gleichsam eine für keinen oder nur wenige zugängliche Gottheit residierte, war alles an allen Seiten mit ungewöhnlichen Behängen bedeckt, die den Fußboden den Wänden gleichen ließen. Der König selbst lagerte auf einem Polster, in einem Luxus, so großartig wie nur möglich. Man benutzt nämlich nicht nach der Sitte der übrigen Völker Throne oder Sessel, sondern legt sich beim Gespräch oder Essen auf Betten oder Polster [*lectis*], wobei die Schenkel einer auf den anderen gelegt werden. Als also Johannes vortrat, streckte der König ihm die Hand mit der Innenseite zum Kuß entgegen. [...] Als dann ein Sessel bereitgestellt war, nickte er mit der Hand zu, daß er sich setze. Darauf herrschte auf beiden Seiten langes Schweigen. Dann sprach der König als erster; er sagte: «Ich weiß, daß dein Herz mir lange Zeit sehr feindlich gesinnt war, weil ich dich erst einmal so lange von meinem Angesicht ferngehalten habe. Aber du selbst weißt genau, daß es nicht anders geschehen konnte.»

Der Kalif erklärt ihm, er habe seine Standfestigkeit und sein Wissen kennen gelernt und wolle ihn wissen lassen, dass manches, was ihn verärgert haben könnte, «nicht aus Haß gegen dich geschehen ist»; nun empfange er ihn nicht nur, sondern versichere ihm auch, «was immer du verlangst, wirst du erlangen».

Auf diese Worte hin ist Johannes, der, wie er uns (oft) erzählte, etwas Galle gegen den König auszuspeien gedacht, die sich in der langen angstvollen Zeit angesammelt hatte, mit einem Mal so friedfertig geworden, daß nichts in seinem Herzen jemals hätte ausgeglichener sein können. [...] Der König, der von diesen Worten bestrichen zu großer Gnade gestimmt war und sich anschickte, ihn mit viel weiterer Rede anzusprechen, verlangte zunächst die kaiserlichen Geschenke in Empfang zu nehmen. [Leider erfahren wir nicht, woraus sie bestanden.] Als das geschehen war, erbat Johannes auf der Stelle die Erlaubnis zur Heimkehr. Der König wunderte sich und sagte: «Wie? Sollte die Trennung so plötzlich geschehen? So lange haben wir einander erwartet; kaum haben wir uns gesehen, sollen wir uns noch unbekannt wieder voneinander losreißen? Jetzt, nachdem wir einstweilen einer den anderen gesehen haben, hat sich auf beiden Seiten ein klein wenig Kenntnis der Gesinnungen aufgetan; bei einer erneuten Begegnung wird sie schon größer sein, beim dritten Mal wird die Bekanntschaft oder Freundschaft in ihrer ganzen Fülle befestigt werden. Dann sollst du deinem Herrn zurückgeschickt und mit den Ehren geleitet werden, die seiner und deiner würdig sind.» Dem stimmte Johannes zu, dann erging der Befehl, die zweite Gesandtschaft vorzuführen, und in seiner Anwesenheit wurden die Geschenke überreicht, welche die Gesandten brachten.

Dann endlich wurden beide zu ihrer Unterkunft entlassen. Nach einiger Zeit wurde Johannes wiederum vom König gerufen, der über vielerlei Vertrauliches mit ihm redete: über die Macht unseres Kaisers und seine Klugheit, über die Stärke und Zahl der Soldaten und des Heeres, über Ruhm und Reichtum, über Kriegseifer und Erfolge und vieles Derartige. Dagegen rühmte er seine eigene Macht, um wie vieles [er in der Stärke seines Heeres] alle Könige seines Zeitalters überträfe. Darauf antwortete Johannes nur wenig.

Schließlich wandte Johannes jedoch ein, er kenne keinen König, «der unserem Kaiser hinsichtlich des Landes, der Bewaffnung oder der Pferde gleichgestellt werden könnte».

Hier bricht dieser faszinierende Bericht ab, und wir haben keine Ahnung, zu welchen Ergebnissen die Begegnung, wenn überhaupt, führte. Es mag sein, dass man die Schilderung dieses freundschaftlichen Männergesprächs zwischen dem Mönch und dem Kalifen mit einer gewissen Skepsis aufnehmen sollte, allerdings klingt der Rest durchaus realistisch, beispielsweise die Beschreibung der Teppiche und Fliesen im Palast und die Art, wie der Kalif im Schneidersitz auf einer Couch saß (die im Arabischen *sarīr* genannt wird). Der Bericht zeugt von einem gewissen Maß an Respekt zwischen den beiden mächtigsten Herrschern Westeuropas, dem Kaiser in Aachen und dem Kalifen in Córdoba.

Zur gleichen Zeit nahm der Kalif auch diplomatische Beziehungen zum Byzantinischen Reich auf. Konstantinopel und Córdoba waren damals die beiden größten und fortgeschrittensten Städte Europas; beide Staaten besaßen eine hoch entwickelte, schriftkundige Verwaltung, reguläre Steuersysteme und weithin gebräuchliches Münzgeld. Sie waren Welten von den Völkern Nord- und Westeuropas mit ihren kriegerischen Banden, primitiven Burgen und Wikingereinfällen entfernt. Daher schien es durchaus klar, dass beide voneinander wussten und Kontakt knüpften. Aufgrund der großen Entfernung zwischen beiden Ländern waren militärische Konflikte – auch zur See – ausgeschlossen, daher stand einem Bündnis auf der Basis gegenseitiger Hochachtung nichts im Wege. Die Abbasiden hatten, wie gesagt, byzantinische Gesandtschaften als Mittel zu nutzen versucht, um ihre Führungsrolle in der Muslimgemeinde zu demonstrieren, und der Kalif von Córdoba machte es nun ebenso. Im Sommer 949 empfing er einen Gesandten aus Konstantinopel in Córdoba, und im Oktober desselben Jahres traf eine Gesandtschaft unter der Leitung von Recemundo in Konstantinopel ein. Obwohl beide Parteien in den Fatimiden einen gemeinsamen Feind hatten, ging es bei ihren diplomatischen Beziehungen offenbar mehr um Zurschaustellung und Prestige als um ein Militärbündnis.

Dieser Austausch besaß zudem einen wichtigen kulturellen Aspekt. Unter der Regentschaft des Kalifensohns Hakam kamen byzantinische Mosaizisten nach Córdoba, deren brillante Arbeiten im *mihrāb* der Großen Moschee und den vorgelagerten Kuppeln bis heute zu sehen sind. Selbstverständlich unterschieden sich die Mosaike in Córdoba in ihren Motiven und Darstellungen erheblich von Dekorationen der Kirchen in Konstantinopel. An die Stelle der Abbildungen von Christus, den Aposteln und Heiligen traten vegetative Ornamente und goldene Kalligraphie, die aber durchweg von vollendeter und kostspieliger Handwerkskunst zeugten. Mosaike waren ein Luxusprodukt, und die besten konnten nur byzantinische Handwerker anfertigen. Ebenso wie feine und exotische Textilien, darunter byzantinische Seidenstoffe, in der muslimischen Welt als Zeichen eines königlichen Status galten, demonstrierten auch diese Mosaike öffentlich den Rang des Kalifen unter den Monarchen der Welt. Allerdings sind von diesen Textilien bis auf wenige seltene Fragmente nur Beschreibungen in literarischen Quellen erhalten geblieben; die Mosaike dagegen können wir noch heute so sehen wie die Untertanen des Kalifen im 10. Jahrhundert und daraus dieselben Schlüsse über ihre Stellung in der Welt ziehen.

Der kulturelle Austausch beschränkte sich nicht auf öffentlich zugängliche Werke. Vermutlich auf Bitten des Kalifenhofes kam 951 ein griechischer Mönch namens Nicholas nach Córdoba, um das Manuskript eines antiken Werks von Dioskurides über Kräuter und Heilpflanzen zu übersetzen, da in Andalusien offenbar niemand ausreichend Griechisch für diese Aufgabe beherrschte. Auch hier folgte der Kalif dem Vorbild des Abbasidenhofes im 8. und 9. Jahrhundert, als das Sammeln und Übersetzen antiker griechischer Schriften einen wesentlichen Aspekt der Errungenschaften des Kalifats ausmachte.

Auf Abd al-Rahmān al-Nāsir folgte sein Sohn Hakam, den man in seiner Erziehung lange auf dieses Erbe vorbereitet hatte und der den Herrschernamen Mustansir erhielt. Er war ein fähiger, kluger Herrscher (reg. 961–976) und hielt sich in seiner Politik weitgehend an das Vorbild seines Vaters. Unter seiner fünfzehnjährigen stabilen Verwaltung und Regierung erreichte die Kultur Córdobas ihren Zenith. Er stellte eine umfangreiche Bibliothek zusammen und schuf den bereits erwähnten *mihrāb* und die Kuppeln der Moschee. Auch er hielt in Madinat al-Zahrā Hof, das als Rahmen für zahlreiche glanzvolle Zusammenkünfte diente.

Über diese Ereignisse wissen wir viel, weil ein Geschichtsschreiber namens Īsā al-Rāzī sie in eingehenden Details beschrieben hat. Er kam aus einer Familie persischer Abstammung (aus seinem Namen geht hervor, dass sie ursprünglich aus Rayy im Nordiran kam). Wie viele Einwohner der ostislamischen Welt zog es auch seine Familie an den reichen, kultivierten Hof von Andalusien, wo man ihre Kenntnisse der arabischen Literatur und Geschichte wertschätzen und gut belohnen würde. Īsās Werk ist eher ein Hofjournal als eine Universalgeschichte: Er beschreibt die wichtigsten Höflinge, die Besucher des Palastes und ihre Stellung in der offiziellen *madschlis*. Hakam setzte die Politik seines Vaters fort und führte einen glanzvollen, kultivierten Hof; die Fürsten der Grenzregionen Andalusiens und die Führer der Berberstämme Marokkos kamen, um ihm die Treue zu schwören, und wurden mit Geschenken und der öffentlichen Anerkennung ihrer Stellung belohnt.

Während der Regentschaft Hakams kam es in Nordafrika zu erheblichen politischen Umwälzungen. Nach der Eroberung Ägyptens 969 ließ der Fatimiden-Kalif sich mit seinem Hof, wie gesagt, in der neu gegründeten Hauptstadt Kairo nieder – sozusagen im Madinat al-Zahrā am Nil. Von da an waren die Fatimiden untrennbar mit Ägypten verbunden. Kein Fatimiden-Herrscher besuchte je wieder die ursprüngliche Machtbasis der Dynastie in Ifrīqīya. Vielmehr vertrauten sie die Provinz einer Berberfamilie an, in der Geschichtsschreibung als die Ziriden bekannt, die zwar die Fatimiden als Herrscher anerkannten, aber als bloße Emire für die Umayyaden-Kalifen in Córdoba keine Bedrohung darstellten. Marokko war jedoch nie ein einfach zu beherrschendes Land, und Hakam und seine Regierung wendeten für entsprechende Bemühungen viel Geld und beträchtliche Ressourcen auf, allerdings mit geringem Erfolg.

Hauptrivalen der Umayyaden-Kalifen waren die verschiedenen Zweige der Idrisiden. Sie waren Aliden, also direkte Nachkommen Alīs und Fātimas und somit des Propheten, und führten ihre Abstammung auf Idrīs ibn Abd Allāh zurück, der 785 aus Arabien geflüchtet war, nachdem die Abbasiden eine unter anderem von ihm angeführte schiitische Rebellion niedergeschlagen hatten. Idrīs suchte im Maghreb Zuflucht und Unterstützung. Auch wenn es der Familie nie gelang, in dieser Hirten- und Stammesgesellschaft einen stabilen Staat aufzubauen, versuchten manche ihrer Mitglieder doch, ihre Stellung zu nutzen, um Anhänger zu gewinnen. Sie erhoben keinen Anspruch auf den Kalifentitel – er wäre aufgrund ihrer Armut und Randstellung in der islamischen Welt unhaltbar gewesen –, aber ihre

Abstammung von den Aliden war unbestritten. Im Gegensatz zu den Stammesführern der Berber konnten sie diese Herkunft nutzen, um über ihre eigenen Stammesnetzwerke hinaus Unterstützer zu finden. Letztlich konnte die Herausforderung durch die Idrisiden die Herrschaft der Umayyaden in Andalusien nicht untergraben, stellte jedoch eine ideologische und politische Bedrohung dar, die sie daran hinderte, den Maghreb tatsächlich unter ihre Kontrolle zu bringen.

Die Amiriden und das Ende des Kalifats von Córdoba

Auch wenn die Umayyaden von Córdoba in mancherlei Hinsicht Rivalen der Abbasiden in Bagdad waren, ahmten sie, wie gesagt, deren Politik und politische Strukturen nach, was für das langfristige politische Wohl ihres Kalifats nicht immer von Vorteil war. Hakam hing offenbar sehr an seinem kleinen Sohn Hischām, den er bereits mit sieben Jahren zu seinem Erben ernannte. Als sein Vater 976 starb, war Hischām erst 14 Jahre alt. Seine Nachfolge als Kalif war jedoch keineswegs eine abgemachte Sache. Vielen in Córdoba widerstrebte es, diesen unerfahrenen Jugendlichen als Herrscher zu akzeptieren, und eine Gruppe unter den Siqlabi, den Sklaven-Beamten, die zur Militärelite Córdobas gehörten,[48] versuchte durchzusetzen, dass Mughīra, der Bruder des verstorbenen Kalifen und Sohn des ersten Kalifen Nāsir, zum Nachfolger ernannt würde. Schon bald wurde sie jedoch von einem ehrgeizigen Höfling namens Muhammad ibn Abī Āmir ausmanövriert, und der unglückliche Mughīra wurde vor den Augen seiner Familie in seinem eigenen Haus stranguliert, obwohl er anscheinend keinerlei politische Ambitionen hegte. Die Ereignisse erinnerten gespenstisch an die Vorgänge bei der Thronbesteigung Muqtadirs als Abbasiden-Kalif in Bagdad 908. In beiden Fällen strebten ehrgeizige Politiker – bei Muqtadir der Wesir Ibn al-Furāt, bei Hischām der Höfling Ibn Abī Āmir – die Ernennung eines jungen, unerfahrenen Kalifen an, den sie steuern konnten. In beiden Fällen setzte sich eine andere Gruppe für einen erwachsenen, angesehenen Rivalen ein – Ibn al-Muʿtazz in Bagdad und Mughīra in Córdoba –, aber die Unterstützer des jugendlichen Kandidaten waren schneller und rücksichtsloser, und sowohl Ibn al-Muʿtazz als auch Mughīra mussten ihr Leben lassen. In gewisser Weise bedeuteten diese beiden Thronbesteigungen den Triumph der Erbfolge über das Konzept der Wahl oder *schūra*. Sowohl in Bagdad als auch in Córdoba spielten mächtige Frauen dabei eine wesentliche Rolle. Am Abbasiden-Hof war es die Kalifenmutter, die ihren Sohn bis zu dessen Tod dominierte. In Córdoba war es die baskische Prinzessin Subh, die Mutter Hischāms, die eng – Gerüchte behaupteten, enger, als der Anstand erlaubte – mit Ibn Abī Āmir zusammenarbeitete, um ihrem Sohn die Nachfolge zu sichern; doch sobald dies gelungen war, sah sie sich offenbar zunehmend kaltgestellt. In beiden Fällen hatte die Thronfolge des Jugendlichen katastrophale Auswirkungen auf Macht und Ansehen des Kalifats, von denen sich diese Institution nie wieder erholte. Ironischerweise muss die Bevölkerung Córdobas durchaus gewusst haben, was in Bagdad passiert war und welche verheerenden Folgen daraus erwachsen waren, konnte aber nicht verhindern, dass es ihr ebenso erging.

Die Gründe für dieses Debakel lagen im Wandel des politischen Systems. Zumindest theoretisch besaß der Kalif die absolute Macht, und seine Gunst zu gewinnen oder, besser noch, ihn persönlich zu steuern, war der effektivste Weg an die Macht. Die zunehmende Isolation des Herrschers in den massiven Palästen war dabei ein wesentlicher Faktor. Dadurch konnten die Höflinge, die unmittelbaren Zugang zu ihm hatten, verhindern, dass er eigene Entscheidungen traf oder ihnen missliebige Personen zu ihm vorgelassen wurden.

In Córdoba wurde verkündet, der neue Kalif Hischām wolle sich dem Gebet und frommen Übungen widmen. Damit er die nötige Einsamkeit dafür fand, brachte man ihn nicht in dem weitläufigen Palast in Madinat al-Zahrā unter, sondern hinter den hohen Mauern des alten Alcázar im Stadtzentrum neben der Großen Moschee. Niemand kam und ging, und selbst wenn er die Moschee auf der anderen Seite der Gasse besuchte, war der Kalif so abgeschieden, dass keiner seiner Untertanen ihn auch nur zu Gesicht bekam, geschweige denn mit ihm in Kontakt treten konnte.

Unterdessen schwang Ibn Abī Āmir sich in allem außer dem Titel zum Kalifen auf. Er holte neue Kräfte in die Armee, vor allem Berberstämme aus Nordafrika, die nicht wie die osteuropäischen Sklaven, das andere Hauptkontingent der Streitkräfte, einzeln rekrutiert wurden, sondern als Stammesgruppen unter eigenen Führern operierten. Sein Ziel war eine Armee aus vielen verschiedenen Gruppierungen, von denen keine mächtig genug sein sollte, aus eigener Kraft zu einer Bedrohung für ihn zu werden. Zudem vollendete er die Entmilitarisierung großer Teile der einheimischen muslimischen Bevölkerung Andalusiens. Die Militärmacht des Kalifen stützte sich nun fast ausschließlich auf Ausländer, auf Sklaven aus Osteuropa und auf Berber aus Marokko, so wie sie bei den Abbasiden im Osten weitgehend aus zentralasiatischen Türken bestand. Dieses System stärkte zwar kurzfristig die Macht der Herrscher, hatte aber langfristig nachteilige Folgen. Das galt in besonderem Maße für Andalusien, wo Sklaven und Berber im 13. Jahrhundert nicht mehr zur Verfügung standen und die heimische Bevölkerung weder die Ressourcen noch das Können besaß, ihre Städte und Dörfer gegen die vorrückenden Christen zu verteidigen.

Anfangs war die neue Armee jedoch schlagkräftig und effektiv. Ibn Abī Āmir behauptete, seine Familie stamme von der ersten Generation muslimischer Eroberer ab, allerdings konnte er keine Quraisch-Vorfahren vorweisen. Ihm war klar, dass er somit keinen Anspruch auf den Kalifentitel erheben konnte; dennoch legte er sich einen kalifalen Ehrennamen zu: Mansūr, der Siegreiche, was nicht nur Ambitionen auf das Kalifenamt erkennen ließ, sondern auch der Name eines der größten Abbasiden war: Noch deutlicher hätte die Symbolkraft gar nicht sein können. Zudem stellte er demonstrativ seine traditionelle Frömmigkeit heraus. Hakam al-Mustansir war ein großer Büchersammler gewesen, und es liegt auf der Hand, dass zumindest einige der Werke in seiner Bibliothek für die Strenggläubigen der religiösen Schichten und deren Anhänger in der einfachen Bevölkerung Córdobas nicht akzeptabel waren. Um welche Bücher es sich dabei handelte, ist nicht bekannt, wir können uns aber vorstellen, dass zumindest einige Übersetzungen griechischer philosophischer und naturwissenschaftlicher Schriften als zutiefst suspekt galten. Ibn Abī Āmir ließ die Bibliothek säubern und sämtliche Werke vernichten, von denen eine Gefahr für die streng orthodoxe Sicht hätte ausgehen können. Nun kamen auch keine Gesandten und Handwerker mehr aus Westeuropa oder Konstantinopel. Der Dār al-Harb (die Länder jenseits des Dār al-Islām) war ein Gebiet für den Dschihad und unnachgiebige Feindseligkeit, nicht für kulturellen Austausch. Ibn Abī Āmir behauptete, sich am Vorbild der Buyiden-Herrscher im Irak zu orientieren, die den Abbasiden-Kalifen in Bagdad ebenso «beschützt» hätten, wie er nun den Umayyaden Hischām «beschütze».

Um seine Stellung und seinen neuen Titel zu rechtfertigen und die Legitimität seiner neuen Armee zu bekräftigen, begann er eine Reihe von Feldzügen gegen die Christen im Norden. Nahezu alljährlich organisierte er Überfälle auf sie, sodass niemand an seiner Entschlossenheit zum Dschihad zweifeln konnte. Diese Feldzüge waren für sich genommen weitgehend erfolgreich, da sie viele Gefangene und eine gewisse Kriegsbeute einbrachten. Mansūr sorgte dafür, dass seine Untertanen von seinen Leistungen erfuhren, und ließ beim Freitagsgebet in der Moschee in Córdoba Briefe verlesen, die seine Siege schilderten. Seinen größten Public-relations-Coup landete er, als er Santiago de Compostela plünderte, das sich damals gerade zu einer bedeutenden Pilgerstätte entwickelte, und die Glocken der Kathedrale von christlichen Gefangenen nach Córdoba schleppen ließ. In strategischer Hinsicht waren die Feldzüge jedoch weniger effektiv. Es gelang ihm nämlich nicht, große Landgewinne zu machen, und die christlichen Königreiche Léon und Navarra sowie die entstehende Grafschaft Kastilien blieben weiterhin stark, wie sich nach Ibn Abī Āmirs Tod herausstellen sollte.

Als Mansūr starb, trat sein Sohn und designierter Erbe seine Nachfolge an und gab sich auch einen quasi kalifalen Beinamen, Muzaffar, was ebenfalls «der Siegreiche» bedeutet. In seiner sechsjährigen Amtszeit (1002–1008) setzte Muzaffar die Tradition seines Vaters fort, führte viele Feldzüge gegen die Christen und hielt den nominellen Kalifen sorgfältig verborgen. Nach seinem Tod ging die Macht auf seinen Bruder über, Abd al-Rahmān, genannt Sanchuelo, Kleiner Sancho, nach seinem christlichen, baskischen Großvater, dem König von Navarra. Er gab den heiklen Balanceakt auf, mit dem sich sein Vater und sein Bruder an der Macht gehalten hatten. Als eine seiner ersten Maßnahmen zwang er den gefangenen Kalifen Hischām, ihn zu seinem Erben zu ernennen, was bedeutete, dass es bald einen Kalifen geben sollte, der weder Umayyade noch Quraischi war.

Dies war jedoch kein kluger Schritt, erregte er doch tiefe Feindseligkeit bei den religiösen Schichten und der Bevölkerung Córdobas, die den Herrschaftsanspruch der Umayyaden unterstützten, und selbstverständlich auch bei der ausgedehnten Umayyaden-Familie, die um ihren Wohlstand und ihre Stellung fürchtete. Die Reaktion erfolgte umgehend. Der neue Herrscher beschloss, seine Position auf traditionelle Weise zu etablieren, indem er seine Armee gegen die Christen anführte. Entgegen der Empfehlung seiner Berater unternahm er einen Feldzug im Winter. Sobald er sich in Feindesland befand, schlugen in Córdoba Verschwörer zu. Anführer der Rebellen war Muhammad ibn Hischām, ein Umayyade und Urenkel des ersten Kalifen Nāsir. Er verfolgte einen klaren Plan, das Umayyaden-Kalifat wieder an die Macht zu bringen. Zunächst zwang er den nutzlosen Hischām, zu seinen Gunsten abzudanken, und nannte sich nach dem dritten Abbasiden-Kalifen Mahdī, ein Name, der ihn als gottgeleitet statt als militärisch erfolgreich herausstellte. Dann rekrutierte er weitere Mitglieder seiner Familie und appellierte an die Loyalität der Bevölkerung Córdobas, sich einer Miliz zum Schutz des neuen Regimes anzuschließen. Anfangs ging alles gut – die Hauptstadt war sicher, und das neue Kalifat wurde ausgerufen –, doch das Regime sah sich sofort mit der Feindseligkeit etablierter Teile der Armee konfrontiert, besonders der Berber. Die folgenden Ereignisse waren komplex und äußerst verheerend. Die Berber machten ein anderes Mitglied der Umayyaden-Familie zu «ihrem» Kalifen. Drei Jahre lang belagerten Berbertruppen Córdoba, und als die Stadt sich schließlich ergeben musste, erlebte sie eine furchtbare Plünderung.

Die Endphase des Kalifats zog sich hin: Eine Reihe verschiedener Mitglieder der Umayyaden-Familie und andere versuchten, sich als Machthaber zu etablieren, aber die Spaltungen waren zu tief, und diverse Militärführer konzentrierten sich auf die Sicherung ihrer Positionen in ihren eigenen Gebieten, statt die Zentralregierung wiederaufzubauen. Die Lage verschlimmerte sich weiter, als Christen sich in großem Maßstab in die Angelegenheiten Andalusiens einzumischen begannen und für ihre Unterstützung Bezahlung und Gebietsabtretungen verlangten. Es war ein Vorgeschmack auf das Kommende.

Eine Gruppe von Notabeln aus Córdoba setzte sich 1031 zusammen und schaffte das Kalifat ab, da sie einen lokalen Gouverneur aus ihren Reihen vorzogen, der keine Verbindung zur Herrscherfamilie hatte. Die Abschaffung des Kalifats war ein ungewöhnlicher Schritt in einer Gesellschaft, die Traditionen und Titel schätzte, vor allem Titel mit einer solchen Geschichte und Resonanz. Noch erstaunlicher ist, dass niemand ernsthaft versuchte, das Kalifat wieder aufleben zu lassen. Die Umayyaden-Familie verschwand einfach von der politischen Bühne. Ein wesentlicher Grund war die Zerstörung Córdobas und seiner Campiña, also des Umlandes. Das Schicksal der Stadt und das der Umayyaden-Kalifen waren eng miteinander verknüpft. Nach der Belagerung von 1010 bis 1013 waren viele Einwohner der Stadt tot und viele weitere emigriert, die Luxusvillen und Landgüter, die den Rahmen für einen Großteil des gesellschaftlichen und kulturellen Lebens im Kalifat gebildet hatten, lagen in Trümmern und waren verwaist. Die überlebenden Einwohner der Stadt kamen offenbar zu dem Schluss, das Kalifat mache mehr Schwierigkeiten, als es wert sei. Und vermutlich hatten sie Recht.

9.

DIE ALMOHADEN-KALIFEN: HERRSCHER ÜBER DEN MAGHREB UND AL-ANDALUS

Mit dem Zusammenbruch des Kalifats in Córdoba in den ersten Jahrzehnten des 11. Jahrhunderts begann die Zeit der Taifa-Könige in Andalusien. Diese Könige, deren Macht sich auf eine Stadt oder Region beschränkte, konnten nie Anspruch auf das Kalifat erheben, weil ihr Einfluss zu begrenzt war, um einen solchen Anspruch plausibel zu machen und weil ihnen das entscheidende Attribut fehlte, die Abstammung von den Quraisch. Die mächtigsten von ihnen, die Abbadiden-Herrscher von Sevilla, legten sich quasi kalifale Herrschernamen zu, Muʿtadid (reg. 1042–1069) und Muʿtamid (reg. 1069–1091), und hielten eine Zeitlang an der Fiktion fest, sie herrschten im Namen des verschwundenen Umayyaden Hischām, bis eine solche Behauptung angesicht der verstrichenen Jahre nur noch lächerlich wirkte.

Im ausgehenden 11. Jahrhundert machten christliche Vorstöße, besonders die Eroberung Toledos durch Alfons VI. von Léon-Kastilien 1085, die Position der Taifa-Könige unhaltbar, und die meisten akzeptierten widerstrebend die Oberhoheit der Berberdynastie der Almoraviden (arabisch *Murābitūn*) aus Marokko. Die Almoraviden waren ein Zusammenschluss von Sanhadscha-Berbern aus der Westsahara, die der religiöse Reformer Abd Allāh ibn Yāsin zusammengeführt hatte. Ibn Yāsin war in den Nahen Osten gereist und zu seinem Volk mit der klaren Botschaft zurückgekehrt, dass der von ihnen praktizierte Islam bestenfalls korrupt und schlimmstenfalls ketzerisch sei. Bald breitete sich Ibn Yāsins puritanische Reformbewegung in weiten Teilen Marokkos aus und etablierte zwischen 1086 und 1090 ihre Vorherrschaft in nahezu ganz Andalusien, mit Ausnahme des nördlichen Königreichs Saragossa. Unter der Herrschaft von Yūsuf ibn Taschfīn konnten die Almoraviden den christlichen Vormarsch aufhalten und Alfonso VI. in der Schlacht bei Zallaqa 1086 besiegen. Unter Yūsufs frommem, aber ineffektivem Sohn Alī (reg. 1106–1143) verschlechterte sich die militärische Lage in Andalusien jedoch, und die Almoraviden sahen sich durch eine andere Gruppe puritanischer Reformer, die Almohaden (arabisch *Muwahhidūn*), mit einer neuen ideologischen und politischen Herausforderung konfrontiert.

Obwohl das Reich der Almoraviden in seiner Blütezeit fast ganz Andalusien und Marokko bis an die Sahara umfasste, erhoben sie nie Anspruch auf den Kalifentitel. Vielmehr erkannten sie die Oberhoheit der Abbasiden-Kalifen in Bagdad an und führten den Maghreb wieder zurück in die große *umma*. Sie selbst legten sich den naheliegenden Titel Emir al-Muslimīn, «Prinz der Muslime», zu, der seltsamerweise von muslimischen Monarchen sehr selten verwendet wurde, während der Kalifentitel immer *Amīr al-Muʾminīn* lautete. Damit brachten sie implizit zum Ausdruck, dass sie sich auf alle Muslime bezogen, aber Emire unter der Oberhoheit der Kalifen in Bagdad blieben.

Ibn Tūmart und der Aufstieg der Almohaden

Ab 1120 traten die Almohaden in Erscheinung und bedrohten die Almoraviden-Herrschaft in Marokko. Diese Bewegung begann wie die der Almoraviden mit einem religiösen Reformer, Muhammad ibn Tūmart, der nach Osten gereist und mit der Mission zurückgekehrt war, für einen religiösen Wandel zu sorgen. Ibn Tūmart war Berber, stammte aber anders als die Almoraviden aus einem der Masmuda-Stämme im Atlasgebirge, und seine Anhänger waren

Minarett der Moschee La Koutoubia in Marrakesch, die Ende des 12. Jahrhunderts unter Kalif al-Manṣūr neu gestaltet wurde. Postkarte, um 1900

keine Wüstennomaden, sondern Bewohner der Bergdörfer. Er behauptete, im Osten beim großen Ghazālī (gest. 1111) studiert zu haben, der in seinem Werk *Die Wiederbelebung der religiösen Wissenschaften* überzeugend argumentiert habe, dass die bloße Einhaltung der strengen Gesetze des Islam nicht genüge, Gläubige vielmehr dem Geist des Islam folgen müssten, wenn sie gute Muslime sein wollten. Seine Werke, die Sufismus mit traditioneller Rechtslehre verbanden, waren weithin in Umlauf und bei der streng legalistischen Obrigkeit im almoravidischen Andalusien verpönt, die seine Bücher verbrennen ließ.

Ibn Tūmart behauptete, der große Gelehrte habe ihm seinen Segen gegeben und ihn gebeten, die Verbrennung seiner Werke zu rächen. Ob daran etwas Wahres war, ist äußerst ungewiss, es bedeutete jedoch, dass er sich als Schüler des größten Religionsgelehrten seiner Zeit ausgeben konnte. Ein Bericht schilderte Ibn Tūmarts Leben beinahe wie die Biographie des Propheten Mohammed und schmückte die Wahrheit derart mit Frömmigkeit aus, dass wir die Einzelheiten nicht als gesichert ansehen können. Klar ist jedoch, dass er sich zwischen 1117 und 1119 auf der Heimreise befand, unterwegs einen schlichten, puritanischen Islam predigte und Kritik an bunter Kleidung, gemischtgeschlechtlichen Feiern, dem Spielen von Musikinstrumenten und dem Verkauf von Wein übte.

Um 1120 war er wieder in seine Heimat Marokko zurückgekehrt und hatte angeblich in der Hauptstadt Marrakesch zu dem Almoraviden-Herrscher Alī ibn Yūsuf gepredigt. Als sein Appell für einen reformierten Islam auf Ablehnung stieß, zog er in die Berge, in denen er aufgewachsen war, und setzte seine Missionierung aus der Sicherheit, die sie boten, fort.

Nachdem es Ibn Tūmart nicht gelungen war, die Almoraviden-Führung für sich zu gewinnen, stand er ihr entschieden feindselig gegenüber. Beide Bewegungen strebten einen reformierten Islam an, frei von den laxen und missbräuchlichen Gewohnheiten, die sich eingeschlichen hatten. Es ist schwierig, die Unterschiede zwischen ihnen zu erkennen. Ibn Tūmart forderte, das islamische Recht müsse sich auf Koran und *hadith* stützen, nicht auf die Überlegungen und Argumente, die als dessen Grundlage verwendet würden;

damit stieß er offenbar auf die Opposition der Rechtsgelehrten, deren Wirken die ideologische Basis der almoravidischen Lehre bildete. Er bestand auf der absoluten Einheit Gottes und beschuldigte die Almoraviden des Anthropomorphismus, also der Darstellung Gottes als Mensch. Dieses nachdrückliche Bestehen auf der Einheit Gottes gab den Almohaden den Namen, mit dem sie in der Geschichtsschreibung allgemein bekannt sind, denn der spanische Begriff *Almohade* steht für das Arabische Wort *Muwwahidūn* und bezeichnet diejenigen, die die Einheit Gottes vertreten. Zudem attackierte er die Sanhadscha-Berber, die das militärische Rückgrat des Regimes bildeten: Diese Männer trugen wie viele Tuareg noch heute Schleier, um ihr Gesicht vor dem peitschenden Sand und der Gluthitze der Wüste zu schützen. Das bot Ibn Tūmart Gelegenheit, ihnen Verweichlichung vorzuwerfen.

Diese Differenzen ließen sich hervorheben und nutzen, um die Almoraviden als ketzerisch und moralisch verderbt hinzustellen, doch der eigentliche Unterschied zwischen Almohaden und Almoraviden bestand in ihrem Führungsstil. Nach seiner Zurückweisung durch den Almoraviden-Hof war Ibn Tūmart fest entschlossen, vollständig mit ihm zu brechen. Er begann zu verkünden, er sei der unfehlbare Mahdī, der die Muslime zum wahren Islam führen werde. Zudem entwickelte er für sich einen Stammbaum, der seine Abstammung vom Propheten Mohammed über die Idrisiden belegte, die sich in Nordafrika niedergelassen hatten. Niemand konnte zu den Almohaden gehören, wenn er Ibn Tūmart nicht als von Gott bestimmten Führer akzeptierte, dessen Wort als Gesetz galt. Für Kompromisse war da kein Raum.

1122 machte Ibn Tūmart die Kleinstadt Tinmal südlich von Marrakesch, die nur über einen schmalen Gebirgspass erreichbar war, zu seinem Stützpunkt. Sie sollte sein Medina werden, der Ort, an den ihn seine Hidschra führte und an dem er sein Regime etablierte. Die dort erbaute Moschee steht noch heute und wurde kürzlich restauriert, ein greifbares Zeugnis aus der Frühzeit dieser Bewegung. Unter seinen Anhängern führte er eine bemerkenswerte Hierarchie ein, mit der er die bei diesen Bergvölkern so starken Stammesbindungen ergänzen oder sogar ersetzen wollte. An der Spitze der Organisation stand selbstverständlich der Mahdī. Auf der Ebene darunter war der Rat der Zehn angesiedelt, der sich aus frühen Anhängern Ibn Tūmarts zusammensetzte, also aus Männern, die sich ihm auf seiner Reise nach Westen angeschlossen hatten oder wie Abd al-Mu'min örtliche Stammesführer waren. Darunter stand der Rat der Fünfzig, dem überwiegend Führer der Berberstämme aus dem Atlas angehörten. Sie wurden unterstützt von sogenannten *talba* (sing. *tālib*), was gewöhnlich mit «Studenten» übersetzt wird und im persischen Plural unseren heutigen Begriff Taliban ergibt. In gewissem Sinne waren sie politische Kommissare, Ideologen der almohadischen Überzeugungen, die aber auch eine Reihe von öffentlichen Aufgaben erledigten, wie man es nennen könnte. Die Wahrung der almohadischen Ideologie wurde mit blutrünstiger Strenge durchgesetzt. So kam es 1129/30 zur ersten Säuberungswelle, *tamyīz*, unter Berbern, bei der viele getötet wurden, die als Gegner der Autorität Ibn Tūmarts galten oder schlicht zu wenig Begeisterung an den Tag legten.

Ein weiteres charakteristisches Merkmal des Almohaden-Regimes stellte seine Berber-Identität dar. Die Berbersprachen waren Dialekte, die weithin in Nordafrika gesprochen wurden und werden, aber nie eine Schriftform ausprägten oder – soweit bekannt – in der Religion und in Predigten Verwendung fanden. Ibn Tūmart predigte nicht nur in Berberisch, sondern verfasste auch einen berberischen Koran. Weiterhin blieb Arabisch die Amtssprache und die Sprache der Hochkultur, aber für jeden, der in der Almohaden-Hierarchie aufsteigen wollte, waren Kenntnisse der Berbersprachen unerlässlich, und es gibt Beispiele, dass *qadīs* und andere Beamte in Andalusien ihr Amt verloren, weil sie diese Sprache nicht beherrschten. Erstmals in der muslimischen Welt verbreitete ein Regime einen nichtarabischen Islam. Bis zum 12. Jahrhundert wurde weithin Persisch gesprochen und geschrieben, und der große Ghazālī verfasste religiöse Werke auf Persisch und auf Arabisch, aber es gab keinerlei Versuche, eine persische Koranübersetzung zu verwenden, geschweige denn das Erlernen des Persischen zwingend vorzuschreiben. Diese Berber-Identität schuf eine Solidarität unter den verschiedenen Stämmen, die sich der Bewegung angeschlossen hatten, entfremdete jedoch viele Muslime, besonders in Andalusien, wo Berberisch so gut wie gar nicht gesprochen wurde. Als die Militärmacht der Bewegung im frühen 13. Jahrhundert zu schwinden begann, waren die Almohaden durch ihre unzufriedenen Untertanen gekennzeichnet, was sicher zum Niedergang der Dynastie beitrug.

Von seinem Stützpunkt Tinmal aus unternahm Ibn Tūmart mehrere Angriffe auf die Almoraviden-Hauptstadt Marrakesch, doch 1130 erlitt die Bewegung einen möglicherweise fatalen Schlag. Bei einem erfolglosen Angriff auf die Stadt wurde Ibn Tūmart tödlich verwundet. Nach dem Tod des Mahdīs ging die Führung an einen seiner ältesten Anhänger, Abd al-Mu'min, über. Dieser etablierte seine Führungsposition in der Bewegung und legte sich die Titel Kalif und *Amīr al-Mu'minīn* zu. Ob bewusst oder nicht, schlüpfte er damit gegenüber Ibn Tūmart in dieselbe Rolle wie Abu Bakr gegenüber Mohammed. Offenbar hatte Ibn Tūmart keine Söhne, und seine Brüder wurden systematisch aus allen verantwortungsvollen und einflussreichen Ämtern entfernt. Die Familie Abd al-Mu'mins stellte bis zum Ende des Almohaden-Regimes die Kalifen.

Abd al-Mu'min war wie Abu Bakr fest entschlossen, die Ausbreitung der Almohaden-Bewegung voranzutreiben. In einer Reihe von Feldzügen unterwarf er in den 1140er-Jahren nacheinander die marokkanischen Städte, bis er am 24. März 1147 schließlich Marrakesch eroberte, das bald zur bedeutendsten Hauptstadt des neuen Kalifats und zum wahren Machtzentrum der Almohaden wurde.

Nach der Eroberung Marokkos wurden die Almohaden unvermeidlicherweise in die Angelegenheiten Andalusiens hineingezogen. Nachdem das Almoravidenregime in Marrakesch zusammengebrochen war, sahen sich die Muslime auf der Iberischen Halbinsel den Plünderungen der Christen schutzlos ausgeliefert. Ohne militärische Unterstützung aus Nordafrika konnte Andalusien kaum überleben. Der Dschihad bildete eine Kernaufgabe des Kalifats, und Abd al-Mu'min war sich gewiss nicht nur der damit verbundenen Pflichten, sondern auch der Chancen bewusst, die ein solcher Einsatz ihm bot, um das Ansehen seines Amtes unter seinen Anhängern wie auch in der weiteren muslimischen Welt zu steigern.

In Andalusien wurde seine militärische Unterstützung dringend gebraucht. Im selben Jahr, in dem der Kalif Marrakesch einnahm, eroberte der König des neu geschaffenen Königreichs Portugal, Afonso Henriques, Lissabon mithilfe von Kriegern aus Nordeuropa, die auf dem Seeweg zum Zweiten Kreuzzug unterwegs waren. Zur gleichen Zeit gelang es den Kastiliern, den Hafen Almería an der Südküste der Halbinsel, einen wichtigen Knotenpunkt für den Verkehr mit Nordafrika, zu erobern und zehn Jahre lang zu halten. In ganz Andalusien lösten die Vorstöße der Christen Aufstände gegen die verbliebenen Gouverneure und Garnisonen der Almoraviden aus. Noch im selben Jahr entsandte Abd al-Mu'min die ersten Almohaden-Truppen an die Algarve.

Sie kamen nur langsam voran. Zum Teil lag das an strategischen Faktoren, die den Almohaden-Staat von dem der Almoraviden stark unterschieden. Die Almohaden waren immer an zwei Fronten aktiv. Auf dem Höhepunkt ihrer Macht umfasste ihr Reich das gesamte heutige Gebiet Tunesiens, Algeriens und Marokkos sowie einen Großteil des heutigen Spanien und Portugal. Ein derart ausgedehntes Territorium war nie einfach zu beherrschen: Zu den großen Entfernungen kam hinzu, dass das Land weitgehend wild und spärlich besiedelt war. In den 1150er-Jahren setzte Abd al-Mu'min beträchtliche militärische Kräfte und Ressourcen ein, um die Normannen, die wichtige Seehäfen Tunesiens erobert hatten, aus Sizilien zu vertreiben. Erst 1160 hatten sie endlich ihre letzte Festung in Mahdia aufgegeben, so dass der Kalif seine Aufmerksamkeit stärker auf den Dschihad in Andalusien richten konnte. Er war sorgsam darauf bedacht, der Bevölkerung von Sevilla und vermutlich auch anderen Orten in Andalusien einen hochtrabenden schriftlichen Bericht über seinen Sieg über diese Ungläubigen zu schicken. Die Almohaden legten immer großen Wert auf den Public-relations-Aspekt des Kalifats, wie man es nennen könnte, zugleich konnte das Schreiben jedoch kaum kaschieren, dass sie keine greifbare Unterstützung von ihm erhielten gegen die zunehmend aggressiven Christen, die mit ihren Überfällen bis vor die Stadttore vordrangen. Selbst als die Normannen fort waren, erwies sich die Beherrschung des östlichen Maghreb alles andere als einfach. Abd al-Mu'min musste mit den zahlreichen mächtigen Araberstämmen fertig werden, die in diese Region eingewandert waren. Einerseits versuchte er es mit Gewalt, andererseits mit der Integration zahlreicher Stammesangehöriger in seine Streitkräfte. Dort bildeten sie ein störendes Element, das bei vielen Almohaden und den andalusischen Soldaten Missmut erregte. Ihre Anwesenheit führte außerdem zu einer zunehmenden Arabisierung des Maghreb: Es entbehrt nicht einer gewissen Ironie, dass ausgerechnet diese äußerst berberische Dynastie die Verbreitung der arabischen Sprache erleichterte.

Abd al-Mu'min befasste sich eifrig mit einer Umstrukturierung des Kalifats. Er beschloss, einen neuen Militärstützpunkt und ein Einsatzzentrum an der Atlantikküste zu bauen, wo er Truppen und Nachschub für den Dschihad in Andalusien sammeln konnte. Diese Basis erhielt die Bezeichnung *ribāt*, ein arabisches Wort, das unter anderem für eine Festung steht, in der Männer religiöse Übungen abhalten, vor allem während des Ramadan fasten und beten sowie die Ungläubigen bekämpfen konnten. Auf einem Felsvorsprung am Ufer des Flusses Bui Regreg, gegenüber der antiken Stadt Salé, wurde eine massive Festungsanlage errichtet und der Bau einer riesigen Moschee begonnen. Die Stadt bildete den Kern der heutigen marokkanischen Hauptstadt Rabat.

Er nahm sich die Zeit, seiner Familie die Kontrolle über das Kalifat zu sichern. Dabei war es durchaus hilfreich, dass er nicht weniger als vierzehn Söhne hatte, die als Gouverneure die meisten Provinzzentren verwalteten. Andere Angehörige der alten Almohaden-Familien erhielten ebenfalls prestigeträchtige, lukrative Ämter, was zur Konsolidierung der Erbfolge seiner Dynastie beitrug.

Hier herrschte nicht der Anschein, als seien alle muslimischen Untertanen gleich. In diesem Kalifat galt eine strenge Erbregelung. Es erhob auch nicht den Anspruch, ein universelles Kalifat zu sein. Abd al-Mu'min äußerte nie die Absicht, den Rest der muslimischen Welt erobern oder die Abbasiden-Kalifen in Bagdad herausfordern zu wollen. Dabei half ihm vielleicht die Tatsache, dass das Fatimiden-Kalifat in Kairo 1171 abgeschafft wurde. Nun existierten nur noch zwei Kalifate in der muslimischen Welt, die beide völlig getrennte Einflussbereiche hatten. Zwischen ihnen gab es eine begrenzte Kommunikation. In den 1180er-Jahren versuchte Saladin, der selbstverständlich behauptete, ein treuer Diener der Abbasiden zu sein, mit den Almohaden eine Marineallianz gegen die Kreuzfahrer auszuhandeln. Auch wenn diese Gespräche zu nichts führten, belegen sie doch, dass die Menschen in der östlichen islamischen Welt die Almohaden kannten und zumindest auf einer Ebene respektierten.

Die Stabilität in Andalusien war häufig nicht nur durch aggressive Christen gestört, sondern auch durch einheimische muslimische Bevölkerungsgruppen, die sich erbittert gegen die Almohaden stellten. Das galt vor allem für einen gewissen Ibn Mardanīsch, der praktisch Valencia, Murcia und die gesamte Levante beherrschte und durchaus bereit war, sich in seinem Kampf gegen die Almohaden mit den Christen zu verbünden. Die Rhetorik des Kalifats machte auf solche Männer wenig Eindruck, zumal sie erkannten, dass sie kaum mehr als ein Deckmantel für die dynastische Kontrolle der Almohaden war.

Abd al-Mu'min versuchte dem entgegenzuwirken, indem er andalusische Lokalfürsten in seine Armee aufnahm und ihnen Sold bezahlte, doch obwohl sie häufig gut kämpften, blieben sie gewöhnlich von Aufstiegschancen und den bestbezahlten Ämtern ausgeschlossen. Darüber hinaus bemühte er sich auch um eine Neuordnung der andalusischen Verwaltung. Die Almohaden hatten immer ein Bewusstsein für das Erbe der Umayyaden-Kalifen von Córdoba und versuchten, diese Erinnerung zur Steigerung ihres eigenen Ansehens zu nutzen. Nach einem Sieg über muslimische Rebellen in Granada 1162 ordnete der Kalif an, die Hauptstadt mit sämtlichen Regierungsämtern von Sevilla nach Córdoba zu verlegen. Sevilla hatten die Almohaden wegen der guten Verbindungen nach Marokko als ihr Verwaltungszentrum auf der Iberischen Halbinsel ausgewählt. Der Guadalquivir war bis nach Sevilla schiffbar, nicht aber bis Córdoba, das damals eine verarmte Stadt war, deren stark geschrumpfte Bevölkerung sich durchzuschlagen versuchte, indem sie Brachland innerhalb der Altstadtmauern beackerte. Die Entscheidung, nach Córdoba umzuziehen, bewies, dass Prestige über Logik und praktische Erwägungen siegte.

Ein weiterer Versuch der Almohaden, das Umayyaden-Erbe für sich zu nutzen, war der Schritt, den Koran Uthmāns in ihren Besitz zu bringen. Den sogenannten Koran Uthmāns nutzten die Abbasiden, wie erwähnt, als legitimierende Reliquie, aber anscheinend besaßen die Umayyaden in Córdoba ebenfalls eine Kopie. Diese war für sie von besonderer Bedeutung, weil Uthmān selbst Umayyade war und das Buch ihre Verbindung zu einer der großen Persönlichkeiten des Frühislam belegte. Nun brachte man diesen Koran von Córdoba nach Marrakesch, wo er zum Bestandteil des spirituellen Rüstzeugs der Almohaden wurde und den Übergang des Kalifats von den Umayyaden auf die Almohaden symbolisierte. Über den Verbleib dieses Buches nach dem Sturz der Almohaden im ausgehenden 13. Jahrhundert ist nichts bekannt.

Trotz der Verwaltungsreformen des Kalifen und der Ernennung seiner Söhne zu Gouverneuren diverser Städte blieb die Lage in Andalusien prekär. Deshalb bereitete er 1163 in seiner neuen Hochburg Rabat einen großen Feldzug vor. Angeblich sammelten sich dort 100 000 Reiter und 100 000 Infanteristen; das Lager soll sich über gut 19 Kilometer erstreckt haben. Geplant war, die wichtigsten christlichen Staaten, Portugal, Léon, Kastilien und Barcelona, gleichzeitig anzugreifen. Es wäre bestimmt eine breit angelegte Invasion geworden, die Andalusiens Zukunft unter der Almohaden-Herrschaft gesichert hätte, auch wenn die Versorgung und Lenkung einer so großen Streitkraft enorme Schwierigkeiten mit sich gebracht hätte.

Die späteren Herrscher

Tatsächlich führten diese ganzen Vorbereitungen zu nichts, da der Kalif 1163 starb. Abd al-Mu'min war der eigentliche Begründer des Almohaden-Kalifats. Er hatte das Erbe des Mahdīs Ibn Tūmart übernommen, aus dessen religiöser Vision einen mächtigen Staat gemacht, die mit Abstand stärkste Macht der westislamischen Welt, und hatte sich und seiner Familie die Kontrolle darüber gesichert.

Bereits 1154 hatte er seinen Sohn Muhammad als Erben eingesetzt und ihn öffentlich anerkennen lassen. Nach der Almohaden-Tradition hatte Muhammad sich jedoch durch den Konsum von Wein und andere Fehltritte für dieses Amt als ungeeignet erwiesen. In seinen letzten Lebensjahren ließ sich der Kalif von Umar, einem Halbbruder Muhammads, beraten, der auch bei Abd al-Mu'min war, als dieser in Rabat starb. Nun hielt Umar den Tod des Kalifen geheim und arrangierte, dass nicht Muhammad, sondern sein Bruder Abū Yaʿqūb Yūsuf, der damalige Gouverneur von Sevilla, die Nachfolge antrat. Yūsuf und Umar hatten dieselbe Mutter. Sie ergriffen tatsächlich die Macht und drängten ihre übrigen Brüder beiseite. Von da an zählten nur noch Umars und Yūsufs Nachkommen, wenn es um Macht und Nachfolge ging.

Der neue Kalif bildete unter den militärischen und politischen Führern seiner Zeit eine recht ungewöhnliche Erscheinung. Er war etwa fünfundzwanzig Jahre alt und hatte als Gouverneur von Sevilla einige politische und in den Streitkräften seines Vaters militärische Erfahrungen gesammelt. Allerdings war er ein völlig anderer Charakter als sein Vater. Er war belesen und intellektuell, aber kein geborener Feldherr, verlor er doch offenbar in entscheidenden Augenblicken die Nerven und schaffte es nicht, Chancen zu nutzen. Eine recht umfassende Chronik, verfasst von einem andalusischen Regierungsbeamten der Almohaden in Sevilla, Ibn Sāhib al-Salāt, vermittelt uns einen Eindruck vom Wirken dieses Kalifen. Voller anschaulicher Augenzeugenberichte, ermöglicht sie uns Einblicke von seltener Intimität in die Almohaden-Gesellschaft und den Umgang hochrangiger Persönlichkeiten miteinander.

Yūsuf baute wie sein Umayyaden-Vorgänger Hakam II. eine imposante Bibliothek auf. Als Kalif besaß er dazu genügend Autorität, und einsichtige Männer verweigerten ihm die erbetenen Bücher nicht. Ein Sammler aus Sevilla erinnerte sich, wie dies vor sich ging:

> Der Fürst der Gläubigen hörte von meiner Sammlung und schickte den Eunuchen Kāfūr mit einer ausgewählten Schar von Sklaven in mein Haus, als ich in den Amtsstuben war und nichts davon wusste. Er befahl ihm, niemandem im Haus Angst einzujagen und außer Büchern nichts mitzunehmen, und drohte ihm und seinen Begleitern mit den härtesten Strafen, falls die Bewohner des Hauses auch nur

eine Nadel einbüßen sollten. Ich erfuhr davon, während ich im Amt war, und glaubte, er wolle meinen gesamten Besitz konfiszieren, daher ritt ich wie von Sinnen nach Hause. Dort stand der Eunuch Kāfūr an der Tür, und die Bücher wurden zu ihm hinausgebracht. Als er sah, dass ich sichtlich erschrocken war, sagte er: «Keine Angst!» Er fügte hinzu, der Kalif lasse mich grüßen und habe wohlwollend von mir gesprochen, und lächelte weiter, bis ich mich beruhigte. Dann sagte er: «Frage alle in deinem Haushalt, ob jemand sie eingeschüchtert hat oder ob etwas fehlt.» Und sie erwiderten: «Nein, keiner von uns wurde eingeschüchtert, und es fehlt nichts.» Kāfūr erklärte, wir könnten ungehindert gehen. Dann begab er sich persönlich in die Bibliothek und befahl, alle Bücher fortzuschaffen. Als ich dies hörte, schwanden alle meine Befürchtungen.[49]

Das Interesse des Kalifen an Büchern war sicher aufrichtig, und offenbar teilten andere in der Elite der Almohaden seine Begeisterung. Aber die Notwendigkeit, die Kontrolle der Almohaden über die von Ibn Mardanīsch beherrschten Teile Ostspaniens durchzusetzen und die Muslime gegen die ständigen christlichen Angriffe zu einen, hielten ihn von seinen Studien ab. Im Gegensatz zu seinem energischen Vorgehen bei der Enteignung der Bücher seiner Untertanen war er in der Führung der muslimischen Streitkräfte weniger energischen. Erst 1171, acht Jahre nach seinem Amtsantritt, überquerte er schließlich als Kalif die Straße von Gibraltar und landete in Sevilla. Er startete einen großen Feldzug, um die kleine Grenzstadt Huete südöstlich von Toledo zurückzuerobern, welche die Christen kurz zuvor eingenommen hatten. Die Zielsetzung war bescheiden, doch er stellte eine große Armee aus Almohaden und Arabern zusammen und begann im Sommer 1172 mit der Belagerung der kleinen Stadt.

Was weiter geschah, berichtete einer der spanisch-muslimischen Kommandeure, Ibn Azzūn, der an dem Feldzug teilnahm:

> Als ich gegen die Christen im Turm kämpfte, der den Kern ihres Widerstandes in der Stadt Huete bildete, und Sieg und Triumph über sie in Reichweite waren, sah ich keinen der tapferen Almohaden-Soldaten oder Kommandeure, die mich unterstützten. Ich lief persön-

lich zum Kalifen, der in einer Besprechung mit seinem Bruder und den *talba* des Hofes war und Fragen der Religionslehre erörterte. Ich sagte zu ihm: «Kalif, mein Herr! Schickt mir Verstärkung, denn ich stehe kurz vor dem Sieg!» Ich wollte lediglich, dass er sich zu Pferd zeigte, damit das Volk und alle Leute ihn sähen und auf der Stelle in die Stadt vordrängen. Aber er antwortete nicht, sondern fuhr mit dem fort, was er gerade tat. Mir wurde klar, dass der Zweck des Dschihad verfehlt und der Feldzug gescheitert war. Jegliche Hoffnung auf den Sieg aufgebend kehrte ich tief in Gedanken zurück.[50]

Wie Ibn Azzūn vorhergesagt hatte, war der Feldzug ein Fehlschlag. Die riesige Armee brach die Belagerung ab und trat den Rückzug an, ohne etwas erreicht zu haben. Der Kalif kehrte nach Marrakesch zurück und überließ es seinen ineffizienten Stellvertretern, die Verteidigung Andalusiens zu organisieren. Er selbst kümmerte sich um die Politik in Marokko und in der Osthälfte seines Kalifats in Tunesien. Erst 1183 kam er erneut nach Andalusien. Im folgenden Jahr versuchte er, Lissabon zurückzuerobern, das die Portugiesen 1147 eingenommen hatten. Sein zweiter Anlauf jedoch, den Dschihad zu führen, war noch erfolgloser als der erste. Bei einem vergeblichen Versuch, die Stadt Santarém am Tejo-Ufer einzunehmen, überraschte ein Trupp der Verteidiger den Kalifen und sein Gefolge. In seinem auffallenden roten Zelt, das seine Stellung markierte, wurde er verwundet und starb kurze Zeit später.

Sein Nachfolger, der sich den alten, majestätischen Namen Mansūr zulegte, war weniger ein Intellektueller als ein Krieger. Sein Regime interessierte sich nicht sonderlich für geistige Aktivitäten, er selbst widmete sich stattdessen der Verteidigung Andalusiens gegen die Christen und erzielte den letzten bedeutenden Triumph der Muslime über christliche Truppen, als er König Alfons VII. von Kastilien 1195 bei Alarcos besiegte.

Die ersten Jahrzehnte des 13. Jahrhunderts machten die Verwundbarkeit Andalusiens und die Instabilität des Almohaden-Kalifats deutlich. Als Mansūr im Januar 1199 starb, trat sein damals erst siebzehnjähriger Sohn seine Nachfolge an und gab sich (angesichts der Ereignisse, die kommen sollten, ironischerweise) den Namen

Nāsir, der Siegreiche. Im ersten Jahrzehnt seiner Regentschaft blieb er in Nordafrika und stabilisierte die Lage in Tunesien, indem er das Land einer prominenten Almohaden-Familie anvertraute, den Hafsiden, die sich später als unabhängige Herrscher etablierten und den Kalifentitel annahmen. Der junge Kalif stellte 1211 in Rabat eine Armee zusammen und zog über die Straße von Gibraltar nach Sevilla. Im Jahr 1212 sah er sich mit einem christlichen Feldzug konfrontiert, an dem König Alfons VIII. von Kastilien, König Pedro II. von Aragón und zahlreiche andere christliche Adlige, darunter französische Barone, teilnahmen. Diese Demonstration christlicher Einigkeit fand die Unterstützung Papst Innozenz' III., der Kreuzzüge stets eifrig förderte.

Die Christen zogen durch die zerklüfteten Berge der Sierra Morena und trafen am 16. Juli 1212 bei Las Navas de Tolosa auf die Almohaden-Armee unter der persönlichen Führung des Kalifen. Es ist nicht klar, warum die muslimische Armee sich so kläglich schlug; damals kursierten Geschichten über Streitigkeiten in den eigenen Reihen und Verärgerung über Nāsirs sprunghaften und zuweilen grausamen Führungsstil. Bei Einbruch der Dunkelheit war die Schlacht vorbei, die Almohaden-Armee war in die Flucht geschlagen, und der Kalif suchte eilends Zuflucht in der befestigten Stadt Jaén. Von dort kehrte er nach Marrakesch zurück, wo er kurze Zeit später starb. Manche behaupten, seine unzufriedenen Beamten hätten ihn ermordet. Unterdessen nahmen die siegreichen Kastilianer die prachtvolle Standarte des Kalifen mit nach Norden und brachten sie in das Kloster Las Huelgas bei Burgos, wo sie noch heute als echtes Relikt des Almohaden-Kalifats zu sehen ist.

Die Schlacht von Las Navas de Tolosa bedeutete das Ende des Almohaden-Kalifats als erfolgreicher Beschützer der Muslime Andalusiens. Die Niederlage der Streitkräfte und der Tod des Kalifen führten zu Rivalitäten innerhalb der Almohaden-Elite in Marrakesch, die es den Christen erlaubten, sich zu konsolidieren und weiter vorzurücken. 1236 fiel die alte Hauptstadt Córdoba, Sitz der Umayyaden-Kalifen, an Ferdinand III. von Kastilien, und zwölf Jahre später, 1248, auch Sevilla. Damit befanden sich das Territorium und die Bevölkerung Andalusiens größtenteils unter christlicher Herrschaft, und das Kalifat verschwand vom europäischen Boden. Nun zogen sich die Almohaden nach Marokko zurück, aber die verschiedenen Prätendenten auf den Kalifentitel bekämpften sich gegenseitig, so dass die Berberstämme ihre Autorität immer weniger anerkannten. Der letzte Kalif dieser Dynastie, Wāhid, wurde 1269 von einem Sklaven in Marrakesch ermordet. Weder die Nasriden-Könige von Granada, die bis 1492 die verbliebenen Restgebiete Andalusiens von ihrer Bastion in den südlichen Bergen aus regierten, noch die Meriniden, die den Großteil Marokkos unter ihre Herrschaft brachten, strebten den Kalifentitel an. Der Versuch, die Muslime des Westens in einem unabhängigen Kalifat zu vereinen, war gescheitert und sollte in späteren Jahrhunderten nie eine Wiederholung finden.

Eine Blütezeit islamischer Architektur und Philosophie

Bevor wir das Almohaden-Kalifat verlassen, sollten wir auf das bedeutende kulturelle Vermächtnis eingehen, das dessen Untergang lange überlebte. Die Dynastie betätigte sich als großer Förderer der Architektur. Anfangs ließ sie, wie gesagt, eine neue Moschee in ihrer Bergbastion Tinmal bauen. Als Herrscher von Marrakesch errichteten die Almohaden in der Altstadt eine neue Moschee. Die Ruinen der Moschee in Rabat zeugen von ihren großen architektonischen Ambitionen, doch das wohl schönste erhalten gebliebene Beispiel ihrer Bautätigkeit findet sich in Sevilla, der Hauptstadt ihrer andalusischen Gebiete. Abgesehen von einigen Bauteilen im Innenhof wurde die Moschee durch die spätgotische Kathedrale ersetzt, doch das Minarett, heute ein Glockenturm, der Giralda genannt wird, ist nach wie vor in seiner ganzen Pracht das Wahrzeichen der Stadt.

Wie schon erwähnt war der Kalif Abū Ya'qūb Yūsuf ein eifriger Büchersammler. Zudem förderte er engagiert Schriftsteller und Denker und lässt sich wohl zusammen mit dem Abbasiden Ma'mūn und dem Umayyaden aus Córdoba, Hakam II., zu den Kalifen zählen, die echte Intellektuelle waren. Im andalusischen Kulturleben gab es eine etablierte Tradition philosophischen Denkens und Debattierens, doch besonders unter den konservativen Rechtsgelehrten fanden sich auch starke Strömungen gegen jegliche Infragestellung oder auch nur Diskussion dessen, was Glaubensfragen betraf. Es war die Förderung durch den Kalifen, die im letzten Viertel des 12. Jahrhunderts die Flamme der Forschung hell leuchten ließ.

Yūsufs wichtigster geistiger Berater war der Schriftsteller und Philosoph Abū Bakr ibn Tufail, der aus Guadix nordöstlich von Granada stammte und zunächst als Arzt auf sich aufmerksam machte. 1154 gelang es ihm, eine Stellung als Sekretär des Gouverneurs von Tanger zu bekommen, der zur Herrscherdynastie gehörte. Von dort stieg er zu Yūsufs Arzt und Berater auf, was er bis zu seinem Tod in Marrakesch blieb. Ibn Tufail ist vor allem durch seinen philosophischen Roman *Hayy ibn Yaqdhān* in Erinnerung geblieben. Das Buch über einen jungen Mann, der allein auf einer ansonsten unbewohnten Insel aufwächst und aus sich heraus Weisheit findet, wurde weithin übersetzt und kommentiert und war einer der ersten klassischen arabischen Texte, die ins Englische übersetzt wurden, nämlich 1671 von Edward Pococke in Oxford.

Ibn Ruschd, in der westlichen Tradition als Averroes bekannt, wurde 1126 geboren. Er stammte aus einer alten Familie von Religions- und Rechtsgelehrten in Córdoba und wurde schon als junger Mann von Ibn Tufail dem Kalifen vorgestellt. Bei seiner ersten Begegnung mit Abū Ya'qūb unterzog der Kalif ihn einer Art Vorstellungsgespräch, in dem er ihn beispielsweise fragte, ob der Himmel bereits seit Ewigkeiten existiere oder ob er einen Anfang habe. Durch Ibn Tufail ermutigt, zeigte Ibn Ruschd seine immense philosophische und religiöse Bildung. Der Kalif war beeindruckt und ermunterte den jungen Gelehrten, die Schriften des Aristoteles zu kommentieren und zu erklären, bei denen er selbst Verständisprobleme hatte. Er ernannte ihn zum *qadī* von Sevilla und später von Córdoba, allerdings beklagte Ibn Ruschd, diese Ämter hielten ihn von seinen Büchern fern. Mit dem Tod Abū Ya'qūbs und dem Amtsantritt Mansūrs 1184 änderte sich die Atmosphäre am Hof. Das Hauptinteresse des neuen Kalifen galt dem Dschihad gegen die Christen, und in späteren Jahren seiner Regentschaft ging er auf Forderungen konservativer Kreise ein, Ibn Ruschds philosophische Spekulationen zu verbieten. Ibn Ruschd wurde zu einer Art Inquisition vor die obersten Richter von Córdoba zitiert, die sein Wirken verurteilten und die Verbrennung seiner Bücher anordneten. Er selbst blieb jedoch unbehellicht und wurde lediglich in die Kleinstadt Lucena verbannt. Letzten Endes zog er sich nach Marrakesch zurück, wo er wieder ungehindert schreiben konnte, und starb dort 1198.

Ibn Ruschd war allein schon aufgrund der Fortschritte bedeutend, die er im Verständnis und in der Erläuterung von Aristoteles erzielte; sein Einfluss machte sich jedoch vor allem in Westeuropa bemerkbar, während er in Andalusien als Denker weitgehend vernachlässigt wurde, da dort die Förderung des geistigen Lebens durch das Kalifat in den Wirren des 13. Jahrhunderts erstarb. Noch vor seinem Tod wurden die Werke des Philosophen ins Lateinische übersetzt, in der Regel in Toledo, das mittlerweile unter christlicher Herrschaft stand und Gelehrte aus Nordeuropa anzog, die diese neue arabische Bildung nutzen wollten. Die Schriften Ibn Ruschds hatten auch erheblichen Einfluss auf die Lehre der Philosophie und Logik an den damals gerade entstehenden Universitäten in Paris, Oxford und Salamanca. Solche typisch «averroistische» Ideen wie die ewige Existenz der Welt und die Möglichkeit, im Diesseits wahres Glück zu finden – natürlich durch philosophische Kontemplation –, führten dazu, dass man den Averroismus mit Atheismus in Verbindung brachte und die Kirche ihn als solchen aus den gleichen Gründen verurteilte, wie es die rigoristischen Muslime getan hatten. Andererseits entkommt Averroes in Dantes *Göttlicher Komödie* dem Inferno ebenso wie andere nichtchristliche Weise und bleibt für ewig in der Vorhölle.

Auf die philosophischen Auseinandersetzungen brauchen wir hier nicht im Einzelnen einzugehen. Der Ideenfluss aus dem klassischen Griechenland ins Arabische im Bagdad der Abbasiden-Zeit im 9. Jahrhundert und ihre Hochblüte im almohadischen Andalusien im 12. Jahrhundert machten westliche Gelehrte auf diese Schriften aufmerksam, lange bevor sie im 15. Jahrhundert als Übersetzungen aus dem Griechischen verfügbar waren. Im Bereich der Philosophie,

Medizin und Naturwissenschaften hatte der Averroismus tiefgreifenden Einfluss auf die Geistesgeschichte der Christenheit. Eine geistige Suche dieser Art wurde zwar nicht unbedingt von den Kalifen persönlich angeregt, zumindest aber doch von Männern wie den Abbasiden Mansūr und Maʿmūn sowie dem Almohaden Abū Yaʿqūb Yūsuf entscheidend gefördert.

Wir sollten die großen Kalifen der Almohaden-Dynastie aus allen möglichen Gründen in Erinnerung behalten, nicht zuletzt aber, weil sie aufgeklärte Bildung förderten und Philosophen und andere gegen ihre Gegner verteidigten.

10.

DAS KALIFAT UNTER DEN MAMLUKEN UND OSMANEN

Mit dem Zusammenbruch des Almohaden-Kalifats im 13. Jahrhundert endeten die Bestrebungen, ein Kalifat zu errichten, das den gesamten muslimischen Westen umfasste. Es gab zwar Dynastien wie die Hafsiden in Tunesien (1229–1534), die sich den Titel zulegten, aber ihre Macht war zu lokal, als dass sie sich als wahre Kalifen über die Grenzen ihrer eigenen Kleinstaaten hinaus hätten präsentieren können. Im Osten war die Institution des Kalifats jedoch zu tief verankert und ihre Geschichte zu altehrwürdig, um völlig zu verschwinden. Bagdad mochte gefallen sein und der Abbasiden-Kalif einen grausamen Tod gefunden haben, doch es gab immer wieder Bestrebungen, dieses Amt wiederzubeleben oder zumindest in der einen oder anderen Form fortzuführen.

Abbasiden-Kalifen als Höflinge der Mamluken

Die tragische Tötung des letzten Abbasiden-Kalifen von Bagdad durch die Mongolen und die Verwüstung seiner Hauptstadt 1258 markierten das abrupte Ende des Kalifats, das 632, also über 600 Jahre zuvor, mit dem Treueid gegenüber Abū Bakr begonnen und seitdem mit Höhen und Tiefen fortbestanden hatte. Nie wieder sollte ein Kalif die Muslime im Gebet anführen, sie gegen die Ungläubigen verteidigen oder ihren Haddsch schützen. Nie wieder sollte der Kalifenpalast ein Zentrum von Macht, Wohlstand und Kultur sein.

Die Idee des Kalifats ging jedoch nie vollständig unter. Vier Jahre nach der Katastrophe schlug sich ein entfernter Vetter des letzten Kalifen von Bagdad mithilfe von Beduinenstämmen aus der syrischen Wüste nach Kairo durch und nahm dort Kontakt zum Mamluken-Sultan Baibars auf. Baibars war militärisch wie auch politisch eine imposante Persönlichkeit, und die Mamluken (Sklavensoldaten), die seine Armee stellten, bildeten eine schlagkräftige Truppe und das einzige Heer, das es in offener Schlacht mit den Mongolen aufnehmen konnte. In der Schlacht von Ain Dschālūt in Palästina hatten sie 1260 den Ambitionen der Mongolen, in Ägypten einzufallen, ein Ende bereitet. Die Mamluken errichteten in Ägypten und Syrien eine quasi dynastische Herrschaft, die bis zur osmanischen Eroberung 1517 bestehen sollte und den stärksten und stabilsten Staat der damaligen islamischen Welt bildete. Doch trotz seiner Machtposition war Baibars angreifbar und besaß keinen überzeugenden Anspruch auf das Sultanat. Schließlich waren die Mamluken ursprünglich nichts weiter als türkische Sklaven, die man frisch aus der Steppe im heutigen Südrussland geholt hatte. Sie besaßen keinen althergebrachten Status in der muslimischen Welt und konnten nichts für Muslime Überzeugendes zur Legitimierung ihres Führungsanspruchs vorbringen. Zudem war Baibars erst nach dem Mord an seinem Mamluken-Vorgänger Qutuz an die Macht gelangt.

Das Eintreffen des geflüchteten Abbasiden bot daher eine Gelegenheit, die er sich nicht entgehen lassen konnte. 1262 wurde der Abbaside zum Kalifen ernannt, erhielt den Kalifennamen Hākim und nahm die *baiʿa* von Baibars und seinen Höflingen entgegen. In einer Predigt lobte er den Sultan und drängte Muslime, diesem zu gehorchen und ihn im Heiligen Krieg gegen Kreuzfahrer und Mongolen zu unterstützen. Hākim genoss am Nil nur wenig von dem Prunk, in dem seine Vorgänger am Tigris gelebt hatten, hatte er doch keinen eigenen Hofstaat, keinen Wesir, keine Leibgarde, nur einen Turm in einer Zitadelle, in dem er wohnte, und Lehrer, die seine religiöse Bildung verbesserten. Praktisch gehörte er zur Entourage des

Kalif Süleyman der Prächtige, gemalt von dem Flamen Hans Eworth, 1549

Mamluken-Sultans, genoss zwar einen gewissen Respekt, besaß aber keine tatsächliche Macht.

Hākims Regentschaft (wenngleich nicht Herrschaft) dauerte vierzig Jahre bis zu seinem Tod 1301, also lange über den Tod Baibars und seiner unmittelbaren Nachfolger hinaus. Ihm folgte eine ununterbrochene Reihe von etwa siebzehn Abbasiden-Kalifen, bis der letzte von ihnen nach der osmanischen Eroberung 1517 nach Istanbul verschleppt wurde.

Die aufeinander folgenden Mamluken-Sultane fanden es offenkundig nützlich, einen Abbasiden-Kalifen an ihrem Hof zu haben, doch welche Funktion erfüllte dieser Amtsträger genau? Sein Hauptzweck bestand darin, den Amtsantritt eines neuen Sultans zu legitimieren. Offiziell galt für das Sultanat der Mamluken nie die Erbfolge (anders als für das Abbasiden-Kalifat), und häufig ging dieses Amt durch Gewalt und Mord von einem Herrscher auf den anderen über. Im Grunde hatte der Kalif die Aufgabe, einen Usurpator im Amt zu bestätigen. Meist legte der neue Herrscher eine *bai'a* gegenüber dem Kalifen ab, gelegentlich kam es jedoch – besonders im 15. Jahrhundert – vor, dass der Kalif dem Sultan die Treue schwor, eine seltsame Verkehrung des traditionellen Protokolls. Eine weitere Funktion des Kalifen war, andere muslimische Führer zu beeindrucken, etwa als der gerade erst zum Islam konvertierte Berke, Khan der Goldenen Horde (der Mongolenherrscher Russlands), 1257 eine Delegation an den Hof in Kairo entsandte. Der Kalif hielt in Berkes Namen eine *chutba* (Freitagspredigt) und übergab dessen Gesandten eine Investiturkunde.

Nur ein einziges Mal spielte ein Kalif tatsächlich eine politische Rolle, und zwar als eine Gruppe von Mamluken-Emiren 1412 im Kampf um die Macht den Abbasiden-Kalifen Musta'īn zum Sultan machte. Es bedarf keiner Erwähnung, dass seine Unterstützer ihn beim ersten Versuch, selbst Macht auszuüben, schnell wieder in seine Luxuswohnung in der Zitadelle zurückschickten.

Die Rolle des Kalifen war durchaus wichtig, reichte jedoch nicht sehr weit. Er war Gottes Stellvertreter auf Erden, der von Gott bestimmte Herrscher und der einzige, der einem Sultan Legitimität verleihen konnte. Ansonsten waren seine Amtspflichten recht weltlich, wie sie der Autor Chalīl al-Zāhirī im 15. Jahrhundert beschrieb:

> Seine Aufgabe ist, sich mit Gelehrsamkeit zu befassen und eine Bibliothek zu unterhalten. Wenn der Sultan in Amtsgeschäften auf Reisen geht, hat er ihn zum Wohle der Muslime zu begleiten [wahrscheinlich um sie mit der Legitimität des Sultans als Herrscher zu beeindrucken]. Er hat zahlreiche Einkommensquellen für seine Aufwendungen und schöne Wohnungen.

Die Eroberung Bagdads und der Tod des letzten Abbasiden-Kalifen 1258 schuf freie Bahn für weitere Prätendenten, vielmehr für andere muslimische Herrscher, die sich diesen Titel zulegten. Nach den Ausführungen des großen Historikers und Denkers Ibn Chaldūn (gest. 1406) ist der Kalif weit mehr als ein König, der lediglich für das Wohl der Menschen auf Erden zuständig ist, wohingegen der Kalif gottbestimmt ist und sich in seiner Führung nach der Scharia richtet. Auch Ibn Chaldūn meint, dass der Kalif aus den Reihen der Quraisch kommen solle, weil sie zur Zeit des Propheten der meistrespektierte und einflussreichste Stamm Arabiens gewesen seien. Er zeichnet den Wandel des Kalifats aus seiner Sicht nach. Demnach war das Kalifat unter den rechtgeleiteten Kalifen eine religiöse Institution zur Anleitung der Gläubigen und Einhaltung der Religionsgesetze. Unter den Umayyaden entwickelte es sich zu einer despotischen Monarchie, die mit der Macht des Militärs regierte. Kurz nach dem Tod Hārūn al-Raschīds nahm seine Macht ab, bis kaum mehr als ein bedeutungsloser Titel übrig war und das Amt praktisch nicht mehr existierte.[51] Ibn Chaldūns Ansichten decken sich wahrscheinlich mit denen vieler Muslime im Spätmittelalter, für die jene großen Tage des Kalifats eindeutig der Vergangenheit angehörten und die Marionetten in Kairo und die übrigen Prätendenten kein begründetes Recht auf diesen Titel hatten.

Damals nutzten einige Monarchen den Titel mehr oder weniger überzeugend. Schah Ruch (1409–1447), der Enkel Tamerlans (Timur Lenks) und Herrscher über weite Teile des Iran, beanspruchte diesen Titel und ließ sich von anderen Herrschern, die um seine

Gunst buhlten, als Kalif und «Schatten Gottes auf Erden» anreden. Als er jedoch einen mamlukischen und einen osmanischen Herrscher schriftlich aufforderte, die Investitur durch ihn als Kalifen zu akzeptieren und in seinem Namen Münzen zu prägen, lehnten diese seinen Herrschaftsanspruch rundweg ab. Nach dem Untergang des Almohaden-Kalifats verwendeten die Hafsiden-Herrscher in Tunesien den Kalifentitel ebenso wie die turkmenischen Herrscher Ostanatoliens im 15. Jahrhundert und die schaibanidisch-usbekischen Herrscher in Buchara im 16. Jahrhundert.

Das osmanische Kalifat

Die Ansprüche dieser Herrscher auf den Kalifentitel fanden nie breite Anerkennung und waren ihnen ohnehin meist weniger wichtig als der Titel Sultan oder Khan. Lediglich die Osmanen-Dynastie versuchte ihr Kalifat in die Realität umzusetzen, verwendete jedoch nie den anderen althergebrachten Titel «Fürst der Gläubigen». Die Osmanen waren eine türkische Familie, die im 14. Jahrhundert in Nordwestanatolien an die Macht gekommen war und Muslime gegen das geschwächte Byzantinische Reich führte. Ab 1354 begannen sie mit der Eroberung Südosteuropas und nahmen 1453 Konstantinopel ein, ein Ziel, das die Umayyaden-Kalifen siebenhundert Jahre zuvor erstmals in Angriff genommen hatten. Im ausgehenden 15. Jahrhundert waren die Osmanen die mächtigsten muslimischen Herrscher im Nahen Osten, und nachdem sie 1517 Ägypten von den Mamluken erobert hatten, war ihre Vorherrschaft unangefochten. Es ist nicht geklärt, wie die osmanischen Sultane dazu kamen, den Kalifentitel zu beanspruchen. Murad I. (reg. 1360–1389) war offenbar der erste seiner Dynastie, der diesen Titel annahm, nachdem er um 1362 Edirne und Plovdiv von den Byzantinern erobert hatte. Damals schrieb er untergeordneten Emiren in östlicheren Teilen Anatoliens, Gott habe ihn für die Kalifenwürde auserwählt. Er rief Gott als Zeugen an, dass er «von dem Tag, an dem er den Thron bestieg, keinen Augenblick ruhte, sondern sich Tag und Nacht der Kriegführung und dem *jihād* widmete und stets gerüstet war, um dem Wohl der Muslime zu dienen».[52] Einige seiner Nachfolger verwendeten ebenfalls den Kalifentitel, allerdings nicht der große Mehmed II., der sich, wie man meinen sollte, durch die Eroberung Konstantinopels 1453 einen hervorragenden Anspruch darauf erworben hatte.

Selim der Strenge (reg. 1512–1520) eroberte Kairo, beendete das Mamluken-Kalifat und brachte den Marionettenkalifen Mutawakkil III. sowie die angeblichen Insignien des Kalifats in seine Gewalt: Umhang, Stab und Siegel des Propheten. Nach einer Legende, die anscheinend im ausgehenden 18. Jahrhundert entstand, übertrug der letzte Abbaside das Kalifat dem osmanischen Sultan; hierbei handelt es sich jedoch nur um eine Erfindung, die das damals wiedererwachende Interesse der Osmanen am Kalifentitel rechtfertigen sollte. Ein Zeitgenosse bemerkte: «Der Kalif und Fürst der Gläubigen Mutawakkil wurde übers Meer nach Istanbul gebracht.» Angeblich lebte er drei Jahre später immer noch dort. Nach dem Amtsantritt Süleymans des Prächtigen 1520 durfte Mutawakkil nach Ägypten zurückkehren, wo er 1543 starb – als endgültig letzter Vertreter einer Dynastie, die bis zu Saffāh ins Jahr 750 zurückreichte.

Selim nahm nicht den Kalifentitel an, sondern nannte sich *Chādim al-haramain al-sharīfain* (Hüter der beiden edlen heiligen Stätten). Seit dem Ende des Abbasiden-Kalifats 1258 hatten einige muslimische Monarchen um das Recht gewetteifert, Mekka und Medina zu beschützen, was nach gängiger Auffassung auch das Recht umfasste, bei der *chutba* namentlich genannt und dadurch in der eigenen Stellung vor den Pilgern aus der gesamten muslimischen Welt beim Haddsch bestätigt zu werden. Mächtige Herrscher wie Timurs Enkel Schah Ruch hatten diese Ehre ersehnt, es war jedoch eine simple Tatsache, dass der jeweilige Herrscher Ägyptens, wer immer es gerade sein mochte, seinen Anspruch auf diesen Titel bewahren konnte, weil die heiligen Städte auf Getreidelieferungen aus Ägypten angewiesen waren, um ihre Bevölkerung zu ernähren. Im ausgehenden 15. Jahrhundert erhielt diese Aufgabe zusätzliche Dringlichkeit durch das erstmalige Auftauchen portugiesischer

Kriegsschiffe im Roten Meer und im Golf von Persien. Zu Recht fürchteten Muslime, dass diese neuen ungläubigen Eindringlinge Mekka angreifen könnten. Selim übernahm also keineswegs einen bloßen Ehrentitel.

Von der Zeit Selims bis zum Ersten Weltkrieg waren es die Osmanen, die den großen, von Damaskus und Kairo ausgehenden Haddsch-Karawanen Schutz boten und alljährlich die *kiswa* bereitstellten. Wahrscheinlich trug das mehr als alles andere dazu bei, dass Muslime gleich welcher Herkunft die Osmanen als Führer der muslimischen Welt sahen. Dennoch bezeichnete Selim sich anscheinend nie als Kalif oder ließ sich auf Münzen oder in Dokumenten so nennen, sondern blieb immer Sultan. Unter der Regentschaft Süleymans des Prächtigen (reg. 1520–1566) galt es als allgemein anerkannt, dass die Osmanen Kalifen und Sultane waren. Den Kalifentitel verwendeten sie jedoch nur in den Beziehungen zu muslimischen Machthabern wie den Herrschern von Marokko, die nicht unmittelbar der Autorität der Osmanen unterstanden. Die Saadier-Herrscher von Marokko (1510–1668) akzeptierten die Osmanen zwar als Hüter des Islam, aber lediglich als Stellvertreter der wahren Kalifen, die aus dem Stamm der Quraisch kommen mussten, und sie selbst beanspruchten für sich, von Alī und Fātima abzustammen. Andere muslimische Potentaten eigneten sich den Kalifentitel ebenfalls an, unter anderem der Mogulkaiser Akbar (reg. 1556–1605) im fernen Delhi, allerdings war er dort nie mehr als ein vager Ehrentitel.

Um 1553 verfasste der osmanische Großwesir Lutfi Pascha eine Abhandlung, in der er auf das Recht des Sultans einging, den Kalifentitel zu tragen. Damit reagierte er, wie er erklärte, auf Gelehrte, die behaupteten, nur ein Stammesangehöriger der Quraisch könne Kalif werden. Nach seiner Argumentation ist ein Kalif absolut unerlässlich, da es in der alten, weithin bekannten Überlieferung heißt, wenn es keinen anerkannten Kalifen gebe, «ist die Lage der Muslime eine der Unsicherheit, wenn sie sterben, ohne den Imam [Kalifen] ihrer Zeit gekannt zu haben, und ihr Tod ist der Tod der Dschāhiliyya [Muslime würden also sterben wie jene, die den Propheten nicht kannten und daher in die Hölle fahren]». Unter Verweis auf zahlreiche Autoritäten, unter anderem auf den großen Geschichtsschreiber Tabarī, führt er weiter aus, dass der Sultanstitel einem Herrscher zustehe, der die Macht innehabe, während der Imam derjenige sei, «der den Glauben bewahrt und das Reich des Islam mit Gerechtigkeit regiert». Der Kalif ist derjenige, «der das Gute befiehlt und das Böse verbietet [also die Scharia bewahrt]». Wenn die oben angeführten Bedingungen – Eroberung, Macht, Zwang auszuüben, Erhaltung des Glaubens durch Gerechtigkeit, Anordnung des Guten und Verbot des Bösen – in einer Person zusammentreffen, dann ist er der Sultan, der zu Recht die Titel Imam, Kalif, *walī* und Emir widerspruchslos für sich beanspruchen kann. Er führt aus: «Unsere *ulamā* haben gesagt, dass ein Mann durch zwei Dinge Sultan werden kann: das erste ist, indem man ihm die Treue schwört, und das zweite ist, dass er seine Entschlüsse wirkungsvoll umsetzen kann». Anschließend fügt er hinzu, keiner der von ihm konsultierten Rechtsgelehrten habe bestimmt oder behauptet, der Kalif «solle Quraisch sein, von haschimitischer Abstammung oder von den Abbasiden oder einem anderen ernannt worden sein». Nach seiner Auffassung bezog sich die Äußerung, der Imam solle den Quraisch angehören, auf die Anfangszeit des Kalifats, als dieser Stamm seine Rechte über die *ansār* von Medina behauptete, war aber für seine Zeit nicht mehr relevant.

Lutfis grundlegendes Argument ist, dass das Kalifat demjenigen zustehe, der das muslimische Volk führe und beschütze. Die Qualifikationen für dieses Amt seien Macht und Kompetenz. Erbe oder Verwandtschaft hätten nichts damit zu tun. Diese Argumentation geht in gewisser Weise auf die zaiditische Vorstellung zurück, dass das Kalifat demjenigen zustehe, der aktiv wird und im Namen der Prophetenfamilie die Macht ergreift, nur dass die Zaiditen auf der Abstammung des Kalifen von den Quraisch bestanden. Hier finden sich auch Anklänge an die Diskussionen Dschuwainīs und Ghazālīs im 11. Jahrhundert, für die Macht das Hauptkriterium für das Kalifenamt war. In osmanischer Zeit war es anscheinend allgemein akzeptiert, dass Macht und Autorität des osmanischen Sultans seinen Anspruch auf den Kalifentitel rechtfertigten; damit verlor dieser Titel jedoch weitgehend seine Wirkmacht, da sie in der umfassenderen Rhetorik osmanischer Macht aufging. Der Sultan gewann als

Kalif keine Autorität, die er als Sultan nicht bereits besessen hätte, und daher trug das Amt kaum etwas zu seiner Stellung bei.

Als die muslimische Welt insgesamt und das Osmanische Reich im Besonderen im 18. Jahrhundert zunehmend durch europäische Mächte bedroht wurde, lebte das Interesse an der Idee des Kalifats erneut auf. Das erste Beispiel für diese Entwicklung findet sich im Friedensvertrag von Küçük Kaynarca von 1774, in dem der osmanische Sultan Abdülhamid I. (reg. 1774–1789) gezwungen war, die Herrschaft über die überwiegend muslimische Krim faktisch Katharina der Großen von Russland zu überlassen, und als «Imam der Gläubigen und Kalif all derer, die sich zur Einheit Gottes bekennen [also der Muslime]» bezeichnet wurde. Dabei scheint es sich um eine gesichtswahrende Floskel zu handeln, die es ihm ermöglichte, sich weiterhin als spiritueller Führer der Muslime auf der Krim darzustellen und der Schmach zu entgehen, Muslime der Herrschaft von Ungläubigen auszuliefern. Danach entwickelten die Osmanen die Idee des Kalifats zunehmend so weiter, dass sie eine spirituelle Führung der Muslime über die politischen Grenzen ihres Reiches hinaus beanspruchen konnten. Damit führten sie eine Unterscheidung zwischen der politischen und militärischen Führung (dem Sultanat) und der spirituellen Führung (dem Kalifat) ein, die etwas grundlegend Neues im politischen Denken der Muslime war, aber in der Diplomatie jener Zeit nützliche Dienste leistete.

Abdülhamid II., Sultan und Kalif

Beharrlicher und entschlossener nahm Sultan Abdülhamid II. (reg. 1876–1909) die Rolle als Kalif in Angriff. Er bestieg den Thron nach der Absetzung seines Bruders und wurde sofort durch den Treueid als Sultan und Kalif anerkannt. Abgesehen von der *baiʿa* leitete er seinen Anspruch auf das Kalifat aus drei altetablierten Prinzipien ab: Das erste war Gottes Wille, das zweite die Erbfolge, da seine Vorfahren Großkalifen waren, und das dritte war die reale politische Macht, die Muslime zu verteidigen. Das einzige der traditionellen Attribute des Kalifats, das er nicht für sich beanspruchen konnte, war selbstverständlich die Zugehörigkeit zu den Quraisch, doch das hatte frühere Osmanen, wie wir gesehen haben, nicht gehindert, Anspruch auf dieses Amt zu erheben.[53]

Bei seinem Amtsantritt war Abdülhamid gezwungen, eine Verfassung nach westeuropäischem Vorbild zu unterschreiben – die erste derartige Verfassung in der islamischen Welt. Vielleicht als Ausgleich für den Verlust weltlicher Macht baute er seine Kalifenrolle aus. In Artikel 3 der Verfassung hieß es: «Die Herrscherwürde im osmanischen Reiche, welche auch das hohe islamische Kalifat in sich vereinigt, geht nach einem seit alter Zeit geltenden Gesetze auf den ältesten Prinzen der Dynastie Osman über», eine klare Festlegung der Erbfolge. Artikel 4 lautete: «Der Sultan ist als Kalife Schützer der islamischen Religion.»[54] Schon bald wurde die Verfassung jedoch aufgehoben und trat erst 1909 wieder in Kraft, doch Abdülhamid hielt an der Vorstellung fest, dass der osmanische Kalif der Führer aller Muslime sei, nicht nur der unter osmanischer Herrschaft.

Die Persönlichkeit des Sultan-Kalifen steckte voller offensichtlicher Widersprüche. Für viele außerhalb des Osmanischen Reiches, in Westeuropa und Russland, war er «Abdul der Verdammte», ein verschlagener, blutrünstiger Tyrann, der seine christlichen Untertanen schlecht behandelte oder gar massakrierte und über den sich nichts Gutes sagen ließ. Sicher war er ein Autokrat, geheimnistuerisch und von Natur aus zutiefst misstrauisch. Er zeigte sich fest davon überzeugt, dass Gott ihm die Verantwortung auferlegt habe, das muslimische Volk zu regieren und zu beschützen, und zwar sowohl im Inland als auch jenseits der Grenzen des Osmanischen Reiches. In der Verfassungsbewegung unter der Führung des westlich orientierten Reformers Midhat Pascha sah er einen Angriff auf die göttlich sanktionierte politische Ordnung, der die muslimische Welt untergraben würde, und so schickte er seine Gegner ins Exil oder in den Tod. Er schrieb:

> Der Padischah [Sultan-Kalif] ist allein Gott und der Geschichte Rechenschaft schuldig ... Wenn wir uns verjüngen, unsere frühere

Stärke wiedererlangen und unsere alte Größe wiederherstellen wollen, sollten wir uns an die Quelle unserer Kraft erinnern. Unserem Wohl dient es nicht, die sogenannte europäische Kultur nachzuahmen, sondern zur *sharīʿa*, der Quelle unserer Kraft, zurückzukehren ... Allmächtiger Gott, ich kann nur dein Diener sein und deine Hilfe erbitten. Führe uns auf den rechten Weg.[55]

Es stand außer Zweifel, dass er ein frommer, gläubiger Muslim war, und sicher würden viele heutige Islamisten diese Einstellung teilen. Zugleich hatte er jedoch reges Interesse an modernen Technologien, die nach seiner Auffassung entscheidend für das Überleben des osmanischen Staates waren. So förderte er das Studium westlicher Militärtechnologien, holte den gefeierten Colmar von der Goltz und andere deutsche Offiziere für die Ausbildung seiner Streitkräfte ins Land und trieb den Eisenbahnbau voran. Auch kulturell zeigte er sich aufgeschlossen: Er liebte westliche Musik, besonders italienische Opern, und in seiner gut 100 000 Bücher umfassenden Privatbibliothek im Yildiz-Palast fanden sich nicht nur seltene arabische und persische Manuskripte, sondern auch philosophische und naturwissenschaftliche Werke aus dem Westen. Darin folgte er dem Beispiel der großen bibliophilen Kalifen der Vergangenheit, des Abbasiden Maʾmūn in Bagdad und des Umayyaden Hakam II. in Córdoba. Auf seine Anweisung hin nahm das Osmanische Reich 1893 an der Weltausstellung in Chicago teil und präsentierte ein türkisches Dorf mit Moschee und überdachtem Basar, in dem Produkte aus dem osmanischen Sultanat verkauft wurden. Er förderte die Teilhabe seiner christlichen Untertanen am wirtschaftlichen und gesellschaftlichen Leben des Reiches mit dem Hinweis, Christen und Muslime beteten denselben Gott an, allerdings seien manche Christen durch den Fanatismus ihrer Priester irregeleitet worden und hätten Unterstützung von außen gegen seine rechtmäßige Regierung gesucht.

Eines der meistgefeierten Beispiele seiner Übernahme moderner Technik zur Erfüllung der althergebrachten Verpflichtungen des Kalifats war der Bau der 1900 fertiggestellten Hedschas-Bahnstrecke von Damaskus nach Medina. Sie ermöglichte es Pilgern aus dem Osmanischen Reich, den Haddsch mit der (vergleichsweise) komfortablen Eisenbahn zu machen statt zu Fuß oder mit Kamelen. Das verärgerte jedoch viele Beduinen, die es gewöhnt waren, von den Pilgern Schutzgelder zu bekommen, weshalb sie nur zu gern mit der britischen Mission unter Führung von T. E. Lawrence zusammenarbeiteten, der die Bahnlinie im Ersten Weltkrieg zu zerstören versuchte. Durch die Eisenbahn erleichterte Abdülhamid den Haddsch ebenso, wie Hārūn al-Raschīd und die Abbasiden es 1100 Jahre zuvor mit dem Bau der Darb Zubaida getan hatten.

Die Regentschaft des neuen Sultans und Kalifen begann mit einem verheerenden Krieg gegen die Russen 1877/78, der zum Verlust Bulgariens und anderer Balkangebiete führte. Viele in der muslimischen Welt befürchteten den völligen Zerfall des Osmanischen Reiches, doch diese Niederlage förderte vielleicht paradoxerweise die Idee, das Konzept des Kalifats als Mittel zur Verteidigung der Muslime gegen Angriffe von außen wiederzubeleben.

In dieser Zeit gerieten viele Gebiete der muslimischen Welt, die jenseits der Grenzen des Osmanischen Reiches lagen, unter wachsendem Druck ausländischer Mächte, die sie übernehmen und kolonisieren wollten. Eine der wichtigsten dieser Regionen war Zentralasien, wo Russland mit seinen Vorstößen die unabhängigen Khanate Chiva, Buchara und Kokand schluckte, während die Chinesen von Osten nach Kaschgar vorrückten. Alle diese Regionen waren muslimisch und turksprachig, und die bedrohten Herrscher suchten gegen die Invasoren Hilfe beim osmanischen Kalifen. Ebenso gefährlich zeigte sich für viele Muslime die britische Besetzung Ägyptens 1882. Obwohl Ägypten seit der Invasion durch Napoleon 1798 nicht mehr zum Osmanischen Reich gehörte, hofften dort und andernorts viele Muslime, der Kalif würde Maßnahmen ergreifen. Selbst auf den fernen Komoren zwischen Mosambik und Madagaskar erbaten die muslimischen Einwohner osmanische Unterstützung gegen die drohende französische Besetzung. Doch der Sultan-Kalif war kein politischer Abenteurer: Er bot moralische Unterstützung und Zuflucht in Istanbul an, hielt seine Truppen jedoch strikt in den Grenzen seines Reiches.

Seine Rolle als Führer aller Muslime fand Anerkennung in einer Reihe von Verträgen, die er während des allmählichen Zerfalls des

Osmanischen Reiches im ausgehenden 19. und frühen 20. Jahrhundert mit ausländischen Mächten schloss. Nach der Annexion Bosniens durch die Österreichisch-Ungarische Monarchie 1908 wurde der Name Abdülhamids als Sultan-Kalif weiterhin in muslimischen Gebeten genannt, und nach der Eroberung Libyens durch Italien 1912 wurde der *qāḍī* von Tripolis nach wie vor in Istanbul ernannt. Abdülhamid war bestrebt, durch sein Ansehen als Kalif die Loyalität der arabischen Einwohner des Sultanats zu gewinnen, die zunehmend zu arabisch-nationalistischen Ideen tendierten.

Ein weiteres Gebiet, auf dem die späten Osmanen die Idee des Kalifats nutzten und ausbauten, war ihre Verehrung und Zurschaustellung der heiligen Reliquien. Die Sultane schufen im Topkapi Saray in Istanbul eine Dauerausstellung der Reliquien des Propheten und zahlreicher früher Helden des Islam, untergebracht in vier kleineren Räumen, die mit erlesenen Iznik-Kacheln aus dem 16. Jahrhundert dekoriert waren. Ursprünglich wurden sie als Schlafgemächer der Sultane genutzt, nachdem diese jedoch im 17. Jahrhundert in den nahen Harem gezogen waren, dienten sie offenbar ausschließlich zur Aufbewahrung der Reliquien, die sich bis heute dort befinden. Eine Datierung dieser Gegenstände ist unmöglich, und es gibt keinen wissenschaftlichen Nachweis, dass einer von ihnen tatsächlich das ist, als was er gilt. Allerdings kann man als gesichert annehmen, dass manche, besonders der überaus kostbare und verehrte Mantel des Propheten (*burda*), bereits im 16. Jahrhundert zur Sammlung des Topkapi-Palastes gehörten. Die Reliquien sind ein sichtbares und greifbares Zeichen für den Anspruch der Osmanen, sowohl Nachfolger der frühen Kalifen als auch Hüter der Heiligen Städte zu sein.

Die grob gewebte, außen schwarze und innen weiße *burda* wird, in kostbare Stoffe gehüllt, so in einer goldenen Truhe aufbewahrt, dass nur ein kleiner Teil davon zu sehen ist. Sie ist in historischen Quellen aus der Abbasiden-Zeit erwähnt, besonders in dem Bericht über den Tod des Kalifen Amīn 815, in dem es heißt, der Mantel sei zusammen mit dem Zepter (*qaḍīb*) und dem Ring (*chātim*) des Propheten «das Kalifat».

Welche Beziehung, falls überhaupt eine, zwischen dem in den Abbasiden-Quellen erwähnten Mantel und dem in Istanbul besteht, ist unklar. Laut der überlieferten Legende trug Muhammad den Istanbuler Mantel und schenkte ihn dem Dichter Kaʿb ibn Zuhair, einem erbitterten Gegner des Propheten, als dieser bereute und ihn um Vergebung bat. Zum Dank verfasste der Dichter ein Lobgedicht auf den Propheten und den Mantel. Später kaufte Kalif Muʿāwiya ihn Kaʿbs Erben ab, und alle nachfolgenden Kalifen bewahrten ihn angeblich auf. Nach einer Geschichte verbrannte Hulegu die *burda* nach der Plünderung Bagdads 1258 und dem Tod des letzten Abbasiden-Kalifen der Stadt, andere behaupteten jedoch, Überlebende des Massakers hätten ihn nach Kairo mitgenommen, von wo er bei der osmanischen Eroberung 1517 nach Istanbul gelangt sei. Eindeutig gehörte er bereits in der Regierungszeit von Murad II. (reg. 1574–1595), der eine goldene Truhe dafür anfertigen ließ, zur osmanischen Reliquiensammlung. Da man dem Mantel eine glückbringende Wirkung nachsagte, wurde er auf Feldzügen mitgenommen. Dies tat auch Mehmed III. (reg. 1595–1603), als er seine Truppen auf einem Feldzug nach Eger in Ungarn anführte. Während der Schlacht sah es so aus, als ob seine Armee unmittelbar vor einer Niederlage stünde, doch einer seiner Höflinge erklärte dem Monarchen: «Mein Sultan! Als Sultan und Kalif auf dem Pfad unseres Propheten wäre es angebracht, den Heiligen Mantel anzuziehen und zu Gott zu beten.» Der Sultan befolgte den Rat, zog den Mantel an und führte seine Soldaten zum Sieg: Eine feine Miniatur zeigt, wie ein Höfling das heilige Gewand auf dem Kopf trägt, während der Sultan zuschaut und die Kanone den Feind beschießt. Interessant ist, dass der Besitz des Mantels mit dem Kalifenamt gleichgesetzt wird, wie es schon in der Abbasiden-Zeit der Fall war.

Das Siegel des Propheten gehörte ebenfalls zu den von den Abbasiden bewahrten Reliquien. Laut einer bekannten Legende ging das Original verloren, als es Uthmān in einen Brunnen fiel. Bei dem in Istanbul ausgestellten Siegel handelt es sich nach gängiger Ansicht um einen anschließend angefertigten Ersatz.

Ein weiteres bedeutsames Exponat im Topkapi Saray ist der Koran Uthmāns. Bei diesem Exemplar soll es sich angeblich – genauso wie bei dem in Taschkent – um eben den Koran handeln, den Uthmān las, als er getötet wurde, und seine Blutflecken werden besonders hervorgehoben. Gesichert ist dies keineswegs, aber zumindest nach den Bildern zu urteilen, ist es ein prachtvolles, sehr altes Manuskript.

Zu den Reliquien des Propheten gehört auch seine Standarte, die vor der Armee hergetragen wurde, wenn man zu Feldzügen aufbrach. Sie wurde 1826 am *minbar* der Sultan-Ahmet-Moschee in Istanbul aufgehängt und diente als Sammlungspunkt des Volkes gegen die rebellischen Janitscharen. Außerdem findet sich dort auch der Stab des Propheten, der seit der Abbasiden-Zeit überliefert ist, wenngleich allgemein angenommen wird, dass der Stab in der Topkapi-Sammlung aus einem Baum gemacht wurde, der neben dem Grab des Propheten wuchs.

Zahlreiche weitere Reliquien des Propheten gehörten offenbar nie zu den Insignien des Kalifats – seine Barthaare, sein Bogen, seine Fußspuren, Bluse und Schleier seiner Tochter Fāṭima und das Hemd seines Enkels Husain, der als Märtyrer starb. Die Topkapi-Sammlung umfasst unter anderem auch einen steinernen Topf Abrahams, den Turban Josephs und den Arm von Johannes dem Täufer. Viele dieser Reliquien befanden sich bis zum Ersten Weltkrieg in der Kaaba in Mekka oder in der Moschee des Propheten in Medina. Als den Heiligen Städten die arabische Revolte und die britische Besetzung drohte, wurden sie auf Anweisung des osmanischen Gouverneurs von Medina, Fachr al-Dīn Pascha, mit der Eisenbahn nach Istanbul gebracht, wo sie bis heute geblieben sind.

Die Unheil abwendenden Kräfte der *burda* und der übrigen Reliquien traten deutlich bei den Trauerfeiern für Abdülhamid II. zutage, der 1918 nach 34-jähriger Regentschaft als Sultan-Kalif und weiteren neun Jahren als abgesetzter Herrscher starb. Ein gewisser Ahmet Rafik Bey, der an der Zeremonie teilnahm, schilderte die Beisetzung in einem stimmungsvollen, melancholischen Bericht. Dort erfahren wir, dass der Leichnam des Sultans in die Kammer des heiligen Mantels gebracht, gewaschen und, in Leintücher gehüllt, in den Sarg gelegt wurde.

> Sultan Abdülhamid hatte erst in den letzten Augenblicken seines Lebens das Bewusstsein verloren. Er bat, man solle ihm ein Totengebet auf die Brust legen und ein am Heiligen Mantel geriebenes Ta-

schentuch sowie ein Stück vom schwarzen Tuch der Kaaba, mit dem er sein Gesicht zu bedecken pflegte. Seine Bitten wurden peinlich genau ausgeführt. Es war ein wahrhaft herzzerreißender Anblick: Sultan Abdülhamid lag, in Tücher gewickelt, im Sarg, auf seiner nackten Brust das Totengebet, das schwarze Kaaba-Tuch auf dem Gesicht mit dem weißen Bart, die Augen für immer geschlossen… Sultan Abdülhamid ging demütig zu Gott und ließ seine Sünden hinter sich.

Als der Sarg fortgebracht wurde, sammelte sich eine respektvolle Menge um ihn:

> Plötzlich öffnete sich die Tür zur Kammer des Heiligen Mantels. Aller Augen richteten sich auf die Tür. Auf beiden Seiten herrschte Gedränge. Mit pochendem Herzen wollte jeder einen Blick auf den Sarg erhaschen. Schließlich erschien er, von Hand getragen, geschmückt mit einem diamantenbesetzten Gurt, silbern bestickten Kaaba-Tüchern, rotem Satin und einem roten Fez, stattlich und majestätisch… Der Hauptprediger der Hamidiye-Moschee trat in einem grünen, silbern bestickten Gewand mit kaiserlichem Monogramm auf der Brust vor und stellte sich auf den Stein. Er schaute sich um und fragte:
> «Wie kanntet ihr den Verstorbenen?»
> Ein trauriger Ruf hallte durch die Zypressen:
> «Wir kannten ihn als gut.»

Es war vielleicht passend, dass der Leichnam des letzten großen Kalifen umgeben von den Reliquien gewaschen und beigesetzt wurde, die seine illustren Vorfahren laut den weithin geglaubten Überlieferungen seit Anbeginn des Islam bewahrt hatten.[56]

Die Idee eines panislamischen Kalifats

Die Politik des Sultans, die Idee eines panislamischen Kalifats wiederzubeleben, hätte keinen sonderlichen Eindruck hinterlassen, wenn sie nicht breite Resonanz in der muslimischen Welt gefunden hätte. Das galt vor allem im britisch verwalteten Indien. Dort sahen Muslime das Osmanische Reich, zu dem sie traditionell kaum Kontakte hatten, als die einzige muslimische Großmacht, die ihre Unabhängigkeit bewahrt hatte, und viele begrüßten die Idee des Kalifats als Herausforderung an den Diskurs über Imperialherrschaft und westliche Vormachtstellung.

Unterstützung erhielt der osmanische Anspruch auf das Kalifat von unerwarteter Seite. In den ausgehenden 1870er-Jahren kam es in Großbritannien zu einer hitzigen Debatte über die Berechtigung der osmanischen Ansprüche. Sie entstand weitgehend als Reaktion auf die offensichtliche Begeisterung, die in Indien über die Idee des Kalifats herrschte. Zwei ehemalige Beamte in Indien, der Ex-Gouverneur Bengalens, Sir George Campbell, und George Birdwood, behaupteten 1877, der osmanische Anspruch sei falsch. Birdwood meinte zudem, es sei für die Briten von Vorteil, wenn sie die Ausrichtung auf den Scharīf von Mekka (den Lokalfürsten der Heiligen Stadt, der zugleich ein Nachkomme Alīs und Fātimas war) als Kalif förderten, denn «er wäre ebenso vollständig in unserer Macht wie der Suezkanal». Damit provozierte er eine heftige Reaktion des pro-osmanischen Schriftstellers James Redhouse (1811–1892), der eine, gelinde gesagt, außergewöhnliche Karriere gemacht hatte. Der Waisenjunge aus London hatte als Schiffsjunge auf einem britischen Schiff angeheuert und sich von Bord geschlichen, als es in Istanbul angelegt hatte. Dank seiner Kenntnisse in Mathematik und Naturwissenschaften hatte er Karriere im Dienst der Osmanen gemacht, die damals mit den aufständischen Griechen und dem Ägypter Muhammad Alī zu kämpfen hatten. Redhouse wurde zu einem leidenschaftlichen Turkophilen und schrieb unter anderem das umfassendste und wissenschaftlich fundierteste Wörterbuch des osmanischen Türkisch. Nun stürzte er sich ins Getümmel und verfasste ein

Pamphlet mit dem Titel «A Vindication of the Ottoman Sultan's ‹Title of Caliph›» und wies darin jegliche Infragestellung des osmanischen Anspruchs als «abwegig, vergeblich und unpolitisch» zurück. Erstens sei der Anspruch des Sultans auf diesen Titel schon alt und «von der gesamten orthodoxen Welt des Islam» anerkannt, und zweitens sei die für die Osmanen immer heikle Forderung, der Kalif müsse aus dem Stamm der Quraisch kommen, nicht durch den Propheten abgedeckt. Ihm schloss sich der Missionar, Historiker der Ostkirchen und arabische Lexikograph George Badger (1815–1888) an und schrieb eine ausführliche Verteidigung der osmanischen Ansprüche, die mit der klaren Aussage schloss: «Der osmanische Sultan ist der legitime Nachfolger Mohammeds, während der Scharif von Mekka ein Mann ohne jeden Stand war, ein Beamter, den die osmanische Regierung jederzeit entlassen konnte.» Keiner der Beteiligten an dieser Debatte repräsentierte die Politik der britischen Regierung, doch im Allgemeinen begnügten sich die Briten damit, die osmanischen Ansprüche zu akzeptieren.

In dieser Zeit entstanden in den arabischen Provinzen des Osmanischen Reiches, vor allem in Syrien, die Anfänge einer Bewegung, die eine Loslösung des Kalifats vom osmanischen Sultanat und die Errichtung eines unabhängigen arabischen Kalifats anstrebte. Als Katalysator dieser Bewegung wirkte die Niederlage der osmanischen Streitkräfte gegen die Russen 1877/78, die ein Vorspiel zum vollständigen Zusammenbruch des Reiches zu sein schien. Arabische Notabeln in Syrien wie auch im Hedschas verbreiteten die Idee eines arabischen Kalifats vor allem, um der Aussicht auf eine europäische Machtergreifung etwas entgegenzusetzen. Die syrischen Araber fanden sogar einen möglichen Kandidaten, Abd al-Qādir al-Dschazāʾirī, einen charismatischen algerischen Muslim, der nach energischem Widerstand gegen die französische Besatzung seines Landes ins Exil nach Damaskus gegangen war. Letzten Endes führte diese Bewegung zu nichts, und die osmanische Herrschaft wurde wiederhergestellt, doch sie zeigt, dass die Idee eines Kalifats nach wie vor eine politische Inspirationsquelle für Muslime war, die einen Wandel anstrebten und die ehemalige Macht und den Glanz der islamischen *ulamā* wiederbeleben wollten.

In den politischen Debatten Großbritanniens hielt der bemerkenswerte Wilfrid Scawen Blunt (1840–1922) die Idee lebendig, das Kalifat als Rechtfertigung für eine arabische Unabhängigkeit vom Osmanischen Reich zu nutzen. Blunt, ein Grundbesitzer und exzentrischer Schriftsteller aus der Oberschicht, besaß Kontakte zu einflussreichen Politikern der spätviktorianischen Zeit und war zugleich ein Rebell, der den britischen Imperialismus ablehnte und bekämpfte. Seine zahlreichen Liebesaffären und seine abenteuerlichen Reisen in die arabische Wüste wiesen ihn als Mann mit einem Hang zu Romantik und Abwechslung aus. Er begann seine Karriere im diplomatischen Dienst, den er jedoch 1868 verließ, und reiste 1877/78 zu den arabischen Nomaden in die syrische Wüste. Diese und weitere Reisen in Arabien beeindruckten ihn tief und brachten ihn zu der Überzeugung, dass die türkische Herrschaft beendet werden müsse und man den Arabern, und damit meinte er die Beduinen der syrischen und arabischen Wüsten, eine Selbstverwaltung unter britischem Schutz zugestehen solle. Er wandte sich der Idee des Kalifats zu und meinte, das osmanische Kalifat sei im Grunde illegitim und gründe sich ausschließlich auf politische und militärische Macht statt auf legale Rechte. Nachdem er Kontakte zu mehreren arabisch-muslimischen Führern geknüpft hatte, darunter auch zu Muhammad Abduh (1849–1905), einem bekannten und geachteten Verfechter von Reformen an der Azhar-Universität in Kairo und in der breiteren islamischen Gesellschaft, stellte er fest, dass Abduh für eine Wiederbelebung des Kalifats als religiöser Institution eintrat, und erklärte:

> Zur Frage des Kalifats strebte er [Abduh] damals dessen Rekonstruktion auf einer stärker spirituellen Grundlage an. Er erklärte mir, dass eine legitimere Ausübung der Autorität dieses Amtes sich nutzen ließe, um dem intellektuellen Fortschritt neue Impulse zu geben, und wie wenig diejenigen, die diesen Titel jahrhundertelang innehatten [also die Osmanen] die spirituelle Leitung der Gläubigen verdient hätten.[57]

Offenbar schwebte beiden Männern das Ideal eines wiederbelebten arabischen Kalifats vor, das die muslimischen Völker in eine neue

Ära der Größe führen würde. Die Realität sah jedoch, wie Abduh einräumte, so aus, dass die Osmanen «nach wie vor die mächtigsten muhammedanischen Fürsten und in der Lage waren, am meisten zum allgemeinen Vorteil zu leisten, doch wenn man sie nicht bewegen konnte, ihre Stellung ernster zu nehmen, konnte man legitimerweise nach einem neuen Emir al-Mu'minin suchen». Blunt mochte in Abduh einen Gleichgesinnten gefunden haben, doch trotz all seiner Kontakte und Beziehungen gelang es ihm nicht, irgendein einflussreiches Mitglied der britischen Regierung von seinen Ideen zu überzeugen, und als sich in den 1880er- und 1890er-Jahren Abdülhamids Kontrolle über die arabischen Provinzen des Reiches straffte, erschienen solche Ideen versponnen und weit hergeholt.

Abdülhamid hatte versucht, seinen Anspruch auf das Kalifat zur Grundlage für die Stärkung der osmanischen Position zu machen, nicht zuletzt gegen seine unzufriedenen Untertanen in Istanbul. Mit der Absetzung des Sultans und der Wiedereinsetzung der Verfassung 1909 verlor dieser Aspekt zunehmend an Bedeutung. Die entschieden nationalistischen Jungtürken, die nun die Macht übernahmen, waren fest entschlossen, ein türkisches, kein muslimisches Reich aufzubauen, und ein möglicher Weg dorthin war ein starkes Sultanat. Für einen Kalifen war in diesem Szenario kein Platz. Der Erste Weltkrieg ließ das Interesse an der Kalifatsidee in gewissem Maße wiederaufleben, da manche hofften, die verlockende Aussicht auf einen Sultan als Kalif würde die arabische Öffentlichkeit gewinnen und, was noch viel wichtiger wäre, indische Muslime bewegen, sich im Namen des Kalifen gegen ihre britischen Herrscher zu erheben. Diese Hoffnungen erwiesen sich jedoch als unrealistisch, da die osmanischen Ansprüche auf dem indischen Subkontinent auf wenig Begeisterung stießen.

Der letzte Kalif

Mit dem Kriegsende geriet das osmanische Sultanat-Kalifat in seine endgültige Krise. Mehmed V. starb im Juli 1918, und so fiel es seinem Nachfolger Mehmed VI. zu, mit den Briten und den Franzosen einen Waffenstillstand auszuhandeln. Am 30. Oktober wurde in Mudros eine demütigende Kapitulation unterzeichnet, kaum zwei Wochen bevor am 11. November der Waffenstillstand an der Westfront zustande kam. Offenbar dachte der Sultan, durch Zugeständnisse an die Westmächte seinen Thron und die Überreste des Osmanischen Reiches behalten zu können. Zu diesem Zweck war er bereit, im August 1920 den Vertrag von Sèvres zu unterschreiben, der nur einen osmanischen Rumpfstaat in Anatolien übrig ließ. Außerdem machte er seine Opposition gegen die Nationalversammlung in Ankara deutlich und verurteilte in einer völlig vergeblichen Geste den Nationalistenführer Mustafa Kemal zum Tode (ein Urteil, das er jedoch nicht vollstrecken lassen konnte). Lediglich die verbliebene Ehrfurcht vor dem Sultan als Verkörperung der alten Größe des Reiches ermöglichte es ihm, sich noch zwei Jahre lang als Herrscher zu halten. Doch 1922 triumphierten die Nationalisten; die Griechen waren vertrieben, und Mustafa Kemal zeigte sich fest entschlossen, das Sultanat abzuschaffen und eine türkische Präsidialrepublik einzuführen. Am 1. November 1922 beschloss die Große Nationalversammlung der Türkei die Trennung von Kalifat und Sultanat und die Abschaffung des Sultanats. Das Kalifat sollte in der Familie der Osmanen bleiben, allerdings würde der Staat entscheiden, welches Familienmitglied dieses Amt ausüben sollte. Sultan Mehmed VI. wurde abgesetzt, und sein Vetter Abdülmecid II. zum Kalifen ernannt.

Das Amt genoss in der neuen Türkei noch eine gewisse Unterstützung unter Konservativen, die auf eine Wiederbelebung der alten Größe des Landes hofften, und bei Nationalisten, denen der Verlust der türkischen Rolle als Führer der muslimischen Welt widerstrebte. Diese Kräfte versuchte der neue (und letzte) Kalif hinter sich zu sammeln, aber Mustafa Kemal blieb eisern bei seiner Opposition. Am

24. März 1924 wurde das Kalifenamt abgeschafft und eine Republik mit Mustafa Kemal als erstem Präsidenten ausgerufen. Es war das Ende einer alten Tradition, und seither hat keiner, der Anspruch auf das Kalifat erhob, je wieder eine breite, allgemeine Anerkennung in der muslimischen Welt gefunden.

11.

DIE FRAGE DER WIEDERERRICHTUNG EINES KALIFATS: VOM 20. JAHRHUNDERT BIS ZUR GEGENWART

Das osmanische Kalifat verschwand 1924 eher mit einem Wimmern als mit einem Paukenschlag. Doch trotz dieses demütigenden Endes löste die Abschaffung des Kalifats in muslimischen Ländern weit über die Grenzen der osmanischen Welt hinaus Bestürzung aus. In den 1920er-Jahren erreichte der europäische Imperialismus im Nahen und Mittleren Osten seinen Höhepunkt mit der Aufteilung osmanischer Territorien in Irak, Syrien, Libanon und Palästina sowie der Einsetzung Großbritanniens und Frankreichs als Mandatsmächte. Ägypten stand unter britischer Verwaltung, Libyen unter italienischer, während Tunesien, Algerien und Marokko fest in französischer Hand waren. Viele Muslime fühlten sich durch diese Regelungen gedemütigt, und manche sahen in einer Wiederbelebung des Kalifats einen Hoffnungsschimmer in dieser ansonsten tristen und deprimierenden politischen Landschaft.

Weitaus weniger Einigkeit herrschte in der Frage, welcher Art ein solches Kalifat sein und wer der neue Kalif werden sollte. Eine rasche Antwort gaben die Scheichs der Al-Azhar-Universität in Kairo, die seit langer Zeit etablierten geistigen Führer der sunnitischen Welt. Nach einer Sitzung am 25. März 1924 gaben sie eine Erklärung heraus, in der sie die traditionelle Sicht bekräftigten, nach der die Kalifen Repräsentanten des Propheten in Bezug auf den Schutz des Glaubens und die Umsetzung der Religionsgesetze seien. Sie lehnten die Trennung politischer und religiöser Machtbefugnisse dieses Amtes ab,

Abdülmecid II., der letzte osmanische Kalif. Foto von 1923

die mit der Abschaffung des Sultanats 1922 erfolgt war, und meinten, Abdülmecid sei kein wahrer Kalif, da er diese Trennung akzeptiert habe. Nun müsse die *umma* einen neuen Amtsträger suchen.

Andere hielten das Kalifat für eine Perversion des Islam, für ein Verhängnis, das keinerlei Grundlage im Koran besitze und keineswegs wesentlich für den Glauben, sondern im Gegenteil durch die wenig hilfreiche Vermischung von Politik und Religion sogar ein Hindernis sei. So trat der in Oxford ausgebildete ägyptische Intellektuelle Alī Abd al-Rāziq (1887–1966) in seinem Buch *Der Islam und die Grundlagen der Herrschaft* für eine Trennung von Religion und Staat nach westlichen Vorbildern ein. Während andere säkularistische Intellektuelle wie Taha Husain in Ägypten seine Ansichten unterstützten, lehnten orthodoxer eingestellte Denker sie vehement ab und verurteilten sie leidenschaftlich.

Ein Zusammenspiel von Ereignissen und Persönlichkeiten verhinderte eine Einigung über die Wiederbelebung des Kalifats. Zwischen den Verfechtern eines Kalifats, das allen Muslimen spirituelle Führung böte, und jenen, die der *umma* ihre politische Macht zurückgeben und die Muslime in der Opposition gegen ihre Unterdrücker vereinen wollten, herrschte eine so tiefe Kluft, dass sie keinen Konsens über das weitere Vorgehen fanden. Jeder der für das Amt vorgeschlagenen Kandidaten – im Gespräch waren Scharīf Husain von Mekka, König Fu'ād I. von Ägypten oder Ibn Saʿūd, der König des späteren Saudi-Arabien – löste sofort heftige Opposition oder schlichtweg Spott aus und schied somit aus. In der Bevölkerung gab es weder weit verbreiteten Groll über die Abschaffung des Kalifats noch muslimische Massenbewegungen für dessen Wiedereinführung. In den 1930er-Jahren beschäftigten die Ereignisse in Palästina Muslime im Nahen Osten weit mehr, und die Ideologie, die ihren Hoffnungen und Befürchtungen entsprach, war eher der arabische Nationalismus als das Kalifat.

Selbst in Kreisen, die man als islamistisch bezeichnen könnte, hatte die Wiedereinführung des Kalifats keine Priorität. Die prominenteste und einflussreichste Bewegung für eine islamistische Wiederbelebung war die Muslimbruderschaft, die Hasan al-Bannā (1906–1949) in Ägypten gründete. Bannā und seinen Anhängern ging es im

Wesentlichen um die Wiederbelebung religiöser Begeisterung und der Verpflichtung auf die Scharia. Zu diesem Zweck galt es, den schädlichen Einfluss von Ausländern, im Fall Ägyptens also der Briten, zu bekämpfen und zu beseitigen. Dafür war Bannā zur Zusammenarbeit mit Nationalisten und dem ägyptischen Könige Fu'ād beziehungsweise ab 1936 mit dessen Nachfolger Fārūq bereit, um ihre entschlossene Haltung gegen die Fremdherrschaft zu stärken. Das Ziel war zwar eindeutig ein muslimisches Kalifat, jedoch erst als Endergebnis der Unabhängigkeit und der moralischen Reform, also eher ein Fernziel als ein erster Schritt.

Die Zeit nach 1945 war im Nahen Osten geprägt vom Ende des französischen Mandats in Syrien und im Libanon, des britischen Mandats in Palästina 1948 sowie von der Gründung des Staates Israel. Dies führte unter den dortigen Muslimen zu viel Unsicherheit, Spaltung und Diskussionen über die Zukunft, die Wiederbelebung und Entwicklung der Region. Doch wenn überhaupt, sahen nur wenige im Kalifat einen Weg nach vorn. Zunehmend gesellte sich nun zur Ideologie des Nationalismus die des Sozialismus. Die Verstaatlichung des Suezkanals durch den ägyptischen Präsidenten Abdel Nasser 1956 und die demütigenden Niederlagen, die Franzosen und Briten beim Versuch der Rückeroberung erlitten, bewirkten, dass Ägypten enge Verbindungen zur Sowjetunion knüpfte. Die meisten politisch aktiven Menschen im arabischen Nahen Osten sahen den Weg in die Zukunft im Kommunismus, nicht in der Wiedereinführung des alten Kalifats. Als ich erstmals 1964 in diese Region reiste, nahm man allgemein an, dass darin die Zukunft läge. Die meisten hätten sich wohl zugleich als Muslime, Sozialisten und Nationalisten bezeichnet, aber die Ansicht vertreten, Moscheen seien etwas für alte Männer, Relikte einer untergegangenen Welt, und das Kalifat sei ebenso fern und bedeutungslos wie das Heilige Römische Reich im westlichen Nachkriegseuropa.

Eine islamistische Gruppe hob sich durch ihre Opposition gegen diese Sicht ab: *Hizb al-Tahrīr* (Partei der Befreiung), gegründet ab 1952 von dem führenden palästinensischen Religionsgelehrten Taqī al-Dīn Nabhānī (1909–1977). Wie die Muslimbruderschaft und ähnliche Bewegungen trat sie für die spirituelle Erneuerung und Einheit der Muslime ein, unterschied sich von diesen jedoch insofern, als sie die Wiedereinführung des Kalifats als Instrument, nicht als Ergebnis dieses Wandels sah. Reza Pankhurst, eine Autorität auf dem Gebiet der neueren Geschichte des Kalifats, erklärt:

> Die Gründer der Hizb ut-Tahrīr, die zugleich islamische Juristen und Aktivisten waren, sahen das Kalifat sowohl als Verpflichtung der *shari'a* als auch als notwendige politische Struktur, um die Gemeinschaft zu reformieren und zu einen. Ihr *ijtihad* [Rechtsauslegung], entstanden in einer Zeit, als die äußeren Einschränkungen der Kolonialherrschaft beseitigt wurden, führte sie zu dem Schluss, dass die notwendige Erneuerung intellektueller Art sei und grundlegende Veränderungen in den Konzepten und der Weltsicht der Muslimgemeinde erfordere und dass das Kalifat nicht das Endziel, sondern das Vehikel für den Wandel der Welt sei.[58]

Neben den eher typischen Ansichten zu Fragen wie Frauenkleidung und Durchsetzung der Scharia macht die Partei noch konkretere Vorschläge für eine Kalifenherrschaft. Demnach kann der Kalif aus allen männlichen Muslimen gewählt werden – muss also ein Mann sein – und braucht nicht von den Quraisch abzustammen. Er muss innerhalb der Grenzen der Scharia operieren. Demokratie lehnt die Partei mit dem Argument ab, das Konzept der Volksherrschaft laufe auf *kufr* (Unglauben) hinaus, da die Hoheitsgewalt allein Gott zustehe. Ebenso argumentiert sie gegen Nationalismus und Gruppen, die in einem Land eine islamistische Regierung nach der Scharia anstreben. Allerdings tritt sie dafür ein, dass Muslime, und zwar Männer und Frauen, den Kalifen durch Abstimmung wählen sollten und diese Entscheidung auf althergebrachte Art durch das Ablegen der *bai'a* bestätigt werden müsse. Im Kalifat ansässige Nichtmuslime müssen beschützt werden, sind jedoch effektiv von der Wahl wie auch von verantwortungsvollen Staatsämtern ausgeschlossen. Eine weitere charakteristische politische Forderung ist die Rückkehr zum Goldstandard mit Dinaren und Dirhams nach dem Vorbild der Goldmünzen, die erstmals um 700 im Kalifat Abd al-Maliks geprägt wurden.

Hizb al-Tahrīr fand mit ihrer Forderung nach einem universellen Kalifat beträchtliche Unterstützung in der Bevölkerung von Ländern wie Palästina, Indonesien und den auf -stan endenden Staaten Zentralasiens, doch obwohl sie sich an einer Reihe fehlgeschlagener Staatsstreiche beteiligte, konnte sie ihre Vorstellungen vom Kalifat nirgendwo praktisch umsetzen.

Es ist immer wichtig, zu erkennen, dass der Ruf nach Gründung eines islamischen Staates oder einem Dschihad nicht gleichzusetzen ist mit dem Ruf nach einem Kalifat mit all seinen universellen Ansprüchen. Manche militante islamistische Gruppen messen dem Konzept des Kalifats weniger Bedeutung bei als Hizb al-Tahrīr. Für Usāma ibn Lāden und al-Qaida war die Wiederherstellung oder Einführung eines universellen Kalifats ein fernes, ja utopisches Ziel, das es erst anzustreben galt, nachdem drängendere Aufgaben wie die Verbannung westlicher Einflüsse und Menschen aus der muslimischen Welt erfolgreich erledigt wären. Al-Qaidas afghanische Verbündete, die Taliban, waren und sind auf die Errichtung eines muslimischen Staates in Afghanistan fokussiert, der nach der Scharia regiert wird, und nicht auf ein Kalifat, das die Loyalität aller Muslime finden könnte. Ironischerweise kam die Vorstellung, al-Qaida arbeite auf die Schaffung eines universellen Kalifats hin, am deutlichsten in der Polemik amerikanischer Politiker wie George W. Bush und Donald Rumsfeld zum Ausdruck: Sie versuchten, das Bild eines Kalifats als muslimisch-totalitäres Unterfangen zu entwerfen, das die ganze Welt bedrohe.

Seit der Proklamation seines Kalifats hat sich der Islamische Staat (*Daulat al-Islamīya*) zur prominentesten und einflussreichsten Gruppe entwickelt, die für eine Wiederherstellung des Kalifats eintritt, und im Gegensatz zu Hizb al-Tahrīr wurde auch die praktische Umsetzung ihrer Ideen in Angriff genommen. Der Islamische Staat unterscheidet sich gegenwärtig von anderen dschihadistischen und salafistischen Gruppierungen durch die Betonung von Titel und Rolle eines Kalifen. Als erste Bewegung dieser Art im 21. Jahrhundert hat er eine Person benannt, die man als Kalif bezeichnen kann. Andere Gruppen mögen die Wiedereinführung oder Wiederbelebung des Kalifats gefordert haben, doch nur der Islamische Staat ist so weit gegangen, einen Kalifen einzusetzen. Es ist wichtig, sich klarzumachen, wie radikal dieser Anspruch ist und welche Risiken und Probleme er mit sich bringt.

Die Errichtung des Kalifats verkündete der Islamische Staat in der englischsprachigen Ausgabe seines Online-Magazins *Dabiq* am 1. Ramadan 1435 H (29. Juni 2014; *Dabiq* verwendet ausschließlich den muslimischen Kalender und gibt nie Daten in der üblichen Zeitrechnung an). Darin wendet sich der neue Fürst der Gläubigen und Kalif, Abū Bakr al-Baghdādī, an die Muslime:

> O Muslime überall, frohe Botschaft für euch und erwartet Gutes. Erhebt den Kopf, denn nun habt ihr durch Gottes Gnade einen Staat und einen *chilāfa*, die euch eure Würde, Macht, Rechte und Führung zurückgeben werden. Es ist ein Staat, in dem Araber und Nichtaraber, Weiß und Schwarz, Menschen aus Ost und West alle Brüder sind... Wenn Allah es zulässt, wird der Tag kommen, an dem der Muslim überall als Herr auftreten wird, Ehre besitzt und geehrt wird, erhobenen Hauptes geht und seine Würde bewahrt... Heute haben Muslime eine laut schallende Botschaft und besitzen schwere Stiefel. Sie haben eine Botschaft zu verkünden, welche die Welt bewegen wird, die Bedeutung des Terrorismus zu hören und zu verstehen, und sie haben Stiefel, die den Götzen des Nationalismus zertrampeln, den Götzen der Demokratie zerstören und seinen abartigen Charakter entlarven werden.

Abgesehen von diesen allgemeinen Warnungen bemühen sich die Autoren von *Dabiq*, zu belegen, dass die Ideen des Imamats und Kalifats nicht bloß religiöse Ideale sind, sondern zur Schaffung eines aktiven, funktionierenden und mächtigen Staates führen müssen, und lehnen damit jene Strömungen im mittelalterlichen wie auch modernen muslimischen Denken ab, die der Meinung sind, das Kalifat könne Muslimen lediglich spirituelle und religiöse Führung bieten:

> Diese Gott Anrufenden konnten weder begreifen, dass der Islam einen Staat und einen Imam haben konnte, noch konnten sie auch nur

anfänglich verstehen, was es kosten würde, diesen zu erlangen. Es war, als hätten sie die Geschichte des Islam nie studiert und gelernt, was dieses Streben uns an Blut abverlangen würde.

Im Weiteren geht es um den Koranvers über das Imamat, das Gott Abraham verliehen hat, und um die Reichweite dieses Amtes.[59] Dieses *imāmah* und der mit Abraham geschlossene religiöse Bund (*milla*) werden zur Blaupause für das Kalifat als politische Einrichtung:

> Außerdem bezieht sich das in dem oben genannten Vers erwähnte *imāmah* nicht nur auf das *imāmah* in religiösen Angelegenheiten, wie viele es gern auslegen möchten. Vielmehr umfasst es auch das *imāmah* in politischen Angelegenheiten, das viele religiöse Menschen gescheut oder gemieden haben wegen der Härten, die es an sich schon mit sich bringt, und wegen der Härten, die mit der Arbeit seiner Errichtung verbunden sind. Zudem begreifen die Menschen von heute nicht, dass *imāmah* in religiösen Dingen sich nicht angemessen errichten lässt, wenn die Menschen der Wahrheit nicht zuerst umfassende politische *imāmah* über Land und Leute erlangen.

Der Anspruch Abū Bakr al-Baghdādis auf das Kalifat stützt sich auf zwei Kriterien. Das erste ist die Abstammung von den Quraisch. Obwohl wir uns in diesem Punkt nicht sicher sein können, gibt es keinen Grund, daran zu zweifeln, denn es muss Zigtausende geben, die sich auf eine Abstammung von den Quraisch berufen können. Allerdings haben bereits seit dem 11. Jahrhundert viele Muslime die Vorstellung abgelehnt, der Kalif müsse aus diesem heiligen Stamm kommen. Das zweite ist schlicht die Behauptung, dass viele Muslime die *baiʿa* auf ihn abgelegt hätten und er die Muslime verteidige, womit er selbstverständlich nur diejenigen meint, die seine Überzeugungen und die seiner Anhänger teilen. Wie sich in diesem Buch durchgängig gezeigt hat, gab es viele Herleitungen des Anspruchs auf den Kalifentitel, aber keine allgemein anerkannte Rechtsauffassung, was ein legitimes Kalifat darstellt. Im Lichte dieser verschiedenen Traditionen erscheint Baghdādis Anspruch nicht von vornherein illegitim zu sein, gibt es doch eine ganze Palette von Präzedenzfällen.

Der Islamische Staat besteht nachdrücklich auf der Abstammung des Kalifen von den Quraisch. Zugleich behauptet er, alle Muslime seien gleich und Unterschiede der Rasse und Nationalität müssten ebenso beseitigt werden wie internationale Grenzen, die Muslime trennten. Es ist schwer zu erkennen, wie diese beiden Vorstellungen sich in Einklang bringen lassen.

Die Ideologen des Islamischen Staates nutzen die Geschichte des Kalifats rücksichtslos, aber durchaus nicht unklug. Ihre Propaganda und ihr Image sind voller nostalgischer Sehnsucht nach vergangener Herrlichkeit. Die Wahl schwarzer Kleidung und schwarzer Flaggen ist ein eindeutiger Versuch, ihre Bewegung mit der Abbasiden-Revolution in Verbindung zu bringen und sich deren Symbole für ihre eigenen Bestrebungen zur Erneuerung der islamischen Welt anzueignen.

Doch die Welt, auf die sie ihren rückwärtsgewandten Blick richten, ist vor allem die zur Zeit des Propheten und der ersten Kalifen. Ihre Herrschervorbilder entsprechen ihrer Vorstellung von den frühen Kalifen. Dabei spielt der erste Kalif, Abū Bakr, eine wesentliche Rolle, und es kann kein Zufall sein, dass der IS-Kalif sich denselben Namen zugelegt hat. Der IS schaut zurück auf dessen militärischen Sieg in den *ridda*-Kriegen gegen die Abtrünnigen nach dem Tod des Propheten und setzt seine muslimischen Gegner in Syrien und im Irak mit den *murtadds* gleich, also mit den Apostaten, die sich gegen den frühen muslimischen Staat wendeten. In den Schilderungen dieser Feldzüge findet er die Rechtfertigung, solche Gegner als todeswürdig zu behandeln: Wenn Abū Bakr die *murtadds* erbarmungslos tötete, können und sollten seine Nachfolger im neuen Kalifat ebenso vorgehen. In den zahlreichen, historisch äußerst unzuverlässigen Berichten über die Kriege der frühen Kalifen können sie nahezu alles aufspüren. Zu einem besonders grausamen Beispiel – den unglücklichen jordanischen Piloten in einem Eisenkäfig bei lebendigem Leib zu verbrennen – ist zu sagen, dass sich in der gesamten frühislamischen Geschichte (übrigens anders als in der frühmodernen europäischen Geschichte) praktisch keine Tradition findet, Gefangene lebendig zu verbrennen. «Forschern» des IS ist es jedoch gelungen, einen Fall auszugraben, in dem Abū Bakr angeblich eine so grauenvolle

Strafe verhängte, und das genügt ihnen, um dieses barbarische Verhalten zu rechtfertigen, es zudem noch zu publizieren und zu verherrlichen.

Ständig richtet der IS den Blick zurück auf Beispiele der Kalifen und auf eine romantische Sicht der frühislamischen Kriegführung. Sein Magazin *Dabiq* ist voller ikonenhafter Bilder von schwarz gekleideten Kämpfern auf Pferden, die lange, Krummsäbeln ähnelnde Waffen schwingen. Im Text werden sie als *fursān* (Ritter) bezeichnet, ein geradewegs aus der Welt mittelalterlicher Chroniken entlehntes Wort, in dem die Erinnerung an Mut und Hingabe mitschwingt. Das Verlangen, sich mit einer alten, reineren Form der Kriegführung in Zusammenhang zu bringen, zeugt ebenso beredt wie die Wiederbelebung des Kalifats von der Verführungskraft dieser Vision.

Die Feinde des IS werden mit den Feinden des Propheten, seiner Gefährten und der ersten Kalifen der islamischen Überlieferung gleichgesetzt. Die Murdschi'īn, eine Gruppe, die in der Umayyaden-Zeit Zulauf hatte, waren im Grunde nicht gewalttätig. Sie glaubten, es stünde Muslimen nicht zu, andere Muslime, die ihre Überzeugungen nicht teilten, als *kuffār*, Ungläubige, einzustufen, da diese Entscheidung allein Allāh vorbehalten sei. Jahrhundertelang hatten die Murdschi'īn an sich keine Bedeutung in der islamischen *umma*, und die meisten Muslime dürften wohl nicht einmal von ihrer Existenz gewusst haben. Für den Islamischen Staat lässt sich der Begriff Murdschi'īn auf alle sunnitischen Muslime in Syrien und andernorts anwenden, die keine so harte Linie verfolgen wie er selbst. Und selbstverständlich lassen sich angebliche Überlieferungen der Gefährten des Propheten und Präzedenzfälle früherer Kalifate finden, die demonstrieren, dass solche Leute den Tod verdient hätten.

Es gibt noch weitere Beispiele, die zeigen, wie der Islamische Staat die politischen und religiösen Auseinandersetzungen des frühen Kalifats nutzt, um Rechtschaffenheit zu untermauern und seine Rivalen in der muslimischen Welt zu vernichten. Die Geschichte des Kalifats ist ein grundlegendes Legitimierungsmittel, das lebendig und in den Händen des IS äußerst gefährlich ist.

Sein Aufstieg und die Tatsache, wie er die Idee und Ideologie des

Kalifats nutzt, belegen, dass dieses alte Konzept nach wie vor in der muslimischen Welt eine Wirkmacht und Autorität besitzt, die viele überrascht. Ich hoffe, das vorliegende Buch hat gezeigt, dass das Kalifat ein Begriff mit einer großen Bandbreite von Bedeutungen und Interpretationen ist. Seine Stärke beruht zum Teil auf seiner Flexibilität. Seine intellektuelle Rechtfertigung bezieht es aus der unmittelbaren Verknüpfung mit der Anfangszeit des Islam und der glorreichen Ära des Umayyaden- und Abbasiden-Kalifats. Gleichzeitig lässt es sich nutzen und sogar verbiegen, um finstere, brutale Ideologien zu verbreiten. Doch die Idee des Kalifats ist an sich nicht gefährlich oder bedrohlich. Wir brauchen vor ihr keine Angst zu haben, selbst wenn es uns Sorge bereitet, wie manche diese Idee auslegen.

ANHANG

DANK

Vor mittlerweile fünfzig Jahren habe ich begonnen, über das Kalifat in verschiedenen Epochen und Teilbereichen der muslimischen Geschichte zu forschen und zu schreiben, angefangen bei den Abbasiden, dem Thema meiner Dissertation in Cambridge unter der enthusiastischen Anleitung des brillanten, viel zu früh verstorbenen Gelehrten Martin Hinds, gefolgt von den Umayyaden in Syrien und auf der Iberischen Halbinsel sowie den Almohaden. In dem halben Jahrhundert, das seit Beginn meiner Arbeit vergangen ist, ist das Thema des Kalifats von seinem Stellenwert als historisches Relikt in den Vordergrund der modernen politischen Debatten gerückt, und dieser Wandel hat mich ermutigt, über meine Komfortzone hinauszugehen und zu erforschen, wie die Vorstellungen von diesem Amt im Laufe der Jahrhunderte genutzt und ausgeschlachtet wurden.

In einem so langen Zeitabschnitt stehe ich unvermeidlich «auf den Schultern von Giganten» und nutze Werke von weitaus gebildeteren und herausragenderen Gelehrten, als ich es bin. Ich habe mich bemüht, zumindest auf einige dieser Dankesschulden in den Anmerkungen und in der Bibliographie hinzuweisen, und muss mich entschuldigen, falls ich jemanden versehentlich nicht genannt haben sollte.

Einen Großteil dieses Buches habe ich auf der herrlichen griechischen Insel Amorgos geschrieben, mit Blick von der Terrasse an Marcos Haus über den Olivenhain auf die weißen Häuser des kleinen Hafens Aigiali und das weindunkle Meer und die Inseln dahinter.

Doch so wichtig Ruhe und Frieden für das Schreiben auch sein mögen, die Idee und die Ausgestaltung dieses Buches entstanden doch in den lebhaften Gegenströmungen der Ideen und Debatten an der School of Oriental and African Studies der University of London, an der ich arbeite. Es gibt auf der Welt wohl kein akademisches Umfeld, wo so viele Ideen und Kulturen täglich miteinander in Kontakt kommen und Vorstellungen von Geschichte und Gemeinschaft so lebendig erforscht werden. Ich habe enorm von meinem Austausch mit Lehrkräften und Studenten profitiert, vielleicht vor allem von den Diskussionen mit meinen zahlreichen muslimischen Studenten über Beschaffenheit und Ethik der politischen Macht im islamischen Kontext.

Dieses Buch hat auch vom Enthusiasmus der Kollegen in der Verlagswelt profitiert, von meiner wunderbaren Agentin Georgina Capel, die von meinen Ideen so begeistert ist, von Laura Stickley bei Penguin Books, die dieses Projekt von Anfang an unterstützt hat, und von meiner Korrektorin Claire Péligry, die mich vor so vielen Fehlern und Verwirrungen bewahrt hat.

Und schließlich hat es von der Unterstützung meiner Frau Hilary und meiner wachsenden Familie profitiert, Katharine, Alice und James und der nächsten Generation, Ferdie, Ronja und Aurora, die mich beim Schreiben alle unterstützt (und auf die denkbar schönste Art abgelenkt) haben.

LISTE DER KALIFEN

Die Liste basiert auf dem Referenzwerk: C. E. Bosworth, *The New Islamic Dynasties*, Edinburgh 1996.

Die rechtgeleiteten Kalifen (632–661)

632	Abū Bakr
634	Umar ibn al-Chattāb
644	Uthmān ibn Affān
656–661	Alī ibn Abī Tālib

Die Umayyaden-Kalifen (661–750)

661	Muʿāwiya I. ibn Abī Sufyān
680	Yazīd I.
683	Muʿāwiya II.
684	Marwān I. ibn al-Hakam
685	Abd al-Malik
705	Walīd I.
715	Sulaimān
717	Umar II. ibn Abd al-Azīz
720	Yazīd II.
724	Hischām
743	Walīd II.
744	Yazīd III.
744	Ibrāhīm
744–750	Marwān II.

Die Abbasiden-Kalifen (749–1517)
Bagdad und Irak (749–1258)

749	Saffāh
754	Mansūr
775	Mahdī
785	Hādī
786	Hārūn al-Raschīd

809	Amīn
813	Ma'mūn
833	Muʿtasim
842	Wāthiq
847	Mutawakkil
861	Muntasir
862	Mustaʿīn
866	Muʿtazz
869	Muhtadī
870	Muʿtamid
892	Muʿtadid
902	Muktafī
908	Muqtadir
932	Qāhir
934	Rādī
940	Muttaqī
944	Mustakfī
946	Mutī
974	Tāʾī
991	Qādir
1031	Qāʾim
1075	Muqtadī
1094	Mustazhir
1118	Mustarschid
1135	Rāschid
1136	Muqtafī
1160	Mustandschid
1170	Mustadī
1180	Nāsir
1225	Zāhir
1226	Mustansir
1242–1258	Mustaʿsim
1258	Plünderung Bagdads durch die Mongolen

Kairo (1261–1517)

1261	Hākim I.
1302	Mustakfī I.
1340	Wāthiq I.

1341	Hākim II.
1352	Muʿtadid I.
1362	Mutawakkil I. (1. Regentschaft)
1377	Muʿtasim (1. Regentschaft)
1377	Mutawakkil I. (2. Regentschaft)
1383	Wāthiq II.
1386	Muʿtasim (2. Regentschaft)
1389	Mutawakkil I. (3. Regentschaft)
1406	Mustaʿīn
1414	Muʿtadid II.
1441	Mustakfī II.
1451	Qāʾim
1455	Mustandschid
1479	Mutawakkil II.
1497	Mustamsik (1. Regentschaft)
1508	Mutawakkil III. (1. Regentschaft)
1516	Mustamsik (2. Regentschaft)
1517	Mutawakkil III. (2. Regentschaft)
1517	Osmanische Eroberung Ägyptens

Die spanischen Umayyaden-Kalifen (929–1031)

929	Abd al-Rahmān III. al-Nāsir (Emir seit 912)
961	Hakam II. al-Mustansir
976	Hischām II. al-Muʾayyad *(1. Regentschaft)*
1009	Muhammad II. al-Mahdī *(1. Regentschaft)*
1009	Sulaimān al-Mustaʿīn *(1. Regentschaft)*
1010	Muhammad II. *(2. Regentschaft)*
1010	Hischām II. *(2. Regentschaft)*
1013	Sulaimān *(2. Regentschaft)*
1018	Abd al-Rahmān IV. al-Murtadā
1023	Abd al-Rahmān V. al-Mustazhir
1024	Muhammad III. al-Mustakfī
1027–1031	Hischām III. al-Muʿtadid
1031	Abschaffung des Umayyaden-Kalifats von Andalusien

Die Almohaden-Kalifen in Nordafrika und Andalusien (1130–1269)

1130	Muhammad ibn Tūmart
1130	Abd al-Muʾmin

1163	Abū Yaʿqūb Yūsuf I.
1184	Abū Yūsuf Yaʿqūb al-Mansūr
1199	Muhammad al-Nāsir
1214	Abū Yaʿqūb Yūsuf II. al-Mustansir
1224	Abd al-Wāhid I. al-Machlū
1224	Abū Muhammad Abdallāh al-Ādil
1227	Yahyā al-Muʿtasim
1229	Abū al-Alā Idrīs al-Maʾmūn
1232	Abū Muhammad Abd al-Wāhid II. al-Raschīd
1242	Abū al-Hasan Alī al-Saʿīd al-Muʿtadid
1248	Abū Hafs Umar al-Murtadā
1266–1269	Abūʾl-Ulā al-Wāthiq
1269	*Christliche Eroberung Spaniens mit Ausnahme von Granada; Aufteilung der nordafrikanischen Gebiete unter Abdalwadiden, Hafsiden und Meriniden.*

Die Fatimiden-Kalifen (909–1171)

Nordafrika (909–969)

909	Ubaidallāh al-Mahdī
934	Qāʾim
946	Mansūr
953	Muʿizz *(ab 969 in Ägypten)*

Ägypten (969–1171)

977	Azīz
996	Hākim
1021	Zāhir
1036	Mustansir
1094	Mustaʿlī
1101	Āmir
1131	Hāfiz
1149	Zāfir
1154	Fāʾiz
1160–1171	Ādid
1171	*Eroberung Ägyptens durch die Ayyubiden*

KARTEN

Das Kalifat in der Zeit der Umayyaden und frühen Abbasiden, ca. 750

Die westlichen Kalifate, 10.–12. Jahrhundert

GLOSSAR

amīr al-mu'minīn: Fürst der Gläubigen, gewöhnlich ein Titel des Kalifen
amīr: siehe Emir
ansār: wörtl: «Helfer», Bezeichnung für die Einwohner Medinas, die Mohammed unterstützten
aschrāf: siehe *scharīf*
baiʿa: Treueid gegenüber dem Kalifen oder einem anderen Herrscher
charādsch: Grundsteuer
chutba: Predigt beim Freitagsgebet, in der unter anderem der Name des Herrschers als Herrschaftszeichen erwähnt wurde
dāʿī: Missionar, meist einer geheimen religiös-politischen Bewegung
daula: Dynastie oder Staat, z. B. *daula der* Abbasiden oder Fatimiden
daʿwa: Missionsbewegung (vgl. *dāʿī*)
dīnār: Standard-Goldmünze
dirham: Standard-Silbermünze
dīwān: ursprünglich die Liste der Bezieher staatlicher Gehälter, steht auch für das Regierungsamt und ein Ministerium
dschāhilīya: Zeit der Unwissenheit und Unzivilisiertheit vor Beginn des Islam
dschārīya: Sklavin, häufig eine Sängerin oder Dichterin
Dschihad: heiliger Krieg
dschizya: von Nichtmuslimen erhobene Kopfsteuer
dschund: Armee und Verwaltungsbezirk in Syrien-Palästina
Emir: Armeekommandeur, Provinzgouverneur oder Herrscher eines kleinen unabhängigen Staates
fitna: Bürgerkrieg oder Streit innerhalb der Muslimgemeinde
ghāzī: freiwilliger muslimischer Kämpfer im Dschihad
Haddsch: jährliche Pilgerfahrt nach Mekka
hadīth: Überlieferung der Worte Mohammeds
hidschra: Emigration Mohammeds von Mekka nach Medina 622, markiert den Beginn der muslimischen Ära
Imam: spiritueller Führer der Muslimgemeinde, oft synonym mit Kalif
kāfir, pl. *kuffār*: Ungläubiger, Nichtmuslim

kufr: Unglaube

mamlūk: Mamluke, Sklavensoldat; dieser in frühislamischer Zeit nur gelegentlich verwendete Begriff ersetzte ab dem 5./11. Jahrhundert den Begriff *ghulām*

maulā, pl. *mawālī*: ursprünglich «Klient» oder Vasall, häufig ein nichtarabischer Vasall eines arabischen Stammes, daher wurden nichtarabische Muslime im ersten islamischen Jahrhundert als *mawālī* bezeichnet. Später, in der Abbasiden-Zeit, bezog er sich allgemeiner auf «Freigelassene» und war ab dem 4./10. Jahrhundert nicht mehr gebräuchlich

minbar: Kanzel in einer Moschee

muhādschir, pl. *muhādschirūn*: Begleiter Mohammeds auf der Hidschra, die mit ihm von Mekka nach Medina umsiedelten

murtadd: Apostat, Abtrünniger, bezogen auf Menschen, die nach dem Tod Mohammeds die Autorität der Muslime ablehnten

nass: Ernennung eines Herrschers durch seinen Vorgänger

qadī: muslimischer Richter

qalansuwa: ein hoher, spitz zulaufender Hut, Teil der höfischen Kleidung bei den Abbasiden

ridda: Abfall vom Islam; daher heißen die Kriege, die nach Mohammeds Tod in Arabien ausbrachen, *ridda*-Kriege

sābiqa: Vorrang, besonders bei der Bekehrung zum Islam; je früher jemand konvertiert ist, desto größer ist seine *sābiqa*

sadaqa: die vom muslimischen Recht vorgeschriebene Almosensteuer

sahāba: Gefährten des Propheten

Scharia: muslimisches Religionsrecht

scharīf, pl. *aschrāf*: in der Umayyaden-Zeit Bezeichnung für Stammesführer, im 4./10. Jahrhundert nur noch auf Nachkommen Alīs angewandt

schauka: politische und militärische Stärke

schirk: Polytheismus

schūra: zur Wahl des Kalifen gebildeter Rat

sikka: Münzrecht, meist das Vorrecht eines Herrschers

sunna: Worte und Handlungsweisen Mohammeds als rechtliche Präzedenzfälle

sūq: Markt

ulamā: Gelehrte, vor allem Experten für die Überlieferungen des Propheten und für islamisches Recht

umma: die muslimische Gemeinde

ANMERKUNGEN

1 *Der Koran*, Darmstadt 2010, Sure 2,30 und 38,26.
2 M. Cook, «Muhammad's Deputies in Medina», *Usūr al-wusta*, 23 (2015), S. 1–67.
3 P. Crone und G. M. Hinds, *God's Caliph: Religious Authority in the First Centuries of Islam*, Cambridge 1986, S. 111 f.
4 Ebd., S. 12–23.
5 R. Hoyland, «The Inscription of Zuhayr, the Older Islamic Inscription (24 AH/AD 644–5), *Arabian Archaeology and Epigraphy*, 19 (2006), S. 210–237.
6 Edward Gibbon, *The History of the Decline and Fall of the Roman Empire*, hg. von W. Smith, London 1855, Bd. 6; dt.: *Verfall und Untergang des Römischen Reiches*, Hamburg 2012–2016, Bd. 6, S. 398 f.
7 Andrew Marsham, *Rituals of Islamic Monarchy*, Edinburgh 2009, S. 100 f.
8 Patricia Crone, *Medieval Islamic Political Thought*, Edinburgh 2004, S. 60 f.
9 Zit. nach der englischen Übersetzung in Andrew Marsham, *Rituals of Islamic Monarchy*, Edinburgh 2009, S. 86–89.
10 Zitiert nach P. Crone und M. Hinds, *God's Caliph*, S. 6.
11 Ebd., S. 33–42.
12 Balādhuri, *Futūh al-buldān*, hg. von de Goeje, Leiden 1866, S. 167 f.
13 Robert Hillenbrand, «La Dolce Vita in Early Islamic Syria», *Art History*, 5 (1982), S. 1–35.
14 Crone und Hinds, *God's Caliph*, S. 118–126.
15 Tabarī, *Ta'rīkh al-rusul wa'l-mulūk*, hg. v. M. J. de Goeje u. a., Leiden 1879–1901, Bd. III, S. 29–33.
16 «Die drei Äpfel», in: *Tausendundeine Nacht*, München 2011, S. 218.
17 *Die Erzählungen aus den tausendundein Nächten*, E. T. A. Hoffmann und Enno Littmann, Wiesbaden 1953, 2. Aufl. Frankfurt a. M. 1981, Bd. 3, S. 696.
18 Tabarī, *Ta'rīkh*, Bd. II, S. 709.

19 Abu Ali Miskawayh, *The Eclipse of the Abbasid Caliphate*, London 2015, Bd. I, S. 57–60.
20 Ibn Fadlān, *Mission to the Volga*, New York, London 2014; dt.: *Ibn Fadlāns Reisebericht*, hg. von A. Zeki Valedi Togan, Leipzig 1939, repr. Frankfurt 1994, Zitate S. 6f, S. 11f, S. 40f, S. 45 f.
21 Masʿudī, *Murūj al-dhahab*, hg. und ins Französische übersetzt von C. Barbier de Meynard, Paris 1874, Bd. VIII, S. 289–304.
22 Dies war ein charakteristischer Glaubenssatz der Muʿtazila, die die Meinung vertrat, jeder Muslim habe die freie Wahl, und wenn er sich eines schweren Verbrechens schuldig gemacht habe und ohne Reue sterbe, werde er auf ewig das Höllenfeuer erleiden; dagegen waren andere Gruppen wie die Murdschiʿa der Ansicht, Muslime würden vielleicht eine Zeitlang bestraft, aber letztlich doch ins Paradies (*dschanna*) gelangen.
23 Shawkat M. Toorawa, *Ibn Abī Ṭāhir and Arabic Writerly Culture*, London, New York 2005, S. 33 f.
24 Jonathan Bloom, *Paper before Print: The History and Impact of Paper in the Islamic World*, New Haven, London 2001.
25 Ibn Khallikan, *Ibn Khallikan's Biographical Dictionary*, Paris 1842–1871, Bd. I, S. 478 f.
26 Ebd., Bd. V, S. 315 ff.
27 Ibn al-Sāʾī, *Consorts of the Caliphs*, hg. von S. M. Toorawa, New York 2015.
28 Dieser Name bedeutet «hässlich» und wurde häufig schönen Sklavinnen gegeben, möglicherweise als Scherz oder als Schutz gegen den bösen Blick.
29 Den Vornamen des Kalifen, Dschaʿfar, dürften wohl nur seine engsten Vertrauten und Geliebten verwendet haben.
30 Thomas W. Arnold, *The Caliphate*, Oxford 1924, S. 65 ff.
31 Eine deutsche Übersetzung und Erörterung findet sich in Adam Mez, *Die Renaissance des Islams*, Heidelberg 1922, S. 198–201; Zitate S. 199 ff.
32 Zur englischen Übersetzung siehe: *The History of Bayhaqi*, Cambridge, MA, 2011, Bd. I, S. 401–424.
33 Ibn al-Athir, *Chronicle*, Ashgate 2008, Bd. I, S. 108.
34 Arnold, *The Caliphate*, S. 86 f.
35 *Chronicle of the Third Crusade: A translation of the Itinerarium Peregrinorum et Gesta Regis Ricardi*, Ashgate 1997, S. 53.
36 Ibn Wasil, zit. nach K. Hirschler in: Alex Mallett (Hg.), *Medieval Muslim Historians and the Franks in the Levant*, Leiden 2015, S. 149.

37 Ibn al-Athir, *Chronicle*, Bd. I, S. 190 f.
38 Ibn Dschubair, *Tagebuch eines Mekkapilgers*, Stuttgart 1985, S. 162–170, Zitate S. 167, 168f, 170.
39 Zu einer ausführlichen Erörterung der verschiedenen Darstellungen siehe: N. Neggaz, *The Falls of Baghdad in 1258 and 2003: A Study in Sunni-Shi'i Clashing Memories*, unveröffentlichte Dissertation, Georgetown University, Washington, DC, 2013. Ich danke Dr. Neggaz für die Erlaubnis, ihre Arbeit verwenden zu dürfen.
40 Al-Māwardī, *The Ordinances of Government*, Reading 1996, S. 1–32.
41 Ebd., S. 6–22.
42 Wael B. Hallaq, «Caliphs, Jurists and the Saljūqs in the Political Thought of Juwaynī», *CIS*, Bd. II, S. 210–225, hier 221.
43 Carole Hillenbrand, «Islamic Orthodoxy or Realpolitik? Al-Ghazālī's Views on Islamic Government», *CIS*, Bd. II., S. 226–252, hier S. 230.
44 Siehe die exzellente Erörterung dieses Werkes in Wadād al-Qāḍī, «An Early Fāṭimid Political Document», *CIS*, Bd. III, S. 88–112.
45 Naser-e Khosrou, *Safarname. Ein Reisebericht aus dem Orient des 11. Jahrhunderts*, München 1993; die folgenden Zitate finden sich auf S. 102f, 106, 93f, 103–106.
46 Rosa Maria Menocal, *The Ornament of the World: How Muslims, Jews and Christians Created a Culture of Tolerance in Medieval Spain*, New York 2002; dt.: *Die Palme im Westen: Muslime, Juden und Christen im alten Andalusien*, Berlin 2003.
47 Peter Christian Jacobsen, *Die Geschichte vom Leben des Johannes, Abt des Klosters Gorze*, lat.-dt., Wiesbaden 2016; Zitate S. 457, 459, 461, 463, 465.
48 Im gesamten 10. Jahrhundert wurden Sklaven aus Osteuropa über den großen Sklavenmarkt in Prag als Elitesoldaten nach Andalusien importiert.
49 Ibn Sāhib al-Salāt, *Al-man bi'l-imāma*, hg. von A. al-Hadi al-Tazi, Beirut 1964, S. 534.
50 Abd al-Wāhid al-Marrākushi, *Al-Mujib*, hg. von M. al-Uryan, Kairo 1949, S. 238 f.
51 Arnold, *The Caliphate*, S. 74ff, 107 f.
52 Ebd., S. 130.
53 Tufan Buzpinar, «Opposition to the Ottoman Caliphate in the Early Years of Abdülhamid II.: 1877–1882», *CIS*, Bd. III, S. 627.
54 Friedrich von Kraelitz-Greifenhorst, *Die Verfassungsgesetze des Osmanischen Reiches*, Leipzig 1909.

55 Zit. nach Kemal H. Karpat, *The Politization of Islam: Reconstructing Identity, State, Faith and Community in the Late Ottoman State*, Oxford 2001, S. 161 f. «Padischah» war ein aus dem Persischen stammender alter Titel, den osmanische Sultane gelegentlich verwendeten.

56 Zum vollständigen Text und zu einer hervorragend illustrierten Übersicht über die Reliquien und zur Beisetzung Abdülhamids siehe: Hilmi Aydın, *The Sacred Trusts, Pavilion of the Sacred Relics, Topkapi Palace Museum, Istanbul*, Clifton, NJ, 2014.

57 Tufan Buzpınar, «Opposition to the Ottoman Caliphate in the Early Years of Abdulhamid II.: 1877–1882», *CIS*, Bd. III, S. 6–27.

58 Reza Pankhurst, *The Inevitable Caliphate?*, London 2013, S. 99.

59 Koran, Sure 2 (*Surat al-Baqara*), Vers 124.

BILDNACHWEIS

Seite 26: Istanbul, Topkapı Serail-Bibliothek © Roland and Sabrina Michaud / akg-images – *Seite 63:* © akg-images / Jean-Louis Nou – *Seite 96:* Paris, Bibliothèque Nationale de France © Universal Images Group Editorial / Getty Images – *Seite 137:* © akg-images / Pictures From History – *Seite 169:* Saray-Alben (Diez-Alben), fol. 70, S. 4 © bpk / Staatsbibliothek zu Berlin – *Seite 205:* Paris, Bibliothèque Nationale de France, Arabe 5847, fol. 130 © akg-images – *Seite 218:* © Aus: Schätze der *Kalifen* (Ausstellungskatalog), hg. von Wilfried Seipel, Mailand 1998, Seite 88 – *Seite 255:* Pamplona, Museo de Navarra © akg / Bildarchiv Steffens – *Seite 283:* © akg-images / arkivi – *Seite 303:* © akg-images / Pictures From History – *Seite 326:* Library of Congress

LITERATUR

Abd al-Wāhid al-Marrākushi, *Al-Mujib*, hg. von M. al-Uryan, Kairo 1949
Afsaruddin, Asma, *Striving in the Path of God: Jihād and Martyrdom in Islamic Thought*, Oxford 2013
Al-Māwardī, *The Ordinances of Government*, Reading 1996
Al-Qādī, W., «An Early Fatimid Political Document», *CIS*, Bd. II, S. 88–112
Arnold, Thomas W., *The Caliphate*, Oxford 1924
Aydin, Hilmi, *The Sacred Trusts, Pavilion of the Sacred Relics, Topkapi Palace Museum, Istanbul*, Clifton, NJ, 2014
Balādhuri, Ahmad Ibn-Yahyā al-, *Futūh al-buldān*, hg. von Michael Jan de Goeje, Leiden 1866
Bayhaqi, Abu'l-Fadl, *The History of Bayhaqi*, Cambridge, MA, 2011
Bennison, Amira K., *The Great Caliphs: The Golden Age of the Abbasid Empire*, London 2009
Berkel, Maaike van, El-Cheikh, N., Kennedy, H., and Osti, L., *Crisis and Continuity at the Abbasid Court: Formal and Informal Politics in the Caliphate of al-Muqtadir (295–320/908–32)*, Leiden 2013
Bloom, Jonathan, *Paper before Print: The History and Impact of Paper in the Islamic World*, New Haven, London 2001
Bosworth, Clifford E., *The New Islamic Dynasties*, Edinburgh 1996
Bowen, Harold, *The Life and Times of Ali b. Isa, the Good Vizier*, Cambridge 1928
Brett, Michael, and Fentress, Elizabeth, *The Berbers*, Oxford 1996
Caswell, Fuad M., *The Slave Girls of Baghdad: The Qiyān in the Early Abbasid Era*, London 2011
Chronicle of the Third Crusade: A translation of the Itinerarium Peregrinorum et Gesta Regis Ricardi, Ashgate 1997
Constable, Olivia R. (Hg.), *Medieval Iberia: Readings from Christian, Muslim, and Jewish Sources*, Philadelphia 1997
Cook, M., «Muhammad's Deputies in Medina», *Usūr al-wusta*, 23 (2015), S. 1–67
Crone, Patricia, and Hinds, M., *God's Caliph: Religious Authority in the First Centuries of Islam*, Cambridge 1986

Crone, Patricia, *Medieval Islamic Political Thought*, Edinburgh 2004
Daftary, Farhad, *The Isma'ilis: Their History and Doctrines*, Cambridge 1990
Donner, Fred M., *The Early Islamic Conquests*, Princeton 1981
Donohue, John, *The Buwayhid Dynasty in Iraq 334 H./945 to 403 H./1012*, Leiden 2013
Finkel, Caroline, *Osman's Dream: The Story of the Ottoman Empire*, New York 2005
Gibb, H. A. R., «Lutfi Pasha on the Ottoman Caliphate», *CIS*, Bd. II, S. 171–178
Gibbon, Edward, *The History of the Decline and Fall of the Roman Empire*, hg. von W. Smith, London 1855, Bd. 6; dt.: *Verfall und Untergang des Römischen Reiches*, Hamburg 2012–2016, Bd. 6
Gutas, Dimitri, *Greek Thought, Arabic Culture: The Graeco-Arabic Translation Movement in Baghdad and Early Abbasid Society*, London 1998
Hallaq, W. B., «Caliphs, Jurists and the Saljūqs in the Thought of Juwaynī», *CIS*, Bd. II, S. 210–225
Halm, Heinz, *Das Reich des Mahdi: Der Aufstieg der Fatimiden (875–973)*, München 1991
Halm, Heinz, *Die Schia*, Darmstadt 1988
Hanne, Eric J., *Putting the Caliph in His Place: Power, Authority, and the Late Abbasid Caliphate*, Medison, NJ, 2007
Hawting, Gerald R., *The First Dynasty of Islam: The Umayyad Caliphate, A. D. 661–750*, 2. Aufl., London 2000
Hillenbrand, Carole, «Islamic Orthodoxy or Realpolitik? Al-Ghazālī's Views on Islamic Government», *CIS*, Bd. II., S. 226–252
Hillenbrand, Robert, «*La Dolce Vita* in Early Islamic Syria», *Art History*, 5 (1982), S. 1–35
Hourani, Albert, *Arab Thought in the Liberal Age*, London 1962
Hoyland, R., «The Inscription of Zuhayr, the Older Islamic Inscription (24 AH/AD 644–5), *Arabian Archaeology and Epigraphy*, 19 (2006), S. 210–237
Hoyland, Robert G., *In God's Path: The Arab Conquests and the Creation of an Islamic Empire*, Oxford 2015
Ibn al-Athir, *Chronicle*, Aldershot 2008
Ibn al-Sāʿī, *Consorts of the Caliphs*, hg. von S. M. Toorawa, New York 2015
Ibn Dschubair, *Tagebuch eines Mekkapilgers*, Stuttgart 1985
Ibn Fadlān, Ahmad Ibn al-Abbās, *Ibn Fadlāns Reisebericht*, hg. von A. Zeki Valedi Togan, Leipzig 1939, repr. Frankfurt 1994

Ibn Khallikan, *Ibn Khallikan's Biographical Dictionary*, Paris 1842–1871, Bd. I, S. 478f

Ibn Sāhib al-Salāt, *Al-man bi'l-imāma*, hg. von A. al-Hadi al-Tazi, Beirut 1964

Jacobsen, Peter Christian, *Die Geschichte vom Leben des Johannes, Abt des Klosters Gorze*, lat.-dt., Wiesbaden 2016

Jafri, Husain M., *The Origins and Early Development of Shi'a Islam*, London 1979

Jayyusi, Salma K. (Hg.), *The Legacy of Muslim Spain*, 2 Bde., Leiden 1992

Karpat, Kemal H., *The Politicization of Islam: Reconstructing Identity, State, Faith, and Community in the Late Ottoman State*, Oxford 2001

Kennedy, Hugh, *Muslim Spain and Portugal: A Political History of al-Andalus*, London 1996

Kennedy, Hugh, *The Court of the Caliphs: The Rise and Fall of Islam's Greatest Dynasty*, London 2004; in den USA erschienen unter dem Titel: *When Baghdad Ruled the Muslim World*, Cambridge, MA, 2005

Kennedy, Hugh, *The Great Arab Conquests*, London 2007

Kennedy, Hugh, *The Prophet and the Age of the Caliphates*, 3. Aufl., London 2015

Kennedy, Philip F., *Abu Nuwas: A Genius of Poetry*, Oxford 2005

Kersten, Carool (Hg.), *The Caliphate and Islamic Statehood: Formation, Fragmentation and Modern Interpretations*, 3 Bde., Berlin 2015; im Folgenden abgek. CIS

Longford, Elizabeth, *A Pilgrimage of Passion: The Life of Wilfrid Scawen Blunt*, New York 1980

Madelung, Wilferd, *The Succession to Muhammad: A Study of the Early Caliphate*, Cambridge 1997

Mallett, Alex (Hg.), *Medieval Muslim Historians and the Franks in the Levant*, Leiden 2015

Marsham, Andrew, *Rituals of Islamic Monarchy: Accession and Succession in the First Muslim Empire*, Edinburgh 2009

Mas'ūdī, Abu'l-Hasan al-, *Murūj al-dhahab*, hg. und ins Französische übersetzt von C. Barbier de Meynard, Paris 1874, Bd. VIII

Māwardī, Alī b. Muhammad, *The Ordinances of Government*, Reading 1996.

McMillan, M. E., *The Meaning of Mecca: The Politics of Pilgrimage in Early Islam*, London 2011

Menocal, Rosa Maria, *The Ornament of the World: How Muslims, Jews* and *Christians Created a Culture of Tolerance in Medieval Spain*, New York 2002; dt.: *Die Palme im Westen: Muslime, Juden und Christen im alten Andalusien*, Berlin 2003

Mez, Adam, *Die Renaissance des Islam*, Heidelberg 1922, Repr. Hildesheim 1968

Miskawayh, Abu Ali, *The Eclipse of the Abbasid Caliphate*, London 2015

Naser-e Khosrou, *Safarname. Ein Reisebericht aus dem Orient des 11. Jahrhunderts*, München 1993

Pankhurst, Reza, *The Inevitable Caliphate? A History of the Struggle for Global Islamic Union, 1924 to the Present*, London 2013

Qāḍī, Wadād al-, «An Early Fāṭimid Political Document», *CIS*, Bd. III, S. 88–112

Rogan, Eugene, *The Fall of the Ottomans: The Great War in the Middle East, 1914–1920*, London 2015

Rosenthal, Erwin, *Political Thought in Medieval Islam*, Cambridge 1962

Sanders, Paula, *Ritual, Politics, and the City in Fatimid Cairo*, Albany, NY, 1994

Sayyid, Salman, *Recalling the Caliphate: Decolonisation and World Order*, London 2014

Tabarī, *Ta'rīkh al-rusul wa'l-mulūk*, hg. v. M. J. de Goelje u. a., Leiden 1879–1901

Taji-Farouki, Suha, *A Fundamental Quest: Hizb al-Tahrir and the Search for the Islamic Caliphate*, London 1996

Toorawa, Shawkat M., *Ibn Abī Ṭāhir and Arabic Writerly Culture*, London, New York 2005

Tufan Buzpinar, S., «Opposition to the Ottoman Caliphate in the Early Years of Abdulhamid II.: 1877–1882», *CIS*, Bd. III, S. 6–27

Turner, John P., *Inquisition in Early Islam: The Competition for Political and Religious Authority in the Abbasid Empire*, London 2013

Tyan, Émile, *Institutions du droit public musulman, vol. I: Le Califat*, Paris 1956

Walker, Paul E., *Exploring an Islamic Empire: Fatimid History and Its Sources*, London 2002

Watt, Montgomery W., *Islamic Political Thought*, Edinburgh 1968

PERSONENREGISTER

Abaelard, Peter 153
Abbās ibn Abd al-Muttalib 40, 97, 206, 221
Abbās ibn Firnās 259
Abd al-Azīz 85
Abd Allāh ibn al-Abbās 97
Abd Allāh ibn al-Zubair 69, 73, 75 f., 81
Abd al-Malik, Kalif 62, 67–69, 72, 75, 77–84, 88, 92, 143, 238, 329
Abd al-Mu'min, Kalif 286–291
Abd al-Qādir al-Dschazā'irī 319
Abd al-Rahmān (Sanchuelo) 277 f.
Abd al-Rahmān al-Ghāfiqī 253
Abd al-Rahmān ibn Muʿāwiya 254, 256–258, 260
Abd al-Rahmān II. 258 f.
Abd al-Rahman III. al-Nāsir, Kalif von Córdoba 241, 259, 261–272
Abd al-Rāziq, Ali 327
Abduh, Muhammad 320 f.
Abdülhamid I., Sultan 310
Abdülhamid II., Sultan, Kalif 310–314, 316 f., 321
Abdülmecid II., Sultan, Kalif 322, 326 f.
Abraham 316, 332
Abū Abd Allāh al-Schiʿī 232 f.
Abū Bakr, Kalif 20, 26–29, 31, 33–36, 39–42, 45, 47, 49, 51, 56, 65, 92, 170 f., 175, 206 f., 226, 248, 287, 301
Abū Bakr al-Baghdādī 331–333
Abū Hamza 92 f.
Abū Hanīfa 196
Abū Hāschim 98
Abū Kālīdschār 204
Abū l-Abbās Saffāh, Kalif 101–105, 135
Abū l-Atāhiya 111, 148
Abū l-Faradsch al-Isfahānī 149 f.
Abū Muslim 99–101, 108, 157, 233
Abū Nuwās 111 f., 147 f.
Abū Salama 100 f., 223
Abū Tālib 28
Abū Tammām 148
Abū Yaʿqūb Yūsuf 292–294, 296 f., 299
Abū Zaid 205
Achtal 84
Adam 25, 27
Adud al-Daula 168, 170 f.
Afonso Henriques 288
Aga Khan 223
Ahmad ibn Baqī 259
Ahmad ibn Hanbal 120, 156, 196, 238
Ahmet Rafik Bey 316
Ahwas 83
Aischa 47–49, 176, 248
Akbar, Mogulkaiser 308

362 PERSONENREGISTER

Alfons VI. von León-Kastilien 191, 281 f.
Alfons VII. von León-Kastilien 294
Alfons VIII. von Kastilien 295
Alfred der Große, König der Angelsachsen 143
Alī al-Ridā 224 f.
Alī ibn Abī Tālib, Kalif 17, 20, 26, 28, 30, 33 f., 38, 42, 44, 47–55, 57 f., 61, 71, 74, 92, 98, 100 f., 168, 170 f., 175 f., 196, 206, 217, 220–227, 237 f., 244, 248, 273, 308, 318
Alī ibn al-Husain 74
Alī ibn Mikāl 184–186
Alī ibn Nāfi (Ziryāb) 258 f.
Alī ibn Yūsuf 282, 284
Alp Arslan 209
Amīn, Kalif 105, 116–118, 121, 140, 147, 258, 314
Amr ibn Laith, Saffaride 188
Aristoteles 150, 153, 297 f.
Arnold, Sir Thomas 14
Atatürk siehe Kemal
Averroes siehe Ibn Ruschd
Azīz, Fatimiden-Kalif 250

Badger, George 319
Badr 256
Bahā al-Daula 171–173, 177
Baibars, Sultan 302, 304
Baihaqī 180, 182, 188
Baladhurī 62
al-Bannā, Hasan 327 f.
Bardschuwān 250
Basasīrī 252
Basileios II., byzantinischer Kaiser 247
Beda Venerabilis 20

Begtughdī 187
Berke, Khan der Goldenen Horde 304
Bernhard von Clairvaux 153
Bin Laden siehe Usāma ibn Lāden
Birdwood, George 318
Bloom, Jonathan 144
Blunt, Wilfrid Scawen 320 f.
Bush, George W. 330

Campbell, Sir George 318
Chaizurān 112
Chālid al-Qasrī 84
Chālid ibn al-Walīd 35
Chālid ibn Barmak 160
Chalīl al-Zāhirī 305
Chomeini, Ayatollah 54
Cleopatra 122
Crone, Patricia 32, 56, 91

David, König von Juda und Israel 25, 83,189
Dāwūd 102 f.
Dioskurides 150, 272
Dizbari Anūschtakīn 247 f.
Dschaʿfar al-Sādiq 223 f., 231, 237
Dschaʿfar, Barmakide 111–113
Dschaihānī 129
Dschalāl al-Daula 204
Dscharīr 83
Dschauhar, Fatimiden-General 235, 246
Dschingis Khan 169, 199
al-Dschuwainī, Abd al-Malik 204, 209–212, 214, 309

Edward I., englischer König 143
Euklid 150
Eworth, Hans 303

PERSONENREGISTER 363

Fachr al-Dīn Pascha 316
Fadl ibn Sahl 140
Farazdaq 83 f.
Fārūq, König von Ägypten 328
Fātima 17, 27 f., 74, 98, 100 f.,
 221, 226, 233, 261, 273, 308,
 316, 318
Ferdinand III. von Kastilien 295
Fortūn ibn Muhammad 265
Friedrich Barbarossa, Kaiser 193
Fu'ād I. von Ägypten 327 f.

Galen 150
al-Ghazālī, Abū Hāmid Muhammad 204, 212–216, 284, 286,
 309
Gibbon, Edward 40
Goltz, Colmar von der 312
Goya, Francisco de 147
Gregor VII., Papst 194
Gregor von Tours 20

Haddschādsch ibn Yūsuf 76 f., 84,
 86, 92
Hakam, Kalif 90 f.
Hakam II. al-Mustansir, Kalif von
 Córdoba 271–273, 276, 292,
 297, 312
Hākim, Kalif 302, 304
Hākim, Fatimiden-Kalif 248, 250 f.
Hallādsch 196
Hallaq, Wael 211
al-Harīrī, Abū Muhammad 205
al-Hārith 205
Harthama ibn Ayan 117
Hārūn al-Raschīd, Kalif 96,
 110–116, 118, 135, 138 f., 147,
 149, 157, 194, 240, 305, 313
Hasan (Sohn Alis) 61, 71, 221, 227

Herodot 151
Hillenbrand, Carole 215
Hillenbrand, Robert 89
Hinds, Martin 32, 91, 339
Hischām, Kalif von Cordoba
 274 f., 277 f., 281
Hischām, Kalif 84, 87 f., 93, 99,
 256, 258
Hobbes, Thomas 21
Hülegü, mongolischer Khan 169,
 199–201, 315
Hunain ibn Ishāq 152
Husain (Sohn Alis) 61, 70 f., 73,
 98, 221, 223, 227, 244, 248,
 316
Husain, Scharīf von Mekka 327
Husain, Taha 327

Ibn Abī Āmir 274–277
Ibn al-Alqamī 200
Ibn al-Furāt 123, 125–127, 274
Ibn al-Mu'tazz 275
Ibn al-Nadīm 146
Ibn al-Sā'ī 161, 200
Ibn Azzūn 293 f.
Ibn Chaldūn 305
Ibn Challikān 154
Ibn Dschubair 196–198
Ibn Fadlān 127–131
Ibn Hafsūn 267
Ibn Kathīr 95
Ibn Mardanīsch 290, 293
Ibn Mubārak 114
Ibn Muqla 145
Ibn Ruschd (Averroes) 154,
 297 f.
Ibn Sāhib al-Salāt 292
Ibn Sa'ūd 327
Ibn Tufail, Abū Bakr 297

Ibn Ṭūlūn 121 f.
Ibn Tūmart, Muhammad 282,
    284–287, 291
Ibn Wāsil 193
Ibn Yāsin, Abd Allāh 281 f.
Idrīs ibn Abd Allāh 229, 273
Iltutmisch, Herrscher von
    Delhi 192
Innozenz III., Papst 295
Innozenz IV., Papst 194
Īsā al-Rāzī 272 f.
Īsā, Sohn von Zaid ibn Alī 227
Ishāq al-Mausilī 258
Ismāʿīl, Sohn von Dschaʿfar
    al-Sādiq 231 f., 237, 261

Jesus 19, 25, 103, 131
Johannes der Täufer 63, 316
Johannes von Gorze 267–270
Joinville, Jean de 201
Joseph 25, 316
Justinian, oströmischer Kaiser 82

Kaʿb ibn Zuhair 315
Karl Martell 253
Katharina die Große 310
Kemal (Atatürk), Mustafa 322 f.
al-Kindī, Aschʿath ibn Qais 50–52
al-Kindī, Yaʿqūb ibn Ishāq 153

Lawrence, T. E. 313
Lubb ibn Tarbīscha 261
Ludwig IX. von Frankreich 201
Ludwig XIV. von Frankreich 265
Lutfi Pascha 308 f.

Mahbūba 161–165
Mahdī, Kalif 107–110, 115, 136,
    138, 142, 148, 159

Mahmūd, Ghaznavide 177 f.,
    180 f., 186, 245
Mālik al-Aschtar 51 f.
Malik Schāh, Sultan 191, 209,
    212–214
Maʾmūn, Kalif 18, 82, 116–119,
    137, 140–142, 151, 153–155,
    194, 225, 258, 296, 299,
    312
Mansūr, Kalif 105–110, 116,
    135 f., 138, 141 f., 151, 157,
    160, 194, 196, 224, 228, 233,
    236, 238, 241, 254, 299
Mansūr, Almohaden-Kalif 294,
    297
Marco Polo 201
Marsham, Andrew 55
Marwān ibn al-Hakam 72
Marwān II., Kalif 93, 100
Masrūr 111–113
Masʿūd, Sultan der Ghaznaviden 180–183, 186–190, 245
al-Masʿūdī, 135, 141
Māwardī, Alī ibn Muhammad 204,
    206–210, 214, 216
Mehmed II., Sultan 307
Mehmed III., Sultan 315
Mehmed V., Sultan, Kalif 322
Mehmed VI., Sultan, Kalif 322
Menocal, Rosa Maria 266
Midhat Pascha 311
Mohammed 11, 13, 16–19, 26–32,
    35 f., 40–42, 44 f., 47, 50, 58,
    71 f., 91 f., 97, 119, 136, 170,
    176, 220 f., 233, 236, 261, 267,
    284, 287, 314–316, 319
Moses 19, 25
Muʿāwiya ibn Abī Sufyān, Kalif
    48–50, 52, 54, 57 f., 61, 66–69,

PERSONENREGISTER 365

71 f., 77, 79, 88, 92, 171, 176, 315
Muchtār ibn Abī Ubaid 73–76, 98
Mughīra 274 f.
Muhammad al-Bāqir 223, 227
Muhammad Alī 318
Muhammad ibn Abd Allāh, die reine Seele 50, 108, 157, 227 f.
Muhammad ibn Abd al-Mu'min 291 f.
Muhammad ibn al-Hanafīya 74, 98
Muhammad ibn Alī 98
Muhammad ibn Alī al-Abdī 135 f., 138
Muhammad ibn Hischām al-Mahdī, Kalif von Córdoba 278
Muhammad ibn Ismāʿīl, 231 f., 234
Muhammad ibn Sulaimān 115
Muhammad Sulaimānī 182, 184, 186–189
Muhammad, Ghaznavide 181 f.
Muʿizz, Fatimiden-Kalif 235, 246, 248
Muktafī, Abbasiden-Kalif 123
Muʾnis 126
Muntasir 241
Muqtadī, Kalif 209
Muqtadir, Kalif 123–127, 129, 131, 135, 145, 196, 260, 274
Muqtafī, Kalif 191
Murad I., Sultan 306 f.
Murad II., Sultan 315
Mūsā al-Kāzim 224
Musʿab ibn al-Zubair 73, 75
Musailima 35
Mustaʿīn, Kalif 304

Mustakfī, Buyide 167
Mustansir, Kalif 192
Mustarschid, Kalif 191
Mustaʿsim, Kalif 173, 200
Mustazhir, Kalif 192, 194 f., 215
Muʿtadid, Kalif 158, 281
Muʿtamid, Abbadiden-Herrscher 281
Muʿtamid, Kalif 188
Muʿtasim, Kalif 119 f., 141, 143, 153, 157
Mutawakkil, Kalif 120 f., 141 f., 153, 161–164, 241
Mutawakkil III., letzter Abbasiden-Kalif 307
Mutī, Kalif 235
Muttaqī, Buyide 167
Muwaffaq 122
Muzaffar 277

Nabhānī, Taqī al-Dīn 328 f.
Napoleon Bonaparte 313
Nāsir, Abbasiden-Kalif 173, 193, 197–199
Nāsir, Almohaden-Kalif 294 f.
Nāsiri Chusrau 242 f.
Nasr ibn Ahmad, Samaniden-Emir 129
Nasr ibn Sayyār 100
Nasser, Gamal Abdel 328
Nicholas, Mönch 272
Nizām al-Mulk 191, 209–215
Nuʿmān, Qādī 237, 250

Otto I., Kaiser 267

Pankhurst, Reza 329
Pedro II. von Aragón 295
Pococke, Edward 297

Prokopios 20
Ptolemäus 150

Qabīha 162
Qādir, Kalif 172–179, 181 f., 184, 189 f.
Qāhir, Kalif 135, 140
Qāʾim, Kalif 177, 179 f., 182, 184, 186, 190, 204, 209, 211
al-Qurtubī, Arīb ibn Saʿīd 260
Qutuz, Mamluke 302

Ramiro II., König von León 264
Recemundo (Rabīʿ ibn Zaid) 266, 268, 271
Redhouse, James 318 f.
Rousseau, Jean-Jacques 21
Rudolf von Schwaben 194
Rukn al-Daula 168
Rumsfeld, Donald 330

Saʿd ibn Abī Waqqās 36
Saladin, Sultan 193 f., 196, 252
Schāfiʿī 238
Schah Ruch 305–307
Sebuktagin, Ghaznavide 177
Selim I. der Strenge 307 f.
Shakespeare, William 158
Sistani, Ayatollah 54
Sophronius 41
Subh, baskische Prinzessin 275
Sulaimān, Kalif 83, 85, 88, 92
Süleyman der Prächtige, Sultan 303, 307 f.

al-Tabarī, Abū Dschaʿfar 62, 156–158, 160, 228, 260, 309
Tāhir ibn Husain 116 f.
Tāʾī, Kalif 168, 171 f.

Talha ibn Ubaid Allāh 47–49
Tamerlan (Timur Lenk) 305, 307
Tennyson, Alfred Lord 112
Timotheus, Patriarch der Ostkirche 159
Toorawa, Shawkat 143
Tughrul Beg 204
al-Tūsī, Nāsir al-Dīn 201

Ubaid Allāh ibn Ziyād 71, 232–234
Umar ibn Abd al-Muʾmin 292
Umar ibn al-Chattāb, Kalif 20, 26–28, 33 f., 37–42, 45, 49, 51, 56, 65, 85 f., 92, 97, 105, 142, 158, 171, 175, 226, 248
Umar ibn Schabba 228
Umar II., Kalif 84–88, 92
Usāma ibn Lāden 266, 330
Uthmān ibn Affān, Kalif 20, 26–28, 33 f., 41–51, 54, 56, 58, 66, 68, 70, 72, 92, 105, 118, 121, 168, 171, 175, 220, 226, 248, 290 f., 315
Uthmān (Sohn von Walīd II.) 90 f.

Velázquez, Diego Rodríguez 147

Wadād al-Qādī 237
Wāhid, Almohaden-Kalif 296
Walīd I., Kalif 63, 80, 82, 84 f., 159
Walīd II., Kalif 62, 88–93, 99, 118, 121, 175
Walker, Paul 250
Wāthiq, Kalif 141, 153
Wellington, Sir Arthur Wellesley Herzog von 22
Wordsworth, William 21

Yahya, Barmakide 113
Yazdegerd III., Sassaniden-Schah 43
Yazīd I., Kalif 68–72, 92
Yazīd II., Kalif 87, 92
Yūsuf ibn Taschfīn 191 f., 194, 282

Zaid ibn Alī 223, 227
Zain al-Ābidīn 223
Zubaida 111, 115 f., 138 f., 149
Zubair ibn al-Awwām 47, 49 f., 69, 73